國考館 KNOWLEDGE

圖解行政法

第五版

國家考試的第一本書

法學博士
錢世傑 —— 著

最多條文為內容的圖解書

　　行政法涉及許多複雜的法律規定，像是行政程序法、行政罰法、行政訴訟法等，要寫成一本圖解書，真不是一件簡單的功夫。雖然早期從日本出版界學習到許多優質的圖解書，但行政法圖解書可參考的部分較少；從筆者的觀點來看，我國在行政法圖解方面的發展已經取得了很大的進步，與日本的相關出版物已經有了略微的領先。

本書的特色

　　本書的特色在於一看就懂的圖解，並不是沒有意義的插圖，搭配上許多有趣的案例，輔以一些實務上的見解，讓考生可以快速學會行政法的重要概念；近期實施一對一申論題教學，也累積了很多「體系學習法」、申論題撰寫的經驗，並將這些教學的經驗與成果新增在本書之中。

　　筆者從眾多法令與條文挑選出重要的法條，加上自己比較白話的解釋，接著再把選擇考題放入其中，讓大家可以一邊學習，一邊練習考題，考題也經過分類放在應有的章節位置，而不是把考題全部放在本書的最後面，讀者可以精確掌握該題核心概念。

第五版修正的重點

　　法律條文常常會修改，這一版修正的重點在於行政訴訟法；隨著法令的修正，有些舊的考題也不再適用，必須剔除不適用的考題，或者是在考題解析中進行說明。此外，也將舊有的版型稍微調整，讓閱讀上會更舒適，修正一些舊有的錯誤考題，部分內容加上一些說明，讓一些生澀內容能更讓讀者理解；相信第五版的推出，不只是多了上萬字的內容，更重要的是這本書的品質又升級了不少。

未來的發展，持續精密

　　台積電晶圓愈做愈精密，成為台灣的護國神山；同樣地，本書未來的發展也將在一定的頁數範圍內讓內容更加精緻，嚴選國家考試會出題的範圍，過濾掉不太可能出題、考生不必浪費時間的內容，才符合「國家考試的第一本書」，也希望讀者對於書籍的內容能不吝指教，更歡迎大家加入我的臉書或直接加入臉書《法律記憶法》社團，QR code 如右：

中華民國 112 年 12 月 5 日

目 錄
CONTENTS

目 錄
CONTENTS

第 1 篇

行政法導論

1 行政法的基本概念

一 行政與行政法

行政，是指行政機關本於職權所為的作用，均屬之。例如行政機關對土地進行徵收，準備興建捷運站，再與建商進行捷運共構造鎮計畫，都是屬於行政的態樣。

行政法，是指針對行政加以規範之法令。

我國行政方面的基本法律，包括行政程序法、行政罰法、國家賠償法、行政訴訟法、中央法規標準法等。除了法律之外，還包括大法官會議解釋、法規命令、職權命令、行政規則、行政法之基本原理原則、行政判決等。

二 行政法的類別

行政法可以分成基礎行政法，包括以行政機關內部組織為規範對象，諸如各行政機關的組織法、公務員相關法規；行政機關對外行政作用之法規，諸如行政程序法，以及人民對於行政機關行為所為之相關爭訟法規，諸如行政訴訟法、國家賠償法等。

此外，尚有針對特殊領域規範之特別行政法，諸如針對財稅、勞工、環境，及自治等行政法規，甚至於還包括國際間行政法規適用發生衝突時所涉及之國際行政法，又稱之為衝突法，常以國際條約或協定形式的方式為之，例如歐盟為了規範參與國家相關行政事項所制定之法規。

行政與行政法

行政機關

行政作用

行政命令
行政處分
行政指導
行政契約
事實行為
行政罰

行政機關透過各類型的行政作用，與人民產生一定法律上之關係。

人民

對內

公務員

行政機關與所屬的公務員，也會發生一定的關係，例如對公務員依法加以撤職、記過、申誡，公務員可以如何申訴，以保障自身的權利。

民眾對於國家的行政行為，可以透過下列機制，保障自身權利：
● 請願
● 訴願
● 行政訴訟
● 國家賠償

相關的行政作用、行政機關與公務員的關係，以及人民該如何保障自身權益，目前我國都已有相對應的法律，可茲規範。例如行政機關依據行政程序法，來從事各種行政作用之行為。

相關考題 行政權之範圍

下列何者非行政權之範圍？ (A)即時強制 (B)修憲案之提議 (C)發布命令 (D)救災 【99三等身障特考一般行政-行政法】	(B)

我國有意與對岸簽署「經濟合作架構協議」(Economic Cooperation Framework Agreement，ECFA)，解決關稅、經貿之議題，是兩岸經貿正常化之基本規則。

若兩岸要共同成立一些類似歐盟、東南亞國協之機構，則內部組織及人事規章所涉及之法規，實質上亦似乎屬於國際行政法之範疇。但是，兩岸往來發展在此架構之下，彼此間關係到底屬於國際法還是國內法，仍有許多爭議。

三 公法與私法的區別

行政法屬於公法之一種，其相對者為私法。公法與私法之判斷，向來是一大難題所在，其區別實益，主要在於涉訟之救濟途徑，究竟應向民事法院提起，還是要向行政法院提起。

其區別的學說主要如下：

1、利益說：公法是指關於公共利益之法，私法則是指有關於私人利益之法。

2、從屬說：規範上下隸屬關係者為公法，平行關係者為私法。

3、舊主體說：以法律關係主體為判斷標準，若有一方為行政主體或國家機關，則屬公法；若均為私人，則為私法。

4、新主體說（特別法規說）：法規本身之內容僅國家或行政機關能實現者為公法（為國家量身打造之法），如任何人均可成為主體、能實現權利義務者為私法。

四 公法遁入私法的區別

行政機關為避免其行政行為受到公法上之限制，並避免行

政爭訟或負擔國家賠償責任，有時會將原本應屬於公法之行政行為，改以私法之方式為之，形成「公法遁入私法」之情形。但是，在行政程序法明文規範行政契約後，而有行政程序法與行政訴訟法之適用，公法不再遁入私法。

五 行政法類推適用民法之規定

　　基於事實上的需要性，行政法尚未有較為完整的規範體系前，有必要參酌民法之規定，加以直接適用、類推適用，有學者稱之為「變換」。有學者認為屬於基本原理原則者，通常直接適用之，而其他相關規範，則以類推適用的方式為之，這些均有助於行政法體系之建立。（吳庚，第 35 頁）

實務見解 健保局與各醫事機構合約之性質

　　釋字第 533 號解釋，針對中央健康保險局與各醫事服務機構締結合約，約定由特約醫事服務機構提供醫療保健服務，以達促進國民健康、增進公共利益之行政目的，故此項合約具有行政契約之性質。

　　該解釋文之協同意見書中提到「在行政訴訟新制及行政程序法實施之前，行政機關所作成對外發生法效之個別行為，非行政處分即私法契約，公法契約（行政契約）之存在，國內學者固無人否認，但既無涉訟之救濟途徑可循，殊少實益可言，契約行為之涉訟不深究其為公法抑私法，通常皆由民事法院審判，公法遁入私法（Flucht in das Privatrecht）可謂名正言順。新頒行政訴訟法及行政程序法先後施行，前述現象自難延續，民事法院與行政法院今後勢將嚴格的依法自行認定其審判權之有無，類似本件之審判權衝突事件，想必方興未艾，故本件解釋實具指標意義。」（吳庚協同意見書）

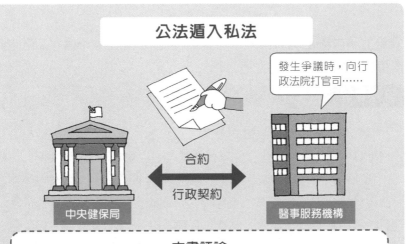

公法遁入私法

發生爭議時，向行政法院打官司……

合約
行政契約

中央健保局

醫事服務機構

本書評論

相較於民事訴訟法、刑事訴訟法、民法、刑法等，行政法是近十餘年來，才有顯著的發展。然而，踏著其他法律既有的基礎，行政法的變動卻是相當地迅速，也使得過去許多問題皆逐漸地解決，例如「公法遁入私法」即屬一例，在相關法令修正後，實務上的爭議將逐漸獲得解決。近來，行政程序法又大幅度修正，相信行政法規精緻化後，將能成為一部體系完整的法制。

六 有限性之類推適用

　　並非民法所有規定均照單全收，仍應視行政法之屬性，對於具備法相似性之規範，而行政法之法律體系尚未建構者，加以類推適用。95 年 8 月份庭長法官聯席會議決議：「基於國家享有公權力，對人民居於優越地位之公法特性，為求公法法律關係之安定，及臻於明確起見，公行政對人民之公法上請求權因時效完成者，其公權利本身應消滅。至於司法院釋字第 474 號解釋亦僅闡明時效中斷及不完成，於相關法律未有規定前，應類推適用民法規定，而不及於時效完成之法律效果；故關於

公法上請求權之消滅時效，不宜類推適用民法第 144 條關於抗辯權之規定。」

實務見解　既成道路設置停車格事件

　　實務上曾發生行政機關在既成道路上（已因時效完成而有公用地役關係之存在）設立停車格收費，是否屬於不當得利？

　　所謂既成道路，其所有權仍屬私人所有，只是因為業以產生公用地役之關係，使得私人權利之行使應受限制，國家自得依法對該道路加以管理使用。其次，所謂公法上之不當得利，民法第179條有明文規定，但是公法上不當得利，目前尚無實定法加以規範，其意涵應藉助民法不當得利制度來釐清。因此，實務上認為公法上不當得利返還請求權，係於公法之法律關係中，受損害者對無法律上之原因而受領給付者，請求其返還所受利益之權利，以調整當事人間不當的損益變動。參諸民法規定，公法上不當得利返還請求權需具備以下四要件：1、須為公法關係之爭議；2、須有一方受利益，他方受損害；3、受利益與受損害之間須有直接因果關係；4、受利益係無法律上原因。

　　因此，前述行政機關在既成道路上設立停車格收費之案例，實務上認為行政機關之行為有法律上之依據，不構成不當得利。（97判95）

糟糕，行政法沒有規定，可以參考民法已有的規定嗎？

無論稱之為類推適用，或者是主張應稱之為「變換原則」，對於建立行政法之完整體系，都能有正面的效益，殊值肯定。
因此，只要性質上相類似的法令，非僅以民法為限，都應該可以類推適用。

有學者主張以變換代替類推適用

類 型	是否類推適用民法規定	依 據
時效中斷	類推適用	釋字第 474 號
時效不完成	類推適用	釋字第 474 號
時效完成之法律效果	不宜類推適用抗辯權之規定 (為求公法法律關係之安定，及臻於明確起見)	95 年 8 月份庭長法官聯席會議決議

法律小辭典 消滅時效與抗辯權

　　消滅時效，是指權利人因為長時間不行使其權利，導致其請求權效力減損的制度。雖然名為「消滅」，但實際上並沒有消滅，只是相對人得主張抗辯權而拒絕給付。例如甲欠乙100萬，乙一直到了第16年才向法院訴請甲返還（債權請求權經15年即時效消滅），甲得主張時效消滅而拒絕履行。如果甲不主張時效消滅之抗辯，乙還是可以請求甲返還。（錢世傑，圖解民法）

2 公權力行政與私經濟行政

▌一▐ 基本概念

　　現代行政事務日趨繁複，加上高度抽象性及多樣性，出現難於判斷究竟是公權力行政，抑或私經濟行政之情形，並非罕見。所謂，公權力行政，又稱之為高權行政，是指國家居於統治主體適用公法規定所為之各種行政行為。大部分的行政作為均屬公權力行政，占有相當重要的地位。(吳庚，第10頁)例如通知繳納牌照稅。

　　所謂私經濟行政，亦即國庫行政，指國家並非居於公權力主權地位行使其統治權，而係處於與私人相當之法律地位，並在私法支配下所為之各種行為。(吳庚，第12頁)行政機關從事私經濟行政時，較公權力行政享有較多之行動自由，但一般而言其本身仍需受組織法及內部作業法規之規範。(吳庚，第16頁)例如對清寒學生給予助學貸款，或由隸屬於各級政府之自來水廠、醫院、療養院、鐵路局、公共汽車管理處等機構對大眾提供生活上之服務等，均屬於私法上之行為。(97裁3877)

　　私經濟行政(國庫行政)，有區分為行政輔助行為、行政營利行為，以及私法形式的給付行政行為(行政私法行為)。

　　政府出售公營事業持股，並非行使公權力對外發生法律上效果之單方行政行為，因此並不具備行政處分之性質，而是基於私法上之地位，所從事形式上屬於私法之財產權買賣行為，性質上屬於國庫行政行為。另外，購買文具、公物、興建辦公大樓，亦非公權力行政。

基本權利的第三人效力

憲法是防止政府機關侵害人民之最終防線，然而有些情況，卻不是政府機關侵害人民，而是人民透過私法自治的方式，加諸於他人基本權利行使之限制。此時，究竟是憲法可以直接約制，還是透過現有的立法體制，規範違反憲法基本權利保障之行為，也引發學說上的諸多討論。

學說見解

基本權利是否在私人間發生效力，是一個頗為艱澀的憲法議題。德國威瑪憲法規定人民的言論自由也適用於私人勞動與經濟關係中，因此有論者主張言論自由或其他基本權利，不僅是拘束國家，也可以拘束一般人民；但是，也有學者主張，從憲法基本權力架構中，可看出是抑制國家侵害人民之行為，且若適用於一般人民，也侵害到私法自治之範疇。(許宗力，月旦 92/7；吳庚，第 17 頁)

二 區別實益

公權力行政所衍生的爭議，應循行政訴訟程序加以救濟；私經濟行政（國庫行政）衍生之爭議，因其爭議導因於私經濟活動之事項，應循民事訴訟程序加以救濟。

> **實務見解** 申請轉讓國有土地案
>
> 實務上曾發生當事人申請轉讓國有土地，遭國有財產局拒絕之案例，法院認為行政機關代表國庫出售公有財產，並非行使公權力對外發生法律效果之單方行政行為，而屬私法上契約行為，已經司法院釋字第448號解釋在案，雙方當事人讓售系爭國有土地所發生爭議，為行政機關代表國庫出售公有財產之私法關係所生之爭執，屬行政機關因國庫行政行為而與人民發生私權關係之爭執，為民事訴訟範圍，自應向普通法院訴請裁判，非屬行政爭訟事項。（98裁1107）

三 基本權利的國庫效力

私經濟行政依然屬於行政之一環，並不因為對人民作用之型態，而免除行政機關所應負之憲法上之義務。例如政府經營公共運輸事業，卻僅對於私立學校學生提供學生票的優待，但卻未對公立學校學生提供相同的優待，違反憲法平等之要求。因此，若發生行政機關所為私經濟行為與憲法上義務相違背之際，仍應遵守憲法上之義務。（許宗力，月旦92/7；吳庚，第17頁）

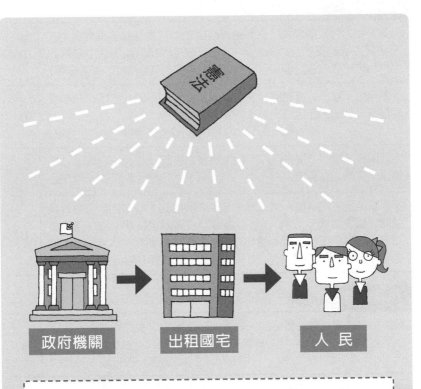

政府機關　　出租國宅　　人 民

行政機關之私經濟行政，仍應負憲法上義務

　　政府機關透過公權力之行使，可能造成人民之基本權利侵害。此時，可以透過憲法基本權利之規範，來防止政府機關對於人民之侵害。

　　若是政府機關以私經濟行政之方式，與民眾間成立私法契約之相對立位置，則憲法是否仍有適用，有學者認為私經濟行政依然屬於行政之一環，並不因為對人民作用之型態，而免除行政機關所應負之憲法上之義務。

相關考題 公權力行政

有關公權力行政的描述,下列何者錯誤?(A)可委託私人或團體為之 (B)可採取行政契約方式為之 (C)可向法院提起國家賠償之救濟(D)可以私法組織形態從事營利行為 【100四等行政警察-行政法概要】	(D)
下列何者不屬於行政機關公權力行政? (A)舉辦國家考試 (B)核發建築執照 (C)勞工保險給付 (D)興建辦公大樓 【100四等行政警察-行政法概要】	(D)
下列何者非屬於公權力行政? (A)規費之徵收 (B)稅捐之徵收 (C)罰鍰之課處 (D)公物之購入 【100三等行政警察-行政法】	(D)
下列事件所生之爭議,何者應由行政法院審理? (A)內政部警政署購買之防彈背心有瑕疵 (B)臺灣電力公司追繳長期未繳交之電費 (C)臺北市政府追討公有市場攤位之管理費 (D)新北市政府認定不具申請社會住宅資格 【103高考一般行政-行政法】	(D)

相關考題 公課

公課,為國家基於財政目的,對人民強制徵收之金錢給付義務。下列何者非公課? (A)規費 (B)罰鍰 (C)所得稅 (D)受益費 【103普考一般行政-行政法】	(B)

相關考題 私經濟行政

政府機關因組織擴編而致辦公廳舍不敷使用,為此須向民間租用大樓,其租用之性質為下列那一項? (A)給付行政 (B)私經濟行政 (C)高權行政 (D)行政指導 【99鐵路高員三級人事行政-行政法】	(B)
下列何者不屬於私經濟行政? (A)通知繳納牌照稅 (B)出售平價宅 (C)採購消防器材 (D)拍賣報廢設備 【100四等行政警察-行政法概要】	(A)
行政機關採購價值50萬元的辦公設備,屬於何種行政行為? (A)受法律拘束之公權力行政 (B)不受法律拘束之公權力行政 (C)受法律拘束之拘束之私經濟行政 (D)不受法律拘束之私經濟行政 【100四等行政警察-行政法概要】	(C)

相關考題　私經濟行政

下列何者為行政機關的私經濟行為？　(A)行政機關與人民簽訂行政委託契約　(B)行政機關與人民簽訂公費教育契約　(C)行政機關與人民達成國家賠償之協議　(D)行政機關與人民簽訂政府採購契約　　【99地方特考四等 - 行政法概要】	(D)
以下何者不是私經濟行政？　(A)行政院衛生署向諾華藥廠採購H1N1新流感疫苗而締結之契約　(B)中央銀行買賣外匯　(C)高雄市政府公開標售報廢的車輛　(D)全民健康保險　　【99鐵路四等員級法律政風 - 行政法概要】	(D)

解析：
ETC、全民健康保險法等機制，容易成為考試的焦點。「全民健康保險之保險費係為確保全民健康保險制度之運作而向被保險人強制收取之費用，屬於公法上金錢給付之一種，具分擔金之性質。」(釋473)。

依司法院大法官解釋，關於因退除役軍職人員與臺灣銀行股份有限公司訂立優惠存款契約，下列 敘述何者正確？　(A)性質上屬公法事件　(B)所生訴訟上之爭議，應由普通法院審判之　(C)基於程序選擇權，當事人可任意選擇提起訴訟之法院　(D)屬公權力委託　　【110地特 - 行政法】	(B)
繼承人逾公告期間未辦理繼承登記之土地，經直轄市政府列冊管理期滿後，移交財政部國有財產署公開標售，該土地之合法使用人對其使用範圍，依土地法行使優先購買權並確認優先購買權存在，應如何救濟？　(A)向普通法院提起民事訴訟　(B)提起撤銷訴願或撤銷訴訟　(C)提起課予義務訴願或課予義務訴訟　(D)向行政法院聲請暫時停止執行　　【110地特 - 行政法】	(A)
關於訴訟紛爭之解決途徑，下列敘述何者錯誤？　(A)政府機關採購物品之履約爭議，得向普通法院提起民事訴訟　(B)消費者向公營銀行貸款之履約爭議，得向普通法院提起民事訴訟　(C)不服台灣電力公司計收電費之通知，得向普通法院提起民事訴訟　(D)申請購買國民住宅，因資格不符而遭拒絕，得向普通法院提起民事訴訟　　【111高考 - 行政法】	(D)

四 計畫行政

一、計畫行政之概念

　　為達成行政上的預定目標，於兼顧各種利益之調和以及斟酌一切相關情況下，準備或鼓勵將各項手段及資源作合理運用之一種行政作用。（吳庚，第21頁）我國行政程序法針對行政計畫之定義，是指行政機關為將來一定期限內達成特定之目的或實現一定之構想，事前就達成該目的或實現該構想有關之方法、步驟或措施等所為之設計與規劃。（行政程序法§163）

　　近來比較著名的計畫，包括桃園航空城區域計畫、臺北港特定區相關計畫，除此之外，一般常見的計畫諸如行政部門的年度預算計畫、財政計畫等。

二、計畫行政對於人民之影響

　　計畫行政，可能只是一個藍圖的呈現，並不會直接對於人民的權利義務產生影響；也可能直接對於人民產生影響，例如土地徵收、市地重劃。因此，計畫行政之屬性包含許多種類，可能是法規命令、行政規則，也可能會作出行政處分，更可能與關係人簽訂行政契約。另外，亦有一些是透過某種措施，間接影響人民的權利，例如金融海嘯來襲之際，政府推出僱用失業者獎助津貼計畫，以及畢業潮來襲之際，為了避免應屆畢業生找不到工作，也推出大專畢業生至企業職場實習計畫，由政府補助2萬2千元，期間1年。

< 法條記憶法 >

1. 行政計畫（行政程序法§163-164）。
2. 63：硫酸，計畫用一瓶硫酸潑人。

國際機場園區發展條例

桃園機場是重要的國際機場，桃園縣政府希望透過「桃園航空城區域計畫」，以國際機場用地為核心，結合周邊土地整體規劃。配合高鐵、機場捷運，以及現有的高速公路基礎運輸建設，再加上未來開發的經貿展覽園區、濱海遊憩區等，以建立全面性、完整性的開發桃園國際機場，建構能與國際媲美的航空城。

離島建設條例

離島建設條例通過後，澎湖想要建設國際級的賭場，必須要先經過島內的公投。由於賭博向來是我國在道德上無法容忍之事項，雖然從以前到現在，愛國獎券、樂透彩券、運動彩券等，都為法律所允許，但在澎湖設立賭場，仍引發多方討論，最後澎湖人民以公投決定自己的未來，拒絕賭博入島。

3 行政法之法源

一 成文法源

成文法源中，憲法、法律、命令等，均屬於行政法法源中的成文法源。以憲法而言，是一切法律的根基；法律，是指經立法院通過，總統公布之法律。（憲 §170）

法律中較為特殊者，稱之為「措施性法律」，是針對特殊事物具體性及個案性所制定，與法律是抽象性及一般性之規範，兩者有所不同。例如預算案，本質上屬於行政行為之一種，但仍然要經過立法機關的審查通過，因此外觀上具備法律的形式。

命令，則是行政機關處理行政事項最常見的法源，常以辦法、規則、要點等形式加以規定。較為特別者，當屬「緊急命令」，所謂緊急命令，依據憲法增修條文第2條第3項規定：「總統為避免國家或人民遭遇緊急危難或應付財政經濟上重大變故，得經行政院會議之決議發布緊急命令，為必要之處置，不受憲法第43條之限制。但須於發布命令後10日內提交立法院追認，如立法院不同意時，該緊急命令立即失效。」雖然緊急命令稱之為命令，屬於總統針對國家緊急狀況之處置，但具有變更或取代法律之性質，而且必須經由立法機關的同意。八八水災時，馬英九先生拒絕頒布緊急命令，認為經歷過九二一地震後，所通過的災害防救法業已足夠，在當時曾引發些許的爭議。

國際法，也是成文法源之一，例如我國與中南美洲國家簽署的自由貿易協定(FTA)。此種協定，在行政機關與外國政府簽立後，即應送交立法院審議，通過後並經總統公布，即與法律具備同位階之效力。

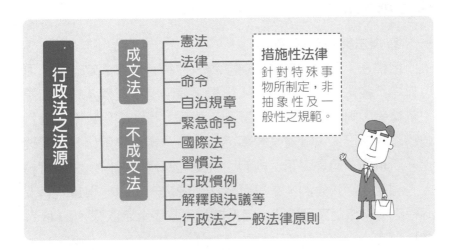

二 憲法與行政法之關連性

憲法，屬於原則性之規範，無法具體規範較為細部的規定，必須藉由行政法規之制定及實行，方能具體實踐憲法所要達成之目的。例如憲法增修條文第 10 條第 1 項規定：「國家應獎勵科學技術發展及投資，促進產業升級，推動農漁業現代化，重視水資源之開發利用，加強國際經濟合作。」此一規定即屬於抽象性的原則規定。實際運作過程中，政府機關該如何獎勵高科技發展，該如何促進產業升級，都必須更進一步地透過法規制定程序，落實具體之行政作為。

因此，現代法治國家行政法與憲法之關係，學者 Fritz Werner 認為「行政法作為具體化之憲法」，以闡明二者之關係，亦有學者 Otto Mayer 認為：「憲法逝，行政法存」，即是明確地表示憲法位居幕後之地位，具體實踐者仍為行政法，而行政法的核心價值，仍要追溯至憲法。

🗏 不成文法源

一、習慣法與行政慣例

　　習慣法，是指長期慣行之事實，並具有法律上之確信，可以作為行政法之不成文法源。但是，實務上以習慣法作為法源之依據者，則似乎未見作為裁判之基礎。行政慣例，則是指行政機關行之已久，針對某類事務所為反覆慣行之前例，在學理上多所爭論，但是實務上則有引為裁判基礎之見解。例如實務上有認為「行政先例，原為行政法法源之一，如非與當時有效施行之成文法明文有違背，自得據為行政措施之依據。」(48 判55)

　　近來亦有實務見解認為：「憲法之平等原則要求行政機關對於事物本質上相同之事件作相同處理，乃形成行政自我拘束，惟憲法之平等原則係指合法之平等，不包含違法之平等。故行政先例需屬合法者，乃行政自我拘束之前提要件，憲法之平等原則，並非賦予人民有要求行政機關重複錯誤之請求權。」(93 判1392)

二、解釋與決議等

　　大法官會議所作的違憲與否解釋，憲法法庭之判決，更是許多判決的基礎。此外，最高行政法院的判決、行政法院聯席會議決議，也是行政法的重要法源之一。

三、行政法之一般原則

　　我國行政法之發展較慢，因此必須透過一般原則作為法源之基礎，迄今主要成為我國行政法法源之一般原則，諸如誠實

信用原則、比例原則、信賴保護原則、公益原則、明確性原則、平等原則等。

　　上述原則在行政法相關法制通過後，多以羅列於各種法規範中，諸如行政程序法第 6 條規定：「行政行為，非有正當理由，不得為差別待遇。」此即所謂實質平等原則之實踐。實務上闡述該條之意旨，認為「即有正當理由時，得為不同之待遇，此為行政法之平等原則。

　　換言之，此項原則『等則等之，不等則不等之』行政法理。比較商標、標章採行「個案審查」原則而言，行政法平等原則之適用，應採嚴謹態度，除非有絕對證據證明兩商標、標章十分近似，否則無平等原則之適用。」(93 判 1594)

相關考題　預算

預算案實質上為行政行為之一種，必須由立法機關審議通過，而具有法律之形式，故有稱之為何種性質的法律，以有別於通常意義之法律？ (A)事務性法律　(B)普通性法律　(C)措施性法律　(D)時效性法律　　　　　　　　　　　　　　　　【98四等基警 - 行政法概要】	(C)

相關考題　憲法與行政法之關連性

有關憲法與行政法之關係，下列敘述哪一項正確？　(A)行政作用較為具體，不應受憲法抽象規定之約束　(B)新制定的行政程序法應該可以取代憲法　(C)一切行政行為皆必須有憲法的明確授權　(D)行政法乃是憲法規範的具體化。　　　　　　　　　【93地方特考】	(D)

行政法之法源

下列何者不是行政法法源？ (A)憲法 (B)法律 (C)自治規則 (D)政治學說 【98四等基警 - 行政法概要】	(D)
法規命令之訂定，依法應經其他機關核准，而未經核准者，其效力如何？(A)無效 (B)得撤銷 (C)效力未定 (D)仍為有效 【98四等基警 - 行政法概要】	(A)
下列何者屬於行政法之不成文法源？ (A)法規命令 (B)自治規章 (C)法律 (D)大法官解釋 【97三等地方特考 - 行政法】	(D)
下列何者為行政法之不成文法源？ (A)行政規則 (B)國際條約 (C)公益原則 (D)自治規章 【112高考 - 行政法】	(C)
關於行政法法源之敘述，下列何者正確？ (A)緊急命令係取代或暫停法律之規範，故其不得作為行政法之法源 (B)法規命令規範事項雖屬行政機關內部事務，但仍可作為行政法之法源 (C)由立法院審議通過產生國內法律效力後，係屬行政法之法源 (D)行政規則在對人民權利有所限制時，才能例外作為行政法法源 【111高考 - 行政法】	(C)

4 中央法規標準法

一 法規之制定

中央法規之制定、施行、適用、修正及廢止，除憲法規定外，依本法之規定。(中央法規標準法§1)法律應經立法院通過，總統公布。(中央法規標準法§4)

下列事項應以法律定之：一、憲法或法律有明文規定，應以法律定之者。二、關於人民之權利、義務者。三、關於國家各機關之組織者。四、其他重要事項之應以法律定之者。(中央法規標準法§5)應以法律規定之事項，不得以命令定之。(中央法規標準法§6)法律不得牴觸憲法，命令不得牴觸憲法或法律，下級機關訂定之命令不得牴觸上級機關之命令。(中央法規標準法§11)

二 法規之適用

法規對其他法規所規定之同一事項而為特別之規定者，應優先適用之。其他法規修正後，仍應優先適用。(中央法規標準法§16特別法優先於普通法)法規對某一事項規定適用或準用其他法規之規定者，其他法規修正後，適用或準用修正後之法規。(中央法規標準法§17)

各機關受理人民聲請許可案件適用法規時，除依其性質應適用行為時之法規外，如在處理程序終結前，據以准許之法規有變更者，適用新法規。但舊法規有利於當事人而新法規未廢除或禁止所聲請之事項者，適用舊法規。(中央法規標準法§18

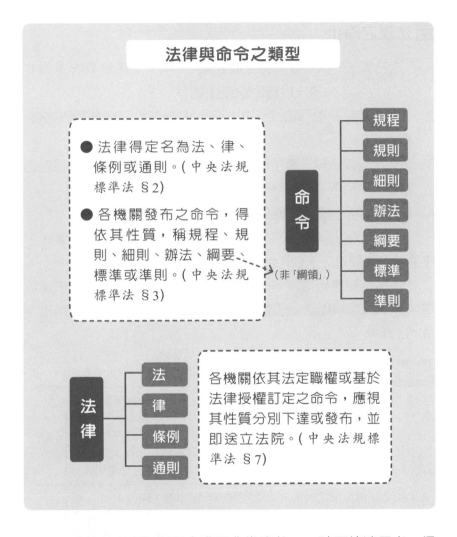

從新從優原則）法規因國家遭遇非常事故，一時不能適用者，得暫停適用其一部或全部。法規停止或恢復適用之程序，準用本法有關法規廢止或制定之規定。(中央法規標準法 §19)

目 法規之廢止

　　法規有左列情形之一者，廢止之：(中央法規標準法 §21)

1、機關裁併，有關法規無保留之必要者。

2、法規規定之事項已執行完畢，或因情勢變遷，無繼續施行之必要者。

3、法規因有關法規之廢止或修正致失其依據，而無單獨施行之必要者。

4、同一事項已定有新法規，並公布或發布施行者。

　　法律之廢止，應經立法院通過，總統公布。命令之廢止，由原發布機關為之。(中央法規標準法 §22Ⅰ、Ⅱ)

　　法規定有施行期限者，期滿當然廢止，不適用中央法規標準法第22條之規定。但應由主管機關公告之。(中央法規標準法 §23)

相關考題　法規之廢止

基隆市老舊機車淘汰補助辦法訂有施行期間，自發布日起至民國99年12月31日止。試問該辦法何時失效？　(A)期滿當然失效，但應由主管機關公告之　(B)期滿後，由主管機關另行公告失效日期　(C)自期滿之日起，算至第3日起失效　(D)經主管機關公告後，算至第3日起失效　　　　　　　　【100三等民航特考-法學知識】	(A)
依中央法規標準法之規定，法規定有施行期限者，期滿之效力為何？　(A)當然廢止，但應由主管機關公告之　(B)當然廢止，無須公告即有廢止之效力　(C)應經總統公布廢止之　(D)應由主管機關依法規制定程序廢止之　　　　　　　　【99初等人事行政-法學大意】	(A)

相關考題　法律命令之名稱

依據中央法規標準法之規定，下列何者係法律名稱？　(A)規則　(B)規程　(C)通則　(D)細則　【99鐵路四等員級法律政風-行政法概要】	(C)
依中央法規標準法規定，下列何者並非機關發布命令的名稱？　(A)規程　(B)規則　(C)辦法　(D)綱領　【99四等海巡-法學知識與英文】	(D)
依據中央法規標準法之規定，下列何者非屬行政機關發布命令所得使用之名稱？　(A)要點　(B)規程　(C)規則　(D)綱要　【99四等基警行政警察-法學緒論】	(A)
下列何者並非命令之應有名稱？　(A)規程　(B)條例　(C)辦法　(D)綱要　【99四等關務-法學知識】	(B)

相關考題　法之位階

法規命令牴觸法律者，其法律效果為何？　(A)無效　(B)有效得撤銷　(C)得轉換　(D)得補正　【98四等基警-行政法概要】	(A)
下列法規範位階何者正確？　(A)法律＞中央法規命令＞自治條例　(B)自治條例＞中央法規命令＞自治規則　(C)自治規則＞中央法規命令＞中央行政規則　(D)中央行政規則＞自治條例＞中央法規命令　【99鐵路四等員級法律政風-行政法概要】	(A)
對於行政機關而言，下列法規範何者效力最高？　(A)自治條例　(B)裁罰基準　(C)法律　(D)法規命令　【99地方特考四等-行政法概要】	(C)

相關考題　命令之發布

下列何者依中央法規標準法第7條之規定，於下達或發布後，無須即送立法院？　(A)規程　(B)細則　(C)要點　(D)綱要　【98高考三級-行政法】	(C)
依據中央法規標準法第7條規定，各機關訂定「行政命令」，且依法下達或發布後，應即送何機關？　(A)行政院　(B)法務部　(C)立法院　(D)總統府　【99初等一般行政-法學大意】	(C)

有關法規之適用，下列何者錯誤？　(A)法規有特別之規定者，應優先適用　(B)如國家遭遇非常事故，一時不能適用者，得暫停適用其一部或全部　(C)人民申請案件，在處理程序終結前法規有所變更時，原則仍適用申請時的舊法規　(D)法規停止適用之程序，準用中央法規標準法有關法規廢止之規定　【99初等人事行政-法學大意】　(C)

第 2 篇

基本原則與理論

1 比例原則

一 比例原則之概念

　　比例原則，又稱為禁止過當原則或侵害最小原則，一般均係以法治國原則及憲法基本權利保障意旨為其理論基礎，早期作為拘束行政行為之基本原則，鑑於對法治國原則實質保障之重視，亦逐漸成為憲法上之基本原則，並拘束立法與司法行為。我國憲法第 23 條明確實現其內涵，規定為「防止妨礙他人自由、避免緊急危難、維持社會秩序，或增進公共利益」所「必要」者外，國家不得以法律對人民基本權利加以限制或侵害。比例原則實際上已成為判斷國家行為是否牴觸憲法其可供操作之審查基準。（釋 659—葉百修協同意見書）

二 比例原則三要素

　　廣義之比例原則，可以分成適當性、必要性，以及衡量性（狹義比例原則）。

　　適當性，是指行為應適合於目的之達成。例如民眾飼養的馬匹發狂在馬路上狂奔，動物保護所人員發射麻醉針讓馬匹倒地。

　　必要性，是指行為不超越實現目的之必要程度，亦即採取最小輕微之手段。例如對於前開狂奔的馬匹，可以將之擊斃，也可以選擇將之麻醉。

　　衡量性，是指手段所造成之侵害，應該低於目的達成之利益（不可用大炮打小鳥）。例如將馬匹擊斃，但挽救可能遭馬匹撞擊致死的兒童。

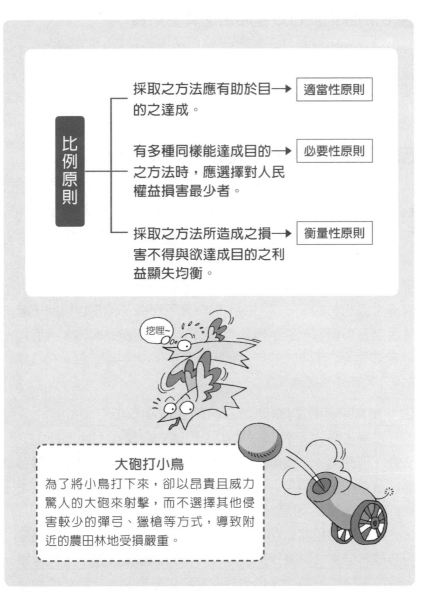

大砲打小鳥

為了將小鳥打下來，卻以昂貴且威力驚人的大砲來射擊，而不選擇其他侵害較少的彈弓、獵槍等方式，導致附近的農田林地受損嚴重。

三 比例原則於行政程序法之具體落實

　　行政程序法第 7 條：「行政行為，應依下列原則為之：1、採取之方法應有助於目的之達成。2、有多種同樣能達成目的之方法時，應選擇對人民權益損害最少者。3、採取之方法所造成之損害不得與欲達成目的之利益顯失均衡。」

四 比例原則於大法官會議解釋之適用情形

一、首次出現判斷基準：釋字 179

　　司法院歷來就憲法第 23 條意旨所建構的比例原則之內涵，均屬較為抽象之概念詮釋，且未就比例原則於憲法解釋之標的為具體操作。於釋字第 179 號解釋鄭玉波大法官不同意見書中首次提出比例原則的三項判斷基準，謂：「雖憲法上之保障，係相對的，非絕對的，有時非不可以法律加以限制，但人民之基本權利，究以無限制為原則，有限制為例外，因而其限制非嚴格的具備必要、合理及適當三要件則不可。」（釋 659—葉百修協同意見書）

二、實際運用比例原則之三原則：釋字 575

　　於第 575 號解釋理由書中，則就一般學說上比例原則之三個下位原則——適當性、必要性及衡量性——於憲法解釋客體之審查中予以運用，以「充分考量當事人之意願、權益及重新調整其工作環境所必要之期限」，認系爭「實施戶警合一方案」已選擇對相關公務員之權利限制最少、亦不致於耗費過度行政成本之方式以實現戶警分立，符合適當性原則。並就當事人就職時之可能期待，相對於回復戶警分立制度之重要性與必要性（必要性原則）而為手段與目的之間利益衡量（衡量性原

則），認定與法治國家比例原則之要求相符。（釋 659—葉百修協同意見書）

三、劃一處罰方式難以兼顧特殊個案：釋字 641

米酒不再實施專賣之際，為避免囤積米酒的問題，（原）菸酒稅法第 21 條規定，施行前專賣之米酒，應依原專賣價格出售。超過原專賣價格出售者，每瓶罰 2 千元。當事人偷賣了 5 萬多瓶，銷售金額 285 萬元，但遭臺北市國稅局以每瓶 2 千元課罰，罰鍰計 105,600,000 元。（已修法）

釋字第 641 號解釋所闡釋「對人民違反行政法上義務之行為處以罰鍰，其違規情節有區分輕重程度之可能與必要者，應根據違反義務情節之輕重程度為之，使責罰相當。立法者針對特別應予非難之違反行政法上義務行為，為求執法明確，以固定之方式區分違規情節之輕重並據以計算罰鍰金額，而未預留罰鍰之裁量範圍者，或非憲法所不許，惟仍應設適當之調整機制，以避免個案顯然過苛之處罰，始符合憲法第 23 條規定限制人民基本權利應遵守比例原則之意旨」，認定系爭菸酒稅法第 21 條其立法目的與手段雖具有正當性與適當性，惟「以單一標準區分違規情節之輕重並據以計算罰鍰金額，如此劃一之處罰方式，於特殊個案情形，難免無法兼顧其實質正義，尤其罰鍰金額有無限擴大之虞，可能造成個案顯然過苛之處罰，致有嚴重侵害人民財產權之不當後果，立法者就此未設適當之調整機制，其對人民受憲法第 15 條保障之財產權所為限制，顯不符妥當性而有違憲法第 23 條之比例原則」，則係以目的與手段間之必要性與衡量性予以判斷而認定與比例原則不符。（釋 659—葉百修協同意見書）

行政機關處罰人民不得過當，是下列哪一項原則之要求？　(A)不當聯結禁止原則　(B)誠信原則　(C)信賴保護原則　(D)比例原則 【100五等國安特考-法學大意】	(D)
行政行為採取之方法應有助於目的之達成，是屬於：　(A)誠實信用原則(B)信賴保護原則　(C)比例原則　(D)明確性原則 【100五等國安特考-法學大意】	(C)
在行政法學上，所謂「過度禁止」者，係下列哪一種法律原則的同義詞？　(A)平等原則　(B)誠實信用原則　(C)比例原則　(D)信賴保護原則 【100三等行政警察-行政法】	(C)
有多種同樣能達成裁罰目的之方法時，行政機關應選擇下列何者？ (A)對行政機關損害最大者　(B)對行政機關損害最少者　(C)對人民權益損害最少者　(D)對人民權益損害最大者　【100普考-行政法概要】	(C)
比例原則是強調行政機關追求之行政目的應與下列何者相當？　(A)手段　(B)規則　(C)費用　(D)救濟　　【98高考三級-行政法】	(A)
以下關於比例原則之敘述，何者錯誤？　(A)在憲法及行政程序法上均有規定　(B)比例原則之適用領域，並不包括給付行政　(C)主要內容包括目的、手段及利益均衡　(D)行政程序法第7條為比例原則之明確化規定　　　　　　　　【93原民特考四等-行政法概要】	(B)
國防部預備軍士官班招生簡章規定，曾受刑之宣告者不得報考，依據司法院釋字第715號解釋，係違反下列何原則？　(A)不當連結禁止原則　(B)明確性原則　(C)比例原則　(D)誠信原則 【103地特三等一般行政-行政法】	(C)
臺灣地區與大陸地區人民關係條例第65條規定，臺灣地區人民收養其配偶之大陸地區子女，法院亦應不予認可部分，依據司法院釋字第712號解釋，不符下列何原則？　(A)平等原則　(B)明確性原則　(C)誠信原則　(D)比例原則　　　　　　【103地特三等一般行政-行政法】	(D)

相關考題　基本題型

作為行政法法源之一般法律原則，下列何者尚未被明定於行政程序法當中？　(A)習慣法補充性原則　(B)明確性原則　(C)比例原則　(D)誠信原則　　　　　　　　　　　　　【103地特四等一般行政-行政法】	(A)
依行政程序法規定，行政行為採取之方法應有助於目的之達成，此一原則為：　(A)明確原則　(B)比例原則　(C)信用原則　(D)信賴原則　　　　　　　　　　　　　　　　　　【98普考-行政法概要】	(B)

相關考題　比例原則三要素

下列何者並非行政法上所謂「比例原則」的內涵？　(A)適合達成目的之多種手段中，應選擇對人民權益損害最少者　(B)對於人民權益之損害程度與所欲達成目的之利益必須處於合理且適度之關係　(C)損害人民權益之措施必須能達成所預期之目的　(D)行政機關對於當事人有利及不利之情形應一律注意，不得偏頗　　　　　　　　　　　　　　【99鐵路高員三級人事行政-行政法】	(D)
行政法上之比例原則，其內涵不包括：　(A)適當性　(B)必要性　(C)衡量性　(D)重要性　　　　　　　　　　　　　【98高考三級-行政法】	(D)
關於比例原則中之必要性原則，係指有多種同樣能達成目的之方法時，應選擇何種方法？　(A)能達到最大公共利益之方法　(B)最有效之方法(C)最迅速之方法　(D)對人民權益損害最少之方法　　　　　　　　　　　　　　　　【98四等基警-行政法概要】	(D)
國庫行政係指：　(A)行政機關編列預算之行政行為　(B)行政機關盤點公有財產之行政行為　(C)行政機關立於私人之地位，從事私法行為　(D)行政機關出資設立私法人，並授予其行使公權力　　　　　　　　　　　　　　　　　【103普考一般行政-行政法】	(C)

土地法施行法第49條規定：「徵收土地於不妨礙徵收目的之範圍內，應就損失最少之地方為之，並應儘量避免耕地。」此一規定是下列何種行政法基本原則之展現？　(A)信賴保護原則　(B)比例原則　(C)明確性原則　(D)情事變更原則　【100三等民航特考-法學知識】	(B)
警械使用條例第6條規定，警察人員應基於急迫需要，合理使用槍械，不得逾越必要程度。其內涵體現了何種行政法一般原則？　(A)緊急避難原則　(B)比例原則　(C)信賴保護原則　(D)明確性原則　【99鐵路四等員級法律政風-行政法概要】	(B)
警察在路邊進行臨檢，遇見刑事案件發生，犯罪嫌疑人持槍拒捕，警察對其反擊，使用警械，其不得逾越必要程度，此為行政法上何種原則的表現？　(A)信賴保護原則　(B)誠實信用原則　(C)平等原則　(D)比例原則　【98四等基警-行政法概要】	(D)
當行政機關欲興建捷運，只須徵收甲所有之一半土地即可，而行政機關卻徵收甲之全部土地時，此為那一項原則之違反？　(A)平等原則　(B)比例原則　(C)誠信原則　(D)信賴保護原則　【98調查局-法學知識與英文】	(B)
行政機關實施行政行為，如有多種同樣能達成目的之方法，應選擇對人民權益損害最少之方式，屬於下列何原則之要求？　(A)目的性原則　(B)狹義比例原則　(C)必要性原則　(D)合憲性原則　【103普考一般行政-行政法】	(C)
依據行政程序法之規定，關於比例原則，下列敘述何者錯誤？　(A)行政行為對人民權益之侵害不得遠大於所達成之利益　(B)行政行為採取之手段應有助目的之達成　(C)行政行為應選擇對人民權益侵害最小者　(D)行政行為應明確說明理由　【110普考-法學知識與英文】	(D)
行政罰法第18條規定，裁處罰鍰，應審酌違反行政法上義務行為應受責難程度、所生影響及因違反行政法上義務所得之利益，並得考量受處罰者之資力。此屬下列何種原則？　(A)比例原則　(B)平等原則　(C)行政保留原則　(D)誠實信用原則　【111高考-法學知識與英文】	(A)

2 期待可能性原則

　　行政機關若欲課予人民義務時，若客觀環境，並無期待可能人民能為一定行為或不行為時，即不應課予人民一定之義務。

　　例如災害防救法中，有關徵用民間搜救機具、車輛之規定，如為了搶通道路，必需徵用山區業者的挖土機，違反此一徵用之行政處分者，依據同法第 54 條規定，處新臺幣 10 萬元以上 50 萬元以下罰鍰。

　　但是，若山區業者家中亦遭土石流埋沒，為了拯救埋在土堆中的親人，必須使用搜救機具及車輛，故難以期待其遵守行政機關徵用的行政處分，若以此項規定處罰該業者，則有違反期待可能性原則之可能。

> **實務見解**　人民能知道多如牛毛的行政函釋嗎？
>
> 　　一般民眾固然應該遵守納稅義務，但是對於納稅義務相關規定，尤其是行政函釋多如牛毛，對以行政函釋推論之「納稅義務」，是否得期待納稅義務人知悉函釋內容，進而依之為「適法行為」？面對行政令函繁複眾多，一般民眾難以盡知的實務現況；尤其涉及複雜之法律解釋爭議，更難期待人民事前知悉遵守相關函釋。
>
> 　　因此，除了認定人民對逃、漏稅行為是否有故意過失，法院及相關行政機關固應就個案情形認定。但，行為人是否具有應注意之義務？或具有可罰之期待可能性？則應以認識「一般法律規範」的可預期性為判斷標準，而不應以認識行政函釋內容或尚有爭議性的法律見解為具有注意義務之認定標準。（參酌釋 508—蘇俊雄大法官部分不同意見書）

八八水災徵用挖土機

①發生嚴重的八八水災。

②政府機關向業者徵用挖土機，業者
因家人遭活埋，而拒絕徵用。

③此一情形，要求遵守政府機關之
徵用，難具備期待可能性。

3 信賴保護與誠實信用原則

一 信賴保護之要件

行政行為,應以誠實信用之方法為之,並應保護人民正當合理之信賴。(行政程序法§8)

政府必須值得人民信賴,否則朝令夕改,人民無法適從,權利亦難以保障。

信賴保護之構成要件須符合:(釋589)

1、**信賴基礎**:即行政機關表現在外具有法效性之決策。
2、**信賴表現**:即人民基於上述之法效性決策宣示所形成之信賴,實際開始規劃其生活或財產之變動,並付諸實施,此等表現在外之實施行為乃屬「信賴表現」。
3、有客觀上值得保護之**信賴利益**存在等要件。

二 行政法規之廢止或變更（釋字525）

信賴保護原則攸關憲法上人民權利之保障,公權力行使涉及人民信賴利益而有保護之必要者,不限於授益行政處分之撤銷或廢止(行政程序法第119條、第120條及第126條參照),即行政法規之廢止或變更亦有其適用。行政法規公布施行後,制定或發布法規之機關依法定程序予以修改或廢止時,應兼顧規範對象信賴利益之保護。

除**法規預先定有施行期間**或**因情事變遷而停止適用**,不生信賴保護問題外,其因公益之必要廢止法規或修改內容致人民客觀上具體**表現**其因信賴而生之實體法上**利益受損害**,應採取合理之補救措施,或訂定過渡期間之條款,俾減輕損害,方符憲法保障人民權利之意旨。

主張信賴保護之類型

- 授益違法行政處分之撤銷（行政程序法 §120）
- 授益合法行政處分之廢止（行政程序法 §126）
- 行政法規之廢止或變更（釋字第525號）

我相信政府的法律制度，波蘭醫生不必經過學歷甄試，就可以在臺執業。為何我剛畢業，制度又改了。

波蘭醫生

怕你未經過紮實的實習過程，就在臺灣上陣，恐怕會鬧出人命吧！

波蘭醫生與信賴保護原則

原針對歐盟地區國家之醫學系學生，醫師法所採行之學歷甄試鑑定制度較為寬鬆，也因此許多臺灣學生轉赴波蘭就讀醫學系，造成國內醫學系學生之不滿與抗議。

基於醫師水準之維持，主管機關逐欲修改相關規範，致使波蘭醫學系學生也須經由一定的學歷甄試鑑定制度，才能在臺執業，但也引發違反信賴保護原則之質疑。

　　經廢止或變更之法規有重大明顯違反上位規範之情形，或法規 (如解釋性、裁量性之行政規則) 係因主張權益受害者以不正當方法或提供不正確資料而發布者，其信賴即不值得保護；又純屬願望、期待而未有表現其已生信賴之事實者，則欠缺信賴要件，不在保護範圍。

【行政程序法第120條】

I 授予利益之違法行政處分經撤銷後，如受益人無前條所列信賴不值得保護之情形，其因信賴該處分致遭受財產上之損失者，為撤銷之機關應給予合理之補償。

II 前項補償額度不得超過受益人因該處分存續可得之利益。

III 關於補償之爭議及補償之金額，相對人有不服者，得向行政法院提起給付訴訟。

【行政程序法第126條】

I 原處分機關依第123條第4款、第5款規定廢止授予利益之合法行政處分者，對受益人因信賴該處分致遭受財產上之損失，應給予合理之補償。

II 第120條第2項、第3項及第121條第2項之規定，於前項補償準用之。

相關考題　信賴保護原則

對行政處分主張信賴保護，其要件不包括下列何者？　(A)相對人有信賴之基礎　(B)相對人有信賴之行為　(C)相對人之信賴值得保護　(D)處分基於相對人提供不正確資料　【98普考-行政法概要】	(D)
下列何者不屬於受益人信賴不值得保護之情形？ (A)以賄賂方法，使行政機關作成行政處分　(B)明知行政處分違法　(C)對重要事項提供不正確資料　(D)行政機關違反管轄規定作成行政處分　【98普考-行政法概要】	(D)

相關考題　信賴保護原則

依行政程序法規定，受益人於下列何種情形，得主張信賴保護？ (A)對重要事項提供不正確資料，致使行政機關依該資料作成行政處分者 (B)對重要事項不完全陳述，致使行政機關依該陳述作成行政處分者 (C)以處理自己事務之注意義務而不知行政處分係屬違法者 (D)以賄賂之方法使行政機關作成行政處分者　【98四等基警-行政法概要】	(C)
行政行為除受法律拘束，亦應受一般法律原則之拘束，但不包括下列何者？ (A)行政行為不得有任何差別待遇 (B)行政行為應以誠實信用之方法為之 (C)行政行為並應保護人民正當合理之信賴 (D)行政行為應於當事人有利及不利之情形，一律注意【97三等地方特考-行政法】	(A)
有關人民得對行政行為主張信賴保護之敘述，下列何者最正確？ (A)僅得對行政處分主張 (B)僅得對行政契約主張 (C)僅得對法規命令主張 (D)亦得對行政指導主張　【100四等行政警察-行政法概要】	(D)
A加油站得到設立許可，主管機關嗣後以公益為由，廢止A加油站之設立許可，並為合理補償，此為下列何種行政法基本原則之適用？ (A)比例原則 (B)信賴保護原則 (C)平等原則 (D)明確性原則　【99地方特考四等-行政法概要】	(B)
人民信賴授益之違法行政處分，其信賴利益顯然大於撤銷所欲維護之公益者，行政機關不得予以撤銷，係基於何種法理？ (A)法安定性原則 (B)平等原則 (C)比例原則 (D)公益原則　【99四等海巡-法學知識與英文】	(A)

相關考題　法規之適用

下列何者不屬於信賴保護原則之成立要件？ (A)信賴基礎存在 (B)客觀信賴表現行為 (C)信賴值得保護 (D)單純願望或期待　【104高考-行政法】	(D)
A市政府環境保護局查獲B公司油槽滲漏污染地下水，命其於8月30日前改善，否則依法開罰。B公司正在改善中，卻於8月27日接獲A市政府環境保護局之罰單，對其污染地下水之行為處以鉅額罰鍰。A市政府環境保護局之罰鍰處分最可能因違反下列何一原則而違法？ (A)公益原則 (B)法律保留原則 (C)誠實信用原則 (D)法規不溯及既往原則　【108高考-行政法】	(C)

4 授權明確性原則

一 授權明確性原則之基本概念

　　授權明確性原則，是指原本應由法律規範之事項，若委由行政命令訂之，則其授權之目的與範圍必須具體明確，若授權內容過於抽象空泛，則如同空白支票一般。對於人民自由權利之限制，依憲法第 23 條之規定，應有法律保留原則之適用；惟法律保留原則，並未要求立法者就涉及人民權利之事項，皆須以法律為鉅細靡遺之規定，其得斟酌規範事物之性質，於符合授權明確性原則之範圍內，賦予行政機關訂定行政命令之權限，以為執行性之規範。(釋 604—城仲模協同意見書)

二 法律是人民的支配規則

　　法國國王路易十四在國庫斂徵事件中，與最高法院院長爭辯時，曾說出「我就是國家」的論點，認為自己的權力不是來自於人民或貴族，而是來自於上帝恩賜；德國腓特烈大帝則說出「我是國家的首席僕役」。過去無論是將公權力認為是主人或僕役之觀點，正好是人權意識高低有無的指標。在民主體制的國家，依據憲法審查基本權的限制時，首要之務，就是辨明法律規範是主人的支配規則或僕役的服務手(守)則。要分辨公權力是自認為主人或僕役，檢視制裁規範是最有效的方法之一。嚴謹的制裁規範，最能樹立公權力的威信，而獲取人民的信賴，公權力如果真正想有所作為，運作順暢，獲得人民支持，最簡單的途徑，就是以嚴肅的態度面對制裁規範，當處罰人民出以戒慎恐懼的態度時，作為主人的人民才會全心託付，公權力也才不會時感制肘。(釋 604—許玉秀不同意見書)

法律是人民的支配規則

我就是國家

我是國家的首席僕役

法國國王路易十四
主人觀點

德國腓特烈大帝
僕役觀點

三 授權行政機關以命令定之的標準何在？

　　屬於法律保留範圍之事項，立法者究應以法律逕予規定，抑或得授權行政機關以命令定之，因涉及行政與立法機關間權力之分配，是以應考量兩機關在制度功能上之特色，斟酌相關措施侵害人民權利之程度、執行法律時是否應予行政機關適度之彈性，及規範之事物領域是否具有快速變遷之特質等因素，綜合評估後以為決定。（釋604—城仲模協同意見書）

相關考題 法規之適用

下列何者須有法律或有法律具體明確授權之依據始得為之？ (A)補助國旅 (B)吊銷證照 (C)執行法律之細節性、技術性事項 (D)不涉及重大公益之給付行政 【111高考-行政法】	(B)

5 法律明確性原則

一 法律明確性之概念

　　法律明確性原則，是指法律以抽象概念表示者，其意義須非難以理解，且為一般受規範者所得預見，並可經由司法審查加以確認。依據釋字第 659 號解釋，認為「依本院歷來解釋，法律規定所使用之概念，其意義依法條文義及立法目的，如非受規範者難以理解，並可經由司法審查加以確認，即與法律明確性原則無違（本院釋字第 432 號、第 491 號、第 602 號及第 636 號解釋參照）」。例如法律規定：「不愛國者，得徵收其所有土地。」而此規範中之「不愛國」三個字，就讓許多人難以理解，好比統派人士在獨派人士眼中就是不愛國。

　　除了法律上，實務操作上也有很多與「明確性」相關聯，例如臺北市公告的內容表示徵收仁愛路的土地，但是並沒有明確地說出到底是哪一個地號，或者是哪裡的土地或地址，致使實際上可能被徵收者無法知悉，也無法循救濟途徑主張自己的權利，與明確性原則有違。

二 與不確定法律概念之關係

　　大法官會議的解釋中，已經多次揭櫫法律明確性的原則，期望法律之概念依其法條文義及立法目的，不致於讓受規範者難以理解。且使法官在承審案件運用該法條時，不會無法正確的瞭解意義，才有強調此明確性的必要。但本（司法）院解釋並未排斥使用不確定法律概念之必要性，所有的法律也都永遠會運用到不確定法律概念。（釋 664 —陳新民部分協同、部分不同意見書）

統派與獨派

法律明確性

可理解性　　可預見性　　審查可能性

你這個破獨派！

你才是個爛統派，沒有中心思想的傢伙。

不愛國法（模擬）

【第 1 條】不愛國者，應受處罰。

【第 2 條】難謂愛國者，不得擁有土地。

【第 3 條】尚非屬愛國者，不得取得國籍。

《延伸閱讀：行政裁量與不確定法律概念，參見本書第 68~71 頁、第 78~81 頁》

相關考題　　法律明確性原則

下列何者不屬於法律明確性原則之內涵？　(A)構成要件以抽象概念表示者，其意義須非難以理解　(B)授權之目的、內容及範圍應具體明確　(C)一般受規範者得預見　(D)爭議時得由司法審查加以確認

（B）

【104 高考 - 行政法】

　　公平交易法第23條第1項規定：「多層次傳銷，其參加人如取得佣金、獎金或其他經濟利益，主要係基於介紹他人加入，而非基於其所推廣或銷售商品或勞務之合理市價者，不得為之。」其中所稱「主要」、「合理市價」之認定標準，是否違反法律明確性原則？（現為多層次傳銷管理法第18條）

　　前開所稱「主要」、「合理市價」之認定標準，係以參加人取得經濟利益之來源，推廣或銷售商品或勞務之價格為判斷，其範圍應屬可得確定。且多層次傳銷之營運計畫或組織之訂定，傳銷行為之統籌規劃，係由多層次傳銷事業為之，則不正當多層次傳銷事業之行為人，對於該事業之參加人所取得之經濟利益，主要係基於介紹他人加入，而非基於參加人所推廣或銷售商品或勞務之合理市價，依其專業知識及社會通念，非不得預見，並可由司法審查予以認定及判斷，符合法律明確性原則。

　　釋字第602號解釋理由書：「又法律明確性之要求，非僅指法律文義具體詳盡之體例而言，立法者於立法制定時，仍得衡酌法律所規範生活事實之複雜性及適用於個案之妥當性，適當運用不確定法律概念而為相應之規定。在罪刑法定之原則下，處罰犯罪必須依據法律為之，犯罪之法定性與犯罪構成要件之明確性密不可分。有關受規範者之行為準則及處罰之立法使用抽象概念者，苟其意義非難以理解，且個案事實是否屬於法律所欲規範之對象，為一般受規範者所得預見，並可經由司法審查加以認定及判斷者，即無違反法律明確性原則。」

相關考題　法律明確性原則

法律以抽象概念表示者，其意義須非難以理解，且為一般受規範者所得預見，並可經由司法審查加以確認，方符合何種原則？　(A)法律抽象性原則　(B)法律明確性原則　(C)法律衡平性原則　(D)法律不溯既往原則　【98四等基警-行政法概要】	(B)
下列何者不屬於法規命令內容應明之要求？　(A)意義非難以理解　(B)為一般受規範者所得預見　(C)可經由司法審查加以確認　(D)不得以抽象概念表示　【100三等行政警察-行政法】	(D)
下列敘述何項非屬司法院釋字第491號所闡述明確性原則之內涵？　(A)構成要件，法律以抽象概念表示者，其意義須非難以理解　(B)法律效果為一般受規範者所得預見　(C)應給予處分相對人表達意見之機會　(D)爭議內容得經由司法審查加以確認　【100高考-行政法】	(C)
法律授權主管機關以命令為補充規定者，其授權之目的、內容及範圍應具體明確，人民得預見其行為之可罰性，方符下列何項原則？　(A)平等原則　(B)比例原則　(C)明確性原則　(D)不當連結禁止原則　【99地方特考四等-行政法概要】	(C)
臺北市政府公告：「徵收甲所有大安段110號等土地五筆」，係違反下列何項法原則？　(A)平等原則　(B)信賴保護原則　(C)明確性原則　(D)比例原則　【96三等地方特考-行政法】	(C)
中央健保局以某醫療機構虛偽申報醫療費用為由科處罰鍰，惟並未記載醫療費用之金額，僅謂「其金額由本局核算另案通知」，則該罰鍰處分之內容因違反下列何項原則而應予撤銷？　(A)信賴保護原則　(B)誠實信用原則　(C)明確性原則　(D)平等原則　【95地方特考四等-行政法概要】	(C)
國家公權力之行為是否明確，下列何者為判斷基準之一？　(A)可修改性　(B)可預見性　(C)可罰性　(D)可受公評性　【99地特四等-行政法概要】	(B)

6 公益原則

一 公益原則之概念

　　所謂「公益原則」，是指組成政治社會各分子事實上之利益，經比較交互影響過程之理想狀態，即由特殊私益與公共利益共同組成之綜合觀念。(95 判 1239 — ETC 案) 是以適用公益原則，必須從具體事件中各方利益之比較及其交互影響，加以探討，求其平衡完備而無所偏廢。行政機關為行政行為應考量「公益原則」，該原則也是行政法中相當重要之原則，諸如情況判決即應用到公益原則。

二 公益原則之判斷

　　公益原則的重點在於如何判斷，當然不能任憑國家的主觀，否則一個獨裁偏執的政府，對於公益的原則恐怕就會脫離人民的感情。

　　例如馬英九總統所領導的政府推動兩岸服務貿易協議，引發部分民眾反彈，認為過度傾向中國，且該協議對於本國部分產業不利，無法面對國際競爭挑戰。

　　國際間協議甚多，要簽屬一定的經貿協議，必然是放棄一些權利，讓對方能以較低關稅或免關稅進口特定產品至我國，才能換來我方出口特定產品到其他簽約國。

　　在以民主法治為基礎之現代國家，憲法及法律之內涵本身，即屬一種公益之顯示，故忠實執行憲法及法律，乃實現公益之主要手段。(吳庚，第 68 頁)

實務見解 出版自由之行政管制

　　國家對於出版自由之管制，理論上固不限於其能以刑法規範由司法機關為審查決定；行政機關基於法律之授權，亦得以行政處分之方式進行管制。惟管制之目的，必須合乎憲法第23條所揭示之公益原則。（釋407─蘇俊雄不同意見書）

【憲法第23條】

以上各條列舉之自由權利，除為防止妨礙他人自由、避免緊急危難、維持社會秩序，或增進公共利益所必要者外，不得以法律限制之。

傳統見解

犧牲小我　　完成大我

國家

民族

小我＝私益　　大我＝公益

現代見解

公益

特殊利益　公共利益

95判1239─ETC案

相關考題

下列何者非行政法之一般法律原則？　(A)誠實信用原則　(B)公益原則　(C)比例原則　(D)當事人進行原則　【98四等基警-行政法概要】	(D)
訴願法第83條所謂之「情況決定」，是基於何種行政法原則的考量？　(A)依法行政原則　(B)信賴保護原則　(C)公益原則　(D)明確性原則　　【98四等基警-行政法概要】	(C)

7 平等原則

一 實質的平等，還是形式的平等？

形式的平等，是指一種齊頭式的平等，無分人民之各種特性，通通一律平等對待。例如形式上的平等，所有人繳交的稅都一樣、男女生都應該要當兵。

實質的平等，則會參酌事實上的差別，對於不同的屬性給予不同的待遇。例如基於女性在戰場上諸多不便，因此徵兵制原則上只徵募男性當兵。

二 行政程序法之規定

行政程序法第 6 條規定：「行政行為，非有正當理由，不得為差別待遇。」

所謂正當理由，參酌釋字第 211 號解釋，是指「為保障人民在法律上地位之實質平等，並不限制立法機關在此原則下，為增進公共利益，以法律授權主管機關，斟酌具體案件事實上之差異及立法之目的，而為合理之不同處置」；以及參酌釋字第 481 號解釋理由書：「憲法上之平等原則，係為保障人民在法律上地位之實質平等，並不禁止法律依事物之性質，就事實狀況之差異而為合理之不同規範。」

實務見解 色盲生可否報考警大碩士班（容許合理之差別待遇）

　　警大碩士班規定色盲不得報考，釋字第626號認為：「因警察工作之範圍廣泛、內容繁雜，職務常須輪調，隨時可能發生判斷顏色之需要，色盲者因此確有不適合擔任警察之正當理由，是上開招生簡章之規定與其目的間尚非無實質關聯，與憲法第7條（平等權）及第159條規定（受教育平等權）並無牴觸。」

稅捐機關

三 不當聯結禁止原則

不當聯結禁止原則，是指行政機關之行政作為，必須與規範目的之達成具有 正當合理之關聯 。

近來政府部門財政困窘，時常藉著公權力的實行與否，迫使民眾非主動自願性地從事一些義務性的作為。

舉個例子，例如核發駕照，本來當日即可發放，但為了增加財政收入，就規定如果沒有繳交規費或協助擔任一日清潔志工，就必須要延後 15 天之後，才能領取駕照。此種要求民眾一定負擔的行政作為，兩者之間並沒有一定的關連性。

再舉一個例子，如果廢棄物處理人員因為處理廢棄物失當而嚴重污染環境，主管機關可以撤銷其處理技術員的合格證書，不生違背不當聯結禁止原則之問題。（釋 612）但是，如果是因為沒有「孝敬」主管機關的公務人員，為此而被撤銷合格證書，兩者欠缺合理關聯性。

相關考題	不當聯結禁止原則

道路管理機關與私人約定，該機關核發公物特別利用之許可，但私人必須給付50萬元回饋金，以供教育主管機關補貼兒童營養午餐之用。就上述法律關係，下列敘述何者正確？　(A)回饋金之給付有助於實施兒童營養午餐，基於契約自由原則，該契約自屬合法且有效　(B)回饋金之給付有助於實施兒童營養午餐，基於公益維護原則，該契約自屬合法且有效　(C)回饋金之給付有違不當聯結禁止之原則，該契約自屬違法且無效　(D)回饋金之給付有違不當聯結禁止之原則，但因有助於實施兒童營養午餐，尚非屬無效	(C)

【100普考 - 行政法概要】

不當聯結禁止原則示意圖

要是不帶我去酒店消費，我就刁難你，讓你下次執照無法通過。

行政作為之判斷

是否有法律授權之依據？ ➡ 行政作為與目的有無關聯性？ ➡ 是否符合比例原則？

相關考題 不當聯結禁止原則

A公司申請引進外勞，主管機關予以許可，惟許可通知書中附加A公司應將營利所得之固定比例捐給外勞保護團體之附款，請問此一處分內容可能違反下列何者？　(A)信賴保護原則　(B)禁止不當聯結原則　(C)明確性原則　(D)比例原則	（B）
【99地方特考四等-行政法概要】	

相關考題　平等原則

關於行政行為與平等原則之關係，下列敘述何者錯誤？　(A)行政私法不受平等原則之拘束　(B)「行政自我拘束原則」為行政權受平等原則拘束之表現　(C)人民不得向行政機關就自己之違反行政秩序行為，主張平等權　(D)平等原則容許行政機關得基於正當理由為差別待遇　　　　　　　　　　　　　　　　【98四等基警-行政法概要】	(A)
下列何者為平等原則之敘述？　(A)行政行為之內容應明確　(B)無正當理由，不得為差別待遇　(C)行政行為應受法律及一般法律原則的拘束　(D)行政行為應採誠實信用之方法　　　　　　　　　　　　　　　　　　　　【98國安局五等-法學大意】	(B)
行政程序法第6條規定：「行政行為，非有正當理由，不得為差別待遇。」此乃說明下列何種原則？　(A)平等原則　(B)比例原則　(C)正當原則　(D)明確性原則　　　　　【100三等民航特考-法學知識】	(A)
法律對於特定族群作成過多恣意的給付，可能違反何種法律原則？　(A)信賴保護原則　(B)誠實信用原則　(C)平等原則　(D)不利益變更禁止原則　　　　　　　　　　　　　　　【100普考-行政法概要】	(C)
行政程序法第6條規定，行政行為，非有正當理由，不得為差別待遇，為為何種法律原則？　(A)比例原則　(B)公益原則　(C)平等原則　(D)誠實信用原則　　　　　【100四等行政警察-行政法概要】	(C)
關於行政程序法所定「行政行為，非有正當理由，不得為差別待遇」之內涵，下列敘述何者錯誤？　(A)得斟酌事物性質之差異而為合理之區別對待　(B)可導出行政自我拘束原則　(C)非指絕對、機械之形式上平等　(D)不適用於給付行政之領域　　　【108普考-行政法概要】	(D)
供公眾使用之建築物，違反建築法第77條規定，未定期辦理公共安全檢查簽證及申報，行政機關違反先前先通知當事人補辦程序之慣例，即逕行採取裁罰措施，係違反何種行政法一般原理原則？　(A)平等原則　(B)比例原則　(C)禁止不當聯結原則　(D)法律優位原則　　　　　　　　　　　　　　　　　　　　　　【112高考-行政法】	(A)

8 依法行政原則

　　行政行為應受法律及一般法律原則之拘束。（*行政程序法 §4*）此即闡述依法行政原則之規範。其內容可以分為法律優越原則，以及法律保留原則。行政程序法第 1 條開宗明義明定以「確保依法行政之原則」為立法目的。

■ 法律優越原則

　　法律優越原則，又稱之為消極的依法行政。是指行政行為或其他一切行政權之行使，均不得與法律相牴觸。此項原則具有規範位階之意義，依據憲法第 171 條第 1 項規定：「法律與憲法牴觸者無效。」同法第 172 條規定：「命令與憲法或法律牴觸者無效。」中央法規標準法第 11 條亦有相類似規範。換言之，憲法優越於法律，法律優越於命令。行政權之行使，除了必須受到憲法之約束外，還必須遵循法律之規範。上位規範即便有授權，並不代表行政機關之委任命令或授權命令即可恣意作為，還是有可能發生牴觸上位規範之情形。

■ 法律保留原則

　　所謂法律保留，又稱之為積極的依法行政。是指若無法律之授權，行政機關即便沒有消極之不牴觸法律，亦不能合法的為行政行為。歷年來大法官會議所作出之解釋，業已建立層級化保留體系，例如釋字第 313 號解釋認為：「對人民違反行政法上義務之行為科處罰鍰，涉及人民權利之限制，其處罰之構

法律優越原則

是的，法律與憲法牴觸者無效。所以，你最大！

法律，你就像是我的兒子，不能牴觸我！

法律

憲法

憲法＞法律
憲法第 171 條第 1 項：「法律與憲法牴觸者無效。」

是的！我最小，會謹守本分的。

命令，你就像是我的兒子，好比憲法的孫子，不能牴觸我（法律），當然也不能牴觸憲法。

命令

法律

命令＜憲法＆法律
憲法第 172 條：「命令與憲法或法律牴觸者無效。」所以，命令＜法律＜憲法

成要件及數額，應由法律定之。若法律就其構成要件，授權以命令為補充規定者，授權之內容及範圍應具體明確，然後據以發布命令，始符合憲法第 23 條以法律限制人民權利之意旨。」

　　法律之授權涉及限制人民自由權利者，其授權之目的、範圍及內容符合具體明確之條件時，亦為憲法之所許。若法律僅概括授權行政機關訂定施行細則者，該管行政機關於符合立法意旨且未逾越母法規定之限度內，自亦得就執行法律有關之細節性、技術性之事項以施行細則定之，惟其內容不能牴觸母法或對人民之自由權利增加法律所無之限制，行政機關在施行細則之外，為執行法律依職權發布之命令，尤應遵守上述原則。(釋字第 367 號)

三 大學自治（低密度之法律保留）

實務見解 案例一：

警大碩士班招生簡章規定色盲者無法入學，是否違反平等權？

　　大學自治為憲法第 11 條講學自由之保障範圍，大學對於教學、研究與學習之事項，享有自治權，其自治事項範圍除內部組織、課程設計、研究內容、學力評鑑、考試規則及畢業條件等外（本院釋字第 380 號、第 450 號及第 563 號解釋參照），亦包括入學資格在內，俾大學得藉以篩選學生，維繫學校品質，提升競爭力，並發展特色，實現教育理念。大學對於入學資格既享有自治權，自得以其自治規章，於合理及必要之範圍內，訂定相關入學資格條件，不生違反憲法第 23 條法律保留原則之問題。（釋 626 理由書）

大學自治

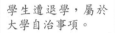

學生遭退學，屬於大學自治事項。

釋 626

釋 563

色盲學生是否能考警大研究所，屬於大學自治事項。

釋 380

釋 450

我要開什麼課程，不需要你規定，這是大學自治的範疇。

舊大學法施行細則第 22 條第 1 項：「各大學共同必修科目不及格者不得畢業」；第 3 項：「各大學共同必修科目，由教育部邀集各大學相關人員共同研訂之。」→認定違憲。

共同必修不及格，能不能畢業是大學自治事項，大學法沒規定，施行細則怎能規定呢？

大學法沒有授權由教育部來邀集訂定！

大學法
大學院校必須要開軍訓課程！？

碩士生口試通過後，指導教授要求修改，最後以修改不符合要求未予簽名，致修業年限已過而遭校方退學。

大學學生退學之有關事項，83年1月5日修正公布之大學法未設明文。為維持學術品質，健全學生人格發展，大學有考核學生學業與品行之權責，其依規定程序訂定有關章則，使成績未符一定標準或品行有重大偏差之學生予以退學處分，亦屬大學自治之範疇。立法機關對有關全國性之大學教育事項，固得制定法律予以適度之規範，惟大學於合理範圍內仍享有自主權。（釋563、97判754）

四 規範密度理論（層級化法律保留）

直到釋字第443號解釋，更以規範密度為理論基礎，闡述層級化保留體系，應視規範對象、內容或法益本身及其所受限制之輕重而容許合理之差異。包括憲法保留，內容略以：「關於人民身體之自由，憲法第8條規定即較為詳盡，其中內容屬於憲法保留之事項者，縱令立法機關，亦不得制定法律加以限制。」

法律保留的部分，則分成絕對法律保留，以及相對法律保留二者，並透過規範密度理論來加以區分。所謂參酌「規範密度」之理論，即「應視規範對象、內容或法益本身及其所受限制之輕重而容許合理之差異」。

該號解釋舉了一些例子，諸如剝奪人民生命或限制人民身體自由者，必須遵守罪刑法定主義，以制定法律之方式為之；涉及人民其他自由權利之限制者，亦應由法律加以規定，如以

層級化保留體系

憲法保留

絕對法律保留

相對法律保留

行政保留

法律授權主管機關發布命令為補充規定時，其授權應符合具體明確之原則；若僅屬與執行法律之細節性、技術性次要事項，則得由主管機關發布命令為必要之規範，雖因而對人民產生不便或輕微影響，尚非憲法所不許。又關於給付行政措施，其受法律規範之密度，自較限制人民權益者寬鬆，倘涉及公共利益之重大事項者，應有法律或法律授權之命令為依據之必要，乃屬當然。

相關考題　層級化保留

從法律優位原則而言，下列各原則從人權保障目的著眼，何者規範位階最高？　(A)憲法保留原則　(B)絕對法律保留原則　(C)相對法律保留原則　(D)行政保留原則　【100四等行政警察-行政法概要】	(A)
限制人民自由權利之法規範形式，司法院大法官釋字第443號解釋理由有所謂「規範密度理論」。其考量因素不包含下列何者？　(A)行政機關之層級高低　(B)規範內容或法益本身之性質　(C)人民權利所受限制之輕重　(D)規範對象之性質　【98高考三級-行政法】	(A)

相關考題　層級化保留

| 依司法院解釋意旨，有關法律保留之敘述，下列何者正確？　(A)給付行政措施涉及公共利益之重大事項者，仍應有法律或法律授權之命令為依據　(B)犯罪之構成要件與有期徒刑之處罰均得由法律授權之命令定之　(C)執行法律之細節性、技術性次要事項仍應由立法院規範之　(D)法律得概括授權主管機關發布命令為補充性規定
【98國安局五等-法學大意】 | (A) |

解析：
本題是有關層級化保留體系之相關概念，可參酌字第443號解釋。

相關考題　依法行政原則

有關依法行政原則之敘述，下列何者錯誤？　(A)依法行政為現代行政法的基本原則　(B)依法行政乃法治國家的重要表徵　(C)行政行為僅受法律拘束，不受其他法律原則之拘束　(D)依法行政包含法律優越及法律保留兩個原則　【99初等人事行政-法學大意】	(C)
傳染病防治法第37條規定，醫師診治病人，發現傳染病時，除採行必要感染控制措施並報告主管機關。今甲為與臺中縣私立光田醫院訂有聘約之醫師，則其診治病人發現有SARS疫情時，報告臺中縣政府之行政法法律關係是基於：　(A)行政契約　(B)行政處分　(C)法規規定　(D)事實行為　【96三等地方特考-行政法】	(C)
有關依法行政原則，下列何者錯誤？　(A)行政行為應受法律拘束，不受一般法律原則之影響　(B)包含積極的與消極的兩種面向　(C)可區分為法律優越以及法律保留兩項　(D)為法治國家的重要表徵　【100高考-法學知識與英文】	(A)
關於法律優越原則，下列何者錯誤？　(A)目的在防止行政行為違背法律　(B)又稱為消極的依法行政　(C)一切行政行為均不得牴觸法律　(D)一切行政行為皆須有法律之明文依據　【99四等海巡-法學知識與英文】	(D)
行政行為不得牴觸法律，此稱為：(A)法律保留原則　(B)法律優越原則　(C)憲法保留原則　(D)國會保留原則　【98普考-行政法概要】	(B)

相關考題　法律保留原則

法律保留原則要求：　(A)行政行為不得過當　(B)行政行為須保障人民之信賴利益　(C)行政行為不得牴觸法律　(D)行政行為須有法律之依據　　　　　　　　　　　【99初等人事行政-法學大意】	(D)
行政機關就其管轄之事務，干涉人民之自由權利時，仍須有下列何者之授權，始得為之？　(A)法律規定　(B)機關決定　(C)法院判決　(D)執行名義　　　　　　　　　　　【98四等基警-行政法概要】	(A)
下列有關法律保留原則之敘述，何者不正確？　(A)古典的法律保留，係指侵害保留　(B)凡是屬於法律保留之事項，即不得授權行政機關訂定法規命令　(C)技術性或細節性的規定，法律乃容許有概括性的授權　(D)只要符合授權明確性原則，並不妨害法律授權行政機關制定法規命令　　　　　　　　　　　【93地方特考四等】	(B)
下列何種行政行為須有法律之授權依據？　(A)中秋節敬老津貼之核發　(B)圖書館之設置　(C)大學對學生學業成績之考核　(D)電玩業之禁止開設　　　　　　　　　　　【98調查局-法學知識與英文】	(D)
行政程序法第174-1條主要係依據下列那一個原則，而要求職權命令應於該法實施後2年內予以相關之修正，否則逾期失效？　(A)法律優位原則　(B)公益原則　(C)明確性原則　(D)法律保留原則　　　　　　　　　　　【97三等地方特考-行政法】	(D)
司法院釋字第443號解釋，提出有關層級化法律保留之見解。請問下列何者非該號解釋所提出之內涵？　(A)屬於憲法保留事項，立法機關亦不得制定法律加以限制　(B)剝奪人民生命或限制人民身體自由者，如以法律授權主管機關發布命令規定者，其授權應符合具體明確原則　(C)涉及人民其他自由權利之限制者，亦應由法律加以規定　(D)給付行政措施受法律規範之密度較寬鬆，但倘涉及公共利益之重大事項者，應有法律或法律授權之命令為依據　　　　　　　　　　　【104高考-行政法】	(B)

行政機關課稅之行為，須有法律之授權依據，此為那一項原則之要求？ (A)信賴保護原則　(B)法律不溯及既往原則　(C)法律優越原則　(D)法律保留原則　【99四等關務-法學知識】	(D)
凡應以法律規定之事項，行政機關不得以行政命令取代，稱為何種原則？ (A)明確性原則　(B)法律保留原則　(C)特別法優於普通法原則　(D)比例原則　【100三等民航特考-法學知識】	(B)
下列何者有法律保留原則之適用？ (A)行政機關內部之行政規則　(B)增加人民負擔之行政程序事項　(C)行政裁量行為　(D)行政契約　【100高考-行政法】	(B)
行政程序法第4條規定，行政行為應受法律及一般法律原則之拘束。關於其內涵，下列敘述何者錯誤？ (A)本條主要指出，法治國家中立法權與行政權關係的基本原則　(B)本條所指「法律」，不限於形式意義的法律，而且包括行政規則　(C)本條規定即為依法行政原則　(D)本條意旨包含法律優位原則及法律保留原則　【100四等行政警察-行政法概要】	(B)

解析：
行政規則應改為「法規命令」。

何謂法律保留原則？ (A)法律規定有漏洞　(B)法律規定不完整　(C)僅得以法律規定　(D)不得牴觸憲法　【100四等行政警察-行政法概要】	(C)
有關法律保留原則之敘述，下列何者正確？ (A)為使法律適用靈活起見，法律得概括授權法規命令為各式規定　(B)法律授權是否明確，以行政長官本身的意志是否具有可預見性為準　(C)法律是否有授權，得以法律整體的意義關聯作為判斷基準　(D)法律授權是否明確，僅以法律授權目的是否明確即為已足　【99第二次司法特考-法學知識與英文】	(C)

第 3 篇

行政之羈束性
與自由性

1

行政裁量

行政裁量之用語

一、行政裁量之用語

　　行政裁量之用語，是存在於法律效果中，讓行政機關得以選擇之概念，在我國立法實務上，約略有下列類型：

1、以「得」字用語，表示裁量授權。例如「必要時，得……」，因為「必要時」屬於不確定之法律概念，行政機關因此而有裁量之空間。例如國內曾發生博愛特區擴大之風波，業已蓋好之一品苑等建築，是否因高度過高而面臨拆除？主要的依據在於國家安全法第 6 條有關軍事所必需之管制區，得實施限建、禁建。但是並不是具有「得」字的規定，都是裁量授權之規定，例如行政程序法第 15 條第 1 項：「行政機關得依法規將其權限之一部分，委任所屬下級機關執行之。」條文中的「得」字，只是讓行政機關具有得委任其他機關執行之權限，並不是指行政機關在一定範圍內有裁量的空間。

2、以「得不」之用語，表示消極決定之裁量授權。例如依行政程序法第 37 條但書規定：「但行政機關認為無調查之必要者，得不為調查，並於第 43 條之理由中敘明之。」

3、以上或以下作為一定數額之範圍限制。例如公平交易法第 44 條規定：「公平交易委員會依第 27 條規定進行調查時，受調查者違反第 27 條第 3 項規定，得處新臺幣 5 萬元以上 50 萬元以下罰鍰……」換言之，公平交易委員會依此規定，

對於違反規定之受調查者，可以在 5 ～ 50 萬元的範圍內處以罰緩。

4、以選擇性表示裁量授權。例如右頁圖中之案例，受刑人被拒絕收監者，依據監獄行刑法第 13 條第 6 項規定，應由檢察官斟酌情形，為具保、責付、限制住居、限制出境、出海或其他適當之處置。

實務見解 身心障礙者入監

　　受刑人因涉嫌不法，遭法院判處有期徒刑以上之刑罰時，是否需要入監服刑呢？（例如前第一夫人吳淑珍遭判刑確定）

　　依據監獄行刑法第13條規定，衰老、身心障礙，不能於監獄自理生活者，「應」拒絕收監。因此，受刑人入監時，應行健康檢查，若認定為身心障礙，則監獄應拒絕收監，並沒有裁量的餘地，或許這也是扁案一干人等要將責任推到吳淑珍身上的原因吧！？

相關考題

立法者賦予行政機關裁量處分之權限時，多以下列何種規定之方式出現？ (A)以「應」字規定 (B)以「得」字規定 (C)以「不得」二字規定 (D)空白未規定　　　　　　　　【92地方特考第二次一般行政-行政法大意】	(B)
關於行政自我拘束原則之敘述，下列何者錯誤？ (A)必須要有客觀長期之慣行 (B)涉及人民信賴保護與機關誠信原則 (C)行政機關必須原本對該事件不具判斷裁量空間 (D)行政先例的本身必須以合法行為為限　　　　　　　　　　　　【110地特-行政法】	(C)

選擇性表示裁量授權

監獄行刑法第 13 條規定：「衰老、身心障礙，不能於監獄自理生活者。」依規定應拒絕收監。

我被判處無期徒刑確定，要來服刑了。

監獄行刑法規定：「衰老、身心障礙，不能於監獄自理生活者。」依規定應拒絕收監。條文為「應」字，所以監獄就應該拒絕收監，並沒有裁量的餘地，稱之為裁量收縮至零。

但是依據監獄行刑法第 13 條規定，檢察官斟酌情形，選擇為具保、責付、限制住居、限制出境、出海或其他適當之處置。

太好了，那把我送回住家吧！

檢察官斟酌情形，可以選擇為具保、責付、限制住居、限制出境、出海或其他適當之處置。監獄行刑法之此項規定，即屬選擇性表示裁量授權。

2 裁量萎縮與裁量瑕疵 之司法審查

一 裁量萎縮

行政機關在法律的授權之下，針對特定事務本有裁量之授權，但是若發生一定客觀事實，致使行政機關原本有多樣選擇之不同裁量結果，卻僅能選擇其一，此即所謂的裁量收縮，或有稱之為裁量縮減至零，或裁量萎縮。

例如颱風來襲，為避免雨量過大，土石流淹沒山區村落，依據災害防救法第 24 條規定：「為保護人民生命、財產安全或防止災害擴大，直轄市、縣（市）政府、鄉（鎮、市、區）公所、山地原住民區公所於災害發生或有發生之虞時，應勸告或強制其撤離，並作適當之安置。」本條規定，授權行政機關在災害來臨時，有勸告撤離或強制撤離兩種選擇，一般而言，行政機關都會先派員勸告撤離，可是若遇緊急事件，例如堰塞湖面臨潰堤的情況，危急到只剩下強制撤離的選擇，就是屬於裁量縮減至零的具體情況。

二 裁量瑕疵之概念

一、裁量逾越

裁量逾越，是指行政機關之裁量行為，業已超過法律所授權之權限範圍。此種裁量行為若屬行政處分之類型，依據行政訴訟法第 4 條第 2 項規定，以違法論。此種行政處分既已屬於違法，行政法院自得予以撤銷。(行政訴訟法 §201)

裁量萎縮與裁量瑕疵

不實廣告內容，依據法定程序，於法律授權範圍內，作成裁處罰鍰之決定，行政法院認為該決定過程恪遵相關程序，經核公平交易委員會之裁量堪認已充分審酌一切情狀，並無違背行政自我拘束原則或有裁量瑕疵或逾越權限之情形，尚屬合法。（98裁1697）

二、裁量濫用

裁量濫用，是指行政機關之裁量行為，與法律授權之目的不相符合，或違背一般法律之基本原則。逾越權限或濫用權利之行政處分，以違法論。（行政訴訟法 §4 II）行政機關依裁量權所為之行政處分，以其作為或不作為逾越權限或濫用權力者為限，行政法院得予撤銷。（行政訴訟法 §201）

三、裁量怠惰

裁量怠惰，是指行政機關依法擁有裁量之權限，本應積極為裁量之作為，卻怠於不行使其裁量權。

三 裁量瑕疵之司法審查

基本上，裁量瑕疵的情況，行政法院並不予以審查，蓋因所謂行政裁量，是法律許可行政機關得以選擇一定之行政作用，或者是在某種程度中具有判斷的自由，並不生違法的問題，僅屬於裁量適當與否。裁量瑕疵的當事人僅能循訴願或相類似的程序，透過行政機關的救濟途徑，由上級機關審查下級機關之裁量結果是否妥適，行政法院不宜介入裁量權之行使。

但是，若裁量瑕疵已經涉及到裁量處分之合法性時，行政法院自當介入審查。依據行政程序法第 10 條規定：「行政機關行使裁量權，不得逾越法定之裁量範圍，並應符合法規授權之目的。」；行政訴訟法第 4 條第 2 項規定：「逾越權限或濫用權力之行政處分，以違法論。」；同法第 201 條規定：「行政機關依裁量權所為之行政處分，以其作為或不作為逾越權限或濫用權力者為限，行政法院得予撤銷。」，可知行政處分如有裁量怠惰、裁量濫用等裁量瑕疵之情事，行政法院自得加以審查。僅依不利益變更禁止原則，不得為更不利益之變更。(98 判 68)

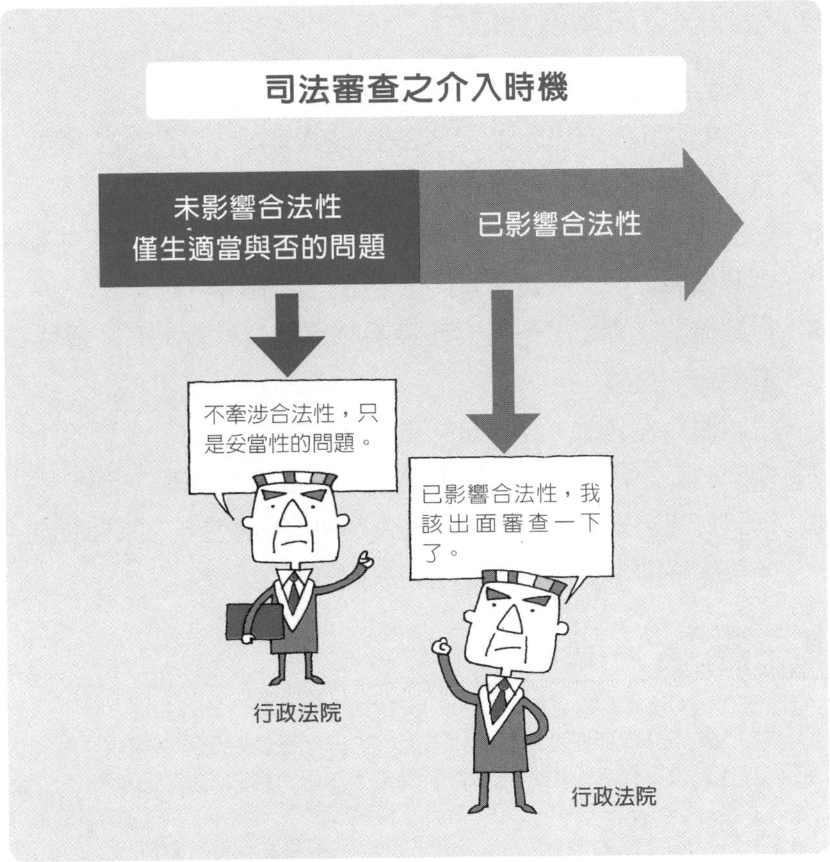

司法審查之介入時機

未影響合法性
僅生適當與否的問題

已影響合法性

不牽涉合法性，只是妥當性的問題。

行政法院

已影響合法性，我該出面審查一下了。

行政法院

相關考題　行政裁量

行政機關作成裁量時違反比例原則，係屬：　(A)裁量逾越　(B)裁量濫用　(C)裁量怠惰　(D)裁量萎縮　　　　【98三等原住民-行政法】	(B)
機關作成裁量出於不相關之動機，係屬於下列何種裁量瑕疵之類型？　(A)裁量逾越　(B)裁量濫用　(C)裁量怠惰　(D)裁量限縮　　　　　　　　　　　　【100五等司法特考-法學大意】	(B)

四 行政院之具體審查項目

行政法院可資審查之情形包括：(98 判 772)

1、行政機關所為之判斷，是否出於錯誤之事實認定或不完全之資訊。

2、法律概念涉及事實關係時，其涵攝有無明顯錯誤。

3、對法律概念之解釋有無明顯違背解釋法則或牴觸既存之上位規範。

4、行政機關之判斷，是否有違一般公認之價值判斷標準。

5、行政機關之判斷，是否出於與事物無關之考量，亦即違反不當連結之禁止。

6、行政機關之判斷，是否違反法定之正當程序。

7、作成判斷之行政機關，其組織是否合法且有判斷之權限。

8、行政機關之判斷，是否違反相關法治國家應遵守之原理原則，如平等原則、公益原則及比例原則等。

相關考題 行政裁量

行政機關依裁量權所為之行政處分，行政法院得撤銷之條件為何？ (A)其作為或不作為即使逾越權限或濫用權力，行政法院仍不得撤銷 (B)以其作為或不作為逾越權限或濫用權力者為限，行政法院得予撤銷 (C)其作為或不作為有不適當者，行政法院得予撤銷 (D)行政機關依裁量權所為之行政處分，行政法院均應予尊重而不得撤銷 【100四等行政警察-行政法概要】	(B)
行政機關享有判斷餘地，除有明顯瑕疵外，行政法院應予尊重之情形，不包括下列何者？ (A)對於公務人員考試成績之評定 (B)對於公務人員考績之評定 (C)對於公務人員陞遷之評量 (D)對於公務人員退休金之核定 【108高考-行政法】	(D)
依照營業稅法，逃漏稅應按所漏稅額處1倍至10倍罰鍰，若主管機關罰20倍之罰鍰，係屬下列何者？ (A)裁量違反誠信原則 (B)裁量逾越 (C)裁量縮減至零 (D)裁量不行使 【98四等基警-行政法概要】	(B)

相關考題　行政裁量

下列何者屬於裁量濫用？　(A)法令規定外國人具備法定要件時，得申請歸化；行政機關以申請人為同性戀而不予許可　(B)法令規定建物妨礙水流時，得令修改、遷移或拆毀；行政機關基於情況緊急而命令拆毀　(C)法令規定集會遊行違法時，得警告、制止或命令解散；行政機關認為對其他法益無礙而未做任何處理　(D)法令規定向公務員謊報災害者，得處1萬2千元以下罰鍰；行政機關經斟酌情節裁罰1萬元罰鍰　【99地方特考四等-行政法概要】	(A)
性騷擾防治法第20條規定（現為第27條第2項），對他人為性騷擾者，處新臺幣1萬元以上10萬元以下罰鍰。直轄市主管機關，得否就情形嚴重個案處罰新臺幣15萬元？(A)可以，因法律賦予主管機關裁量權　(B)可以，因行政罰得不受罰鍰最高額之限制　(C)不可以，因不符合法規授權之目的　(D)不可以，因逾越法定之裁量範圍　【100普考-行政法概要】	(D)
行政裁裁量之瑕疵，其種類不包括下列何者？　(A)裁量怠惰　(B)裁量萎縮　(C)裁量逾越　(D)裁量濫用　【98普考-行政法概要】	(B)
社會秩序維護法第86條規定，「於政府機關或其他辦公處所，任意喧嘩或兜售物品，不聽禁止者，處新臺幣3千元以下罰鍰或申誡。」今甲在臺北市政府文化局內任意喧嘩，不聽禁止，執行員警乙認出甲為其最討厭之鄰居，乃科處甲最高之新臺幣3千元罰鍰，則乙之行為屬於：(A)裁量逾越　(B)裁量怠惰　(C)裁量濫用　(D)合乎義務裁量　【96三等地方特考-行政法】	(C)
消防隊接獲住屋失火報案，應即出動，不得拖延，係指下列何者？(A)裁量逾越　(B)平等原則　(C)裁量收縮至零　(D)信賴保護原則　【93地方特考-行政法概要】	(C)
依廢棄物清理法規定，在指定清除地區內丟煙蒂者，處新臺幣1,200元以上6,000元以下罰鍰。今甲丟煙蒂，行政機關以其在夜間丟煙蒂而處其較重之新臺幣6,000元罰鍰。則行政機關之行為屬：(A)裁量逾越　(B)裁量怠惰　(C)適法裁量　(D)裁量濫用　【99四等基警行政警察-法學緒論】	(D)

3 不確定法律概念 及司法審查

一 不確定法律概念

行政裁量，是存在於法律效果之選擇性，已如前文所述。不確定法律概念，則存在於條文的構成要件中，例如「有合併審理之必要」（釋 665）、「有犯罪習性」、「經常」、「不當場所」、「不當組織」、「無正當理由」（釋 664）、民法的「公序良俗」、刑法的「顯可憫恕」、「猥褻」。

不確定法律概念，是指立法者在立法當時，藉由條文規範所產生的不確定性，授權讓行政機關可以在此一不確定法律概念之範疇中，進行某種程度之判斷。法律明確性原則之確立，並不因此排除不確定法律概念之存在。因為在司法審判過程中，也透過受過專業訓練法官闡釋，將不確定之法律概念適用於具體個案，來達成預設之立法目的。（釋 664—陳新民一部協同、一部不同意見書）

二 組織法之行政保留

行政法院對行政機關依裁量權所為行政處分之司法審查範圍，限於裁量之合法性，而不及於裁量行使之妥當性。至於不確定法律概念，行政法院以審查為原則，但對於具有高度屬人性之評定（如國家考試評分、學生之品行考核、學業成績評定、公務員考績、教師升等前之學術能力評量等）、高度科技性之判斷（如與環保、醫藥、電機有關之風險效率預估或價值取捨）、

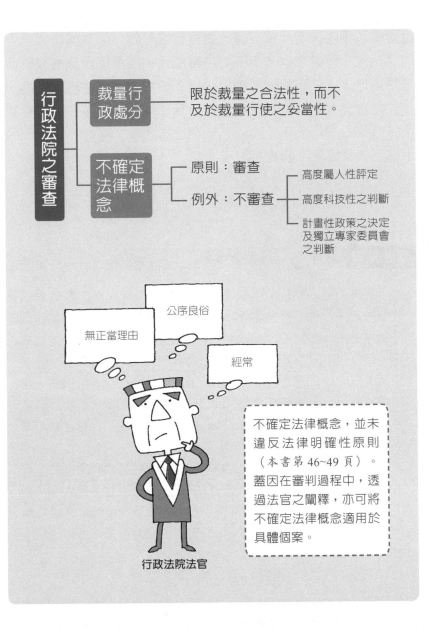

行政法院之審查

裁量行政處分 —— 限於裁量之合法性，而不及於裁量行使之妥當性。

不確定法律概念
- 原則：審查
- 例外：不審查
  - 高度屬人性評定
  - 高度科技性之判斷
  - 計畫性政策之決定及獨立專家委員會之判斷

公序良俗

無正當理由

經常

行政法院法官

不確定法律概念，並未違反法律明確性原則（本書第46~49頁）。蓋因在審判過程中，透過法官之闡釋，亦可將不確定法律概念適用於具體個案。

計畫性政策之決定及獨立專家委員會之判斷，則基於尊重其不可替代性、專業性及法律授權之專屬性，而承認行政機關就此等事項之決定，有判斷餘地，對其判斷採取較低之審查密度，僅於行政機關之判斷有恣意濫用及其他違法情事時，得予撤銷或變更。(98 判 772)

實務見解 我的民法有那麼差嗎？

　　某考生差一點就考上公證人，因某題僅得10分，認為典試委員有可能匆匆閱卷忽略原告超水準之作答內容，並認為該題屬於直接適用法條型式之實例題，解答只有一種，無判斷餘地之問題，為此提出訴願及行政訴訟。但最高法院認為應考人試卷之評閱及考試成績之評定，係閱卷委員基於法律之授權，根據個人學識素養與經驗所為專門學術上獨立公正之智識判斷，具有高度之專業性與屬人性，如無違背法令之處，即不容應試人對之藉詞聲明不服。（89判1976）

　　只是，如同原告指稱典試委員可能有內容漏未評閱審酌、專斷，這是很多考生的無奈心聲。茲引該原告之訴狀部分內容「若謂典試委員之專業判斷絕對神聖不可侵犯而不受檢驗，則顯然無異於就其可能之草率或恣意，創造出特別權力關係以外新的『法治國家之黑森林』」。

　　聽起來實在相當諷刺，但也非常貼近人心。

報考研究所「推薦函成績」之評定，同屬「判斷餘地」
理論適用之領域，如果無法指明程序上之重大違法，
法院原則上即應予以尊重。雖然還有可能從實體法之
層次作成「判斷違法」結論之可能，但其可能性甚低。
因為屬「判斷餘地」領域之行為作為，其違法判斷，
類似於「裁量違法」判斷（即裁量有「怠惰」、「逾越」
或「濫用」之情事），不僅舉證責任在主張之受處分
人一方，而且必須非常明確的指出其具體事實及違反
之法規範內容。（95 判 1769）

相關考題

下列何者是不確定法律概念？　(A)死亡　(B)結婚　(C)情節重大 (D)勒令歇業　　　　　　　　　　　　　　　【98高考三級-行政法】	(C)

4 行政保留

一 行政保留之概念

    是否凡事都要法律保留，行政部門只有在法律的框架下，才能夠正常運作。如果只是行政上的雞毛蒜皮事項，可否讓行政權享有自主的地位？立法權的過度積極，是否會違背權力分立的基本架構？

    常聽到許多人以「充分授權」這四個字，來形容長官之行事風格，但是充分授權還是必須要授權。同樣地，行政機關與立法機關的關係亦係如此，立法機關代表人民的化身，必須監督行政機關的運作，行政機關的運作也應該要獲得立法機關之授權，無論是組織法或行為法皆同。此一授權之概念，即所謂的法律保留，我國將法律保留之範圍擴大，擴大之程度，與其他國家相比較，可謂不遑多讓。行政權要能享有絕對不受侵犯之行政保留，實質上恐遭遇困難。

二 組織法之行政保留

    政府時常提倡組織再造，但是要修改組織架構談何容易。例如臺灣陸續發生九二一地震、八八水災等重大天然災害，成立救災總署，似乎成為避免類似災害再度發生的重要藥方。但是，成立救災總署又要制定相關組織法，以立法院的議事效率，恐怕應該將組織法的事項轉移成為行政保留，否則法規饑渴的現象將嚴重存在於行政機關中。

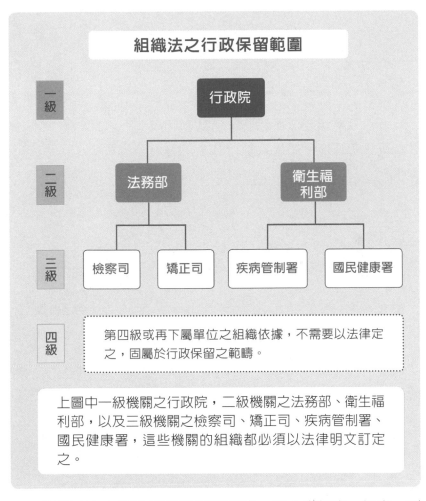

組織法之行政保留範圍

一級　行政院

二級　法務部　衛生福利部

三級　檢察司　矯正司　疾病管制署　國民健康署

四級　第四級或再下屬單位之組織依據，不需要以法律定之，固屬於行政保留之範疇。

上圖中一級機關之行政院，二級機關之法務部、衛生福利部，以及三級機關之檢察司、矯正司、疾病管制署、國民健康署，這些機關的組織都必須以法律明文訂定之。

　　現行「中央行政機關組織基準法」第4條規定，規定一到三級機關，以及獨立機關，以法律規範其組織，其餘機關的組織規範才得以命令為之。例如右圖之檢察司是三級機關（行政院→法務部→檢察司），其組織規範必須以法律定之，其下屬之四級機關才可命令定之。

Note

第 4 篇

行政組織

1 行政組織概論

一 行政組織之概念

　　行政組織之定義，有學者認為「以憲法及法規為依據而成立，為管理國家事務之核心，實現國家目標之最主要手段，對其他社會單位或組織體而言，具有監督及協調之功能。」(吳庚，第 171 頁)

　　行政組織之態樣繁多，例如行政程序法第 2 條第 2 項有對行政機關加以定義，其規定為「本法所稱行政機關，係指代表國家、地方自治團體或其他行政主體表示意思，從事公共事務，具有單獨法定地位之組織。」（行政程序法 §2 Ⅱ）其他如行政法人，於行政法人法草案中亦有規範，即「所謂行政法人指國家或地方自治團體以外，由中央目的事業主管機關為執行特定公共任務，依法律設立具人事及財務自主性之公法人。」

二 公法人

　　公法人是行政組織之一種，在行政法之探討中，可謂相當重要。針對公法人之類型，包括下列兩種情況：

一、地方自治團體性質之公法人

　　中央與地方權限劃分，係基於憲法或憲法特別授權之法律加以規範，凡憲法上之各級地域團體符合下列條件者：1、享有就自治事項制定規章並執行之權限，2、具有自主組織權，方得為地方自治團體性質之公法人。

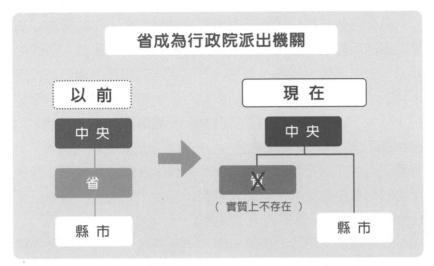

臺灣省自 87 年 12 月 21 日起即不再有憲法規定之自治事項，亦不具備自主組織權，自非地方自治團體性質之公法人。(釋字 467 理由書) 目前，臺灣省依據地方制度法，成為行政院派出機關。

二、其他公法人

所謂其他公法人，是指其他依法設置之團體，其構成員資格之取得具有強制性，亦有行使公權力之權能，且得為權利義務之主體者。(吳庚，第 175 頁) 目前僅有農田水利會、行政法人，算是其他公法人的類型。

参 省，只剩下歷史的圖騰

還記得宋楚瑜嗎？第一位民選省長，選舉的票數幾乎與總統的票數相當，再加上當年臺灣省幾乎就等同於中華民國實質統治的領域，省長與總統誰更位高權重，成為一個有趣的笑談。

　　只是這個笑談，卻有著那種歷史的無奈，小小的臺灣卻有著四級政府體制，從中央、省、縣市、鄉鎮，為了提供行政的效率，省的廢除，成為必然性。然而憲法的修正，卻仍然留下人類的小尾巴，沒有功能，卻依然存在，憲法增修條文第 9 條第 1 款：「省設省政府，置委員 9 人，其中 1 人為主席，均由行政院院長提請總統任命之。」現在的臺灣依舊存在著省政府，有著沒有人知道是誰的省主席以及委員，甚至於同條第 2 款規定還設有省諮議會，連議員人數都不重要，只規範「置省諮議會議員若干人」，當然更不是民選了。

　　或許這是一個政治議題，讓當年充滿政治敏感性神經的國大代表，基於諸多考量，這把修法的大刀無法乾淨俐落地砍下去，如同藕斷絲連一詞，陳腐地形容著省政府的存在。

　　或許，臺灣省政府的這個圖騰，讓實質統治臺灣的中華民國，不再只是一個島國，而是一個潛意識中或許擁有 36 省的偉大國家，也暗示著兩岸不是一邊一國，藉此成為另類的兩岸和平穩定器吧！（延伸閱讀：本書第 522~523 頁）

相關考題　　公法人

下列何者，為公法上社團法人？　(A)工會　(B)農田水利會　(C)政黨　(D)中華民國紅十字會　　　　　　　【103 地特四等一般行政 - 行政法】	(B)
下列何者，依現行法規定，屬公法人團體？　(A)農田水利會　(B)國立高中　(C)農會　(D)全國工商總會　　　【98 高考三級 - 行政法】	(A)
下列何者為公法人？　(A)中央銀行　(B)國立臺灣大學　(C)嘉南農田水利會　(D)中央研究院　　　　　　【98 四等基警 - 行政法概要】	(C)
依現行法之規定，下列何者屬於公法人？　(A)農會　(B)漁會　(C)農田水利會　(D)商業同業公會　【99 鐵路高員三級人事行政 - 行政法】	(C)

相關考題　公法人

下列何者不是公法人？　(A)中華民國　(B)南投縣政府　(C)臺北市　(D)屏東縣　　　　　　　　　　　　　　【100四等行政警察 - 行政法概要】	(B)
下列何者非現行地方自治團體性質之公法人？　(A)臺灣省　(B)高雄市　(C)臺東縣　(D)嘉義縣大林鎮　　　【100三等行政警察 - 行政法】	(A)
依司法院大法官見解，農田水利會所屬水利小組成員間，有關小排水路之養護歲修費等分擔、管理與使用爭執，其法律關係性質上屬：　(A)私法關係　(B)公法關係　(C)公私混合關係　(D)事實行為　　　　　　　　　　　　　　　　　　　　【98普考 - 行政法概要】	(A)

解析：

本題源自於釋字第518號解釋，有關本題之相關解釋內容如下：「農田水利會所屬水利小組成員間之掌水費及小給水路、小排水路之養護歲修費，其分擔、管理與使用，基於臺灣農田水利事業長久以來之慣行，係由各該小組成員，以互助之方式爲之，並自行管理使用及決定費用之分擔，適用關於私權關係之原理，如有爭執自應循民事訴訟程序解決。」

相關考題　其他類型

下列何者非行政院會議之組織成員？　(A)交通部部長　(B)銓敘部部長　(C)政務委員　(D)行政院副院長　【98普考 - 法學知識與英文】	(B)
全民健康保險之主管機關爲何者？　(A)行政院衛生署　(B)中央健康保險局　(C)縣市政府衛生局　(D)內政部　　　　　【98調查局 - 法學知識與英文】	(A)
臺灣土地銀行依公司法及銀行法等規定設立，以經營各項銀行業務，發展國民經濟建設為宗旨。其組織之屬性為：　(A)行政法人　(B)私法人　(C)公法人　(D)行政機關　　　　　　【110地特 - 行政法】	(B)
關於行政組織之敘述，下列何者錯誤？　(A)依現行法制，行政院農業委員會農田水利署為行政法人　(B)依現行法制，國家中山科學研究院為行政法人　(C)地方自治團體具有公法人之法律地位　(D)里長雖經選舉，但「里」不具地方自治團體之法律地位　【111高考 - 行政法】	(A)

2 行政法人

一 行政法人的概念

　　行政法人，承擔國家一般給付行政非權力性之任務，僅於涉及公共資源之分配，會有公權力之行使，而為公法事件。目前已有行政法人設立，依據國家表演藝術中心設置條例第 2 條：「本中心為行政法人，其監督機關為文化部。」

　　例如某甲原應聘國家音樂廳交響樂團擔任四級演奏員職務，嗣國家音樂廳交響樂團改制，某甲參加國立中正文化中心遴聘其附設樂團團員之評選程序，後因評選結果為不通過，而不予以錄用。某甲不服，認為該評選結果為行政處分，遂提起行政訴訟。高等法院認為國立中正文化中心為行政法人，承擔國家一般給付行政非權力性之任務，僅於涉及公共資源之分配，會有公權力之行使，而為公法事件。對團員進行專業性之評估，目的是為確保相對人附設國家交響樂團之高品質要求，無涉公共資源之分配，亦不涉公權力之行使。最高法院亦認為該評選程序，是締約之準備，非行政處分，如有爭執，不得提起行政訴訟。(96 裁 82)

二 獨立性？

　　行政法人之自主性，相較於一般主管機關設置之營造物為高。但是，實際上的主要經費應該還是來自於政府核撥，所以還是必須遵循預算程序辦理。因此是否具備高度的獨立自主性，

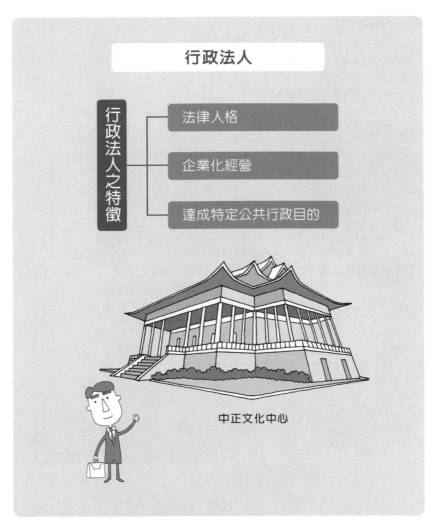

中正文化中心

而免去原本想要減少預算程序過於繁雜之目的，恐怕還要等到立法通過實際實行之後，才得以見分曉。（吳庚，第 175 頁）

下列關於行政法人特性之敘述，何者錯誤？ (A)行政法人為公法人 (B)行政法人之組織，應以法律定之 (C)行政法人依法獨立行使職權，不受其他機關任何形式之監督 (D)行政法人在人事與財政制度上，享有較科層化行政機關為大之彈性 【98四等基警-行政法概要】	(C)
國立中正文化中心營運管理國家音樂廳及國家戲劇院。下列有關中正文化中心之敘述，何者錯誤？ (A)中正文化中心得聘用不具公務員身分之劇場管理人才 (B)中正文化中心具有公法人性質 (C)中正文化中心聘用不具公務員身分之專業人員，如行使公權力侵害人民權利，仍負國家賠償責任 (D)中正文化中心之營運具有專業性、自主性，不受政府監督 【103普考一般行政-行政法】	(D)
行政法人之年度財務報表，應由何者進行查核簽證？ (A)監察院審計部所屬各審計局 (B)財政部國庫署 (C)行政院主計總處 (D)由該行政法人委請之會計師 【103普考一般行政-行政法】	(D)
關於國家表演藝術中心在組織及任務上之特性，不包括下列何者？ (A)負執行公共事務之任務 (B)具有獨立之法律人格 (C)以企業化之方式營運 (D)所屬人員均具公務人員身分 【112高考-行政法】	(D)

3 行政機關

一 行政機關之意義

本法所稱行政機關，係指代表國家、地方自治團體或其他行政主體表示意思，從事公共事務，具有單獨法定地位之組織。(行政程序法 §2 II) 另外依據中央行政機關組織基準法第 3 條第 1 款規定：「機關：就法定事務，有決定並表示國家意思於外部，而依組織法律或命令設立，行使公權力之組織。」

二 內部單位

行政機關有單獨的組織法規，依據中央行政機關組織基準法第 4 條規定，規定一到三級機關，以及獨立機關，以法律規範其組織，其餘機關的組織規範才得以命令為之。因此，以組織法、組織條例、組織通則或規程所設立者，成為行政機關要件之一；反之，則為內部單位。同法第 3 條第 4 款規定：「單位：基於組織之業務分工，於機關內部設立之組織。」

其次，還必須有獨立的編制及預算，否則即為內部單位；最後，還要有印信，亦即依據印信條例製發及使用之印及關防，其中「印」用於永久性機關之公文，而「關防」蓋用於臨時性或特殊性機關之公文。

三 公營事業機構

主要的問題點在於，公營事業機構算不算是行政機關？

首先，依據中央行政機關組織基準法第 3 條第 1 款規定：「機

行政機關的三要件

編制及預算

印及關防

組織法

實務見解 國家通訊傳播委員會委員之選任

　　此案例涉及行政一體、責任政治與權力分立原則之概念。

　　行政院為國家最高行政機關，憲法第53條定有明文，基於行政一體，須為包括國家通訊傳播委員會（以下簡稱通傳會）在內之所有行政院所屬機關之整體施政表現負責，並因通傳會施政之良窳，與通傳會委員之人選有密切關係，因而應擁有對通傳會委員之人事決定權。

　　簡單來說，行政院長必須對其行政團隊表現負責，用人當然是要自己選出來的人，立法院則扮演監督的角色，對於通傳會的表現，則從監督的角色來進行制衡。如果人選由立法院提出，而通傳會表現不好，行政院長可以推說是你們立法院選出來的人，與我本人無關。

關：就法定事務，有決定並表示國家意思於外部，而依組織法律或命令（以下簡稱組織法規）設立，行使公權力之組織。」

　　公營事業機構，是指由政府機關設置或掌握有過半數的股份，但是其從事的範疇侷限於私經濟活動之組織體，與行政機關須具備「從事公共事務」之要件有所不同。例如台電、臺銀、中油、中鋼、中華郵政等均屬之。

　　公營事業之行為屬於私經濟範疇，原則上應該受到私法規範，但是現行法制之下，其財務審計、人事行政等又受到行政法規之羈束，與行政機關相同。

　　常聽到的「國營事業」一詞，源自於國營事業管理法。依據國營事業管理法第3條第1項規定：「本法所稱國營事業如下：

1、政府獨資經營者。

2、依事業組織特別法之規定，由政府與人民合資經營者。

3、依公司法之規定，由政府與人民合資經營，政府資本超過百分之五十者。」

四 機關組織法規及名稱

一、機關組織以法律定之者：

　　其組織法律定名為法，但業務相同而轄區不同或權限相同而管轄事務不同之機關，其共同適用之組織法律定名為通則。（中央行政機關組織基準法§5Ⅰ）

　　機關組織以法律制定者，其內部單位之分工職掌，以處務規程定之。（中央行政機關組織基準法§8Ⅰ前段）

中央行政機關組織基本法	
名詞	**定義**
機關	就法定事務，有決定並表示國家意思於外部，而依組織法律或命令設立，行使公權力之組織。
獨立機關	指依據法律獨立行使職權，自主運作，除法律另有規定外，不受其他機關指揮監督之合議制機關。
附屬機關	指為處理技術性或專門性業務之需要，劃出部分權限及職掌，另成立隸屬之專責機關。
單位	基於組織之業務分工，於機關內部設立之組織。

二、機關組織以命令定之者：

其組織命令定名為規程。但業務相同而轄區不同或權限相同而管轄事務不同之機關，其共同適用之組織命令定名為準則。（中央行政機關組織基準法§5Ⅱ）

機關組織以命令定之者，其內部單位之分工職掌，以辦事細則定之。（中央行政機關組織基準法§8Ⅰ後段）

五 行政機關名稱

依據中央行政機關組織基準法第 6 條規定，其名稱如下：

1、院：一級機關用之。

2、部：二級機關用之。

3、委員會：二級機關或獨立機關用之。

4、署、局：三級機關用之。

5、分署、分局：四級機關用之。

機關因性質特殊，得另定名稱。

六 99年政府再造，組織四法修正

99 年 1 月 12 日立法院三讀通過修正「行政院組織法」、「中央行政機關組織基準法」，並增訂「中央政府機關總員額法」、「行政院功能業務與組織調整暫行條例」，讓喊了數十年的組織再造，終於有了初步也是首次的成果，實在值得鼓勵。

改革，總是會遇到各種反彈，但是如果一直不改革，組織的成長將畸形化。這次連新聞局、青輔會都已不再存在，既有業務合併至其他單位。修法來的雖然遲緩，但總比不來還好，未來還是應該要持續視政經社會環境，而隨時予以修正變動。

依據行政院組織法，未來行政院下的組織將有 14 部、9 會、3 獨立機關、中央銀行及故宮博物院，以及主計總處、人事行政總處。另外，依據中央政府機關總員額法，人數上限將限制在 16 萬 9 百人，有助公務人力運用效率及提升素質，降低未來員額成長對政府財政健全的衝擊。

七 行政院組織法

14 部		
內政部	外交部	國防部
財政部	教育部	法務部
經濟部	交通部	勞動部
農業部	衛生福利部	環境部
文化部	數位發展部	

9 會		
國家發展委員會	大陸委員會	金融監督管理委員會
海洋委員會	僑務委員會	國軍退除役官兵輔導委員會
原住民族委員會	客家委員會	國家科學及技術委員會

3 獨立機關		
中央選舉委員會	公平交易委員會	國家通訊傳播委員會

2 總處		
主計總處	人事行政總處	

其他單位		
中央銀行	故宮博物院	

八 管轄

行政機關之管轄權，依其組織法規或其他行政法規定之。（行政程序法 § 11 I）

行政機關之組織法規變更管轄權之規定，而相關行政法規所定管轄機關尚未一併修正時，原管轄機關得會同組織法規變更後之管轄機關公告或逕由其共同上級機關公告變更管轄之事項。（行政程序法 § 11 II）

行政機關經裁併者，前項公告得僅由組織法規變更後之管轄機關為之。（行政程序法 § 11 III）

前二項公告事項，自公告之日起算至第 3 日起發生移轉管轄權之效力。但公告特定有生效日期者，依其規定。（行政程序法 § 11 IV）

管轄權非依法規不得設定或變更。（行政程序法 § 11 V）

下列機關之組織以法律定之，其餘機關之組織以命令定之：（中央行政機關組織基準法 § 4 I）

1、一級機關、二級機關及三級機關。

2、獨立機關。

前項以命令設立之機關，其設立、調整及裁撤，於命令發布時，應即送立法院。（中央行政機關組織基準法 § 4 II）

相關考題　管轄

下列關於管轄權之敘述，何者錯誤？　(A)行政機關之管轄權，依其組織法規或其他行政法規定之　(B)管轄權非依法規不得設定或變更　(C)行政機關之組織法規變更管轄權之規定，而相關行政法規所定管轄機關尚未一併修正時，得僅由原管轄機關公告變更管轄之事項　(D)行政機關經裁併者，行政機關之組織法規變更管轄權之規定，而相關行政法規所定管轄機關尚未一併修正時，得僅由組織法規變更後之管轄機關公告變更管轄之事項　【103普考一般行政-行政法】	(C)

相關考題　行政機關

下列何者屬於行政程序法第2條第2項所定義的行政機關？　(A)內政部　(B)內政部民政司　(C)內政部法規委員會　(D)內政部訴願審議委員會　【98普考-行政法概要】	(A)
下列何者屬行政程序法第2條第2項所稱之行政機關？　(A)新竹市地價及標準地價評議委員會　(B)行政院公平交易委員會　(C)行政院衛生署醫事審議委員會　(D)內政部訴願審議委員會　【98普考-法學知識與英文】	(B)
行政程序法規定，代表國家、地方自治團體或其他行政主體表示意思，從事公共事務，具有單獨法定地位之組織稱為：　(A)行政組織　(B)行政體系　(C)行政機關　(D)行政團隊　【98四等基警-行政法概要】	(C)
以下何者非屬區分行政機關和內部單位之標準？　(A)有無從事公共事務　(B)有無單獨之組織法規　(C)有無獨立之編制及預算　(D)有無印信　【95四等地方特考-行政法概要】	(A)
下列機關何者為中央二級機關？　(A)警政署　(B)移民署　(C)消防署　(D)海巡署　【100高考-行政法】	(D)

解析：
(A)(B)(C)屬內政部底下之三級機關，(D)行政院-海岸巡防署

依據中央行政機關組織基準法第4條之規定，下列何者不須以法律定之？ (A)行政院海岸巡防署　(B)內政部入出國及移民署　(C)行政院公平交易委員會　(D)內政部警政署刑事警察局 【99鐵路四等員級法律政風-行政法概要】	(D)
下列何者為行政程序法第2條第2項所定義之行政機關？ (A)臺南市　(B)臺南市政府　(C)臺南市里辦公室　(D)臺南市政府主計處 【100三等行政警察-法學知識與英文】	(A)
以命令設立之機關，其設立、調整及裁撤，於命令發布時，應即送下列何機關？ (A)上級機關　(B)直屬二級機關　(C)行政院　(D)立法院　　　　　　　　　　　　【103地特三等一般行政-行政法】	(D)
下列敘述，何者錯誤？ (A)中央選舉委員會之組織，以法律定之　(B)行政院訴願審議委員會之組織，以法律定之　(C)法務部廉政署之組織，以法律定之　(D)勞動部勞動及職業安全衛生研究所之組織，以法律定之　　　　　　　　　　　【103高考一般行政-行政法】	(B)
下列何中央行政機關之組織得以命令定之？ (A)一級機關　(B)二級機關　(C)三級機關　(D)四級機關　【103地特三等一般行政-行政法】	(D)
下列何者為公法人？ (A)南投縣埔里鎮　(B)海峽交流基金會　(C)臺北市政府　(D)臺灣糖業股份有限公司 【103地特三等一般行政-行政法】	(A)

解析：
臺北市＝公法人；臺北市政府＝行政機關。

相關考題　　獨立機關

下列何者不是中央行政機關組織基準法所稱之獨立機關？　(A)行政院公平交易委員會　(B)國家通訊傳播委員會　(C)行政院金融監督管理委員會　(D)行政院法規委員會　　　　【98三等原住民-行政法】	(C)(D)
國家通訊傳播委員會之法律地位為何？　(A)獨立機關　(B)諮詢機關　(C)內部單位　(D)公法人　　　　【99地方特考四等-行政法概要】	(A)
下列何者獨立行使職權且不受其他機關之指揮監督？　(A)內政部訴願審議委員會　(B)中央選舉委員會　(C)行政院消費者保護委員會　(D)環保署環境影響評估審查委員會　　　　【99地方特考四等-行政法概要】	(B)
下列何者非屬獨立機關？　(A)公平交易委員會　(B)中央選舉委員會　(C)金融監督管理委員會　(D)國家通訊傳播委員會　　　　【103普考一般行政-行政法】	(C)
關於國家通訊傳播委員會之組織，下列敘述何者錯誤？　(A)其為合議制之中央之二級行政機關　(B)國家通訊傳播委員會依據法律獨立行使職權　(C)行政院院長對國家通訊傳播委員會之重要人事，享有一定之決定權限　(D)行政院院長更迭時，國家通訊傳播委員會委員與其同進退　　　　【103地特四等一般行政-行政法】	(D)
依據中央行政機關組織基準法規定，各機關設置之內部單位中，辦理秘書、總務、人事、主計、研考、資訊、法制、政風、公關等支援服務事項之單位，稱作什麼單位？　(A)業務單位　(B)輔助單位　(C)獨立單位　(D)權責單位　　　　【103地特四等一般行政-行政法】	(B)

依據司法院大法官解釋，有關行政一體原則之敘述，下列何者錯誤？　(A)行政院為國家最高行政機關，須為包括國家通訊傳播委員會在內之所有行政院所屬機關之整體施政表現負責　(B)基於權力分立原則，行使立法權之立法院，對國家通訊傳播委員會之人事決定權，固非不能施以一定限制作為制衡，但制衡有其界限　(C)國家通訊傳播委員會委員之任命，實質上由立法院各黨團依其席次比例組成之審查委員會決定，係屬合憲　(D)國家通訊傳播委員會委員由行政院院長任命後，自行集會選舉正、副主任委員，再由行政院院長於7日內任命，並不違憲　　　【100四等行政警察 - 行政法概要】

（C）

解析：

(C)釋字第613號解釋認為：「各政黨（團）依其在立法院席次比例推薦通傳會委員並交由提名審查會審查之部分，關於審查會由各政黨（團）依其在立法院席次比例推薦學者專家組成與其審查通傳會委員候選人之程序，以及行政院院長應依審查會通過同意之名單提名，並送立法院同意之部分，均實質剝奪行政院院長對通傳會委員之人事決定權，牴觸憲法所規定之責任政治與權力分立原則。」

4 受委託行使公權力

一 受委託行使公權力之概念

所謂受委託行使公權力，是指行政機關就特定事項，委託個人或團體，代為行使國家公權力。行政程序法第 16 條第 1 項規定：「行政機關得依法規將其權限之一部分，委託民間團體或個人辦理。」如 ETC 高速公路電子收費系統，目前是委由遠通公司建置，其性質也是屬於受委託行使公權力；特定地區輸出業同業公會得接受商品檢驗主管機關之委託，實施檢驗；亦係屬私法人受委託行使公權力。（釋 643- 林子儀、彭鳳至協同意見書）

實務上有許多與教育體系有關係之案例，例如私立學校係依私立學校法經主管教育行政機關許可設立並製發印信授權使用，在實施教育之範圍內，有錄取學生、確定學籍、獎懲學生、核發畢業或學位證書等權限，係屬由法律在特定範圍內授與行使公權力之教育機構，於處理上述事項時亦具有與機關相當之地位。（釋 382 理由書）

又如大學教師升等的部分，大法官會議也做出解釋，認為「各大學校、院、系（所）教師評審委員會關於教師升等評審之權限，係屬法律在特定範圍內授予公權力之行使，其對教師升等通過與否之決定，與教育部學術審議委員會對教師升等資格所為之最後審定，於教師之資格等身分上之權益有重大影響，均應為訴願法及行政訴訟法上之行政處分。」

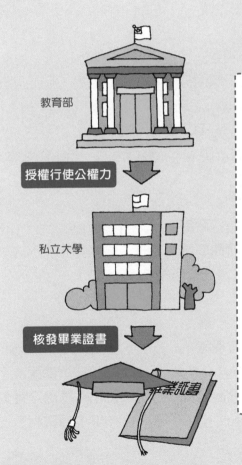

教育部與私立大學

教育部

授權行使公權力

私立大學

核發畢業證書

畢業証書

私立學校所為之處分，在法律性質上，與學生間本來僅生民事上的關係，僅能透過民事法院加以爭訟。

但是，在特定實施教育之範圍內，包括錄取學生、確定學籍、獎懲學生、核發畢業或學位證書等，卻是經由教育行政機關，依據法律在特定範圍內授與行使公權力之教育機構，所以為訴願法及行政訴訟法之行政處分。

參照：釋字第 382 號

二 受委託行使公權力之效力

受託行使公權力之個人或團體，於委託範圍內，視為行政機關。（行政程序法 §2 Ⅲ）受委託行使公權力之團體或個人，其執行職務之人於行使公權力時，視為委託機關之公務員。（國賠 §4 Ⅰ）

依法受中央或地方機關委託行使公權力之團體或個人，以其團體或個人名義所為之行政處分，其訴願之管轄，向原委託機關提起訴願。（訴願 §10） 訴願之決定確定後，就其事件，有拘束各關係機關之效力；就其依第 10 條提起訴願之事件，對於受委託行使公權力之團體或個人，亦有拘束力。（訴願 §95）

三 與行政輔助人之差別

行政輔助人，有稱之為行政助手（如同手足的延伸），在行政機關的指示下，協助行政事務之處理，並非獨立於行政機關之外，亦無自主之地位，常見者如義警、義消。

四 委任、委託、委辦

行政機關得依法規將其權限之一部分，委任所屬下級機關執行之，稱之為委任。（行政程序法 §15 Ⅰ）行政機關因業務上之需要，得依法規將其權限之一部分，委託不相隸屬之行政機關執行之，稱之為委託。（行政程序法 §15 Ⅱ）行政程序法第 15 條、第 16 條之委任、委託，權限應移轉。

委辦雖不在行政程序法第 15 條、第 16 條規範範圍，而屬地方制度法之領域，但仍應有法規依據。依據地方制度法第 2

條第 3 款對於「委辦事項」之定義為：「委辦事項：指地方自治團體依法律、上級法規或規章規定，在上級政府指揮監督下，執行上級政府交付辦理之非屬該團體事務，而負其行政執行責任之事項。」例如經濟部將資本額一定數額以上之公司登記事項交由直轄市政府辦理，即屬於委辦。

五 機關相互協助

行政機關為發揮共同一體之行政機能，應於其權限範圍內互相協助。（行政程序法 §19 Ⅰ） 行政機關執行職務時，有下列情形之一者，得向無隸屬關係之其他機關請求協助：（行政程序法 §19 Ⅱ）

1、因法律上之原因，不能獨自執行職務者。

2、因人員、設備不足等事實上之原因，不能獨自執行職務者。

3、執行職務所必要認定之事實，不能獨自調查者。

4、執行職務所必要之文書或其他資料，為被請求機關所持有者。

5、由被請求機關協助執行，顯較經濟者。

6、其他職務上有正當理由須請求協助者。

例如工務機關拆除違建物時，為免居民抗爭，所以請警方來現場協助維持秩序，以避免有脫序的情況發生。

被請求機關於有下列情形之一者，應拒絕之：（行政程序法 §19 Ⅳ）

1、協助之行為，非其權限範圍或依法不得為之者。

2、如提供協助，將嚴重妨害其自身職務之執行者。

被請求機關認有正當理由不能協助者，得拒絕之。（行政程序法 §19 Ⅴ）

六 自治事項與委辦事項之監督

地方自治團體處理其自治事項，與承中央主管機關之命辦理委辦事項不同，前者中央之監督僅能就適法性為之，其情形與行政訴訟中之法院行使審查權相似（參照訴願法§79Ⅲ）。

後者除適法性之外，亦得就行政作業之合目的性等實施全面監督。如果既屬地方自治事項又涉及不確定法律概念，上級監督機關為適法性監督之際，固應尊重地方自治團體所為合法性之判斷，但如其判斷有恣意濫用及其他違法情事，上級監督機關尚非不得依法撤銷或變更。（釋553）

監督的比較

自治事項	處理事項類型	委辦事項
僅能就適法性監督	中央之監督	適法性監督外，還可以就行政作業之合目的性等實施全面監督
兒子的對象，母親不能進行全面性監督，只能給建議。	記憶法	父親委託兒子管理自己的公司，兒子管理的情況如何，父親隨時可以查問。

【訴願法第79條第3項】

訴願事件涉及地方自治團體之地方自治事務者，其受理訴願之上級機關僅就原行政處分之合法性進行審查決定。

〈法條記憶法〉

1. 委「任」：下級
2. 委「託」：(託孤) 不相隸屬

相關考題　委任、委託

行政機關將其權限之一部分，委由不相隸屬之行政機關執行者，現行法制稱為：　(A)委任　(B)委託　(C)委辦　(D)委屬辦理 【98普考-行政法概要】	(B)
行政機關因業務上需要，得依法將其權限之一部分，在相當期限內通案委由不相隸屬之行政機關執行，是為下列何者？　(A)委託　(B)委任　(C)委辦　(D)職務協助 【99鐵路四等員級法律政風-行政法概要】	(A)
下列有關管轄恆定原則之例外，何者屬於無隸屬關係機關管轄之變動？　(A)委任　(B)委託　(C)干預　(D)移轉 【100四等行政警察-行政法概要】	(B)
經濟部國際貿易局將紡織品配額管理，交由財團法人紡織品拓展基金會辦理核發紡織品進出口許可。此項行為屬下列何項行為？　(A)行政程序法第15條之委任　(B)行政程序法第16條之委託　(C)地方制度法第2條之委辦　(D)行政程序法第19條之職務協助 【97三等地方特考-行政法】	(B)
依行政程序法規定，教育部公告將其教師升等審查業務交由某國立大學辦理，此一行為屬性為何？　(A)職務協助　(B)委辦　(C)委任　(D)委託　【108普考-行政法概要】	(C)
有關國道高速公路收費，經由國道高速公路局交由民間公司團體，設立電子收費設備予以管理並執行，依據行政法理，係屬下列何項行政態樣？　(A)行政委任　(B)行政委託　(C)行政助手　(D)行政私法 【103普考一般行政-行政法】	(B)
經濟部標準檢驗局依商品檢驗法第4條第2項之規定，將檢驗業務及檢驗合格證書之核發，委託民間團體辦理，下列敘述何者錯誤？ (A)受託之民間團體在核發檢驗合格證書時，具有行政機關之地位　(B)受託之民間團體得以自己之名義核發檢驗合格證書　(C)受託之民間團體拒絕核發檢驗合格證書，處分相對人應以受託之民間團體為被告，提起行政訴訟　(D)違法拒絕核發檢驗合格證書而權利受侵害之人，欲提起國家賠償訴訟時，應以該受託之民間團體為被告 【103普考一般行政-行政法】	(D)

臺北市政府將商業登記法規定之商業登記事項，交由臺北市政府商業管理處辦理，此項權限授與稱為：　(A)委任　(B)委託　(C)委辦　(D)代理　　　　　　　　　　　　　【103地特四等一般行政-行政法】	(A)
上級機關將特定事項委由所屬下級機關辦理，稱為：　(A)委辦　(B)委託　(C)委任　(D)囑託　　　　　　【103地特四等一般行政-行政法】	(C)
高雄市政府依公寓大廈管理條例規定，將公寓大廈管理組織申請報備處理事項，交由各區區公所辦理，此項權限授與屬於下列何項？　(A)委任　(B)委託　(C)委辦　(D)代理　【103地特四等一般行政-行政法】	(A)
行政機關依法規將其權限之一部分，交由所屬下級機關執行，稱之為：(A)委託　(B)委任　(C)委辦　(D)行政委託　　　　　　　　　　　　　　　　　　　【98四等基警-行政法概要】	(B)
關於機關權限之敘述，下列何者錯誤？　(A)行政機關欲將部分權限委託不相隸屬之行政機關執行，係屬職權事項，故主管機關得依職權辦 理權限之委託　(B)行政機關將作成行政處分權限移轉予他機關時，則撤銷權之行使，應於權限移轉後改由承受其 業務機關為之　(C)行政處分無效事由之所謂「缺乏事務管轄權限」，應限縮於重大明顯之情事　(D)行政機關得依法規將部分權限委任相隸屬之行政機關執行　　　　　　　　　　　　　　　　　【112高考-行政法】	(A)

依行政程序法之規定，受委託行使公權力之個人或團體，於委託範圍內，視為：　(A)行政主體　(B)行政機關　(C)行政單位　(D)內部單位　　　　　　　　　　　　　　　【98四等基警-行政法概要】	(B)

經濟部將資本額一定數額以上之公司登記事項交由直轄市政府辦理，係屬下列那一種權限之移轉？　(A)委任　(B)委託　(C)委辦　(D)委託行使公權力　　　　　　　　　　　　【96三等地方特考-行政法】	(C)

相關考題　委辦

有關行政機關管轄權之變更，下列敘述何者正確？　(A)委任係指行政機關因業務上需要，得依法規將其權限之一部分委由不相隸屬之行政機關執行之　(B)委託係指上級行政機關得依法規將其權限之一部分，委由下級行政機關執行之　(C)委辦，係指上級政府將原屬於其權限之特定事項，委由下級地方自治團體之政府執行，並由上級政府指揮監督　(D)委託私人行使公權力，係指行政機關依其法規將其權限之一部分，委由民間團體或個人辦理，並由該私人以機關名義行使公權力　　　　　　【99地方特考四等-行政法概要】	(C)
委辦事項，指地方自治團體依法律、上級法規或規章規定，在上級政府指揮監督下，執行上級政府交付辦理之非屬該團體事務，而負何種責任之事項？　(A)法律監督　(B)立法責任　(C)行政執行　(D)行政監督　　　　　　　　　　　　　　　　　　【100高考-行政法】	(C)
委辦規則應函報下列何機關核定後發布之？　(A)委辦機關核定　(B)一律由內政部核定　(C)地方立法機關核定　(D)一律由行政院核定　　　　　　　　　　　　　【99四等基警行政警察-法學緒論】	(A)

相關考題　職務協助

行政機關因法律上之原因，不能獨自執行職務時，得如何處理？　(A)移送上級機關執行　(B)委任所屬下級機關執行　(C)委託民間團體或個人辦理　(D)向無隸屬關係之其他機關請求協助　　　　　　　　　　　　　　　　　　【99地方特考四等-行政法概要】	(D)
臺北市政府建築管理處為執行違章建築拆除，函請臺北市政府警察局派員到場維持秩序，警察機關派員到場為下列何項行政行為？　(A)行政助手　(B)職務協助　(C)行政委託　(D)權限委託　　　　　　　　　　　　　　　　　【99鐵路高員三級人事行政-行政法】	(B)
稅捐稽徵機關為確認某納稅義務人及其扶養親屬之資料，函請戶政機關提供戶籍資料，性質屬於下列何者？　(A)職務協助　(B)權限委託　(C)權限委任　(D)委辦　　　　　　　　　　　　【111高考-行政法】	(A)

行政院大陸委員會委託財團法人海峽交流基金會，處理有關兩岸文書驗證、糾紛調處等業務。下列敘述何者正確？　(A)屬於間接行政中的委託行使公權力　(B)屬於以私法組織形態從事的私經濟行政　(C)屬於國家行政事務委由地方政府執行　(D)屬於雙階理論的公法、私法兩階段關係　　　　　【99鐵路四等員級法律政風-行政法概要】	(A)
行政程序法第16條規定，機關得依法規將其權限之一部分，委託給民間團體或私人來辦理。下列敘述何者錯誤？　(A)相關事項與法規依據必須公告　(B)此一情形學理上稱為委託行使公權力　(C)在委託範圍內，該民間團體或個人視為行政機關　(D)委託機關為原處分機關　　　　　　　　　　　　　　　　　【100普考-行政法概要】	(D)

解析：
行政程序法第16條：「Ⅰ行政機關得依法規將其權限之一部分，委託民間團體或個人辦理。Ⅱ前項情形，應將委託事項及法規依據公告之，並刊登政府公報或新聞紙。Ⅲ第1項委託所需費用，除另有約定外，由行政機關支付之。」

關於受託行使公權力之私人或團體，下列敘述何者錯誤？　(A)受委託者於受託範圍內得作出行政處分　(B)授權之法律有明定受託者得訂定法規命令者，受託之私人或團體不需委託機關特別授權，即得發布法規命令　(C)受委託者即使無法律授權，亦得將其受託之權限再委託其他私人或團體　(D)受託者於受託範圍內得立於機關之地位作出事實行為　　　　　　　　　　　　　　　　　　　　【112高考-行政法】	(C)
關於委託行使公權力之概念，下列敘述何者錯誤？　(A)受託行使公權力之個人或團體，於委託範圍內，視為行政機關　(B)委託行使公權力得僅限於私經濟行政　(C)委託方式得以行政處分或行政契約為之　(D)行政機關得依法規將其權限之一部分，委託民間團體或個人辦理　　　　　　　　　　　　　　　　　　　　【111高考-行政法】	(B)

相關考題　行政助手

因民眾檢舉某公司販賣之食品標示不實,新竹縣政府衛生局委託民間團體進行檢驗,衛生局並依檢驗之結果作為是否裁罰之依據。本例中,受委託進行檢驗之民間團體,其法律地位為何?　(A)內部單位　(B)行政助手　(C)行政機關　(D)公權力受託人 【103高考一般行政 - 行政法】	(B)
承上題,如新竹縣政府衛生局認定民眾檢舉之事項不成立,該民眾不服欲提起行政爭訟,應依下列那一個理論判斷該民眾有無訴訟權能?　(A)重要性理論　(B)判斷餘地理論　(C)裁量瑕疵理論　(D)保護規範理論　　　　　　　　　　　　　【103高考一般行政 - 行政法】	(D)
下列對於行政助手之敘述,何者錯誤?　(A)又稱為行政輔助人　(B)不具有行政機關之地位　(C)義勇警察屬之　(D)原則上,得獨立為行政決定　　　　　　　　　　　　　【103地特四等一般行政 - 行政法】	(D)

5 公務員法

一 公務員之概念

公務員是行政機關為一定行為時，重要的關鍵角色。公務員，依據不同法令而有不同的定義（如右頁）。

行政法探討公務員之概念，最主要是有關公務員與行政機關間所發生之權利義務關係，例如特別權力關係、服從關係、公務員之保障；至於對外的部分，則主要是探討公務員之責任，包括民事責任（國家賠償責任）、刑事責任，或行政上的責任。

二 政務官與事務官

政務官，是指會隨著政治而直接任命，但也會隨著政治環境的變化而必須有所進退，例如總統任命之行政院長即屬之。歷任行政院長下台，大多是發生重大事件引發民怨，例如八八水災造成劉兆玄請辭下台。事務官，則通常是必須通過國家考試的機制才能擔任之公務員，不會隨著政黨更迭而下台。

至於監察院正副院長，雖然其也是由政黨指派為基礎，但是因為有固定的六年任期（憲法增修條文 §7Ⅱ），由總統提名，經立法院同意任命之，即享有任期的保障，即便總統下台亦同，所以並非學理上之政務官。（釋589）前金管會主委龔照勝，因任期保障，涉弊案不下台，即遭到民眾質疑。

有關此種有任期保障之公務員，釋字第 357 號（審計長非政務官）及釋字第 589 號有加以解釋。

> **實務見解** 花蓮縣副縣長人事案
>
> 　　前花蓮縣長傅崐萁當選後，與其妻離婚，任命其「前妻」擔任副縣長，該副縣長一職也屬於政務官之性質，後來民怨四起，內政部長認定該任命無效，傅崐萁也撤銷副縣長的人事任命案。

公務員之定義

刑法 § 10 II	稱公務員者，謂下列人員： 一、依法令服務於國家、地方自治團體所屬機關而具有法定職務權限，以及其他依法令從事於公共事務，而具有法定職務權限者。 二、受國家、地方自治團體所屬機關依法委託，從事與委託機關權限有關之公共事務者。
公務人員任用法 公務人員任用法施行細則 § 2	本法所稱公務人員，指各機關組織法規中，除政務人員及民選人員外，定有職稱及官等、職等之人員。 前項所稱各機關，指下列之機關、學校及機構： 一、中央政府及其所屬各機關。 二、地方政府及其所屬各機關。 三、各級民意機關。 四、各級公立學校。 五、公營事業機構。 六、交通事業機構。 七、其他依法組織之機關。
公務人員保障法 § 3	本法所稱公務人員，係指法定機關（構）及公立學校依公務人員任用法律任用之有給專任人員。
國家賠償法 § 2 I	本法所稱公務人員者，指依法令從事於公務之人員。

三 公務員官等與職等

公務人員依官等及職等任用之。（公務人員任用法 §5 Ⅰ）

官等分委任、薦任、簡任。（公務人員任用法 §5 Ⅱ）

職等分第一至第十四職等，以第十四職等為最高職等。（公務人員任用法 §5 Ⅲ）委任為第一至第五職等；薦任為第六至第九職等；簡任為第十至第十四職等。（公務人員任用法 §5 Ⅳ）

四 釋字第589號

對於由總統任命且有任期保障者，釋字第589號解釋，針對性質加以解釋，其要點如下：

憲法對特定職位為維護其獨立行使職權而定有任期保障者，其職務之性質與應隨政黨更迭或政策變更而進退之政務人員不同，此不僅在確保個人職位之安定而已，其重要意義，乃藉任期保障，以確保其依法獨立行使職權之目的而具有公益價值。

故為貫徹任期保障之功能，對於因任期保障所取得之法律上地位及所生之信賴利益，即須充分加以保護，避免其受損害，俾該等人員得無所瞻顧，獨立行使職權，始不違背憲法對該職位特設任期保障之意旨，並與憲法上信賴保護原則相符。

相關考題　公務人員之範圍

下列何人適用公務人員保障法？　(A)受委託檢測汽機車廢氣排放量之車輛保養場員工　(B)立法委員　(C)新聞局局長　(D)總統府第一科科員　【96三等地方特考-行政法】	(D)

解析：
(A)受委託檢測汽機車廢氣排放量之車輛保養場員工，屬受委託行使公權力，非屬公務人員保障法第3條之範圍。
(B)立法委員：公務人員保障法之公務人員，不包括民選公職人員，所以立法委員不適用之。
(C)新聞局局長：舊體制為政務官。依據新修正通過的行政院組織法，未來將無新聞局。

下列何者所稱之公務員涵義最廣？　(A)公務人員保障法　(B)國家賠償法　(C)公務員懲戒法　(D)公務員服務法　【99地方特考四等-行政法概要】	(B)
下列何種人員不適用公務人員保障法之規定？　(A)政務人員　(B)公立學校編制內依法任用之職員　(C)法定機關依法派用之有給專任人員　(D)法定機關依法任用之有給專任人員　【99鐵路四等員級法律政風-行政法概要】	(A)
下列有關學理上政務官之敘述，何者錯誤？　(A)政務官係隨政黨之輪替或政策改變而進退之公務員　(B)參謀總長為政務官　(C)交通部部長為政務官　(D)政務官參與政策之擬定　【99鐵路高員三級人事行政-行政法】	(B)

相關考題　公務員官等與職等

有關公務員官等與職等之敘述，下列何者錯誤？　(A)我國文官之官等由高至低可分為簡任、薦任與委任　(B)我國簡任文官之最高職等為第十三職等　(C)初任各職務之人員，應具有擬任職務所列職等之任用資格　(D)公務員非有過咎，並依正當法律程序，不得對其官等與職等予以降低　【100普考-行政法概要】	(B)

五 公務員之權利與責任

一、公務員之權利

公務員之權利，包括身分保障權、俸給權、退休金權、保險金權、撫恤金權、休假權、結社權，以及費用請求權。

公務員可否組成類似勞工之工會？

依據公務人員協會法，將公務員協會分為機關公務人員協會以及全國公務人員協會，可以對考試、銓敘、保障、撫卹、退休、任免、考績、級俸、陞遷、褒獎、公務人員人力規劃及人才儲備、訓練進修、待遇調整之規劃等事項提出建議，也可以對辦公環境、行政管理、服勤之方式及起訖時間等事項提出協商。

但目前並未與一般勞工的工會享有團體協約（公務人員協會法 §30 Ⅱ），乃鑒於公務人員依法執行職務與公共利益息息相關，且其福利等權益事項仍以法令規範者居多，倘准許訂定團體協約，則若與相關法令如有競合之處，適用上恐有爭議。另外，也不得享有罷工、怠職或其他足以產生相當結果活動之權利，也不能參與政治活動。（公務人員協會法 §46）

二、公務員之責任類型

公務員之責任，可以分成行政責任、民事責任，以及刑事責任。此乃憲法第 24 條有明文規定：「凡公務員違法侵害人民之自由或權利者，除依法律受懲戒外，應負刑事及民事責任。被害人民就其所受損害，並得依法律向國家請求賠償。」例如前總統陳水扁因涉及貪瀆弊案，法院遭判決無期徒刑，還要併科罰金。另外，民法第 186 條規定有公務員之賠償責任，但是國家賠償法之實施，所以讓民法公務員責任空洞化，不再有實質存在之必要，於公務員有故意或重大過失時，賠償義務機關對之有求償權。（國家賠償法 §2 Ⅲ）

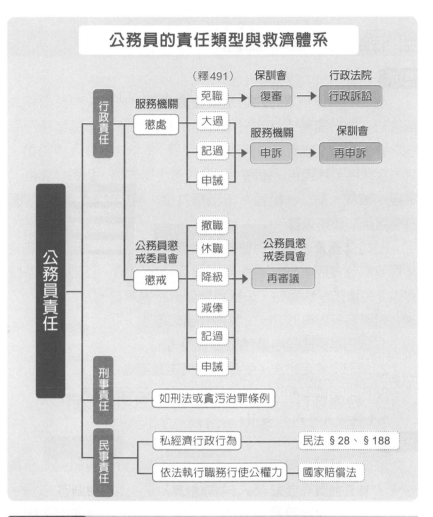

公務員的責任類型與救濟體系

法律小辭典　公務員所規範之犯罪

　　刑法中針對公務員所規範之犯罪行為繁多，主要是瀆職罪章。其次，依據刑法第21條第2項規定：「依所屬上級公務員命令之職務上行為，不罰。但明知命令違法者，不在此限。」為阻卻違法事由之規定。

三、行政責任─懲戒與懲處

【懲戒】

　　憲法中所提到之懲戒，是依據公務員懲戒法，對於公務人員違法、怠於職務或其他失職行為所為之懲戒或者是非執行職務之違法行為，致嚴重損害政府之信譽。（公務員懲戒法§2），其內容包括免除職務、撤職、剝奪、減少退休職、伍金、休職、降級、減俸、罰鍰、記過、申誡等九種，其中休職、降級、記過不適用於政務人員。

　　例如公務員懲戒委員會認為民選縣市長並非政務官，前臺東縣長鄺麗貞因考察計畫與預算編列嚴重脫節、溢支出國差旅費等違失遭監察院彈劾，決議將鄺麗貞記過兩次。

　　如果有下列情形之一，其職務當然停止：

1. 依刑事訴訟程序被通緝或羈押者
2. 依刑事確定判決，受褫奪公權之宣告者
3. 依刑事確定判決，受徒刑之宣告，在監所執行中。

　　（公務員懲戒法§4）

【懲處】

　　懲處，又稱為考績處分。相較於懲戒處分是規範在公務員懲戒法，懲處則除了公務人員考績法之外，還散見其他法規。懲處是由公務員所服務的機關，針對公務員一切違法或失職之行為。依據公務人員考績法之規定，其種類分為免職、記大過、記過，以及申誡四種。

　　平時考核之獎勵分嘉獎、記功、記大功；懲處分申誡、記過、記大過，平時考核獎懲得互相抵銷，無獎懲抵銷而累積達二大過者，年終考績應列丁等。（公務人員考績法§12Ⅰ）列丁等

懲戒與懲處之競合

新聞局　　公懲會　　監察院

彈劾

記過？

兩大過免職

台巴子事件
郭姓男子因使用暱稱在網路上發表言論，遭部分政治人物要求處罰，因任意在媒體發表言論等行為，新聞局遂給予兩大過免職。其後，監察院硬要通過彈劾案，公懲會議決撤職，並停止任用 3 年。

1. **若屬相同事實，該如何競合？**
   若屬於相同事實，因懲戒與懲處性質相同，不得重複處罰，否則將違反「一事不再理」之原則。
2. **如果同一事實業經議決不受懲戒，是否還可以對公務員加以懲處？**
   只有當公務員所為是數個行為，且違反數個義務時，公懲會僅就其中一部分行為議決不受懲戒，其他部分仍得加以懲處。

相關考題 申訴及復審

有關公務人員依公務人員保障法提出之申訴，下列敘述何者正確？ (A)公務員認為服務機關所為之管理措施或有關工作條件之處置不當，即可提出申訴　(B)應向公務人員保障暨培訓委員會提出　(C)只有在職公務人員可以提起申訴　(D)應提起復審而誤提申訴時，機關應移由原處分機關依復審程序處理　【98普考-行政法概要】	(A) (D)

者，免職。（公務人員考績法§7Ⅰ④§8）專案考績部分，一次記兩大功者，則視公務員本身之情形，給予不同程度之晉級與獎金；一次記二大過者，免職。（公務人員考績法§12Ⅰ）

六 申訴與復審

公務人員權益之救濟，依本法所定復審、申訴、再申訴之程序行之。（公務人員保障法§4Ⅰ）復審則是取代訴願的制度。公務人員提起之復審、再申訴事件（以下簡稱保障事件），由公務人員保障暨培訓委員會（以下簡稱保訓會）審議決定。（公務人員保障法§4Ⅱ）

申訴

公務人員對於服務機關所為之管理措施或有關工作條件之處置認為不當，致影響其權益者，得依本法提起申訴、再申訴。（公務人員保障法§77Ⅰ）申訴之提起，應向服務機關為之。不服服務機關函復者，得於復函送達之次日起30日內，向保訓會提起再申訴。（公務人員保障法§78Ⅰ）

復審

公務人員對於服務機關或人事主管機關（以下均簡稱原處分機關）所為之行政處分，認為違法或顯然不當，致損害其權利或利益者，得依本法提起復審。非現職公務人員基於其原公務人員身分之請求權遭受侵害時，亦同。（公務人員保障法§25Ⅰ）公務人員因原處分機關對其依法申請之案件，於法定期間內應作為而不作為，或予以駁回，認為損害其權利或利益者，得提起請求該機關為行政處分或應為特定內容之行政處分之復審。（公務人員保障法§26Ⅰ）

實務見解　公務人員之免職處分

　　對於公務人員之免職處分既係限制憲法保障人民服公職之權利，自應踐行正當法律程序，諸如作成處分應經機關內部組成立場公正之委員會決議，處分前並應給予受處分人陳述及申辯之機會，處分書應附記理由，並表明救濟方法、期間及受理機關等，設立相關制度予以保障。(釋491)

相關考題　申訴及復審

下列何種救濟係取代訴願程序之特別救濟制度？　(A)專利法之再審查　(B)稅捐稽徵法之復查　(C)公務人員保障法之復審　(D)檢肅流氓條例之聲明異議　　　　　　　　　　【96三等地方特考-行政法】	(C)
復審之提起應由復審人繕具復審書，經由原處分機關向那個機關提起？ (A)公務員懲戒委員會　(B)公務人員保障暨培訓委員會　(C)國家安全會議　(D)行政院公平交易委員會　【100普考-行政法概要】	(B)
下列何者不屬於公務人員保障法所規定的權益救濟程序？　(A)申訴　(B)再申訴　(C)復審　(D)異議　【100四等行政警察-行政法概要】	(D)
依據公務人員保障法之設計，下列何者為取代訴願的制度？　(A)復審　(B)申訴　(C)再申訴　(D)調處　　　　　　　　　　　　　　　　　　【100四等行政警察-行政法概要】	(A)
甲服務於財政部臺北市國稅局，因受理年度所得稅結算申報，請求發給不休假加班費，經遭駁回，得循下列何項途徑救濟？　(A)申訴　(B)申復　(C)復審　(D)訴願　　　　　【100三等行政警察-行政法】	(C)

甲高考及格經分發交通部公路總局擔任 5 等科員，任職 6 個月後即因執行職務涉及貪污瀆職而遭免職，甲不服而擬提起爭訟，則下列敘述何者正確？　(A)甲應向交通部提起訴願　(B)甲應向公務員懲戒委員會提起再審議　(C)甲應向公務人員保障暨培訓委員會提起復審 (D)甲應向行政院人事行政總處提起申訴 　　　　　　　　　　　　　　　　　　【103高考一般行政-行政法】	(C)
依據司法院大法官解釋，有關對公務員作成免職處分時所應踐行之正當法律程序，下列敘述何者錯誤？　(A)處分前應給予受處分人陳述及申辯機會 (B)法律就特定事項授權行政機關以法規命令定之，應符合授權明確性原則　(C)作成處分應經由機關首長完全指定人選組成委員會決議，不得由首長逕行決定　(D)處分書應附理由，並表明救濟方法　　　　　　　　　　　　　【100四等行政警察-行政法概要】	(C)

解析：
參照釋字491。

公務人員保障事件中之復審程序，相當於下列何種救濟程序？　(A)訴願先行　(B)訴願　(C)行政訴訟　(D)國家賠償 　　　　　　　　　　　　　　　　　　【103地特四等一般行政-行政法】	(B)
公務員不服審定之級俸，得循下列何項程序救濟？　(A)訴願　(B)申訴　(C)復審　(D)復查　　　　　　【97三等地方特考-行政法】	(C)
依據公務人員保障法規定之復審程序，下列敘述何者錯誤？ (A)非現職人員基於原公務人員身分之公法上財產請求權遭侵害時，亦得提起復審　(B)公務人員之名譽權生前遭受侵害者，其遺族亦得提起復審 (C)復審之提起，應自行政處分達到之次日起 30 日內為之　(D)復審事件涉及地方自治事項者，公務人員保障暨培訓委員會僅就行政處分之合法性進行審查決定　　　　　　　　　　　【110地特-行政法】	(B)

相關考題 申訴及復審

關於公務人員之權利救濟,下列敘述何者正確? (A)辭職若遭拒絕,因屬機關內部之管理措施,公務人員若不服該決定,應向原服務機關提起申訴 (B)於復審程序或再申訴程序中,公務人員保障暨培訓委員會得依職權或依申請,進行調處 (C)公務人員提起申訴、再申訴,應向公務人員保障暨培訓委員會為之 (D)公務人員不服復審之決定,得申請再審議,若對再審議之決定仍不服,得續提行政訴訟 【111高考-行政法】	(B)

相關考題 公務員懲戒法

關於公務員懲戒法之適用範圍與對象,下列敘述何者錯誤? (A)非執行職務之違法行為,若嚴重損害政府之信譽亦應受懲戒 (B)公務員之行為非出於故意或過失者,不受懲戒 (C)適用對象包括政務人員 (D)不適用於退休或離職之公務員於任職期間之行為 【110地特-行政法】	(D)
關於公務員之懲戒程序,下列敘述何者錯誤? (A)懲戒案件係由懲戒法院設懲戒法庭,合議審理並裁判之 (B)公務員懲戒案件之審理制度係採一級一審 (C)應受懲戒行為,自行為終了之日起,至案件繫屬懲戒法院之日止,已逾10年者,不得予以休職 之懲戒 (D)公務員雖非執行職務,但其個人行為若致嚴重損害政府信譽,亦應受懲戒 【112高考-行政法】	(B)
下列何者無公務員懲戒法之適用? (A)私立學校之教師 (B)具公務員身分之公營事業機構服務人員 (C)受有俸給之文武職公務員 (D)公立學校兼任行政工作之教師 【111高考-行政法】	(A)

相關考題　公法上財產請求權之消滅時效

下列公法上財產請求權，何者不因2年間不行使而消滅？　(A)經服務機關核准之加班費　(B)執行職務時，發生意外致受傷應發給之慰問金　(C)執行職務墊支之必要費用　(D)經服務機關核准實施公務人員一般健康檢查之費用　【112高考-行政法】	(B)

解析：

公務人員保障法第24-1條規定：

「下列公務人員之公法上財產請求權，其消滅時效期間依本法行之：

一、因10年間不行使而消滅者：

　（一）執行職務時，發生意外致受傷、失能或死亡應發給之慰問金。

　（二）依法執行職務涉訟輔助之費用。

二、因2年間不行使而消滅者：

　（一）經服務機關核准實施公務人員一般健康檢查之費用。

　（二）經服務機關核准之加班費。

　（三）執行職務墊支之必要費用。」

七 服從義務 - 違法命令之處置

公務員服務法第 3 條：「Ⅰ公務員對於長官監督範圍內所發之命令有服從義務，如認為該命令違法，應負報告之義務；該管長官如認其命令並未違法，而以書面署名下達時，公務員即應服從；其因此所生之責任，由該長官負之。但其命令有違反刑事法律者，公務員無服從之義務。Ⅱ前項情形，該管長官非以書面署名下達命令者，公務員得請求其以書面署名為之，該管長官拒絕時，視為撤回其命令。」現行規定經修正後，可以要求長官書面署名下達，責任就由長官負責。

公務人員保障法第 17 條特別規範：「Ⅰ公務人員對於長官監督範圍內所發之命令有服從義務，如認為該命令違法，應負報告之義務；該管長官如認其命令並未違法，而以書面署名下達時，公務人員即應服從；其因此所生之責任，由該長官負之。但其命令有違反刑事法律者，公務人員無服從之義務。Ⅱ前項情形，該管長官非以書面下達命令者，公務人員得請求其以書面為之，該管長官拒絕時，視為撤回其命令。」

依據「後法優於前法」、「特別法優於普通法」之原則，應適用公務人員保障法。

八 保密義務

公務員有絕對保守政府機關（構）機密之義務，對於機密事件，無論是否主管事務，均不得洩漏；離職後，亦同。公務員未得機關（構）同意，不得以代表機關（構）名義或使用職稱，發表與其職務或服務機關（構）業務職掌有關之言論。（公務員服務法§5Ⅰ、Ⅱ）

服從義務─違法命令之處置

你居然違逆我，好吧！我下書面指示，有責任我來擔！

報告長官，這樣子做好像違法耶！我不願意執行！

▲書面指示之服從

你…你…我可是總統耶！

報告長官，這好像是洗錢，違反了刑事法律，我沒有服從的義務喔！

▲違反刑事法律之命令

相關考題	保密義務	
未得長官許可，不得以私人或代表機關名義，任意發表有關職務之談話，此為公務員之何種義務？　(A)迴避義務　(B)忠實義務　(C)保持品味義務　(D)保密義務　　　　　　　【98三等原住民-行政法】		(D)

九 忠實義務與勤勉義務

公務員應恪守誓言，忠心努力，依法律、命令所定執行其職務。（公務員服務法§1）其他尚有保持品位義務，也是忠實義務之具體落實，其規定在公務員服務法第6條規定：「公務員應公正無私、誠信清廉，謹慎勤勉，不得有損害公務員名譽及政府信譽之行為。」

十 公務員之迴避義務

公務員服務法第19條：「公務員執行職務時，遇有涉及本身或其親（家）屬之利害關係者，應依法迴避。」另外，行政程序法第32條規定，公務員在行政程序中，有下列各款情形之一者，應自行迴避：

1、本人或其配偶、前配偶、四親等內之血親或三親等內之姻親或曾有此關係者為事件之當事人時。

2、本人或其配偶、前配偶，就該事件與當事人有共同權利人或共同義務人之關係者。

3、現為或曾為該事件當事人之代理人、輔佐人者。

4、於該事件，曾為證人、鑑定人者。

同法第33條第1項規定，公務員有下列各款情形之一者，當事人得申請迴避：

1、有前條所定之情形而不自行迴避者。

2、有具體事實，足認其執行職務有偏頗之虞者。

十一 兼職

公務員除法令規定外，不得兼任他項公職；其依法令兼職者，不得兼薪。（公務員服務法§15Ⅰ）公務員除法令規定外，不得兼任領證職業及其他反覆從事同種類行為之業務。但於法

定工作時間以外，從事社會公益性質之活動或其他非經常性、持續性之工作，且未影響本職工作者，不在此限。（公務員服務法§15Ⅱ）公務員依法令兼任前二項公職或業務者，應經服務機關（構）同意；機關（構）首長應經上級機關（構）同意。（公務員服務法§15Ⅲ）

公務員兼任教學或研究工作或非以營利為目的之事業或團體職務，應經服務機關（構）同意；機關（構）首長應經上級機關（構）同意。但兼任無報酬且未影響本職工作者，不在此限。（公務員服務法§15Ⅳ）公務員有第2項但書及前項但書規定情形，應報經服務機關（構）備查；機關（構）首長應報經上級機關（構）備查。（公務員服務法§15Ⅴ）

公務員得於法定工作時間以外，依個人才藝表現，獲取適當報酬，並得就其財產之處分、智慧財產權及肖像權之授權行使，獲取合理對價。（公務員服務法§15Ⅵ）第2項、第4項及第6項之行為，對公務員名譽、政府信譽、其本職性質有妨礙或有利益衝突者，不得為之。（公務員服務法§15Ⅶ）

相關考題　公務員兼職

下列何者係公務員服務法許可公務員從事之行為？　(A)取得職務上有直接管理權限營利事業10%之股份　(B)未經服務機關許可兼任教學職務　(C)未經服務機關許可兼任民間基金會董事長　(D)休假時間受邀出席研討會分享攝影技巧，並支領演講出席費　【112高考-行政法】	(D)

相關考題　服務義務

公務員對於主管長官與兼管長官同時所發命令，內容不同時，依據公務員服務法規定，以何者之命令為準？　(A)視情形而定　(B)主管長官　(C)兼管長官　(D)自行判斷　【100高考-行政法】	(B)

相關考題 服務義務

「公務人員對於長官監督範圍內所發之命令有服從義務，如認為該命令違法，應負報告之義務；該管長官如認其命令並未違法，而以書面下達時，公務人員即應服從；其因此所生之責任，由該長官負之」的規定，是下列何法規所明定？　(A)刑法　(B)行政罰法　(C)公務人員保障法　(D)公務員服務法　【100三等行政警察-行政法】	(C)
依公務人員保障法之規定，關於公務人員之服從義務，下列敘述何者正確？　(A)凡長官在其監督範圍內發布之命令，無論是否合法，公務人員皆有服從義務　(B)長官在其監督範圍內發布之命令，公務人員如認為違反行政法規者，自得拒絕服從　(C)長官所發布之命令有違反刑事法律者，公務人員無服從之義務　(D)公務人員認長官之命令違法者，於履行報告義務後，不待長官書面下達，即應服從　【110地特-行政法】	(C)

相關考題 責任範圍

公務員之法律責任，不包括下列何者？　(A)政治責任　(B)行政責任　(C)民事責任　(D)刑事責任　【98四等基警-行政法概要】	(A)

相關考題 迴避

公務員在行政程序中，其配偶為事件之當事人者，公務員應： (A)靜觀其變　(B)自行迴避　(C)請求職務協助　(D)為程序外之接觸　【98四等基警-行政法概要】	(B)
行政處分之程序瑕疵，下列何者不得補正？　(A)必須記明理由而未記明　(B)應給予當事人陳述意見之機會而未給予　(C)公務員應迴避而未迴避　(D)處分之作成應經其他機關參與而未經其參與　【98四等基警-行政法概要】	(C)

相關考題　行政責任

依據公務員懲戒法第3條規定，下列何者非公務員職務當然停止之情形？　(A)依刑事確定判決，經宣告緩刑者　(B)依刑事訴訟程序被通緝或羈押者　(C)依刑事確定判決，受褫奪公權之宣告者　(D)依刑事確定判決，受徒刑之宣告，在執行中者 【99鐵路四等員級法律政風-行政法概要】	(A)

解析：
目前修正為第4條，條文內容如下：
「公務員有下列各款情形之一者，其職務當然停止：
一、依刑事訴訟程序被通緝或羈押。
二、依刑事確定判決，受褫奪公權之宣告。
三、依刑事確定判決，受徒刑之宣告，在監所執行中。」

公務人員之懲戒權，原則上屬於下列何者？　(A)行政院人事行政局　(B)司法院　(C)監察院　(D)銓敘部 【99鐵路高員三級人事行政-行政法】	(B)
下列有關公務員懲戒與懲處之敘述，何者錯誤？　(A)懲戒種類包括撤職、停職；而懲處種類包括免職、休職　(B)懲戒原則上由司法院公務員懲戒委員會為之；而懲處由公務員服務之主管機關為之　(C)懲戒無功過相抵之可能；而懲處之平時考核部分則可功過相抵　(D)懲戒依公務員懲戒法；而懲處依公務人員考績法及相關法令為之 【99鐵路高員三級人事行政-行政法】	(A)
依照公務人員考績法規定，公務員被一次記兩大過者，有何種法律效果？　(A)降級　(B)免職　(C)休職　(D)減俸 【98四等基警-行政法概要】	(B)

解析：
公務人員考績法第12條。

公務人員保障暨培訓委員會所為保障事件之決定確定後，原處分機關未於規定期限內處理者，該會應將相關人員移送下列何機關依法處理？ (A)公務員懲戒委員會　(B)檢察機關　(C)考試院　(D)監察院　【103普考一般行政-行政法】	(D)

解析：

公務人員保障法第92條第1項規定：「原處分機關、服務機關於前條規定期限內未處理者，保訓會應檢具證據將違失人員移送監察院依法處理。但違失人員為薦任第九職等以下人員，由保訓會通知原處分機關或服務機關之上級機關依法處理。」

公務員因違法濫權遭撤職，則其停止任用期間至少為多久？　(A) 1個月　(B) 3個月　(C) 6個月　(D) 1年　【103普考一般行政-行政法】	(D)

公務人員考績法所指各官等人員，於同一考績年度內，任職不滿1年，而連續任職已達6個月者辦理之考績，係下列何種考績類別？ (A)年終考績　(B)專案考績　(C)另予考績　(D)不定期考績　【99鐵路四等員級法律政風-行政法概要】	(C)

解析：

公務人員考績法第3條規定公務人員考績區分如下：

一、年終考績：係指各官等人員，於每年年終考核其當年1至12月任職期間之成績。

二、另予考績：係指各官等人員，於同一考績年度內，任職不滿1年，而連續任職已達6個月者辦理之考績。

三、專案考績：係指各官等人員，平時有重大功過時，隨時辦理之考績。

依實務見解，關於公務人員之考績制度，下列敘述何者正確？ (A)甲長官對於下屬收賄罪證確鑿，僅得依公務員懲戒程序處理　(B)乙公務員表現優異，年終考績獲甲等，應晉本俸一級，並給與 1 個月俸給總額之一次獎金　(C)丙機關就所屬公務員之考績案，送銓敘部審定時，若銓敘部發覺有違考績法情事時，銓敘部得自行更定　(D)丁公務員平日辦公常遲到早退，遲誤公務，應以專案考績，列為丁等　【111高考-行政法】	(B)

相關考題　公務人員考績法

關於公務人員考績，下列敘述何者正確？　(A)年終考績丙等，留原俸級　(B)年終考績以 100 分為滿分，分甲、乙、丙、丁、戊五等　(C)一次記二大功者，晉本俸一級，並給與 2 個月俸給總額之獎金　(D)一次記二大過者，停職　　　　　　　　　　　【110地特-行政法】	(A)

相關考題　公務人員服務法

機關首長欲兼任非以營利為目的之團體之職務，依法應如何辦理？　(A)經監察院許可　(B)經考試院許可　(C)經上級主管機關許可　(D)經機關內人事主管許可　　　　　　　　【99地方特考四等-行政法概要】	(C)

解析：
公務員兼任教學或研究工作或非以營利為目的之事業或團體職務，應經服務機關（構）同意；機關（構）首長應經上級機關（構）同意。但兼任無報酬且未影響本職工作者，不在此限。(公務員服務法§15Ⅳ)

相關考題　保持品味義務

依公務員服務法第5條規定：「公務員應誠實清廉，謹慎勤勉，不得有驕恣貪惰，奢侈放蕩，及冶遊賭博，吸食菸毒等，足以損失名譽之行為。」係屬於何種義務性質？　(A)不為一定行為之義務　(B)迴避之義務　(C)保持品位之義務　(D)忠實之義務　　　　　　　　　【99鐵路四等員級法律政風-行政法概要】	(C)

解析：條文有修正，公務員服務法第6條規定：「公務員應公正無私、誠信清廉、謹慎勤勉，不得有損害公務員名譽及政府信譽之行為。」

相關考題　其他

公務員接奉任狀後，除程期外，應於下列何期限內就職？　(A) 1 週內　(B) 1 個月內　(C) 3 個月內　(D) 1 年內　　　　　　　　　　　　　　【103地特三等一般行政-行政法】	(B)

解析：公務員收受人事派令後，應於1個月內就（到）職。但具有正當事由，經任免權責機關（構）同意者，得延長之；其延長期間，以1個月為限。

6 特別權力關係

一 特別權力關係之概念

過去臺灣社會中，許多政府機關的內部運作，為了能維持公務的有效運作，往往存留下來一些特別的規則。

其中最常見者，當屬軍方，尤其是我國長期處於類似戰爭狀態，「合理的要求是訓練，不合理的要求是磨練」，為了讓部隊能有效運作，往往許多軍中人權必須要加以放棄，長官說了算數，沒有爭辯的餘地。

電影「軍官與魔鬼」一片中，論及到利用軍中同袍執行紅色紀律 (Code Red) 的不當管教，激發軍人的潛力；電影「監獄風雲」裡，監獄長官對於犯人的不當管教，甚至於利用其他犯人協助「管理」，以維持監獄的秩序。

除了軍方、監獄之外，公務員向來都是探討特別權力關係的範疇，有學者認為即便特別關係的存在無法避免，但此種內部規章還是必須符合目的合理性，以及構成公務員基本權力限制之重要事項，仍受法律保留原則之支配。(吳庚，第 245 頁)

特別權力關係，主要有兩大特殊性，第一為不得爭訟，其次則為無須法律授權，即可以透過行政規則或特別規則，限制相對人之權利，近幾年來隨著大法官會議的許多號解釋，已逐漸變更其實質內涵之趨勢。

特別權力關係

特別權力關係之種類
- 公法上之勤務關係
- 公法上營造物利用關係
- 公法上之特別監督關係

◀軍中遭到不當管教

噢！

獄卒放任▶
其他犯人
整特定人犯

相關考題

依照傳統說法，特許企業與國家之關係，應屬下列何者？ (A)特別權力關係 (B)公法上營造物利用關係 (C)行政契約關係 (D)行政指導關係 【92地方特考第二次-行政法大意】	（A）

二 特別權力關係之種類

一、公法上之勤務關係

例如公務員與國家之關係或軍人與國家之關係。

二、公法上營造物利用關係

例如公立學校或感化院與學生之關係、監獄與受刑人之關係。

三、公法上之特別監督關係

例如自治團體、特許企業、專門職業技術人員或公權力受託人，皆受國家之特別監督，其與國家間之關係。

三 我國實務的演變

一、有關於可否提起爭訟之事宜

公法上財產請求權

關於公務員之公法上財產請求權可否爭訟，早期認為公務員在特別權力關係事項是不可以提出爭訟。但是，自大法官會議釋字第 187 號解釋，認為請求核發服務年資或未領退休金之證明，如果未獲發給，可以依法提起訴願或行政訴訟。自此，陸續有第 201 號解釋，亦針對請領退休金事項，闡述公務員可以提起訴願或行政訴訟，第 266、312 號解釋，分別針對考績獎金及福利互助金，認為可以提起行政爭訟。上開內容，都是屬於公法上財產請求權之事項，亦經大法官會議給予肯定。

足以改變公務員身分、重大影響之懲戒處分

此外，第 243 號解釋，則以「是否改變公務員身分關係，直接影響其服公職之權利」作為是否提起行政訴訟之標準，例如

特別權力關係中，可否提起爭訟？

相關大法規會議解釋，針對下表事項提出看法，茲整理如下：

類 型	解釋字號	內容摘要
公法上財產請求權	187	請求核發服務年資或未領退休金之證明而未獲發給
	201	請領退休金
	266	考績獎金
	312	福利互助金
改變公務員身分關係	243	免職處分，得提起行政訴訟 記大過，不得提起行政訴訟 不服從職務命令，不得提起行政訴訟
	323	公務人員任用審查評為不合格
重大影響之處分	298	重大影響之懲戒處分
	323	任用審查較擬任之官等為低
	338	對審定之級俸如有爭執
	483	調職處分若發生降低官等或級俸的效果
	684	有權利即有救濟
	784	退學以外之處分，依性質提起相應之行政爭訟程序

免職處分，而記大過及不服從職務命令，則不得提起行政爭訟，第 323 號解釋，認為公務人員任用審查評為不合格，屬於足以改變公務員身分。第 298 號解釋，認為「重大影響之懲戒處分」，也可以向司法機關聲明不服，第 323 號解釋認為任用審查較擬任之官等為低，屬於重大影響之處分，到了第 338 號解釋，更將降低官等，放寬成為「對審定之級俸如有爭執」；第 448 號解釋，更認為調職處分若發生降低官等或級俸的效果，還是可以提起爭訟；第 684 號解釋，對學生所為行政處分或其他公權力措施，如侵害學生受教育權或其他基本權利，即使非屬退學或類此之處分，本於憲法第 16 條有權利即有救濟之意旨，仍應許權利受侵害之學生提起行政爭訟，無特別限制之必要。

二、停職

因特定事實（如羈押）而停職

無須做成行政處分，故無爭訟之可能。

公懲會通知停職

應視為司法審判機關在程序上的暫時性處分，僅得對於本案審議結果聲明不服，不得針對停職部份提起爭訟。

停職屬於移送懲戒或依考績免職以外之另一處分

例如公務員懲戒法第 5 條第 3 項：「主管機關對於所屬公務員，依第 24 條之規定送請監察院審查或懲戒法院審理而認為有免除職務、撤職或休職等情節重大之虞者，亦得依職權先行停止其職務。」則許受處分之公務人員單獨對停職或與免職一並提起爭訟。

實務見解 18% 事件與法律保留

　　所謂法律保留之議題，是指無須法律授權，即可以透過行政規則或特別規則，限制相對人之權利。對於攸關多數人民基本權利實現之重要事項，自當適用高密度之法律保留。18% 事件，是指「退休公務人員一次退休金優惠存款辦法」（民國 100 年 1 月 1 日廢止），因輿論撻伐而有關機關逕行加以變更。有學者認為「優惠存款利息乃退休公教人員賴以維持生活之主要收入，涉及人員數以萬計，自屬攸關多數人民基本權利實現的重要事項，依層級化保留體系或重要性理論，豈可任由主管機關以行政規則定之。……行之數十年退休人員賴此定期給付作為重要生存資源，正是信賴保護原則，在戰後成行政法重要法則，甚至憲法位階原則，最原始之保護對象……」（吳庚，第 242 頁）

7 公物法

▬ 公物之概念

所謂公物，是指由國家或其他行政主體得以支配，並以供公眾直接使用為目的之物。例如歷史博物館、國父紀念館、馬路等均屬之。

▬ 公物之特性

一、融通性限制

他有公物，在不妨礙公物之目的，不妨害公物按其性質為合於目的之使用條件下，得以移轉所有權或設定負擔；公有公物，以行政主體享有所有權為基礎，如所有權移轉，將失去成為公物之依據，故原則上不得移轉所有權，但於不妨害公法上目的之範圍內，得允許特定人為使用收益。

二、取得時效之限制

公物若允許他人因時效而取得所有權，自與公物之目的相違背。

三、公用徵收之限制

公用徵收之對象本來是以私人之物為標的，而公物既然是供公共使用之目的，故不得對之加以徵收。但是，徵收若是基於更高之公益，則非不得徵收。例如私有土地而為公眾通行使用之道路，若為了都市更新計畫，以謀求全市市民的更高福祉，仍可依法徵收。

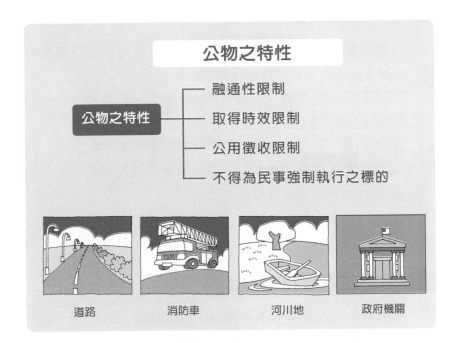

公物之特性

公物之特性
- 融通性限制
- 取得時效限制
- 公用徵收限制
- 不得為民事強制執行之標的

| 道路 | 消防車 | 河川地 | 政府機關 |

四、不得為民事強制執行之標的

　　公物既屬不融通物，以不得為民事強制執行為原則。惟私有公物，於使用目的不受影響之情形下，自亦允許例外之存在。實務上認為：私有公物，認如附有作公物限制之條件（即不妨礙原來公用之目的），亦得作為交易之標的。本件拍賣公告中載明：拍賣之土地由民航局占用，拍賣後不點交等語，可見拍賣後，仍可照舊供機場使用，應無不得查封拍賣之法律上理由。（65台抗172）另外，臺北市積欠健保費案，臺北行政執行處查封臺北市政府之土地，亦屬之。

三 國有財產的類型

依據國有財產法第 4 條規定，國有財產區分為公用財產與非公用財產兩類。下列各種財產稱為公用財產：

1、公務用財產：各機關、部隊、學校、辦公、作業及宿舍使用之國有財產均屬之。

2、公共用財產：國家直接供公用使用之國有財產均屬之。

3、事業用財產：國營事業機關使用之財產均屬之。但國營事業為公司組織者，僅指其股份而言。

至於非公用財產，同條規定係指公用財產以外可供收益或處分之一切國有財產。

四 都市更新與國有土地釋出

都市更新為近來國內不動產市場熱門話題，也炒熱了都會區的房價，考量都市更新範圍常夾雜國有土地，國有土地應配合都市更新，兼顧實施效益、國產運用效益及國庫利益，經多次開會研商，訂定「都市更新範圍內國有土地處理原則」，將更新範圍內國有土地以大、中、小面積區分，500 平方公尺以上、佔更新總面積二分之一以上的大面積，依都更條例規定主導辦理都市更新。

五 公共用物──既成道路成立公共地役關係

一、應予徵收補償

既成道路，可以說是政府難以解決的財政困境。過去實務上的見解，以命令方式繼續使用而不予徵收，甚至於徵收私人

相關考題　公物法

有關公物之敘述，下列何者正確？　(A)博物館係特別用物　(B)原則上不得為公用徵收　(C)拒絕利害關係人之申請特殊使用公物，是影響其反射利益　(D)適用民法取得時效之規定 　　　　　　　　　　　　　　　【98四等基警－行政法概要】	(B)
公物之設定、變更或廢止，是屬於下列何種性質？　(A)行政處分　(B)行政命令　(C)行政指導　(D)行政契約 　　　　　　　　　　　　　　　【97三等地方特考－行政法】	(A)
市區道路屬於下列何種公物？　(A)公共用物　(B)行政用物　(C)特別用物　(D)營造物用物　　　　【98三等原住民－行政法】	(A)
公物之設定、變更與廢止，為何種行政行為？　(A)行政規則　(B)行政計畫　(C)行政契約　(D)一般處分　　　　【100普考－行政法概要】	(D)
公物之設定屬於何種行政行為？　(A)一般命令　(B)行政規則　(C)一般處分　(D)緊急處分　　【99鐵路四等員級法律政風－行政法概要】	(C)
下列何者非屬公物？　(A)私營博物館　(B)既成道路　(C)高速公路邊坡　(D)市府向民間承租之辦公廳舍　　　【103普考一般行政－行政法】	(A)
關於公物之敘述，下列何者錯誤？　(A)公物原則上是不融通物，不得為交易的標的，但不妨礙其性質且合於目的的使用下，仍可以轉讓其所有權　(B)公物適用民法上的時效取得規定，他人可以主張時效取得所有權　(C)公物原則上不得為民事強制執行的標的，但使用目的不受影響下，例外仍得作為執行標的　(D)公物原則上不得為公用徵收之標的，但私有土地如成為公物使用者，例外可予以徵收 　　　　　　　　　　　　　　　【103普考一般行政－行政法】	(B)

土地時，對於既成道路用地卻不予已徵收。大法官會議第400號解釋宣告違反平等原則而違憲，認為既成道路符合一定要件而成立公用地役關係者，其所有權人對土地既已無從自由使用收益，形成因公益而特別犧牲其財產上之利益，國家自應依法律之規定辦理徵收給予補償。但是，該號解釋也考量到實際的財政狀況，認為各級政府如因經費困難，不能對上述道路全面徵收補償，有關機關亦應訂定期限籌措財源逐年辦理或以他法補償。

二、既成道路成立公用地役關係之要件

釋字第400號解釋認為：公用地役關係乃私有土地而具有公共用物性質之法律關係，與民法上地役權之概念有間，久為我國法制所承認（參照本院釋字第255號解釋、行政法院45年判字第8號及61年判字第435號判例）。

既成道路成立公用地役關係，其要件如下：

1、為不特定之公眾通行所必要，而非僅為通行之便利或省時。

2、於公眾通行之初，土地所有權人並無阻止之情事。

3、須經歷之年代久遠而未曾中斷，所謂年代久遠雖不必限定其
　　期間，但仍應以時日長久，一般人無復記憶其確實之起始，
　　僅能知其梗概（例如始於日據時期、八七水災等）為必要。

相關考題 特別犧牲說

依司法院大法官解釋，內政部核准徵收土地，並由地方政府對土地所有權人核發補償，係基於下列何項理論？　(A)既得權說　(B)公用徵收說　(C)特別犧牲說　(D)社會職務說 【99鐵路高員三級人事行政-行政法】	(C)

啊！開車過不去耶。

新北市五股區民義路某巷底近 40 戶居民，20 多年前購地建鐵皮屋和廠房時，地主說「屋前道路是私地，但大家都可以走」，走了 20 多年也都相安無事。 過了好幾年，可能是地主欠別人錢，土地遭人拍賣。新地主就約定要其他居民付錢，但最後沒有談攏， 於是就將貨櫃屋及貨車放在路中間，擋住大家的去路，居民該怎麼辦呢？

實務見解 民法上地役權之概念

　　本案中，據筆者親自走訪，該條道路似乎不是對外唯一的通道，故是否成立「不特定之公眾通行所必要」，恐怕是有疑問！？

　　雖然原地主當初並沒有阻止的情事；20 多年，也算是年代久遠也沒有中斷。但是，三個要件中，並不是所有的要件均滿足，因此該私有土地，是否認為是既成道路而成立公用地役關係，還是有問題的！

相關考題 既成道路

下列何者非公用地役關係所形成「既成道路」之條件？　(A)該當既成道路主要達到通行之便利，故國家對於徵收無須加以補償　(B)該當既成道路於通行之最初，土地所有權人並未加以阻止　(C)該當既成道路之通行，必須經過年代久遠並且沒有被中斷　(D)該當既成道路為不特定之大眾通行所必須　　【100普考-行政法概要】	(A)

8 行政法關係之發生

一 行政法關係發生之概念

訂定契約而產生了契約法上之效力；壞人毆打好人，也產生了侵權行為。從行政法的角度，也會因為不同的原因，讓行政主體與個人或其他當事人間，成立一定的行政法上之法律關係。

二 行政法關係發生之原因

因法規而生

因法規而生，是指行政主體不必為任何行政行為，相對之他方也不必為任何意思表示，因為法律的規定，即當然對當事人之一方產生一定行政法上之法律效果。例如兒童及少年福利與權益保障法第 14 條第 1 項規定：「胎兒出生後 7 日內，接生人應將其出生之相關資料通報衛生主管機關備查；其為死產者，亦同」。此通報義務屬於因法律規定而生。

因行政處分而生

行政處分是行政機關對外所生的主要作用。有些是授益性質的行政處分，有些是課予義務之行政處分，例如發給汽車駕照，納稅額之核課處分。藉由行政處分之作成，行政機關即與當事人產生一定之行政法關係。

因行政契約而生

公法上法律關係得以契約設定、變更或消滅之，此為行政

雙階層理論：政府採購

第一階段：行政處分
此階段若有爭議，應
以行政爭訟為手段進
行救濟。

第二階段：民事契約
此階段若有爭議，應
以民事爭訟為手段進
行救濟。

釋字 540：興建與分配國宅

第一階段申請租售國宅，認為是行政處分；後續之訂定國宅買賣
契約，則屬於私法行為。前者救濟途徑，為訴願、行政訴訟之程
序，後者則是以民事爭訟為手段進行救濟。

參照本書第 244~247 頁

程序法第 135 條所明定。因此，行政契約關係也是行政法律關係發生之原因。

因事實行為而生

　　八八水災，政府救災人員跋山涉水，將受困居民救出，此種屬於事實行為，並不會與災民產生行政法上之關係。但是，若依據行政執行法之對人管束、對物扣留，此等事實行為可能與相對人發生公法上損失補償關係，進而產生行政法上之關係。

因執行法院裁判而發生

法院判決確定後而須執行徒刑者，受刑人與監獄即產生特別權力關係，此種即屬因執行法院裁判而生之行政法關係。

第 5 篇

行政作用

1 行政命令

■ 法規命令與行政規則

　　法規命令，是指行政機關基於法律授權，對多數不特定人民就一般事項所作抽象之對外發生法律效果之規定。（行政程序法 §150 Ⅰ）法規命令之內容應明列其法律授權之依據，並不得逾越法律授權之範圍與立法精神。（行政程序法 §150 Ⅱ）法規命令無法律之授權而剝奪或限制人民之自由、權利者，無效。（行政程序法 §158 Ⅱ）　法規命令，發布後應立即送交立法機關審查。

　　行政規則，係指上級機關對下級機關，或長官對屬官，依其權限或職權為規範機關內部秩序及運作，所為非直接對外發生法規範效力之一般、抽象之規定。（行政程序法 §159 Ⅰ）行政規則，無須如法規命令一般，毋庸送交立法院審查。但行政機關依「行政自我拘束原則」而產生事實上之對外效力，只要人民不予爭執，行政規則自亦發生某種程度之對外效力。

　　行政規則之範圍，依據同條第 2 項規定，包括：

　　1、關於機關內部之組織、事務之分配、業務處理方式、人事管理等一般性規定。

　　2、為協助下級機關或屬官統一解釋法令、認定事實、及行使裁量權，而訂頒之解釋性規定及裁量基準。

　　前開法規之制定，依據中央法規標準法第 7 條之規定：「各機關依其法定職權或基於法律授權訂定之命令，應視其性質分別下達或發布，並即送立法院。」

替代役實施條例

法律

法規命令

研發及產業訓儲替代役甄選訓練服役實施辦法

法規命令

常備役體位因家庭因素及替代役體位服補充兵役辦法

法規命令

役男申請服替代役辦法

法規命令

替代役實施條例施行細則

替代役男，與一般軍人有所不同，是指役齡男子至政府機關擔任輔助性工作，例如櫃台接待工作，學校警衛工作，協助警方指揮交通等，其依據為替代役實施條例。

該條例中針對「研發替代役」之部分，因為申請、甄選程序、錄取方式等內容過於繁雜，所以授權主管機關訂定之，如上「研發替代役甄選訓練服役實施辦法」即屬之。

📑 解釋性之行政規則

一、解釋性行政規則的生效時間

解釋性之行政規則，是指行政主管機關就行政法規所為之釋示，是為了闡明法規之原意，性質上並非獨立之行政命令，固應自法規生效之日起有其適用。（釋 287）

二、釋示先後不一致的問題

如果行政機關所為之釋示，前後釋示不一致時，在前之釋示並非當然錯誤，於後釋示發布前，依前釋示所為之行政處分已確定者，除前釋示確有違法之情形外，為維持法律秩序之安定，應不受後釋示之影響。（釋 287）

釋字第 287 號解釋，所採取的是折衷說。原則上以案件是否確定為準，以維持法律秩序的安定，但是若確定前的解釋，違背法律且產生損害當事人權益之結果，則仍得適用發布在後的釋示。

📑 廢止

法規命令之修正、廢止、停止或恢復適用，準用訂定程序之規定。（行政程序法 §151 Ⅱ）所謂訂定程序，如應經上級核定者，應於核定後始得發布。（行政程序法 §157 Ⅰ）數機關會同訂定之法規命令，依法應經上級機關或共同上級機關核定者，應於核定後始得會銜發布。（行政程序法 §157 Ⅱ）法規命令之發布，應刊登政府公報或新聞紙。（行政程序法 §157 Ⅲ）

行政規則得由原發布機關廢止之。（行政程序法 §162 Ⅰ）行政規則之廢止，適用第 160 條規定。（行政程序法 §162 Ⅱ）

所謂第 160 條規定，第 1 項：「行政規則應下達下級機關或屬官。」第 2 項：「行政機關訂定前（159）條第 2 項第 2 款之行政規則，應由其首長簽署，並登載於政府公報發布之。」

> 註：同法第 159 條第 2 項第 2 款規定：「為協助下級機關或屬官統一解釋法令、認定事實、及行使裁量權，而訂頒之解釋性規定及裁量基準。」

四 法規命令與行政規則之區別

區別項目	法規命令	行政規則
性質	對外發生效力	對內生效為原則
與人民權利義務之關聯	有	無 但仍然有與人民權利義務有關聯者
名稱	規程、規則、細則、辦法、綱要、標準或準則	須知、要點、注意事項
制定程序之差異	發布	下達，無須發布；但是針對「解釋性規則」或「裁量基準」等行政規則，除了「下達」並應由其首長簽署，登載於政府公報「發布」之
送立院審查	需要	無須送立院審查，但依據中央法規標準法第 7 條，不分法規命令、行政規則，一律送立法院
生效日期	自公布或發布日施行者，自公布或發布之日起算至第 3 日起發生效力	純粹對內生效之行政規則：其效力應以下達之日起發生 解釋性行政規則：應自法規生效起予以適用（釋 287） 間接對外生效之獨立性行政規則：法規明訂自公布或發布日施行者，自公布或發布日起算至第 3 日起發生效力。

五 聽證

　　行政機關訂定法規命令，得依職權舉行聽證。（行政程序法 §155）　行政機關為訂定法規命令，依法舉行聽證者，應於政府公報或新聞紙公告，載明下列事項：（行政程序法 §156）

1、訂定機關之名稱，其依法應由數機關會同訂定者，各該機關之名稱。
2、訂定之依據。
3、草案之全文或其主要內容。
4、聽證之日期及場所。
5、聽證之主要程序。

相關考題　　聽證

關於法規命令擬定之公告與聽證程序，下列敘述何者錯誤？　(A)草案內容應於政府公報或新聞紙公告　(B)行政機關必須給予人民陳述意見之機會　(C)行政機關未採納人民之意見，於發布命令時須附具理由說明　(D)行政機關發布之法規命令內容未採納個別人民之意見，該表示意見之人民不得請求法律救濟 【103普考一般行政-行政法】	(C)

相關考題　　行政規則

下列有關行政命令之敘述，何者正確？　(A)行政機關獲得法律授權，得於法規命令中為任意規定　(B)就有關細節性、技術性之事項，立法者得授權行政機關訂定法規命令為補充之規定　(C)有關細節性、技術性之事項，非經立法者授權，行政機關不得以行政命令定之　(D)公務員皆具專業知識，故立法者只須表示授權訂定法規命令即可，無庸就內容為詳述　　　　【103普考一般行政-行政法】	(B)

相關考題　行政規則

為協助下級機關或屬官統一解釋法律、認定事實、及行使裁量權，而訂頒之解釋性規定及裁量基準，在性質上屬於：　(A)法規命令　(B)特別命令　(C)行政規則　(D)行政指導 【98四等基警 - 行政法概要】	(C)
有效下達之行政規則，對下列何者無直接之拘束力？　(A)訂定機關　(B)下級機關　(C)屬官　(D)利害關係人　【98高考三級 - 行政法】	(D)
下列有關行政規則的敘述，何者錯誤？　(A)係指上級機關對下級機關所為　(B)係指長官對屬官所為　(C)性質皆屬於內部規定，無須對外發布　(D)性質上為一般性、抽象性的規定 【99四等基警行政警察 - 法學緒論】	(C)
限制人民基本權利之事項須規定在：　(A)行政規則　(B)委辦規則　(C)職權命令　(D)法律　【99三等關務 - 法學知識】	(D)
關於行政程序法第159條之行政規則，下列敘述何者正確？　(A)機關依法律授權所訂定　(B)非直接對外發生法律效果　(C)效力僅及於可得特定之相對人　(D)具有拘束上級機關及法院之效力 【100四等行政警察 - 行政法概要】	(B)

解析：
簡單來說，記得行政規則「不直接對外」。

關於行政規則之敘述，下列何者錯誤？　(A)行政規則具有直接的對外效力　(B)解釋性行政規則具有間接的對外效力　(C)行政規則以公務員為規範對象　(D)行政規則無須法律授權 【100四等行政警察 - 行政法概要】	(A)
下列何者不應成為行政程序法第159條第2項行政規則得規範之內容？　(A)機關內部之組織、事務之分配　(B)限制或剝奪人民自由或權利之事項　(C)協助下級機關統一解釋法令　(D)裁量基準 【100四等行政警察 - 行政法概要】	(B)

解析：
簡單來說，記得行政規則只要提到「限制或剝奪人民自由或權利」的選項就是錯的。

有關行政規則之描述，下列那一項為正確？　(A)發布程序皆應由長官簽署，並登載於政府公報　(B)為落實行政監督，行政規則之廢止須由上級機關為之　(C)其為非直接對外發生法規範效力之抽象規定　(D)規範對象為一般人民　　　【99鐵路高員三級人事行政-行政法】	(C)
下列何者屬行政規則之性質？　(A)道路交通安全規則　(B)行政執行法施行細則　(C)行政執行處辦理拘提管收應行注意事項　(D)道路交通管理處罰條例　　　【99地方特考四等-行政法概要】	(C)
行政程序法對行政規則之定義，下列何者正確？　(A)為一般、具體之規定　(B)依法律授權所訂定　(C)直接對外發生法律效力　(D)協助下級機關行使裁量權而訂之裁量基準　　　【99鐵路四等員級法律政風-行政法概要】	(D)
下列何種法規範不得限制人民自由權利？　(A)法律　(B)法規命令　(C)自治條例　(D)行政規則　　　【99地方特考四等-行政法概要】	(D)
解釋性的行政規則對何者有直接拘束力？　(A)一般人民　(B)司法院大法官　(C)行政法院　(D)下級機關及所屬公務員　　　【100四等行政警察-行政法概要】	(D)
下列何種行政規則不必對外發布？　(A)解釋性規則　(B)裁量基準　(C)裁罰倍數參考表　(D)事務分配規則　　　【100四等行政警察-行政法概要】	(D)

解析：

這一題是考行政程序法第159條第2項及第160條第2項規定。

行政程序法第159條第2項規定：「行政規則包括下列各款之規定：一、關於機關內部之組織、事務之分配、業務處理方式、人事管理等一般性規定。二、為協助下級機關或屬官統一解釋法令、認定事實、及行使裁量權，而訂頒之解釋性規定及裁量基準。」

行政程序法第160條第2項規定：「行政機關訂定前條第2項第2款之行政規則，應由其首長簽署，並登載於政府公報發布之。」

所以行政程序法第159條第2項第1款「關於機關內部之組織、事務之分配、業務處理方式、人事管理等一般性規定」之規定，就不必對外發布。

相關考題　行政規則

下列何種行政規則，須對外公告？　(A)行政內部工作推展之處務規程　(B)事務分配規則　(C)裁量基準　(D)行政機關之內部議事規則　【103普考一般行政-行政法】	(C)
下列有關行政規則的敘述，何者錯誤？　(A)行政規則僅拘束下級機關及屬官　(B)為一般、抽象之規定　(C)規定目的係為規範機關內部秩序及運作　(D)僅得於權限範圍內規定　【103高考一般行政-行政法】	(A)
下列何者並非行政命令得使用之名稱？　(A)規程　(B)規則　(C)辦法　(D)通則　【103普考一般行政-行政法】	(D)
教育部依職權發布「遊藝場業輔導管理規則」，其規定電動玩具業不得容許未滿 18 歲之兒童及少年進入其營業場所，違者撤銷其許可。甲經營電子遊藝場所，小學生放學後經常流連其間，主管機關以甲違反上開規定，撤銷其營業許可。下列有關管理規則性質及行政機關得否據以撤銷甲營業許可之敘述，何者正確？　(A)上開管理規則性質為法規命令，行政機關得據此撤銷甲之營業許可　(B)上開管理規則性質為法規命令，行政機關不得據此撤銷甲之營業許可　(C)上開管理規則性質為行政規則，具有間接對外效力，行政機關得據此撤銷甲之營業許可　(D)上開管理規則性質為行政規則，行政機關不得據此撤銷甲之營業許可　【103地特四等一般行政-行政法】	(D)
有關解釋性行政規則之效力，下列敘述何者錯誤？　(A)具有拘束下級機關之效力　(B)具有拘束訂定機關之效力　(C)具有間接拘束人民之效力　(D)具有拘束法官之效力　【103地特四等一般行政-行政法】	(D)
解釋性行政規則雖經下達，但未登載於政府公報發布者，其效力如何？　(A)不發生效力　(B)仍發生效力　(C)無效　(D)效力未定　【108高考-行政法】	(B)
行政規則之所以間接對外亦產生規範之效力，依通說所見，至少可以下列那一種原則作為論證之依據？　(A)比例原則　(B)明確性原則　(C)行政自我拘束原則　(D)法律保留原則　【99鐵路四等員級法律政風-行政法概要】	(C)

下列何者不具有對外效力？　(A)裁量基準性之行政規則　(B)解釋性之行政規則　(C)經法律授權之法規命令　(D)機關內部事務分配之一般性規定　　　　【99鐵路四等員級法律政風-行政法概要】	(D)
下列何者非行政程序法之用語？　(A)行政規則　(B)行政計畫　(C)法規命令　(D)職權命令　　　　【100高考-行政法】	(D)
下列何種行政規則應刊登於政府公報？　(A)組織性　(B)督促性　(C)管理性　(D)裁量性　　　　【100三等行政警察-行政法】	(D)
下列何者為行政規則？　(A)財產保險商品審查應注意事項　(B)高空彈跳活動及其經營管理辦法　(C)船舶設備規則　(D)全民健康保險醫療服務給付項目及支付標準　　　　【108高考-行政法】	(A)
關於行政規則之敘述，下列何者錯誤？　(A)行政規則乃為上級機關對於下級機關所為規範機關內部秩序之抽象性規定　(B)行政規則對於法院並不具拘束力，法院有權直接宣告其無效　(C)上級機關為協助下級機關行使裁量權，得訂定裁量性行政規則　(D)有效下達之行政規則，具有拘束下級機關及屬官之效力　　　　【110地特-行政法】	(B)
關於行政規則之敘述，下列何者錯誤？　(A)有效下達之行政規則，具有拘束訂定機關、其下級機關及屬官之效力　(B)法律授權主管機關依一定程序訂定法規命令以補充法律規定不足者，必要時，該機關亦可發布 規範行政體系內部事項之行政規則為之替代　(C)行政機關訂定解釋性規定及裁量基準時，應由其首長簽署，並登載於政府公報發布之　(D)中央主管機關為協助下級機關統一解釋法令及認定事實而就委辦事項所訂頒之解釋性規定，亦拘束地方政府　　　　【111高考-行政法】	(B)

中央主管機關就掌理之法規為闡明其真意所為之釋示，在性質上屬於何種行政行為？若見解變更新舊不一，則受較不利函示決定影響之當事人，有無救濟之可能？大法官相關解釋所確立之處理原則為何？

【98高考三級-行政法】

相關考題　法規命令

依據行政程序法第150條第1項之規定，所稱法規命令之概念要素，不包含下列何者？　(A)行政機關　(B)特定人民　(C)抽象規定　(D)對外發生法律效果　【98普考-行政法概要】　(B)

下列有關法規命令之敘述，何者錯誤？　(A)法規命令直接對外發生效力　(B)法規命令係規制個別事件之行政行為　(C)法規命令通常應有法律授權　(D)法規命令之適用對象為一般人民　【98普考-行政法概要】　(B)

行政機關基於法律授權，對多數不特定人民就一般事項所作抽象之對外發生法律效果之規定，為何種行政行為？　(A)行政處分　(B)一般處分　(C)法規命令　(D)行政規則　【98四等基警-行政法概要】　(C)

下列何者為法規命令？　(A)地方稅法通則　(B)臺南市反怠速自治條例　(C)交通安全規則　(D)法官遷調作業要點　【99三等關務-法學知識】　(C)

下列關於法規命令之敘述，何者正確？　(A)透過機關組織法之授權，機關即可制定並公告之　(B)訂定法規命令後，必須送立法院，由立法院追認　(C)法規命令內容必須明列法律授權之依據　(D)法規命令內容不得逾越法律授權之範圍，係行政自我拘束原則之要求　【103地特四等一般行政-行政法】　(C)

依大法官解釋意旨，下列有關行政命令之敘述，何者正確？　(A)關於管收之執行事由有所疏漏，行政機關得自行訂定行政命令補充之　(B)有關徵收人民不動產之事項對人民權利影響極大，應以法律明確規範，不得授權由行政命令規定　(C)針對主管機關如何檢驗狂犬病之檢驗方法與程序，立法者若認為有必要，得授權以法規命令定之　(D)經濟事務瞬息萬變，所以行政機關給予人民補貼僅須在預算上有授權基礎即可　【103地特四等一般行政-行政法】　(C)

基於法律授權訂定之命令，係指行政程序法中的那一種行為類型？　(A)行政計畫　(B)行政指導　(C)行政規則　(D)法規命令　【99四等關務-法學知識】　(D)

下列那一種法規發布或下達後，須即送立法院？　(A)法規命令　(B)行政函釋　(C)自治條例　(D)委辦規則　【99三等關務-法學知識】　(A)

相關考題　法規命令

關於法規命令之敘述，下列何者錯誤？　(A)行政法院法官於審判時，認為所適用之法規命令違憲，應停止審判聲請司法院大法官解釋憲法　(B)法規命令之訂定，得由人民提議為之　(C)牴觸法律之法規命令無效(D)行政機關訂定法規命令，得依職權舉行聽證 【100四等行政警察 - 行政法概要】	(A)
關於行政程序法所規定之法規命令，下列敘述何者正確？　(A)機關依職權訂定　(B)須有法律授權　(C)針對具體案件　(D)僅具機關內部效力　【100四等行政警察 - 行政法概要】	(B)
有關法規命令之描述，下列那一項為錯誤？　(A)行政機關基於職權所為　(B)對象為一般人民　(C)其性質為抽象之規定　(D)機關訂定法規命令，得依職權舉行聽證　【100三等行政警察 - 行政法】	(A)
下列何者並非法規命令之特徵？　(A)一般性　(B)對外性　(C)未來性(D)特定性　【99地方特考四等 - 行政法概要】	(D)
有關法規命令之敘述，下列何者正確？　(A)協助下級機關統一解釋法令而訂頒之解釋性規定為法規命令　(B)法規命令之發布，應刊登政府公報或新聞紙　(C)法規命令之訂定依法應經其他機關核准，而未經核准者，仍屬有效　(D)法規命令之修正，由行政院會同立法院辦理　【99地方特考四等 - 行政法概要】	(B)
下列何者為行政程序法第150條所稱之法規命令？　(A)民法施行法(B)行政院暨所屬中央機關科長研習班實施計畫　(C)各機關職務代理應行注意事項　(D)水利法施行細則 【99地方特考四等 - 行政法概要】	(D)

解析：
(A)民法施行法是法律。

依行政程序法之規定，法規命令因下列何種事由而無效？　(A)法規命令訂定前未經聽證程序　(B)法規命令之內容與同級行政機關之行政規則牴觸　(C)法規命令之發布未於網路上公告　(D)無法律之授權而剝奪或限制人民之自由、權利　【99地方特考四等 - 行政法概要】	(D)

相關考題　法規命令

關於授權命令之敘述，下列何者錯誤？ (A)法律得授權以命令限制人民自由權利，惟其授權之目的、範圍及內容應具體明確 (B)行政機關訂定授權命令時，得依職權舉行聽證 (C)授權命令之制定須符合比例原則 (D)法律授權制定命令，不得以概括授權方式為之　【111高考-行政法】	(D)
關於法規命令之敘述，下列何者正確？ (A)法規命令之內容應明列其法律授權之依據，不得逾越法律授權之範圍與立法精神，必要時，亦可再委任下級機關訂定之 (B)行政機關訂定有關軍事、外交或其他重大事項且涉及國家機密或安全之法規命令，得不依行政 程序法所定程序為之 (C)行政機關擬訂法規命令時，得依職權採取各種適當方法，將公告內容廣泛周知 (D)法規命令依法應經上級機關核定者，應於發布後送上級機關核定　【110地特-行政法】	(B)
行政機關發布命令，禁止餐廳營業時間超過晚上9點。下列敘述何者錯誤？ (A)該命令須送立法院審查 (B)該命令之訂定須有法律授權 (C)該命令屬於行政規則 (D)該命令應刊登政府公報或新聞紙　【112高考-行政法】	(C)

相關考題　基本題型

下列何種行政行為係屬抽象性質之行政作用？ (A)行政命令 (B)行政處分 (C)行政指導 (D)行政執行　【100普考-行政法概要】	(A)

相關考題　廢止

下列有關法規廢止之敘述，何者錯誤？ (A)法律之廢止，應經立法院通過，總統公布 (B)命令之廢止，由原發布機關之上級機關為之 (C)法律之廢止，自公布之日起，算至第三日起失效 (D)命令之廢止，自發布之日起，算至第三日起失效　【99三等第一次司法人員-法學知識與英文】	(B)

下列有關行政法規不溯及既往原則之敘述，何者錯誤？　(A)意指行政法規不適用於該法規變更或生效前業已終結之事實或法律關係　(B)人民聲請許可案件於聲請後至處理程序終結前，法規有變更，而舊法規有利於當事人且新法規未廢除或禁止所聲請之事項者，應適用舊法規　(C)授益性或非負擔性之法規，一律不得溯及既往　(D)法規之釋示與不溯及既往原則無涉　【100高考-行政法】

(C)

解析：

(D)選項之相關大法官會議解釋：聲請人以其課稅事實發生於79年4月及8月間，而主管稽徵機關竟引用財政部同年9月6日前開函釋為計算方法，指摘其有違法令不溯及既往原則乙節，查行政主管機關就行政法規所為之釋示，係闡明法規之原意者，應自法規生效之日起有其適用，業經本院釋字第287號解釋釋示在案，自不生牴觸憲法之問題。(釋536)

聲請人以其課稅事實發生於79年度，而主管稽徵機關竟引用財政部83年所為計算方法之函釋，有違法令不溯及既往原則一節，查行政主管機關就行政法規所為之釋示，係闡明法規之原意者，應自法規生效之日起有其適用，業經本院釋字第287號解釋釋示在案，不生牴觸憲法問題。(釋493)

行政主管機關就行政法規所為之釋示，係闡明法規之原意，固應自法規生效之日起有其適用。惟在後之釋示如與在前之釋示不一致時，在前之釋示並非當然錯誤，於後釋示發布前，依前釋示所為之行政處分已確定者，除前釋示確有違法之情形外，為維持法律秩序之安定，應不受後釋示之影響。(釋287)

六 授權命令與職權命令

一、基本概念

授權命令與職權命令之區別，在於有無**法律授權**為區別之標準。所謂授權命令，原則上是指行政機關於法律授權範圍內，所制定之法規命令。但並不是授權命令即等同於法規命令，因為有些未必涉及人民權利義務之事項。

職權命令，是指無法律授權，而是依據行政機關在其**法定職權**的範圍內，直接發布之命令，多未涉及人民權利義務之事項，且多屬行政規則，但是也未必等同於行政規則。過去實務的運作上，對於二者的區分並不明確，致使許多職權命令也涉及人民權利義務之事項。

二、實務之見解

實務上探討**授權命令與職權命令，其要點在於探討其合法性**。經過實務上見解，尤其是大法官會議解釋之不斷修正，目前業已將許多傳統觀念，逐漸修正如下：

1、基於法律授權訂定之施行細則，亦可能牴觸母法而違憲（釋210）

好比老闆派遣員工到大陸開疆闢土，但是員工卻將公司給的資金亂花一通，違反當初老闆的意旨。所以，即便有授權，還是會有違反授權的問題。

2、授權之目的、範圍及內容須具體明確

法律之授權涉及限制人民自由權利者，其**授權之目的、範圍及內容符合具體明確之條件時，亦為憲法之所許**。（釋367理由書）若法律僅為概括授權時，固應就該項法律整體所表現之關聯意義為判斷，而非拘泥於特定法條之文字；惟依此種概括授

是的

法律通過後，相關細部施行的方式，就參酌法律的精神，由你來制定施行細則吧！

行政機關　　　　　　　　立法委員

基於法律授權訂定之施行細則，亦可能牴觸母法而違憲

如果行政機關所制定的施行細則，牴觸母法的規定，或者是違背母法授權的範圍，則會因此而違憲。

報告委員，這種「空白支票」的授權，目的、範圍、內容都不具體明確，我實在是沒辦法遵循耶！

八八水災重建條例，只規定一條：「中央政府應全力救助災民。」其他細部規定，就由你自己決定吧！

行政機關　　　　　　　　立法委員

授權之目的、範圍及內容須具體明確

若是具體明確，則涉及限制人民自由權利者，亦可為之，並不會因之而違憲。如上圖對話內容，八八水災重建條例過於空泛，並不具體明確，行政機關就不能自行訂定遷村的規定。

權所訂定之命令祇能就執行母法有關之細節性及技術性事項加以規定，尚不得超越法律授權之外，逕行訂定制裁性之條款。

3、概括授權，僅得就細節性、技術性事項加以規定

　　法律僅概括授權行政機關訂定施行細則者，該管行政機關於符合立法意旨且未逾越母法規定之限度內，自亦得就執行法律有關之細節性、技術性之事項以施行細則定之，惟其內容不能牴觸母法或對人民之自由權利增加法律所無之限制，行政機關在施行細則之外，為執行法律依職權發布之命令，尤應遵守上述原則。（釋 367 理由書）

4、有組織法，亦應有行為法

　　有組織法即有行為法，此一概念業已為大法官會議見解所放棄。例如釋字第 390 號解釋，認為工廠設立登記規則第 19 條第 1 項規定：「工廠不依照本規則之規定申請設立登記，或不依照核定登記事項經營，或違反其他工廠法令者，得由省（市）建設廳（局）予以局部或全部停工或勒令歇業之處分」（已廢止），涉及人民權利之限制，欠缺法律授權之依據而違憲。

相關考題　　依據

關於法規命令，下列敘述何者正確？　(A)法律授權行政機關訂定法規命令，該命令之內容必須明列授權之法律依據　(B)若法律授權行政機關訂定法規命令，行政機關仍得以行政規則定之　(C)法律授權行政機關訂定法規命令，行政機關得轉授權其下級機關訂定之　(D)法律授權行政機關訂定法規命令，行政機關訂定發布後應即送立法院始生效力　【103 地特四等一般行政 - 行政法】	(A)

概括授權，僅得就細節性、技術性事項加以規定

這是概括授權，不能牴觸法律，也不能對人民之自由權利，增加法律所無之限制。

法律通過後，很多沒規定到的，就交給你去制定吧！

行政機關

立法委員

行為法　人　民

組織法　行政機關

有組織法，亦應有行為法

有了組織法，行政機關才有設置上之依據，例如設置警政署，規定可以調查犯罪的職權，但並不代表就能夠任意地逮捕人民，還是必須要有行為法的規範，才能對於人民之權利加以限制。

七 緊急命令

　　總統為避免國家或人民遭遇緊急危難或應付財政經濟上重大變故,得經行政院會議之決議發布緊急命令,為必要之處置,不受憲法第 43 條之限制。但須於發布命令後 10 日內提交立法院追認,如立法院不同意時,該緊急命令立即失效。(憲法增修 §2 Ⅲ)

相關考題	緊急命令	
關於總統依憲法增修條文之規定而發布之緊急命令,下列敘述何者正確? (A)具有暫時替代或變更憲法之效力　(B)發布後無須提交立法院追認　(C)以不得再授權為補充規定即可逕予執行為原則　(D)事前須經立法院同意始得發布　【103普考一般行政 - 行政法】		(C)

2 行政處分

一 行政處分之概念

　　行政處分，係指中央或地方機關就公法上具體事件所為之決定或其他公權力措施，而對外直接發生法律效果之單方行政行為。前項決定或措施之相對人雖非特定，而依一般性特徵可得確定其範圍者，亦為行政處分。有關公物之設定、變更、廢止或一般使用者，亦同。（訴願法§3）例如交通警察指揮車輛、核定稅額通知書、學生遭到退學的處分、發給建築物使用執照。行政程序法第 92 條規定，對於行政處分之定義亦接近相同，並且針對「前項決定或措施之相對人雖非特定，而依一般性特徵可得確定其範圍者」，稱之為「一般處分」。

二 行政處分與觀念通知

　　行政行為的態樣變化多端，再加上中文博大精深，許多名稱難以理解其中的含意，甚至於瞭解文字上的含義之後，在具體個案中仍難以加以區分。行政處分與觀念通知亦有此一區分上的困擾，到底是對外發生法律效果的行政處分，還是觀念通知，往往很難加以判斷。當然，兩者的區別實益主要在於是否對外發生法效性。

　　例如行政執行處要求欠稅者到場或自動清繳應納金額、報告其財產狀況。（如同士林行政執行處要求孫○存說明財產狀況）此一執行命令，屬於觀念通知的性質，並不是行政處分。欠稅者對該執行命令或執行方法如有不服，應於執行程序終結

【註解】

行政訴訟法第 116 條第 2 項規定：「行政訴訟繫屬中，行政法院認為原處分或決定之執行，將發生難於回復之損害，且有急迫情事者，得依職權或依聲請裁定停止執行。但於公益有重大影響，或原告之訴在法律上顯無理由者，不得為之。」

前，依行政執行法向執行機關聲明異議，或向執行機關申請停止執行，而非依行政訴訟法第 116 條第 2 項規定向法院聲請停止執行。（98 裁 2132）

　　有學者提出三項標準作為判別之參考，其一為不拘泥於公文書所使用之文字，應探求行政機關之真意；其二為以是否有後續處置為斷；其三為表意行為究為行政處分抑觀念通知發生爭議時，此一爭議之本身即得為行政爭訟之標的。（吳庚，第345 頁） 大法官會議亦有類似見解：「行政機關行使公權力，就特定具體之公法事件所為對外發生法律上效果之單方行政行為，皆屬行政處分，不因其用語、形式以及是否有後續行為或記載不得聲明不服之文字而有異。若行政機關以通知書名義製作，直接影響人民權利義務關係，且實際上已對外發生效力者，如以仍有後續處分行為，或載有不得提起訴願，而視其為非行政處分，自與憲法保障人民訴願及訴訟權利之意旨不符。」（釋423）

　　行政處分以書面為之者，應記載下列事項：（行政程序法§96 Ⅰ）

1、處分相對人之姓名、出生年月日、性別、身分證統一號碼、住居所或其他足資辨別之特徵；如係法人或其他設有管理人或代表人之團體，其名稱、事務所或營業所，及管理人或代表人之姓名、出生年月日、性別、身分證統一號碼、住居所。

2、主旨、事實、理由及其法令依據。

3、有附款者，附款之內容。

4、處分機關及其首長署名、蓋章，該機關有代理人或受任人者，

須同時於其下簽名。但以自動機器作成之大量行政處分，得不經署名，以蓋章為之。

5、發文字號及年、月、日。

6、表明其為行政處分之意旨及不服行政處分之救濟方法、期間及其受理機關。

【行政程序法第92條 行政處分之定義】

　　Ⅰ本法所稱行政處分，係指行政機關就公法上具體事件所為之決定或其他公權力措施而對外直接發生法律效果之單方行政行為。

　　Ⅱ前項決定或措施之相對人雖非特定，而依一般性特徵可得確定其範圍者，為一般處分，適用本法有關行政處分之規定。有關公物之設定、變更、廢止或其一般使用者，亦同。

相關考題　觀念通知

下列有關行政處分或觀念通知之敘述，何者錯誤？　(A)觀念通知行為並不發生具體的法律效果，非屬行政處分　(B)觀念通知，其通知亦屬於意思表示，為對人之一般處分　(C)行政機關對請求釋示法令疑義，以通知表示其意見作為解答，尚不發生具體的法律效果，不能謂為行政處分　(D)行政機關所為單純事實敘述或理由，並非對人民之請求有所准駁，屬觀念通知之性質 【97三等地方特考-行政法】	(B)
行政機關對於人民陳情案有同一事由，經予適當處理，並已明確答覆後，而仍一再陳情者，其不予處理之函覆性質為何？　(A)行政處分　(B)觀念通知　(C)行政規則　(D)行政契約 【99地方特考四等-行政法概要】	(B)

中央或地方機關，就公法上具體事件所為對外直接發生法律上效果之單方行政行為，稱為：　(A)行政契約　(B)行政命令　(C)行政處分　(D)判決　　【98四等基警-行政法概要】	(C)
交通警察所為之指揮交通行為，在行政法上係屬：　(A)行政指導　(B)行政處分　(C)行政指揮　(D)事實行為　【98普考-行政法概要】	(B)
下列何者非行政處分之特徵？　(A)係行政機關之單方行政行為　(B)係行政機關所為之公權力措施　(C)係行政機關對外直接發生法律效果之行政行為　(D)係行政機關就公法上抽象事件所為之行政行為　　　　　　　　　　　　　　　　　　【98普考-行政法概要】	(D)
各級學校依有關學籍規則或懲處規定，對學生作退學或類此之處分行為，其性質上應為：　(A)行政命令　(B)行政處分　(C)行政指導　(D)行政計畫　　　　　　　　　　　　　　　　　【98普考-行政法概要】	(B)
依據公務人員任用法，國家任命公務人員，該行為的法律性質為：　(A)行政契約　(B)行政處分　(C)事實行為　(D)行政命令　　　　　　　　　　　　　　　　　　　【98四等基警-行政法概要】	(B)
依司法院釋字第423號解釋之意旨，空氣污染防制法所規定之「違規舉發通知書」之性質為：　(A)行政法規　(B)行政處分　(C)觀念通知　(D)政令宣導　　　　　　　　　【98四等基警-行政法概要】	(B)
下列何者不屬於行政處分？　(A)交通號誌之轉換　(B)內部之勤務指示　(C)課稅通知　(D)罰鍰通知　　【98四等基警-行政法概要】	(B)
行政機關為公益依法徵收人民土地之行為，係為：　(A)法規命令之訂定　(B)行政處分之作成　(C)行政處罰之科處　(D)行政強制執行之實施　　　　　　　　　　　　　　　【97三等地方特考-行政法】	(B)
地政事務所所為准予土地買賣之過戶登記，係屬於：　(A)行政契約　(B)行政處分　(C)行政命令　(D)事實行為　　　　　　　　　　　　　　　　　　　【97三等地方特考-行政法】	(B)

相關考題　基本題型

行政機關為限制行車速度而於特定路段豎立速限交通標誌之行為，係屬於何類行政行為？　(A)法規命令　(B)行政契約　(C)事實行為　(D)行政處分　　　　　　　　　　　【97三等地方特考-行政法】	(D)
徵收既成道路土地之法律性質為何？　(A)行政處分　(B)行政契約　(C)行政命令　(D)事實行為　　　【99地方特考四等-行政法概要】	(A)
行政機關依法指定「三峽老街」為古蹟，其行為係：　(A)行政命令　(B)行政處分　(C)行政計畫　(D)行政指導　　　　　　　　　【99鐵路四等員級法律政風-行政法概要】	(B)
警察命令非法集會之群眾解散，其性質為：　(A)行政命令　(B)行政處分　(C)行政指導　(D)事實行為　　　【100三等行政警察-行政法】	(B)
下列何者非屬書面行政處分應記載之事項？　(A)處分相對人之姓名、出生年月日、性別、身分證統一號碼　(B)處分利害關係人之姓名、出生年月日、性別、身分證統一號碼　(C)處分機關及其首長署名、蓋章　(D)發文字號及年、月、日　　　　　【100高考-行政法】	(B)
下列何項行政行為屬行政處分？　(A)立法院通過決議請行政院提供施政計畫相關資料　(B)行政院人事行政局與出國進修公務員約定須返國服務3年　(C)交通部公路總局通知汽車所有人繳納燃料稅　(D)行政機關催告受處分人如期繳納罰鍰　　　　　　【99三等身障特考一般行政-行政法】	(C)
下列何者非行政處分？　(A)地方議會之主席命不遵守旁聽規則之民眾離席　(B)監察院對於漏未申報財產之政務官處以罰鍰　(C)高等法院駁回律師登錄之申請　(D)立法院對立法委員予以停止出席院會之處分　　　　　　　　　　　【99地方特考四等-行政法概要】	(D)
下列何者為行政處分？　(A)因欠繳稅款遭限制出境　(B)行政院經濟建設委員會發布景氣領先指標以及景氣對策信號　(C)外交部促請國人不要前往某國家觀光　(D)內政部去函外交部請求查明內政部所屬某公務員是否具有外國國籍　【100四等行政警察-行政法概要】	(A)

相關考題　基本題型

下列何者屬於行政處分？ (A)行政機關決定在林口興建國宅以平抑房價 (B)行政機關拒絕甲申購國宅的決定 (C)行政機關決定將國宅出售給乙之後，簽署買賣契約的行為 (D)行政機關將國宅所有權移轉給乙的行為 　　　　　　　　　　【100四等行政警察 - 行政法概要】	(B)
下列何者不屬於行政處分？ (A)以電腦設備自動彙整稅務資料所製作之核定稅額通知書 (B)高等法院對於律師登錄事件所為之處分 (C)總統任命部會首長 (D)地方政府針對土石流警戒區域命令全體居民撤離 　　　　　　　　　　【100三等行政警察 - 行政法】	(C)
下列何者屬於行政處分？ (A)各級學校辦理H1N1流行感冒防疫之教育及宣導 (B)行政院衛生署就人民申請預防接種受害救濟之決定 (C)行政院衛生署擬定傳染病防治計畫 (D)國家衛生研究院公布傳染病訊息 　　　　　　　　　　【100普考 - 行政法概要】	(B)
人民通過公務人員初等考試，並經訓練及格，由行政機關任命其為公務人員，並經人民同意任職之行為，屬於何種行政行為？ (A)行政命令 (B)行政契約 (C)行政處分 (D)行政指導 　　　　　　　　　　【103普考一般行政 - 行政法】	(C)
下列何者為行政處分？ (A)行政機關出售國有土地 (B)行政決定前之擬稿 (C)行政機關對流行病之擴散傳染提出警告 (D)地政機關之登記行為 　　　　　　　　　　【103普考一般行政 - 行政法】	(D)
行政處分如有誤寫、誤算等顯然錯誤情形，處分機關應如何處置？ (A)隨時依職權或依申請更正 (B)通知相對人舉行聽證 (C)維持原處分 (D)報請上級裁示 　　　　　　　　　　【103地特四等一般行政 - 行政法】	(A)
應參與行政處分作成之其他機關，未參與處分之作成，原則上該行政處分之效力如何？ (A)無效 (B)得補正 (C)應予廢止 (D)該行政處分之效力不受影響 　　　　　　　　　　【103地特四等一般行政 - 行政法】	(B)

解析：
行政程序法第114條。

相關考題　基本題型

依司法實務見解，下列何者非屬行政處分？　(A)對公務員所為年終考績丙等之核定　(B)行政機關出借宿舍給所屬公務員　(C)對公務員作出記大過一次之懲處　(D)衛生福利部中央健康保險署對於其有全民健康保險特約之醫事服務機構所為之停止特約行為 【110地特-行政法】	(B)

三 行政處分之種類

一、形成處分

形成處分,是指行政處分之內容係設定、變更或撤銷(廢止)法律關係。例如任免公務員、專利准許、戶政事務所辦理離婚登記、免除當事人服兵役之義務、縣市政府不予核准漁會聘用總幹事等均屬之。

二、授益處分與負擔處分

行政處分之效果,對於相對人設定或確認權利或法律上之利益者,屬於授益處分,例如任命公務員、核准專利,均對於相對人有所利益,屬於授益處分之類型,行政程序法第 120 條第 1 項規定採用「授予利益之違法行政處分」一語。所謂負擔處分,則是課予相對人一定之義務,或者是讓相對人產生法律上之不利益,例如對於公務員加以免職、未予核准專利等均屬之,行政程序法第 122 條規定採用「非授予利益之合法行政處分」一語。

兩者區別實益在於,撤銷或廢止授益處分,必須要考量信賴保護原則,行政程序法第 120 條第 1 項規定,對於具有信賴保護之情形,受益人因信賴該處分致遭受財產上之損失者,為撤銷之機關應給予合理之補償。

三、第三人效力處分

若行政機關為行政處分之際,對於第三人產生相反效力之情況,即屬於第三人效力處分探討之範疇。其情形可分為:

1、對相對人為負擔處分,而對第三人產生授益之效果。此種情況對於第三人產生授益之效果,第三人自然不會提出相反之

主張，因此並無值得爭議之討論。

2、對相對人為授益處分，而對第三人產生負擔之效果。例如核
准商標，第三人主張近似而受損，自得提起異議或申請評定。

相關考題 行政處分之種類

戶政事務所辦理人民離婚登記為下列何種行政處分？ (A)形成處分 (B)執行處分 (C)下命處分 (D)裁量處分 【96三等地方特考 - 行政法】	(A)
免除某人服兵役義務為下列何種行政處分？ (A)執行處分 (B)形成處分 (C)下命處分 (D)對人之一般處分 【96三等地方特考 - 行政法】	(B)
下列何者為形成處分？ (A)徵兵處分 (B)戶籍登記 (C)納稅處分 (D)主管機關核准專利之申請 【100四等行政警察 - 行政法概要】	(D)

四 行政處分之要素

行政處分之要素，包括行為、行政機關、公權力、單方性、個別性、法效性等六項內容。

一、行為

是指行政機關在公法上之意思表示，行政程序法第 92 條第 1 項所謂之「公權力措施」只是一種例示規定，以意思表示為要素之行為。可分為三種等級之行為進行探討，第一為意思表示為要素之行為，其二為客觀上僅有一定之動作，例如指揮交通之行為，其內在有表達內心之決意，外觀上也僅能從客觀行為得知其表意之內涵。第三為單純之動作，即事實行為或認知表示。

有問題者，現行電腦設備發展迅速，許多行政行為均以電腦等自動化裝備代而為之，是否屬於行政處分之行為概念？有論者提出行政製成品，在德國學說及判例上已經承認其為行政處分，法律上亦對此類行為加以規範。(吳庚，第 317 頁) 本書認為電腦系統等自動化裝備，其設定係由人所為，其作成之結果也是貫徹公務員之意志，並不因為外觀上與公務員有所區隔，而認為非屬行政處分之行為。

二、行政機關

行政機關是指國家行政機關或地方自治團體之行政機關。

內部單位

如果是機關內部單位，可否為行政處分？實務上授權以單

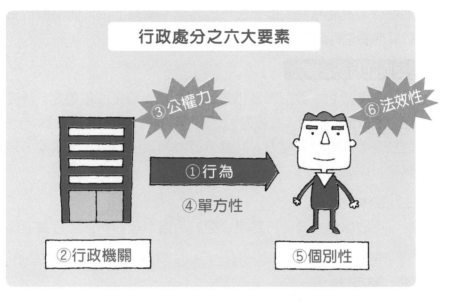

行政處分之六大要素

③公權力

⑥法效性

①行為

④單方性

②行政機關

⑤個別性

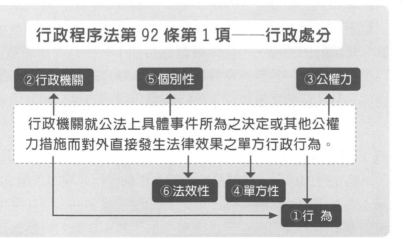

行政程序法第 92 條第 1 項——行政處分

②行政機關　　⑤個別性　　③公權力

行政機關就公法上具體事件所為之決定或其他公權
力措施而對外直接發生法律效果之單方行政行為。

⑥法效性　　④單方性

①行　為

位或單位主管名義,對外為意思表示者,如具備行政處分之其他要件,為使相對人能提起行政救濟,實務上一向認為屬於其隸屬機關之行政處分。

受委託行使公權力

釋字第 269 號解釋及行政程序法第 2 條第 3 項規定:「受託行使公權力之個人或團體,於委託範圍內,視為行政機關。」,對於受委託行使公權力,其處分行為與政府機關之行政處分無異。

三、公權力

行政處分主要的特點是公權力,這也是與私法上行為之區別點。

四、單方性

單方性的部分,行政處分是由行政機關單方片面產生一定之羈束力,毋庸與相對人雙方意思表示合致。所謂意思表示合致,是契約的概念,例如汽車買賣契約中,甲方表示願意以 1 百萬元買汽車,乙方同意該價錢賣車,雙方就汽車的價格意思達成一致,契約即告成立。而行政處分的單方性,與意思表示合致的雙方性有所不同。

五、個別性

個別性的部分,也就是所謂的具體性,行政程序法第 92 條第 1 項規定的「具體事件」即是指個別性的要件。例如某甲短報交易所得,稅捐機關要求應補徵納稅額,是針對特定人所為之行政處分。如果是不特定之多數人,而內容是一般抽象性規

定者，則屬於行政命令討論之範疇。至於比較值得探究者，即所謂的「一般處分」，則是針對不是特定的相對人，但是依據一般性特徵，可以確定其範圍者，則是行政處分之變體。

六、法效性

　　法效性，係指直接對外發生法律效果，包括公法上及私法上之法律效果。所謂私法上之法律效果，例如專利之申請，發生創設智慧財產權之私法上之法律效果。另外，內部簽文，則沒有發生對外之法律效果。

五 救濟期間

　　判決書必須告訴當事人上訴的期間，同樣地，行政處分也必須告知救濟方法、期間及其受理機關。(行政程序法§96 I ⑥)處分機關告知之救濟期間有錯誤時，應由該機關以通知更正之，並自通知送達之翌日起算法定期間。(行政程序法§98 I)處分機關告知之救濟期間較法定期間為長者，處分機關雖以通知更正，如相對人或利害關係人信賴原告知之救濟期間，致無法於法定期間內提起救濟，而於原告知之期間內為之者，視為於法定期間內所為。(行政程序法§98 II)例如本來是 10 天，結果寫成 20 天，然後又通知更正為 10 天。當事人信賴 20 天，結果已經超過了 10 天，還是視為在法定期間內所為。

　　處分機關未告知救濟期間或告知錯誤未為更正，致相對人或利害關係人遲誤者，如自處分書送達後 1 年內聲明不服時，視為於法定期間內所為。(行政程序法§98 III)如果未依前開行政程序法第 96 條第 1 項第 6 款之規定，告知救濟方法、期間

及其受理機關，或者是講錯期間卻未更正。對於當事人的權益
影響甚大，如果導致當事人沒能在救濟期間內提起救濟，特別
於行政程序法第 98 條第 3 項規定，只要在處分書送達後 1 年內
聲明不服，都視為法定期間內所為。

相關考題　行政處分之要素

題目	答案
行政處分之要件中，不包含下列何種要素？　(A)公權力　(B)單方性　(C)個別性　(D)抽象性　【98高考三級-行政法】	(D)
關於行政處分之要素，以下何者錯誤？　(A)公法性　(B)具體性　(C)直接發生法效果　(D)雙方意思表示合致　【98四等基警-行政法概要】	(D)
行政處分相對於行政契約，最大之區別為下列何者？　(A)單方行為　(B)行政機關行為　(C)具體事件　(D)對外發生法律效果　【99地方特考四等-行政法概要】	(A)
下列何者屬行政處分之概念要素？　(A)雙方行為　(B)私法行為　(C)具對外效力　(D)抽象事件　【100四等行政警察-行政法概要】	(C)
下列何者並非行政處分之要素？　(A)具體性　(B)單方性　(C)私經濟性　(D)法效性　【100四等行政警察-行政法概要】	(C)

相關考題　救濟期間

題目	答案
作成行政處分之機關未告知救濟期間，致相對人或利害關係人遲誤者，其法律效果之敘述，何者正確？　(A)相對人因原處分機關未教示而遲誤法定救濟期間，即無法救濟　(B)無論何時提起救濟皆視為於法定救濟期間內提起救濟　(C)自處分書送達後1年內提起救濟者，視為於法定期間內所為　(D)由原處分機關之上級機關決定是否予以救濟　【100普考-行政法概要】	(C)

六 一般處分

一、一般處分之概念

　　一般處分是行政處分之變體。行政處分是針對特定之具體事件，但是如果屬於不特定之多數人，且具一般性特徵，可以確定其範圍者，則歸屬於一般處分，但與行政處分之效果相同。行政程序法第 92 條第 2 項規定：「前項決定或措施之相對人雖非特定，而依一般性特徵可得確定其範圍者，為一般處分，適用本法有關行政處分之規定。有關公物之設定、變更、廢止或其一般使用者，亦同。例如紅衫軍、太陽花學運集會超過預定時間，警方要求民眾離開遊行現場，或交通警察對來往車輛駕駛、行人指揮交通，均屬之。

二、一般處分與行政命令之區別

　　一般處分之對象可得確定，而法規命令或行政規則為抽象規定，尚未適用於具體事件，無從確定相對人，二者有所不同。實務上針對「學校退休教職員公保養老給付金額優惠存款要點（已廢止）」第 3 點之 1 之規定，即便其適用對象為「方案實施前、後已退休教育人員」，且因該方案有「退休所得替代率上限百分比」，仍認為屬於抽象性之法規，並非一般處分。(98判 1074)

三、一般處分生效時點

　　一般處分自公告日或刊登政府公報、新聞紙最後登載日起發生效力。但處分另訂不同日期者，從其規定。（行政程序法§110 Ⅱ）

　　實務上有認為「系爭行政計畫已定明自 100 年 1 月 1 日起

行政處分

這筆土地交易收入沒有報稅，請你補繳稅款，還要罰你錢。

大人冤枉啊！那筆收入實際上是我兒子的結婚禮金，不需要報稅。

一般處分

抗議　抗議　抗議

違反集會遊行法三次舉牌警告

類　型	法規內容
行政處分 行政程序法 § 92 I	本法所稱行政處分，係指行政機關就公法上具體事件所為之決定或其他公權力措施而對外直接發生法律效果之單方行政行為。
一般處分 行政程序法 § 92 II	前項決定或措施之相對人雖非特定，而依一般性特徵可得確定其範圍者，為一般處分，適用本法有關行政處分之規定。有關公物之設定、變更、廢止或其一般使用者，亦同。

實施，市網業務市場主導者支付行動通信業務經營者過渡期費之期間自 100 年 1 月 1 日起至 105 年 12 月 31 日止，業已明定該措施之生效日期及期間，自難謂為尚未課予抗告人支付過渡期費之義務及未對外直接發生法律效果，僅其生效日期尚未屆至而已。」(98 裁 1159)

四、一般處分與行政處分之區別

	一般處分	行政處分
相對人	需用一般性特徵而加以特定	特定
持續性	對物之一般處分，在物的處分完成後，相關者之權利義務關係是可能反覆發生	一次完成
理由之記明	經公告或刊登政府公報或新聞紙者，得不記明理由（行政程序法 §97 ④）	以書面作成之行政處分，若屬標準記載之行政處分，應記明主旨、事實理由及其法令依據（行政程序法 §96 I ②）
效力發生之始點	自公告或刊登政府公報、新聞紙最後登載日起發生效力。但處分另定不同日期者，從其規定。（行政程序法 §110 II）	書面之行政處分自送達相對人及已知之利害關係人起；書面以外之行政處分自以其他適當方法通知或使其知悉時起，依送達、通知或使知悉之內容對其發生效力（行政程序法 §110 I）
聽證或陳述意見	一般處分，得不對當事人為聽證或不給予陳述意見之機會	行政處分，除行政程序法另有特別規定外，凡作成限制或剝奪人民自由或權利之行政處分外，應給予處分相對人陳述意見之機會

相關考題　一般處分

警察立於十字路口以手勢指揮在場車輛行人通行與否及方向，此行為之法律性質為：　(A)觀念通知　(B)行政執行　(C)一般處分　(D)行政命令　　　　　　　　　　　　　【98四等基警-行政法概要】	(C)
行政機關變更街道名稱之行為，其法律性質為：　(A)事實行為　(B)法規命令　(C)行政規則　(D)一般處分　　【98普考-行政法概要】	(D)
下列何者屬行政程序法第92條第2項所規定之一般處分？　(A)教育部對各國立大學校院所為大學專任教師超支鐘點費之核計，應以實際授課時數核發之函文　(B)臺北市政府社會局所定之低收入戶調查及生活扶助作業規定　(C)臺北市政府於SARS期間所發布和平醫院員工集中隔離管理之措施　(D)臺南縣政府每5年定期通盤檢討都市計畫　　　　　　　　　　　　　　　　　【98普考-行政法概要】	(C)
行政程序法有關行政處分之規定，下列敘述何者錯誤？　(A)一般處分原則上自送達相對人時起發生效力　(B)不能由書面處分中得知處分機關之行政處分無效　(C)行政機關作成經聽證之行政處分，應以書面為之　(D)未限制人民權益之書面行政處分得不記明理由　　　　　　　　　　　　　　　　　【98普考-行政法概要】	(A)
依據行政程序法第92條，一般處分與行政處分最大的區別何在？　(A)事件具體與否　(B)處分相對人特定與否　(C)受法律保留拘束與否　(D)相對人可否提起救濟　　　　　【91普考-行政法概要】	(B)
下列何者為一般處分？　(A)命令非法集會之群眾解散　(B)命令共同繼承人繳交遺產稅　(C)命令人民拆除違章建築　(D)授予博士學位證書　　　　　　　　　　　　　　　　　【98普考-行政法概要】	(A)
警察分局長舉牌命令未經許可而聚集之群眾解散。此警察行為之性質為：　(A)行政命令　(B)行政指導　(C)對物的一般處分　(D)對人的一般處分　　　　　　　　　　【96三等地方特考-行政法】	(D)
依行政程序法規定，下列何者非屬一般處分？　(A)十字路口紅綠燈號誌變化以管制車輛通行秩序　(B)公路主管機關開放特定道路供民眾通行　(C)衛生福利部公布特定食品之檢驗結果　(D)颱風來襲前，地方政府公告特定路段禁止通行　　　　【108高考-行政法】	(C)

相關考題　一般處分

行政處分之相對人雖非特定，而依一般性特徵可得確定其範圍者，稱為何種處分？　(A)懲處處分　(B)一般處分　(C)懲戒處分　(D)附條件處分　　　　　【99鐵路高員三級人事行政-行政法】	(B)
變更街道名稱屬下列何種行為？　(A)行政指導　(B)行政規則　(C)一般處分　(D)觀念通知　　【99鐵路四等員級法律政風-行政法概要】	(C)
警察機關對於參與示威活動之多數人命令解散，為：　(A)行政命令　(B)行政調查　(C)一般處分　(D)行政指導　　　　　【99鐵路四等員級法律政風-行政法概要】	(C)
主管機關於傳染病發生時，撤離特定場所或區域之人員的性質為何？　(A)職務命令　(B)行政指導　(C)行政計畫　(D)一般處分　　　　　　　　　　　　【99地方特考四等-行政法概要】	(D)
警察機關命令違法集會遊行之群眾解散的法律性質為何？　(A)事實行為　(B)職權命令　(C)法規命令　(D)一般處分　　　　　　　　　　　　【100四等行政警察-行政法概要】	(D)
下列何者屬於一般處分？　(A)綜合所得稅補稅通知單　(B)十字路口紅燈訊號顯示　(C)大學入學申請許可　(D)建築執照核發　　　　　　　　　　　　　【100普考-行政法概要】	(B)
對人一般處分之特徵為何？　(A)一般處分相對人雖非特定，但可得確定　(B)一般處分之內容不特定　(C)一般處分對全國人民均生效力　(D)一般處分原則上係反覆實施　　　【100普考-行政法概要】	(A)
警察以手勢指揮交通秩序屬於何種行政行為？　(A)行政命令　(B)一般處分　(C)事實行為　(D)行政指導　　　　【104高考-行政法】	(B)

七 行政處分之附款

行政處分之附款，其類型計有條件、期限、負擔、保留行政處分之廢止權、保留負擔之事後附加或變更等五種類型。(行政程序法 §93 II) 行政處分之附款有其存在的前提，即行政機關作成行政處分有裁量權時，得為附款。無裁量權者，也就是所謂的羈束處分，以法律有明文規定，或為確保行政處分法定要件之履行，而以該要件為附款內容者為限，始得為之。(行政程序法 §93 I) 前條之附款不得違背行政處分之目的，並應與該處分之目的具有正當合理之關聯。（行政程序法 §94）

一、條件

條件，分成停止條件與解除條件。

所謂停止條件，是指條件成就時，行政處分發生效力，例如業者引進外籍勞工，必須要先雇用本國勞工達到 20%，方准予引進即屬之。

所謂解除條件，是指條件成就時，行政處分失其效力。例如准許業者引進外籍勞工，但當工程完工後，該准許的行政處分就失效，業者必須將外籍勞工遣返原國家。

二、期限

期限，分成始期與終期。附始期之行政處分，於期限屆至時，發生效力。附終期之行政處分，於期限屆滿時，失其效力。例如高速公路要整修，遂於 8 月 1 日至 8 月 30 日進行交通管制，一般民眾在此期間則禁止通行。

三、負擔

負擔，是指行政機關為授益之行政處分時，要求相對人為

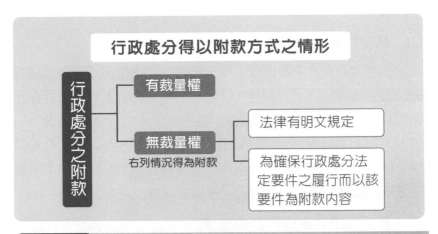

行政處分得以附款方式之情形

行政處分之附款

- 有裁量權
- 無裁量權（右列情況得為附款）
  - 法律有明文規定
  - 為確保行政處分法定要件之履行而以該要件為附款內容

實務見解 九二一地震大廈倒塌事件

　　上述情況，較難以讓人理解者，是指「為確保行政處分法定要件之履行而以該要件為附款內容」。舉一個相關的實務案例，九二一地震時，臺中某大樓倒塌而被評為半倒，為申請補助，該棟大樓之委員疑似提供假資料，涉有偽造文書罪嫌，並遭檢察官起訴。

　　臺中縣政府為確保系爭補助要件的存在，函請內政部營建署釋示，該署建請臺中縣政府俟法院判決確定後再予續辦。臺中縣政府將該署結論告知該大廈之管委會，並表示申請核發補助款，等到法院判決確定後再賡續辦理。

　　法院認為於核准補助時附加如果因涉嫌偽造文書而影響受補助資格，應於刑事判決有罪確定時撤銷（或解除）其受補助權利（或資格）之條件，或於訴訟中暫停其權利之行使，俟判決無罪確定時再予恢復。因此，認為臺中縣政府在行政處分中附帶條件，因無重大明顯之瑕疵事由，非屬當然無效之處分，仍具行政處分之效力。

一定之行為、不行為之義務。例如准許甲公司興建焚化廠，但要求必須在掩埋場容量飽和之際，在其上方興建公園、游泳池。

四、保留行政處分之廢止權

　　保留行政處分之廢止權，是指符合一定特定情況時，行政機關擁有廢止行政處分之權利。例如臺北縣政府針對當事人要在建築物設置招牌廣告，並核准函復內容：「……本府准予辦理……於發文日起 20 日內依核准圖說施工完竣……再向本府工務局申請查驗，逾期本許可函作廢無效。」實務見解認為如查驗不符原核准申請圖書，臺北縣政府已保留廢止核准函之權。(98 判 440)

五、保留負擔之事後附加或變更

　　行政機關所為之行政處分中，保留事後再行附加或變更負擔之權利。例如前述興建焚化廠，污染實際的數據尚不得而知，遂保留若達一定污染程度時，業者即應興建公園、游泳池。

相關考題　行政處分之附款	
依行政程序法第 93 條之規定，行政處分得附加之附款，下列何者不屬之？　(A)保留行政處分之廢止權　(B)保留行政處分之撤銷權　(C)保留負擔之事後變更　(D)保留負擔之事後附加　【98高考三級 - 行政法】	(B)
行政機關為行政處分，若有裁量權限時，得為附款。下列何者不屬於法定附款之類型？　(A)條件與期限　(B)保留行政處分撤銷權　(C)負擔　(D)保留行政處分之廢止權　【98普考 - 行政法概要】	(B)
甲申請設立大型收費停車場，主管機關予已核准，但又以附款規定，甲應提供鄰近居民免費使用之機會，請問此一附款之性質為何？　(A)期限　(B)條件　(C)負擔　(D)保留負擔之事後附加或變更　【98普考 - 行政法概要】	(C)
關於行政處分之附款之限制，下列敘述何者錯誤？　(A)裁量處分得為附款　(B)為貫徹行政目的之達成，行政機關得為任何附款　(C)附款之作成必須符合比例原則　(D)附款之作成不得違背行政處分之目的　【98普考 - 行政法概要】	(B)

相關考題　行政處分之附款

下列何者非行政處分附款之類型？　(A)保證契約　(B)負擔之保留 (C)期限　(D)保留廢止權　　　　　【98四等基警-行政法概要】	(A)
行政處分之附款中與時間直接有關者，為下列何者？　　　(A)期限 (B)條件　(C)廢止權保留　(D)負擔　　　　【98高考三級-行政法】	(A)
行政機關作成行政處分時，於以下何種情況下得為附款？　(A)行政機關對於作成行政處分有裁量權　(B)行政機關對於作成行政處分雖無裁量權，但亦未有法律明文限制時　(C)行政機關對於作成行政處分雖無裁量權，但已經有民意代表請託時　(D)行政機關對於作成行政處分雖無裁量權，但已經受到長官壓力時　　　　【100普考-行政法概要】	(A)

解析：只要是有裁量權時，得為附款；不管是否為授益或負擔之行政處分。

下列有關行政處分之敘述，何者錯誤？　(A)授益行政處分不得有附款　(B)多階段之行政處分意指行政處分之作成須有他機關之參與協力　(C)行政處分以公法上意思表示為要素　(D)行政處分性質上為單方行政行為　　　　　　　　　　　【100高考-行政法】	(A)
公務員之任命行為性質為何？　(A)行政契約　(B)須經同意之行政處分　(C)多階段行政處分　(D)通知行為　【100普考-行政法概要】	(B)
行政機關於核發之建照中，註明建造人於建築物完工後，應於社區公園內栽種樹木10株，以綠化環境。此建照附有那一種附款？　(A)條件 (B)期限　(C)負擔　(D)廢止保留　　　【103地特四等一般行政-行政法】	(C)
承上題，關於此建照附款之合法性，下列何者正確？　(A)附款之目的為綠化環境，具有公益性，該附款合法　(B)附款額外課予建造人一定之義務，違反法律保留原則　(C)栽種樹木有助於提昇居民的居品質，該附款合法　(D)附款之目的與建築管制無關，違反禁止不當聯結原則　　　　　　　　　　　【103地特四等一般行政-行政法】	(D)
下列何種情形非屬行政處分之附款？　(A)許可聘僱外籍勞工，但外籍勞工僅得從事工程建設，否則該許可失其效力　(B)許可設置流動攤販，但要求僅得於春節假期內營運　(C)准許外國人居留，但附加不得在臺就業之限制　(D)許可設立醫療院所，但病床數目減為原申請數目之三分之二　　　　　　　　【108普考-行政法概要】	(D)

八 負擔行政處分與授益行政處分

一、基本概念

「專利聲請核准通過了！」一位專利師興奮地歡呼。此即授益之行政處分，亦即行政處分產生對相對人設定或確認權利或法律上之利益。負擔之行政處分，是指行政處分對相對人產生法律上之不利益或課予義務，例如王永慶離開人間，國稅局課遺產稅近2百億元即屬之。

二、區別實益

兩者之區別實益，在於授予利益之行政處分，有信賴保護之原則適用，若行政機關要作成與原本處分相反之行為，並不得恣意為之；而非授予利益之行政處分，因其影響較低，甚至於行政處分之撤銷或廢止對當事人有利，故無信賴保護原則之問題。例如前面所舉的專利審核通過，當事人可能已經投資生產線，準備大賺一筆，但突然又撤銷核准之處分，對於當事人之影響不可謂不大，如果當事人有值得保護之信賴，就應該予以補償。

我國行政程序法有規定，授予利益之違法行政處分經撤銷後，如受益人無前條所列信賴不值得保護之情形，其因信賴該處分致遭受財產上之損失者，為撤銷之機關應給予合理之補償。補償額度不得超過受益人因該處分存續可得之利益。關於補償之爭議及補償之金額，相對人有不服者，得向行政法院提起給付訴訟。(行政程序法§120)

再舉王永慶之例子，國稅局如果說不課遺產稅，對於當事

人既沒有損害，且有利於當事人，則非不得為之。我國行政程序法規定，非授予利益之合法行政處分，得由原處分機關依職權為全部或一部之廢止。但廢止後仍應為同一內容之處分或依法不得廢止者，不在此限。(行政程序法 §122)

相關考題　行政處分	
下列何者屬於負擔性質的行政處分？　(A)大學生的退學處分　(B)授予學位證書　(C)認定為發給慰助金對象　(D)任命為公務員 【98普考 - 行政法概要】	(A)
下列何者屬於授益性質的行政處分？　(A)將公務人員免職　(B)發給建築物使用執照　(C)管束要跳樓自殺之人民　(D)命補繳所得稅 【98四等基警 - 行政法概要】	(B)
行政機關作成行政處分前，何時應給予處分相對人陳述意見之機會？　(A)大量作成同種類之處分　(B)行政強制執行時所採取之各種處置　(C)決定舉行聽證程序之行政處分　(D)行政處分限制或剝奪人民自由者 【96三等地方特考 - 行政法】	(D)

九 重覆處分與第二次裁決

一、基本概念

　　重覆處分，是指行政機關以行政處分業已存在，不得任意變更或撤銷為原因，明示或默示拒絕當事人之請求，甚至在拒絕之同時為先前處分添加理由，均屬重覆處分，不生任何法律效果。

　　第二次裁決，是指行政機關重新為實體上審查並有所處置，但並未變更先前處分即第一次裁決之事實及法律狀況，如有任何變更則非第二次裁決而為全新之處分。(96 判 1468) 重覆處分，也是行政處分，但因為第一次裁決的拘束力依舊存在，所以相同內容的重覆處分，就不另外產生拘束力。

二、區別實益

　　兩者區別實益，在於救濟期間之起算時點。重覆處分，其救濟期間之起算，仍以第一次裁決為起算點；而第二次裁決，則因為屬於新的行政處分，救濟期間之起算，應該以第二次裁決為準。但是，仍然有所例外，有學者指出下列兩種情形：1、拒絕重開行政程序之處分，雖然也算是重覆處分，但仍獨立起算法定救濟期間；2、第三人效力處分之情形，原處分未送達第

實務見解 中油公司遭裁罰案

　　中油公司進用身心障礙者之人數不足，遭高雄市勞工局分別以三函文裁罰三次，後經表示異議後，勞委會亦對此案做出解釋，高雄市勞工局重新為實體上審查而再函文裁罰。法院認為應係第二次裁決，為新行政處分，訴願期間應重行起算，訴願機關為訴願不受理之決定，即有違誤。(98 判 955)

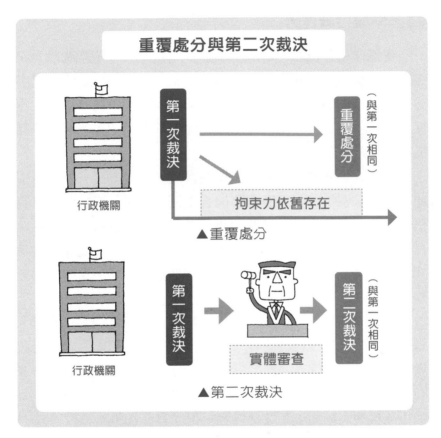

三人，重覆處分卻有送達，第三人之救濟期間應自重覆處分之
送達時開始計算。(吳庚，第 351 頁)

相關考題 重覆處分與第二次裁決

甲申請營業許可遭行政機關駁回。已逾訴願期間後，仍提出反對理由，請求主管機關重新審查，主管機關函覆該案業已終結，主張理由不可採，此之函覆性質為何？　(A)不受理裁定　(B)第二次裁決 (C)重複處分　(D)一般處分　　　　【99地方特考四等 - 行政法概要】	(C)

✚ 多階段行政處分

多階段行政處分，是指行政處分之作成，須由兩個以上之機關，本於各自之職權共同參與；換言之，行政機關作成之處分須其他機關參與並提供協力者。最後階段行為對外作成，直接對外發生效力，始為行政處分；而先前階段之行為，只是屬於內部意見之交換。（吳庚，第 337 頁）

例如九二一地震時，社區管理委員會申請九二一震災震損集合住宅必要性公共設施修復補強工程補助款，需經兩個具有垂直監督關係的機關本於各自職權共同參與（直轄市、縣市政府於審查核可後，應檢具規定之文件報經內政部營建署審查同意，再函復集合住宅社區管理委員會准予補助），乃典型的多階段行政處分。（98 判 304）

因前階段行為未對外作成，不生效力，不能單獨對之爭訟，是以在對最後階段行為（行政處分）之行政爭訟中，審理行政爭訟之機關及法院自得對前階段行為之合法性為審查。（97 裁4864）並得依行政訴訟法第 44 條第 1 項規定：「行政法院認其他行政機關有輔助一造之必要者，得命其參加訴訟。」（97 判94）

對於先階段之行為，當事人是否可以提起救濟？

先前階段之行為如具備：1、為作成處分之機關（即最後階段行為之機關）依法應予尊重，換言之，當事人權益受損害實質上係因先前階段行為所致；2、先前階段之行為具備行政處分之其他要素；3、為以直接送達或以他法使當事人知悉者，則應許當事人直接對先前階段之行為，提起救濟。（98 判 646）

多階段行政處分概念圖

A

行政機關

原則上不得對之單獨提起爭訟

前階段行為

意見交換

B

行政機關

後階段行為
行政處分

當事人

⼗ 行政處分之效力

一、行政處分效力之概念

　　若具備行政處分之要件，自然即會產生其應有之效力，例如核發建照之行政處分，取得建照之建照公司就可以依據建照及相關法令，取得蓋房子的權利。然而行政處分效力之討論並非如此單純，內容包括存續力、確認效力，以及構成要件效力等討論。

二、存續力

　　存續力，是指行政處分不能再以救濟程序加以變更或撤銷（形式存續力），既然無法再行改變，衍生出來的就是實質確定力，也就是對於行政處分之相對人、關係人及原處分機關，發生拘束之效力。探討存續力之效益，在於行政機關也不能任意地變更或撤銷，當事人信賴保護利益必須加以保護。

　　實務上認為：「訴願之決定，有拘束原處分或原決定官署之效力……不得由原決定官署自動撤銷其原決定。……苟原處分原決定或再訴願官署，於訴願再訴願之決定確定後，發見錯誤或因有他種情形，而撤銷原處分另為新處分，倘於訴願人、再訴願人之權利或利益並不因之而受何損害，自可本其行政權或監督權之作用另為處置，不在該條應受拘束之範圍。」（院字1557）發展至今，對於行政處分之變更或撤銷，必須符合公益保障大於相對人之利益，以及對於「具備信賴構成要件」之相對人且利益受損者，給予適當補償。（吳庚，第 355~356 頁）

　　授予利益之違法行政處分經撤銷後，如受益人無前條所列信賴不值得保護之情形，其因信賴該處分致遭受財產上之損失

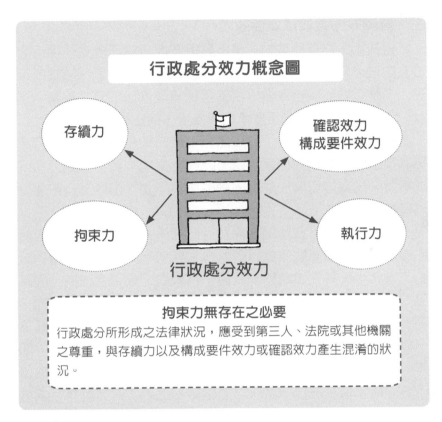

行政處分效力概念圖

存續力

確認效力
構成要件效力

拘束力

執行力

行政處分效力

拘束力無存在之必要

行政處分所形成之法律狀況，應受到第三人、法院或其他機關之尊重，與存續力以及構成要件效力或確認效力產生混淆的狀況。

者，為撤銷之機關應給予合理之補償。前項補償額度不得超過受益人因該處分存續可得之利益。（行政程序法§120 Ⅰ、Ⅱ）

相關考題 行政處分之效力

下列關於違法行政處分之敘述，何者錯誤？ (A)於法定救濟期間經過後，因產生形式確定力，故原處分機關不得撤銷之 (B)在一定期間內得由原處分機關依職權撤銷 (C)撤銷之範圍視情形可及於全部或一部 (D)上級機關亦享有撤銷權 【97三等地方特考-行政法】	(A)

三、確認效力暨構成要件效力

行政處分之確認效力，是指該行政處分業已產生一種行政法上之法律關係，此種關係之存在，其他行政機關、法院或第三人，應該對於該行政處分所確認或者是據以成立之事實，予以一定之尊重，亦即必須要承認或接受，稱之為確認效力。

行政處分之拘束力，於該處分生效時即已發生，其他行政機關及法院在處理其他案件時，原則上只能視該行政處分為既成事實，納為自身判決之基礎構成要件事實，即所謂行政處分之構成要件效力。

法律雖規定行政法院有權對行政處分為適法性審查，惟此亦僅限於作為審查對象之行政處分，若對行政處分提起撤銷訴訟之程序中，其先決問題涉及另一行政處分是否合法時，因該另一行政處分未經依法定程序予以撤銷，則基於構成要件效力，仍不能否定該處分之效力；僅例外於先行處分與後行處分屬於一個連貫性之手續，且均以發生一定之法律效果為其目的，即先行處分僅屬後行處分之準備行為時，先行處分之違法性為後行處分所承繼，在後行處分之撤銷訴訟上，法院得以先行處分之違法，進而否認其效力，不引為後行處分之裁判依據，此即學說上所稱之「違法性承繼」。（98 判 1009 原審理由，引述林錫堯，行政法要義，88 年 8 月增修版，第 266、267 頁）

四、拘束力：參閱本書 207 頁圖表說明文字。

五、執行力

因行政處分而賦予相對人作為或不作為義務之下令處分，具有執行力。於義務人不履行行政處分所課予之義務時，行政機關得對於相對人進行行政執行。

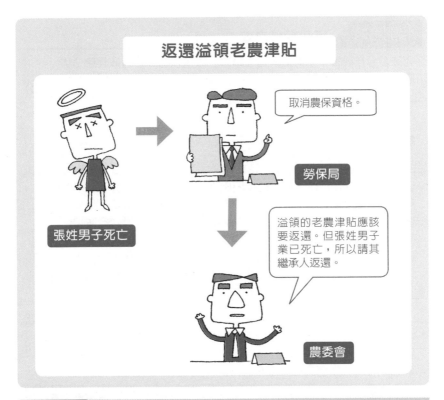

返還溢領老農津貼

取消農保資格。

勞保局

張姓男子死亡

溢領的老農津貼應該要返還。但張姓男子業已死亡，所以請其繼承人返還。

農委會

實務見解　返還溢領老農津貼

　　張姓男子之農保資格，於94年間即經勞保局發函取消，因此張姓男子向農委會領取的老農津貼，不符資格，其溢領之部分就應該返還。又因張姓男子業已死亡，所以向繼承人請求返還24萬6千元。勞保局撤銷農保資格時，繼承人並未就前述取消資格之行政處分不服而進行行政救濟等情，則取消資格之行政處分具有構成要件效力，農委會為行政處分，基於業已確定之取消資格之94年所發之函文，命上訴人返還張男溢領之老農津貼，於法並無不合。（98裁469）

行政處分之效力

行政處分作成後，原則上具有存續力。下列何者，非行政程序法中限制行政處分存續力之制度？ (A)由行政機關廢止原行政處分 (B)由行政機關撤銷原行政處分 (C)行政處分因特定事由而無效 (D)處分因程序重新進行而變更 【103高考一般行政-行政法】	(C)

> 解析：
> 行政程序法第128-129條。

甲向市政府提出低收入戶生活扶助申請案，經審查後，准予核發每月之生活扶助費及津貼；屆滿 3 年後，應再次提出申請，重新審查。下列敘述何者錯誤？ (A)該核定係屬須相對人協力之行政處分 (B)該核定中所載「屆滿 3 年後應再次提出申請」，係屬行政處分附款中之期限 (C)該核定作成時若屬合法，則其效力存續期間即不再受市政府之合法性審查 (D)若甲提出申請後撤回，惟市政府仍核定生活扶助費及津貼之支領，則該核定仍屬有效 【103地特四等一般行政-行政法】	(C)
行政處分生效後，未經撤銷、廢止或因其他事由而失效者，處分當事人受其拘束。此即行政處分之何種效力？ (A)存續力 (B)執行力 (C)確認效力 (D)構成要件效力 【103地特四等一般行政-行政法】	(A)
下列何種處分具有執行力？ (A)下命處分 (B)形成處分 (C)確認處分 (D)無效處分 【100四等行政警察-行政法概要】	(A)
關於行政處分之敘述，下列何者錯誤？ (A)下命行政處分具有執行力 (B)行政處分得由原處分機關自為執行 (C)行政處分之存在，為提起一切行政爭訟之前提要件 (D)行政處分逾得爭訟之期限即具有形式存續力 【100四等行政警察-行政法概要】	(C)

古 行政處分之瑕疵

一、行政處分之無效

　　無效，其效力為自始、當然、絕對、確定之無效，無待行政機關依職權或當事人之申請，即屬無效。依據我國行政程序法之規定，行政處分無效之情況包括：（行政程序法 §111）

1、不能由書面處分中得知處分機關者。

2、應以證書方式作成而未給予證書者。

3、內容對任何人均屬不能實現者。

4、所要求或許可之行為構成犯罪者。

5、內容違背公共秩序、善良風俗者。

6、未經授權而違背法規有關專屬管轄之規定或缺乏事務權限者。

　　所謂違背法規有關專屬管轄之規定，主要是指對不動產或與地域相關連之權利，所為之行政處分，而欠缺土地管轄之情形。(96 判 1755)；另所謂缺乏事務權限，則是指作成行政處分之行政機關就事件全然欠缺行政管轄權限。(96 判 1755) 有學者認為應限縮於重大明顯之情事，諸如違背權力分立等憲法層次之權限劃分基本原則：由議會代替行政機關作成處分行為，或如教育行政機關核發建築執照、由衛生行政機關發給駕駛執照，這類瑕疵「如同寫在額頭上」，任何人一望即知，已達重大明顯程度，方屬無效。(95 判 1154)

7、其他具有重大明顯之瑕疵者。

　　所謂重大明顯瑕疵，則係指該瑕疵為任何人所一望即知者；故而，縱行政處分係屬違法，若該瑕疵並非任何人所一望即知，則非屬之。(96 判 1755)

行政處分之無效

怎麼沒發證書給我

處分機關是哪一個？

◀ 應以證書方式作成而本給予證書者

不能由書面處分中得知處分機關 ▶

內政部最大，天下第一大部，所以什麼都可以做。

內政部怎麼也從事國防事務？

內政部

缺乏事務權限 ▶

一部無效

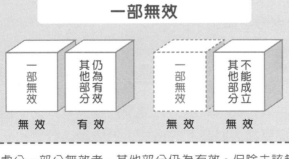

一部無效	其他部分仍為有效	一部無效	其他部分不能成立
無效	有效	無效	無效

行政處分一部分無效者，其他部分仍為有效。但除去該無效部分，行政處分不能成立者，全部無效。（行政程序法 §112）

違反程序或方式規定之行政處分，除依第 111 條規定而無效者外，因下列情形而補正：（行政程序法 §114 Ⅰ）

1、須經申請始得作成之行政處分，當事人已於事後提出者。

2、必須記明之理由已於事後記明者。

3、應給予當事人陳述意見之機會已於事後給予者。

4、應參與行政處分作成之委員會已於事後作成決議者。

5、應參與行政處分作成之其他機關已於事後參與者。

前項第 2 款至第 5 款之補正行為，僅得於訴願程序終結前為之；得不經訴願程序者，僅得於向行政法院起訴前為之。（行政程序法 §114 Ⅱ）當事人因補正行為致未能於法定期間內聲明不服者，其期間之遲誤視為不應歸責於該當事人之事由，其回復原狀期間自該瑕疵補正時起算。（行政程序法 §114 Ⅲ）

行政處分違反土地管轄之規定者，除依第 111 條第 6 款規定而無效者外，有管轄權之機關如就該事件仍應為相同之處分時，原處分無須撤銷。（行政程序法 §115）

二、行政處分之撤銷

基本概念

所謂行政處分之撤銷，是指具有瑕疵之行政處分，因撤銷而將已發生效力之行政處分，溯及既往失其效力。但為維護公益或為避免受益人財產上之損失，為撤銷之機關得另定失其效力之日期。（行政程序法 §118）探討行政處分之撤銷，其重點在於授益、負擔或第三人效力之行政處分，其間遭撤銷之不同點。

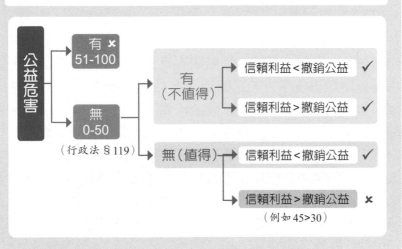

違法授益行政處分撤銷之判斷邏輯（行政法 §117）

相關考題 行政處分之撤銷

甲向主管機關 A 申請生活扶助，A 依法核給甲每月新臺幣 3,000 元之生活津貼，該有正確教示之處分於 105 年 1 月 15 日送達於甲，並自同年 2 月 1 日起生效。惟於同年 6 月 13 日時，A 發現甲申請時所提出之資格證明文件係甲所偽造，甲並不符合申請資格。試問：
1、A 得否撤銷該處分？
2、A 得否向甲追繳其之前所受領之給付？得否以行政處分追繳之？

【高考 105】

試回答以下問題：
1、受理訴願機關發現原行政處分違法不當，但撤銷或變更對公益有重大損害，應如何處置？
2、如行政處分撤銷，對公共利益有重大危害時，原行政處分機關應如何處置？

【高考 101】

解析：行政處分撤銷的考題出題率相當高，如果遇到此類考題，大前提的參考寫法如下：

違法行政處分之於法定救濟期間經過後，撤銷未對公益有重大危害，且受益人有第 119 條不值得保護之情或雖值得保護，但信賴利益小於撤銷公益，依第 117 條規定，原處分機關得依職權為全部或一部之撤銷。

授益行政處分之撤銷

1、基本概念

行政機關不應該作出違法之行政處分，基於依法行政原則，自應該加以撤銷。例如行政機關不應該發給徵收補償費，但卻錯誤核定發給當事人，逐撤銷原授益之行政處分。(98 判 995) 某有限公司應收之股款，股東並未實際繳納，而以申請文件表明收足，違反公司法的規定，經濟部依法得撤銷核准設立登記之處分。(98 判 499) 又如鬧得沸沸揚揚的 SOGO 股權爭端，太流公司的股東臨時會及董事會議事錄被高等法院認定偽造，也破壞遠東集團取得 SOGO 的基礎，經濟部商業司逐據此撤銷太流公司的六項登記，導致遠東集團不再是 SOGO 的股東，而只是借款的性質。

2、依法行政原則與信賴保護原則之衡平

違法的行政處分，如果為了遵守依法行政原則，其代價卻可能造成信賴保護原則之破壞。我國行政程序法第 117 條規定，嘗試在兩者間取得平衡，其規範為：「違法行政處分於法定救濟期間經過後，原處分機關得依職權為全部或一部之撤銷；其上級機關，亦得為之。但有下列各款情形之一者，不得撤銷：

⑴ 撤銷對公益有重大危害者。

⑵ 受益人無第 119 條所列信賴不值得保護之情形，而信賴授予利益之行政處分，其信賴利益顯然大於撤銷所欲維護之公益者。」

亦即關於撤銷處分之合法，即必需具備①所撤銷之原行政處分乃屬違法；②違法之行政處分無不得撤銷之情事；③未逾法定 2 年除斥期間等要件。(98 判 995 原審見解)

瑕疵等級	瑕疵類型	瑕疵內容	瑕疵效果
第一級	重大瑕疵	法律明定無效事由（行政程序法§111①～⑥） 重大明顯瑕疵（行政程序法§111⑦）	無效
第二級	中度及輕度瑕疵	行政程序法§114 I 各款之程序瑕疵而未補正 內容瑕疵：如裁量瑕疵、判斷瑕疵、涵攝瑕疵及違背證據法則等。	得撤銷
第三級	微量瑕疵	行政程序法§101：誤寫、誤算或其他類此之顯然錯誤 稅捐稽徵法§17：繳納通知文書有記載、計算錯誤或重複時，請求查對更正	不影響效力
第四級	瑕疵之變體	行政程序法§98 III：處分機關未告知救濟期間或告知錯誤未為更正，致相對人或利害關係人遲誤者，如自處分書送達後1年內聲明不服時，視為於法定期間內所為。	法定救濟期間延長為1年

（參照吳庚，第416頁）

SOGO 撤銷登記案

我偽造了議事錄等，並且把持了公司大權，嘿嘿！

這些證件無效，所以偽造者不再是公司的股東。

假股東　　　　　　　主管機關

3、撤銷處分之救濟

　　撤銷處分本質上亦為一種行政處分。當事人收受該處分時，於法定救濟期間內，循行政救濟程序請求撤銷，若已逾救濟期限，該撤銷處分已具形式之確定力及構成要件效力，法院自受其拘束，而無法審酌。(97 判 971)

4、信賴保護之補償

　　授予利益之違法行政處分經撤銷後，如受益人無行政程序法第 119 條所列信賴不值得保護之情形，其因信賴該處分致遭受財產上之損失者，為撤銷之機關應給予合理之補償。補償額度不得超過受益人因該處分存續可得之利益。關於補償之爭議及補償之金額，相對人有不服者，得向行政法院提起給付訴訟。（行政程序法 §120 Ⅲ）補償請求權，自行政機關告知其事由時起，因 2 年間不行使而消滅；自處分撤銷時起逾 5 年者，亦同。（行政程序法 §121 Ⅱ）

5、受益人信賴不值得保護的情況

　　受益人有下列各款情形之一者，其信賴不值得保護：

　　⑴以詐欺、脅迫或賄賂方法，使行政機關作成行政處分者。

　　⑵對重要事項提供不正確資料或為不完全陳述，致使行政機關依該資料或陳述而作成行政處分者。

　　⑶明知行政處分違法或因重大過失而不知者。（行政程序法 §119）

負擔行政處分之撤銷

　　負擔行政處分之撤銷，就不會如同授益行政處分之撤銷複雜，蓋因若將之撤銷，對於相對人通常不會發生不利益之結果，

當然也沒有信賴保護的問題。因此，行政機關可以單純考量依法行政原則，而不必考量信賴保護之問題。

例如原本給予學生退學的行政處分，後來撤銷此退學的行政處分；或原本建照審核不予通過，後來撤銷此不予通過的行政處分。

如果行政機關發現是違法，可不可以不撤銷？有學者認為這是裁量事項，即使有可疑為違法時，亦不屬非撤銷不可。換言之，就是行政機關自己看著辦。反正相對人覺得權利遭到侵害，自會循救濟途徑來主張撤銷之。

實務上曾發生某校董事會改選之爭議，一方人馬認為上一屆出席人數不足，教育局應該不能予以核備，但是卻違法核備。最高法院認為，違法予以核備，教育局所為上一屆董事之核備，應否於法定救濟期間經過後，依職權予以撤銷，這是教育局依裁量所為之決定。教育局不撤銷上一屆董事名單之核備，而對本屆董事予以核備，於法尚屬無違。(98 判 1162)

撤銷期間及補償請求權之時效

惟基於法律秩序之安定，有撤銷權限之原處分機關或其上級機關行使第 117 條之撤銷權限，亦有時間之限制，即知有撤銷原因時起 2 年內為之；自處分撤銷時起逾 5 年者，亦同。（行政程序法 §121 Ⅰ）所謂「撤銷原因」者，係指導致行政處分違法，而應予以撤銷之原因。(97 判 1023)

依行政程序法規定，下列何種行政處分尚不至於無效？　(A)應以證書方式作成而未給予證書者　(B)不能由書面處分中得知處分機關者　(C)所要求或許可之行為構成犯罪者　(D)公務員收賄作成處分　　　　　　　　　　　　　　　　　　　【98普考-行政法概要】	(D)
在目前國內尚未制頒類如博弈條款之特別規定以突破刑法賭博罪之現實下，若有縣、市長迫於選舉壓力，而核發轄區內旅館業者經營觀光賭場之執照時，則該執照之效力為何？　(A)無效　(B)得撤銷　(C)得補正　(D)得更正　　　　　　【96三等地方特考-行政法】	(A)
行政處分如有誤寫時，其處理方式如何？　(A)一律無效　(B)一律以爭訟撤銷　(C)得由相對人申請更正　(D)禁止職權更正　　　　　　　　　　　　　　　　　　　【98四等基警-行政法概要】	(C)
倘若大學在授予大學學位時漏未發給學位證書，則該授予學位之行為具有何種效力？　(A)有效　(B)無效　(C)效力未定　(D)暫時生效　　　　　　　　　　　　　　　　　　【96三等地方特考-行政法】	(B)
行政機關將已生效之違法行政處分予以廢棄者，稱為：　(A)行政處分之廢止　(B)行政處分之轉換　(C)行政處分之更正　(D)行政處分之撤銷　　　　　　　　　　　　　　　　【98普考-行政法概要】	(D)
行政處分之撤銷，應自原處分機關或其上級機關知有撤銷原因時起幾年內為之？　(A)2年　(B)3年　(C)4年　(D)5年　　　　　　　　　　　　　　　　　　　【98普考-行政法概要】	(A)
下列何者為行政處分無效之原因？　(A)行政處分未記明理由　(B)未給予當事人陳述意見之機會　(C)應以證書方式作成而未給予證書者　(D)行政處分有誤算之錯誤　　　【99鐵路四等員級法律政風-行政法概要】	(C)
下列何種情形不生補正原行政處分瑕疵之效力？　(A)須經申請始得作成之行政處分，當事人已於事後提出者　(B)必須記明之理由已於事後記明者　(C)應給予當事人陳述意見之機會已於事後給予者　(D)應迴避之委員已於事後迴避者　【100四等行政警察-行政法概要】	(D)

相關考題　行政處分之瑕疵

下列何者不是行政處分無效之事由？　(A)內容係授予特定人利益　(B)不能由書面處分中得知處分機關　(C)內容對任何人均屬不能實現　(D)內容違背公序良俗　　　　　　　　　　【100高考 - 行政法】	(A)
行政機關所為之違法授益處分，雖與依法行政原則相背離，惟依我國行政程序法之相關規定，主要是基於下列那一種行政法上之一般法律原則，以致於不得任意撤銷？　(A)不當連結禁止原則　(B)信賴保護原則　(C)明確性原則　(D)平等原則　　　　　　　　　　　　　　　　【103地特三等一般行政 - 行政法】	(B)
下列關於違法授益行政處分撤銷之敘述，何者錯誤？　(A)法定救濟期間經過後，原處分機關仍得依職權為全部或一部之撤銷　(B)基於依法行政原則之要求，原處分機關應一律撤銷違法之授益行政處分　(C)行政處分經撤銷確定，行政機關得命相對人返還發給之證書　(D)行政處分因撤銷而溯及既往失效時，自該處分失效時起，已中斷之時效視為不中斷　　　　　　　【103地特四等一般行政 - 行政法】	(B)
關於行政處分補正之敘述，下列何者錯誤？　(A)補正之內容包含程序及實體瑕疵　(B)須經申請之處分因事後提出申請而補正　(C)應參與作成處分之其他機關因事後參與而補正　(D)須記明理由者因事後記明而補正　　　　　　　　　　　【103普考一般行政 - 行政法】	(A)
行政處分違反土地管轄之規定者，如無行政程序法第111條第6款規定之情形，該行政處分之效力為何？　(A)得轉換　(B)得補正　(C)效力未定　(D)有管轄權之機關如就該事件仍應為相同之處分時，原處分無須撤銷　　　　　　　　　　　　　　　　【108普考 - 行政法概要】	(D)
關於行政機關未經授權而違背法規有關專屬管轄之規定而作成之行政處分，下列敘述何者正確？　(A)自始不生效力　(B)得依申請補正　(C)違法而得撤銷　(D)得轉換為其他行政處分　　【108高考 - 行政法】	(A)
行政機關發現經其核准受領疫情紓困補助的受益人，有重複領取情形，於其撤銷原處分後，應採取何種方式追回溢發之款項？　(A)作成書面行政處分確認返還範圍，並限期命受益人返還　(B)向行政法院提起一般給付訴訟　(C)向民事法院提起請求返還不當得利訴訟　(D)直接移送法務部行政執行署所屬分署執行　　【112高考 - 行政法】	(A)

依行政程序法規定，下列何者非屬行政處分之無效事由？ (A)具有重大明顯之瑕疵　(B)應以證書方式作成而未給予證書　(C)內容對任何人均屬不能實現　(D)違反有關土地管轄之規定　【110地特 - 行政法】	(D)
行政機關對於未依法應於行政處分書類中記明理由作出之處分，經過調查後重新補充處分理由者，此等行為在學理上稱為：　(A)行政處分之撤銷　(B)行政處分之補正　(C)行政處分之廢止　(D)行政處分之轉換　【111高考 - 行政法】	(B)
依行政程序法規定，授予利益行政處分之廢止，下列敘述何者正確？　(A)廢止，應自廢止原因發生後 3 年內為之　(B)行政處分經廢止後，溯及既往失其效力　(C)行政處分得由原處分機關依職權為全部或一部之廢止　(D)行政處分之廢止，於補償受益人財產上之損失後始生效力　【111高考 - 行政法】	(C)
行政處分於法定救濟期間經過後，當事人仍得於一定情形下申請撤銷、廢止或變更之。下列敘述何者錯誤？　(A)具有持續效力之行政處分，其依據之事實事後發生有利變更者，相對人或利害關係人得提出申請　(B)該項申請應自法定救濟期間經過後3個月內為之　(C)雖有重新開始程序之原因，行政機關如認為原處分為正當者，仍應駁回該申請　(D)相對人或利害關係人因過失未能在行政程序中主張其事由者，即不得提出該項申請　【112高考 - 行政法】	(D)

相關考題　信賴保護之補償

行政程序法規定，於撤銷違法授益處分時，對其因信賴該處分致遭受財產上之損失者，應如何處理？　(A)應予國家賠償　(B)應予合理之補償　(C)應定暫時狀態之處分　(D)應予回復原狀 【98四等基警-行政法概要】	(B)
行政處分之受益人有下列何種情形時，其信賴仍屬值得保護：　(A)未出席行政機關所舉行之聽證　(B)以詐欺、脅迫或賄賂方法，使行政機關作成行政處分　(C)對重要事項提供不正確資料或為不完全陳述，致使行政機關依該資料或陳述而作成行政處分　(D)明知行政處分違法或因重大過失而不知　　　【100高考-行政法】	(A)

解析：

行政程序法第119條規定：「受益人有下列各款情形之一者，其信賴不值得保護：

一、以詐欺、脅迫或賄賂方法，使行政機關作成行政處分者。

二、對重要事項提供不正確資料或為不完全陳述，致使行政機關依該資料或陳述而作成行政處分者。

三、明知行政處分違法或因重大過失而不知者。」

相關考題　行政處分之轉換

關於違法行政處分之轉換，下列敘述何者正確？　(A)羈束處分得轉換為裁量處分　(B)轉換對公益有重大危害者，仍得轉換　(C)轉換法律效果對當事人更為不利者，仍得轉換　(D)轉換前原則上應給予當事人陳述意見之機會　　　【108普考-行政法概要】	(D)

三、行政處分之廢止

　　廢止，與撤銷是不一樣的概念。其區別在於行政處分之廢止，是針對合法之行政處分，向將來失其效力。而行政處分之撤銷則是對於違法之行政處分，原則上溯及自始失其效力，但是也可以另訂失效日期。

授益行政處分之廢止

　　授予利益之合法行政處分，有下列各款情形之一者，得由原處分機關依職權為全部或一部之廢止：1、法規准許廢止者。2、原處分機關保留行政處分之廢止權者。3、附負擔之行政處分，受益人未履行該負擔者。4、行政處分所依據之法規或事實事後發生變更，致不廢止該處分對公益將有危害者。5、其他為防止或除去對公益之重大危害者。（行政程序法 §123）授益行政處分之廢止，應自廢止原因發生後 2 年內為之。（行政程序法 §124）

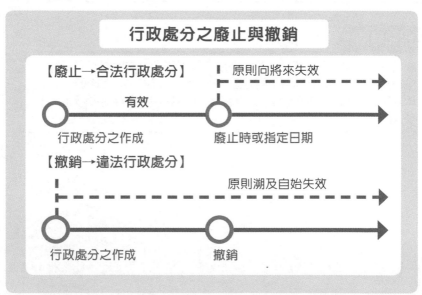

行政處分之廢止與撤銷

【廢止→合法行政處分】　　原則向將來失效

有效

行政處分之作成　　　　廢止時或指定日期

【撤銷→違法行政處分】

原則溯及自始失效

行政處分之作成　　　　撤銷

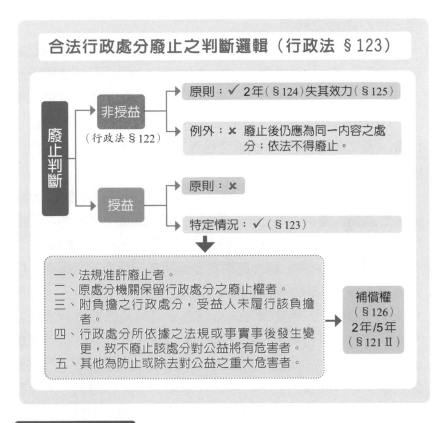

負擔處分之廢止

　　非授予利益之合法行政處分，得由原處分機關依職權為全部或一部之廢止。但廢止後仍應為同一內容之處分或依法不得廢止者，不在此限。（行政程序法§122）

廢止之效力

　　合法行政處分經廢止後，自廢止時或自廢止機關所指定較後之日時起，失其效力。但受益人未履行負擔致行政處分受廢止者，得溯及既往失其效力。（行政程序法§125）

四、行政處分之轉換

行政處分之轉換，是指讓違法之行政處分轉換成為合法之行政處分，例如納稅義務人之轉換 (98 判 1033)，又如依據遺產及贈與稅法第 5 條第 6 款「二親等以內親屬間財產之買賣」規定，而課徵之贈與稅，改為依據同條第 2 款「以顯著不相當之代價，讓與財產、免除或承擔債務者，其差額部分」規定課徵。(98 判 700)

依據行政程序法第 116 條第 1 項規定：「行政機關得將違法行政處分轉換為與原處分具有相同實質及程序要件之其他行政處分。」羈束處分不得轉換為裁量處分。（行政程序法§116Ⅱ）行政機關於轉換前應給予當事人陳述意見之機會。但有第 103 條 (得不給予陳述意見) 之事由者，不在此限。（行政程序法§116Ⅲ）依此規定，行政處分之轉換係指原有瑕疵之行政處分，可以包含另一新原處分，具備作成該另一新行政處分之實體法要件，此二行政處分可以達成相同之目的，行政機關依原有之程序及方式，得合法作成該另一新行政處分，及轉換法律效果不得對當事人更為不利。(98 判 514)

行政處分之轉換應由行政機關以行政處分之方式作成決定，行政機關自必須踐行作成處分之程序及對外送達其意思表示。(98 判 1033) 將違法行政處分轉換之權限在於行政機關，係行政機關之裁量。(96 裁 2152)

不得轉換之情況包括：

1、違法行政處分，依第 117 條但書規定，不得撤銷者。

2、轉換不符作成原行政處分之目的者。

3、轉換法律效果對當事人更為不利者。(行政程序法§116Ⅰ但)

羈束處分不得轉換為裁量處分。(行政程序法§116Ⅱ)

行政處分之補正　（行政程序法 §114 I）

項目	內容	說明
第1款	須經申請始得作成之行政處分，當事人已於事後提出者。	
第2款	必須記明之理由已於事後記明者。	僅得於訴願程序終結前為之；得不經訴願程序者，僅得於向行政法院起訴前為之。（行政程序法 §114 II）
第3款	應給予當事人陳述意見之機會已於事後給予者。	
第4款	應參與行政處分作成之委員會已於事後作成決議者。	
第5款	應參與行政處分作成之其他機關已於事後參與者。	

　　行政程序或方式上有瑕疵的行政處分，可以透過補正的方式，治療程序上之瑕疵。

　　當事人因補正行為致未能於法定期間內聲明不服者，其==期間之遲誤視為不應歸責於該當事人之事由==，其回復原狀期間自該瑕疵補正時起算。（行政程序法 §114 III）

相關考題　　行政處分之補正

高雄市甲加油站公司擬再設另一新加油站，向高雄市政府申請核發「可供加油站使用土地證明書」，並獲高雄市政府核准，經濟部也函示同意。然而，業者於開始施工後，因附近居民基於加油站設置地點與某一國小距離不到100公尺，恐危及國小師生之健康與安全，故群起抗議，要求市府禁止業者繼續施工。高雄市政府礙於居民之抗爭，因此廢止原先核發的證明書，業者也因之喪失興建加油站的權利。試問：

1、本案高雄市政府所核發之「可供加油站使用土地證明書」之法律性質為何？

2、高雄市政府若要合法廢止該核發之證明書，須具備如何之要件？

3、甲加油站公司在實體上應如何主張其權利？　　【98高考三級-行政法】

解析：本題與義美廠房遭拆除案相似。

授予利益之合法行政處分基於下列何種原因遭廢止者，受益人得請求合理之補償？　(A)法規准許廢止者　(B)原處分機關保留行政處分之廢止權者　(C)行政處分所依據之法規變更，不廢止原處分對公益將有危害者　(D)附負擔之行政處分，受益人未履行該負擔者 【98普考-行政法概要】	(C)
有關合法授益行政處分之廢止，下列何者必須給予人民信賴補償？　(A)法規准許廢止者　(B)原處分機關保留行政處分之廢止權者　(C)行政處分所依據之法規或事實事後發生變更，致不廢止該處分對公益將有危害者　(D)附負擔之行政處分，受益人未履行該負擔者 【100普考-行政法概要】	(C)
作成行政處分，其他機關應參與而未參與，但事後其他機關已參與者，行政處分之效力如何？　(A)無效　(B)溯及失效　(C)經補正後有效　(D)一部有效，一部無效　　　【98四等基警-行政法概要】	(C)
行政機關得將違法行政處分轉換為與原處分具有相同實質及程序要件之其他處分時，原則上於轉換前，應進行下列何種程序？　(A)徵求當事人同意　(B)給予當事人陳述意見之機會　(C)徵詢相關機關之意見　(D)言詞辯論　　　　　　　　　【98普考-行政法概要】	(B)
關於合法行政處分經廢止後，於何時失去效力一事，下列敘述何者錯誤？　(A)可自廢止時起，失去效力　(B)可自廢止機關所指定較前之日時起，失去效力　(C)可自廢止機關所指定較後之日時起，失去效力　(D)受益人未履行負擔致行政處分受廢止者，得溯及既往失其效力　　　　　　　　　　【100高考-行政法】	(B)
行政機關以距離學校過近的原因，廢止已核發之加油站設置許可。下列敘述何者正確？　(A)行政機關作成授益處分後原則上即得廢止，故該廢止加油站設置許可之行為合法　(B)因加油站與學校間之距離為事實認定問題，故行政機關廢止權之行使為事實行為　(C)行政機關基於公益而廢止加油站設置許可，處分相對人不受信賴保護原則之保障　(D)加油站設置許可經廢止確定後，處分相對人負有繳回加油站設置許可執照之義務　　【103高考一般行政-行政法】	(D)

相關考題　　行政處分之廢止

授予利益之合法行政處分，具有法定情形之一者，得由原處分機關依職權廢止，其廢止應自廢止原因發生後幾年內為之？ (A)2年　(B)3年　(C)5年　(D)15年　　　　　　　　　　　【103地特三等一般行政 - 行政法】	(A)

解析：
行政程序法第124條規定：「前條之廢止，應自廢止原因發生後2年內為之。」

合法行政處分經廢止後，原則上自何時失其效力？　(A)自廢止時或廢止機關所指定較後之日時起　(B)完全無效　(C)立即失效　(D)溯及既往失效　　　　　　　　　　　　　　　【103地特三等一般行政 - 行政法】	(A)
行政機關為防止或除去對公益之重大危害，得廢止授予利益之合法行政處分。但對受益人因信賴該處分致遭受財產上之損失，應給予合理之補償，係屬何種行政法原則之具體化？　(A)平等原則　(B)授權明確性原則　(C)比例原則　(D)信賴保護原則　　　　　　　　　　　　　　　【103地特四等一般行政 - 行政法】	(D)
授予利益之合法行政處分，所依據之法規或事實後發生變更，原處分機關依職權得為下列何種處置？　(A)撤銷原行政處分　(B)廢止原行政處分　(C)為程序上之補正　(D)確認該行政處分無效　　　　　　　　　　　　　　　【103地特四等一般行政 - 行政法】	(B)

3 行政契約

一 行政契約與私法契約之區別

　　行政契約與私法契約區分，是以發生公法上，亦或是私法上權利變動之效果為判斷之依據，通說採取契約標的說。

　　所謂契約標的，是指契約所設定的法律效果，或當事人用以與該契約相結合之法律效果。以行政法之法律效果為標的者為行政契約，反之，以私法法律效果為標的者則為私法契約。我國行政程序法第 135 條本文規定：「公法上法律關係得以契約設定、變更或消滅之。」業已清楚可見該條文著重契約標的之精神。

　　另有學者提出更為具體之標準，認為符合下列內容做綜合之判斷，以決定是否屬於行政契約：（下列第 1 項必須具備，第 2 至 5 項擇一即可）

1、協議之一方為行政機關。

2、協議之內容係行政機關之一方負有作成行政處分或高權的事實行為之義務。

3、執行法規規定原本應作成行政處分，而以協議代替。

4、涉及人民公法上權利義務關係。

5、約定事項中列有顯然偏袒行政機關一方之條款者。

　　（吳庚，第 434 頁）

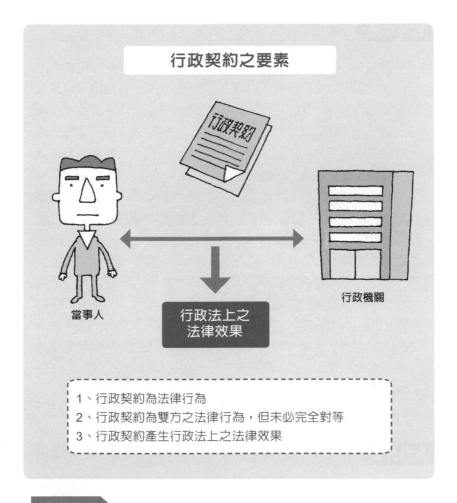

行政契約之要素

當事人

行政契約

行政法上之
法律效果

行政機關

1、行政契約為法律行為
2、行政契約為雙方之法律行為，但未必完全對等
3、行政契約產生行政法上之法律效果

相關考題 雙務契約

我國行政程序法第 135 條所規定之「行政契約」，在性質上屬於行政機關之下列那一種類型行為？ (A)公法行為 (B)私法行為 (C)公、私法混合之行為 (D)得由行政機關自行決定其公、私法屬性之行為　　　　　　　　　　　　　　　【103地特三等一般行政 - 行政法】	(A)

　　實務上，則認為行政機關與私人締約，符合下列四種情況之一時，可認定為行政契約：1、因執行公法法規，行政機關本應作成行政處分，而以契約代替。2、約定之內容係行政機關負有作成行政處分或其他公權力措施之義務者。3、約定內容涉及人民公法上權益或義務者。4、約定事項中列有顯然偏袒行政機關一方或使其取得較人民一方優勢之地位者。

　　若給付內容屬於「中性」，無從據此判斷契約之屬性時，則應就契約整體目的及給付之目的為斷，例如行政機關所負之給付義務，目的在執行其法定職權，或人民之提供給付目的在於促使他造之行政機關承諾依法作成特定之職務上行為者，則屬於行政契約；至於私經濟行政即國庫行政，乃國家並非居於公權力主體地位行使其統治權，而係處於與私人相當之法律地位，並在私法支配下所為之各種行為，例如對清寒學生給予助學貸款、由隸屬於各級政府之自來水廠、醫院、療養院、鐵路局、公共汽車管理處等機構對大眾提供生活上之服務等，均屬於私法上之行為。（97 裁3877）

實務見解 酒井法子的保釋金

　　酒井法子因吸毒被逮必須支付高額的保釋金，才能釋放出來。此種保釋金，是由具保人與法院或檢察官之間成立的公法上保證契約。法院或檢察官在收到保釋金之後，將被告釋放出來，而具保人的義務就是讓被告隨傳隨到，若傳喚不到庭時，則將保證金加以沒入。

■ 行政契約與私法契約之區別表

	行政契約	行政處分
性質	行政契約係由雙方當事人意思合致而成之法律行為，故為雙方行為。	行政處分係行政機關單方性所作成，故具單方行為性質。
效力消滅方法不同	行政契約如行政機關具備一定之終止條件，得由其終止契約以消滅契約關係。	行政處分如行政機關認為有法律上之瑕疵，或基於法律、政策、事實之原因，得將該行政處分撤銷或廢止。
提起法律救濟之種類不同	行政契約所生之爭議，因非有行政處分存在，故不可提起撤銷訴訟，僅能以其他之訴訟類型，如給付訴訟或確認訴訟等尋求救濟。	行政機關所作行政處分，如人民認為有違法或不當，致損害其權利或利益，則可提起撤銷訴訟以資救濟。
法律效果不同	行政契約僅能發生公法上之法律效果。	行政處分之效果可能為公法效果或私法效果二種。
內容不同	行政契約可以內部行為或事實行為為契約之內容。	行政處分因需對外發生法律效果，故不得以內部行為或事實行為為處分之內容。

■ 行政和解契約

　　行政機關對於行政處分所依據之事實或法律關係，經依職權調查仍不能確定者，為有效達成行政目的，並解決爭執，得與人民和解，締結行政契約，以代替行政處分。（行政程序法§136）

　　舉個例子，微軟公司作業平台與文書軟體價格過高，公平交易委員會於92年間與微軟公司達成和解，簽訂行政和解契約，微軟公司將特定產品降幅10~50%，也省下調查微軟公司違反公平交易法之成本。

四 雙務契約之要件

雙務契約規定在行政程序法第 137 條規定,亦即當事人雙方均互負公法上之給付義務。

行政機關與人民締結行政契約,互負給付義務者,應符合下列各款之規定:(行政程序法 §137 I)

1、契約中應約定人民給付之特定用途。

2、人民之給付有助於行政機關執行其職務。

3、人民之給付與行政機關之給付應相當,並具有正當合理之關聯。

行政處分之作成,行政機關無裁量權時,代替該行政處分之行政契約所約定之人民給付,以依第 93 條第 1 項規定得為附款者為限(無裁量權者,以法律有明文規定或為確保行政處分法定要件之履行而以該要件為附款內容者為限,始得為之)。(行政程序法 §137 II)

第 1 項契約應載明人民給付之特定用途及僅供該特定用途使用之意旨。(行政程序法 §137 III)

五 契約之無效

行政契約準用民法規定之結果為無效者,無效。(行政程序法 §141 I)行政契約違反第 135 條但書(但依其性質或法規規定不得締約者)或第 138 條之規定者,無效。(行政程序法 §141 II)

所謂行政程序法第 138 條規定:「行政契約當事人之一方為人民,依法應以甄選或其他競爭方式決定該當事人時,行政機關應事先公告應具之資格及決定之程序。決定前,並應予參

與競爭者表示意見之機會。」譬如應公開招標，任何符合資格者都可以來競標，如果未經公開招標程序，就私與特定人簽訂契約，該契約無效。

代替行政處分之行政契約，有下列各款情形之一者，無效：（行政程序法§142）

1、與其內容相同之行政處分為無效者。

2、與其內容相同之行政處分，有得撤銷之違法原因，並為締約雙方所明知者。

3、締結之和解契約，未符合第136條之規定者。

4、締結之雙務契約，未符合第137條之規定者。

行政契約之一部無效者，全部無效。但如可認為欠缺該部分，締約雙方亦將締結契約者，其他部分仍為有效。（行政程序法§143）

相關考題　雙務契約	
以下何者不是行政機關與人民締結行政契約時須符合的條件？　(A)契約中應約定人民給付之特定用途　(B)人民之給付有助於行政機關執行其職務　(C)人民之給付與行政機關之給付應相當，並且有正當合理之關聯　(D)人民之給付對行政機關而言，係屬不可替代 【100高考-行政法】	(D)

相關考題　契約無效	
有關行政契約之效力，下列敘述何者正確？　(A)基於公益考量，行政契約準用民法規定之結果為無效者，其仍然有效　(B)依法應經公開甄選程序之行政契約，機關未辦理公開以及陳述意見等程序時，仍得予以補正之機會　(C)行政契約之一部無效者，原則上全部無效　(D)雙務契約未約定人民給付之特定用途者，人民得申請撤銷 【99地方特考四等-行政法概要】	(C)

六 調整契約內容或終止契約

行政契約當事人之一方為人民者，行政機關為防止或除去對公益之重大危害，得於必要範圍內調整契約內容或終止契約。（行政程序法 §146 I）前項之調整或終止，非補償相對人因此所受之財產上損失，不得為之。（行政程序法 §146 II）第1項之調整或終止及第2項補償之決定，應以書面敘明理由為之。（行政程序法 §146 III）相對人對第1項之調整難為履行者，得以書面敘明理由終止契約。相對人對第2項補償金額不同意時，得向行政法院提起給付訴訟。（行政程序法 §146 IV）

七 行政契約之執行

行政契約約定自願接受執行時，債務人不為給付時，債權人得以該契約為強制執行之執行名義。（行政程序法 §148 I）前項約定，締約之一方為中央行政機關時，應經主管院、部或同等級機關之認可；締約之一方為地方自治團體之行政機關時，應經該地方自治團體行政首長之認可；契約內容涉及委辦事項者，並應經委辦機關之認可，始生效力。（行政程序法 §148 II）第1項強制執行，準用行政訴訟法有關強制執行之規定。（行政程序法 §148 IV）

八 涉及第三人契約

行政契約依約定內容履行將侵害第三人之權利者，應經該第三人書面之同意，始生效力。（行政程序法 §140 I）所以是「效力未定」。行政處分之作成，依法規之規定應經其他行政機關之核准、同意或會同辦理者，代替該行政處分而締結之行政契約，亦應經該行政機關之核准、同意或會同辦理，始生效力。（行政程序法 §140 II）

相關考題　基本題型

下列何者屬於行政契約？　(A)行政機關採購資訊設備之契約　(B)教育部公費留學契約　(C)國民住宅之買賣契約　(D)人民承租國有土地之契約　【100普考-行政法概要】	(B)
鄉鎮市協議共同出資興建及共同使用垃圾焚化爐之法律性質為何？(A)行政契約　(B)私法契約　(C)事實行為　(D)行政指導　【99地方特考四等-行政法概要】	(A)
下列何者不是行政契約？　(A)行政機關採購公務上所需文具簽訂之契約　(B)中央健康保險局與特約醫院所簽訂之「全民健保特約醫事服務機構合約」(C)教育部提供公費生獎學金，並要求該公費生於畢業後提供特定服務之契約　(D)嘉義縣與嘉義市為共同處理垃圾問題所締結之契約　【99鐵路四等員級法律政風-行政法概要】	(A)
就讀警校之學生在學期間支領公費，畢業後應服務滿一定期間始得離職，否則應予賠償。此種行政法上法律關係係如何產生？　(A)因法規規定而直接發生　(B)因行政處分而發生　(C)因行政契約而發生(D)因事實行為而發生　【99鐵路高員三級人事行政-行政法】	(C)
行政機關與人民依照國家賠償法訂定之賠償協議的法律性質為何？(A)行政指導　(B)行政處分　(C)私法契約　(D)行政契約　【100普考-行政法概要】	(D)
依司法院大法官解釋，下列何者不屬於行政契約？　(A)公費生服務契約　(B)全民健保契約　(C)海關管理貨櫃契約　(D)國民住宅購置契約　【98高考三級-行政法】	(D)
下列何項契約為行政契約？　(A)與特約健保醫療院所締結之合約(B)國民住宅出租契約　(C)非公用財產之標售契約　(D)租用民間拖吊場契約　【98三等原住民-行政法】	(A)
行政機關委託私人經營管理不善之公立醫院，並簽訂行政契約，締約過程中並無下列何種法律之適用或準用？　(A)民法　(B)行政程序法(C)行政罰法　(D)促進民間參與公共建設法　【103普考一般行政-行政法】	(C)

行政契約依約定內容履行將侵害第三人之權利者，在經該第三人以書面表示同意前，契約效力為何？　(A)無效　(B)得撤銷　(C)效力未定　(D)仍為有效，效力不受影響　　　　【103普考一般行政 - 行政法】	(C)

依行政程序法第146條規定，行政契約當事人之一方為人民者，行政機關於何種情況下，得於必要範圍內調整契約內容或終止契約？　(A)行政機關認為契約目的已經達成　(B)為防止或除去對公益之重大危害　(C)行政機關另有其他任務必須達成　(D)第三人對契約之履行更具效率時　　　　【99地方特考四等 - 行政法概要】	(B)
行政機關與人民締結行政契約後，關於調整契約內容或終止契約之敘述，下列何者錯誤？　(A)行政機關調整契約內容或終止契約，其目的在防止或除去對公益之重大危害　(B)行政機關應補償相對人因契約內容調整或終止契約所受之財產上損失　(C)相對人不同意行政機關因行政契約調整而給予補償之金額時，得以書面敘明理由終止契約　(D)行政契約內容調整後難以履行者，相對人得以書面敘明理由終止契約　　　　【108高考 - 行政法】	(C)
有關當事人之一方為人民之行政契約，其內容調整之敘述，下列何者錯誤？　(A)行政機關調整行政契約之內容，非補償相對人因此所受之財產上損失，不得為之　(B)行政機關調整行政契約之內容，應以書面敘明理由　(C)行政機關調整行政契約之內容難以履行者，人民仍不得終止行政契約　(D)人民不同意行政機關之補償金額時，得向行政法院提起給付訴訟　　　　【108普考 - 行政法概要】	(C)
有關行政契約，下列敘述何者錯誤？(A)行政程序法所規定的行政契約類型，有和解契約與雙務契約　(B)行政機關與人民締結行政契約後，為確保人民信賴利益，不得調整契約內容與終止契約　(C)行政契約之締結，原則上須以書面為之　(D)行政契約中，如行政機關與人民互負給付義務，雙方之給付應相當，且具備合理關聯　　　　【112高考 - 行政法】	(B)

相關考題　私法契約與行政契約之區別

題目	答案
下列何者不是行政契約？　(A)全民健康保險特約醫事服務機構合約　(B)行政機關之政府採購契約　(C)教育部公費留學契約　(D)公立學校聘任教師行為　【104高考-行政法】	(B)
下列何者非屬行政契約？　(A)縣（市）政府因徵收人民土地所應給付之補償費，與土地所有人欠繳之工程受益費，成立抵銷契約　(B)縣（市）政府於實施都市計畫勘查時，就除去土地障礙物所生之損失，與土地所有權人達成之補償協議　(C)人民向行政執行機關出具載明義務人逃亡由其負清償責任之擔保書　(D)各級政府機關就公庫票據證券之保管事務，依公庫法規定與銀行簽訂之代理公庫契約　【108高考-行政法】	(D)
行政機關在下列何種情形下締結之契約，不具公法性質？　(A)衛生福利部中央健康保險署與醫事服務機構針對健保醫療服務之項目及報酬所為之約定　(B)勞動部為增擴辦公空間而向私人承租辦公大樓　(C)甲市政府為辦理都市計畫所需公共設施用地，與私有土地所有權人所為之協議價購契約　(D)教育部與通過公費留學考試之應考人約定公費給付、使用與回國服務等事項之權利義務關係　【108高考-行政法】	(B)
下列何者為私法契約？　(A)公立學校與公費生間之公費生契約　(B)公立學校與其教師間之聘約　(C)國民住宅主管機關與合於法定要件之申請人所訂定之國民住宅承購契約　(D)行政院衛生署中央健康保險局與醫事服務機構所簽訂之特約　【100普考-行政法概要】	(C)
公營事業與其所屬人員間，屬於何種關係？　(A)雙方成立私法上之契約關係　(B)雙方成立公法上之契約關係　(C)究係公法關係，抑或係私法關係，由法院決定之　(D)除依法律另有規定外，其餘雙方成立私法上之契約關係　【100普考-行政法概要】	(D)

解析：
公營事業依公司法規定設立者，為私法人，與其人員間，為私法上之契約關係，雙方如就契約關係已否消滅有爭執，應循民事訴訟途徑解決。
至於依公司法第27條經國家或其他公法人指派在公司代表其執行職務或依其他法律逕由主管機關任用、定有官等、在公司服務之人員，與其指派或任用機關之關係，仍為公法關係，合併指明。（釋305）

相關考題 私法契約與行政契約之區別

主管機關興建國民住宅並出售低收入家庭之行為，依大法官釋字第540號解釋意旨，係屬於： (A)民事契約 (B)公法契約 (C)行政處分 (D)行政規則 　　　　　　　　　　　　　　　　　　　　　【91基特】	(A)

解析：

……國民住宅條例，對興建國民住宅解決收入較低家庭居住問題，採取由政府主管機關興建住宅以上述家庭為對象，辦理出售、出租、貸款自建或獎勵民間投資興建等方式為之。其中除民間投資興建者外，凡經主管機關核准出售、出租或貸款自建，並已由該機關代表國家或地方自治團體與承購人、承租人或貸款人分別訂立買賣、租賃或借貸契約者，此等契約即非行使公權力而生之公法上法律關係。上開條例第21條第1項規定：國民住宅出售後有該條所列之違法情事者，「國民住宅主管機關得收回該住宅及基地，並得移送法院裁定後強制執行」，乃針對特定違約行為之效果賦予執行力之特別規定，此等涉及私權法律關係之事件為民事事件，該條所稱之法院係指普通法院而言。……（釋540）

下列何者得由行政機關與人民以行政契約辦理之？ (A)公務員之免職 (B)國家考試是否錄取 (C)兵役機關徵召役男入伍 (D)稅捐機關依職權調查後，仍無法確定納稅義務人有無海外所得，而與人民簽訂和解契約 　　　　　　　　　　　　　　　　　　　【110地特-行政法】	(D)
下列何者非屬行政契約關係？ (A)行政機關與醫事服務機構締結提供全民健康保險醫療服務契約 (B)公立學校聘任教師之契約關係 (C)學生與教育部指定之銀行締結就學貸款契約 (D)主管機關與志願役士兵約定最少服役年限 　　　　　　　　　　　　【111高考-行政法】	(C)

相關考題 與行政處分之區別

行政處分與行政契約不同之處在於： (A)行政處分為不要式行為，行政契約則為要式行為 (B)行政處分發生公法上效果，行政契約則發生私法上效果 (C)行政處分是事實行為，行政契約則是法律行為 (D)行政處分是單方行為，行政契約則為雙方行為 　　【91初等】	(D)

相關考題 訴訟審理

某縣市政府如果與人民因民法上之租賃契約及賠償費用問題發生爭執時，應由下列何者審理？ (A)普通法院 (B)行政法院 (C)公務員懲戒委員會 (D)行政院 　　　　　【99四等基警行政警察-法學緒論】	(A)

相關考題　無效

關於行政機關與人民締結，互負給付義務之雙務契約，下列敘述何者錯誤？　(A)人民之給付應與行政機關之給付相當　(B)人民之給付應與行政機關之給付有正當合理之關聯　(C)雙務契約必須締約之行政機關與人民意思表示一致，始能生效　(D)雙務契約原則上一部無效者，其他部分仍為有效　　　　【103普考一般行政 - 行政法】	(D)

相關考題　強制執行

人民不履行依行政契約所約定之金錢給付義務時，下列敘述何者正確？　(A)債權人得以該契約為行政執行法上之執行名義，直接移送行政執行處對其財產強制執行　(B)行政契約有約定人民自願接受執行時，債權人方得以該契約為行政執行法上之執行名義，直接移送行政執行處對其財產強制執行　(C)債權人得以該契約為執行名義，準用行政訴訟法有關強制執行之規定，聲請對其財產強制執行　(D)行政契約有約定人民自願接受執行時，債權人方得以該契約為執行名義，準用行政訴訟法有關強制執行之規定，聲請對其財產強制執行　　　　【100四等行政警察 - 行政法概要】	(D)
下列關於行政契約約定自願接受執行之敘述，何者錯誤？　(A)締約之一方為中央行政機關時，行政契約應報行政院轉立法院備查　(B)締約之一方為地方自治團體之行政機關時，應經該地方自治團體行政首長之認可　(C)債務人不為給付時，債權人得以該契約為強制執行之執行名義　(D)債務人不為給付而強制執行時，準用行政訴訟法有關強制執行之規定　　　　【103普考一般行政 - 行政法】	(A)
行政契約約定自願接受執行時，依行政程序法第 148 條第 3 項規定，其嗣後之強制執行準用（或適用）下列那一種規定？　(A)行政執行法之相關規定　(B)強制執行法之相關規定　(C)行政訴訟法之強制執行規定　(D)行政程序法就此所自為之強制執行規定　　　　【103地特三等一般行政 - 行政法】	(C)

相關考題　甄選公告

依法應採取甄選方式決定當事人之行政契約，辦理該行政契約之行政機關若未將締約資格及相關程序事前公告，該行政契約之效力如何？　(A)不受影響，仍為有效　(B)無效　(C)經行政機關事後補行公告，其瑕疵即可治癒　(D)得由辦理該行政契約之行政機關之上級行政機關加以撤銷　　　　【103地特四等一般行政 - 行政法】	(B)

九 王之行為理論與不可預期理論

　　所謂王之行為理論，是指行政機關因其公權力之行為，對於契約之相對人加重其履行契約所必要之負擔或依職權修改契約內容時，行政機關應對契約相對人加以補償。（吳庚，第444~445 頁）

　　不可預期理論，是指締約後發生戰亂、災變、財政危機等造成締約人嚴重額外負擔，締約機關基於公益仍得要求他造履行契約，但應彌補其損失，若不可預期之損失係由締約機關以外之其他機關所造成，也有不可預期理論之適用。

　　例如 2008 年金融海嘯，導致許多公共建設的購料成本大幅提高，甚至達數倍的漲幅，業已超過原本契約內容建材超過一定百分比得以補貼之約定，承包廠商實在難以履約；又例如水災導致工地嚴重淹水，承包廠商必須將已完成之工作重新施工，均造成嚴重的額外負擔。

條號	內容	相關理論
行政程序法 §146 Ⅰ	行政契約當事人之一方為人民者，行政機關為防止或除去對公益之重大危害，得於必要範圍內調整契約內容或終止契約。	王之行為理論
行政程序法 §146 Ⅱ	前項之調整或終止，非補償相對人因此所受之財產上損失，不得為之。	
行政程序法 §147 Ⅰ	行政契約締結後，因有情事重大變更，非當時所得預料，而依原約定顯失公平者，當事人之一方得請求他方適當調整契約內容。如不能調整，得終止契約。	不可預期理論
行政程序法 §147 Ⅱ	前項情形，行政契約當事人之一方為人民時，行政機關為維護公益，得於補償相對人之損失後，命其繼續履行原約定之義務。	

不可預期理論

✚ 行政輔助行為

行政輔助行為，並非直接為達成公益之目的，是指行政機關為滿足日常行政事務所不可或缺之物質，或其他人事上之需要，而與私人訂立私法契約之情形。例如簽訂辦公處所之租賃契約，購買影印紙、水杯等，對於行政事務之推動，均具有間接輔助之性質，又稱「需求滿足行為」或「公行政之私法籌購行為」。

相關考題	行政輔助行為	
縣政府向民間客運公司租用遊覽車載送員工上下班，此係何種行為？ (A)行政輔助行為 (B)行政營利行為 (C)行政強制行為 (D)行政執行行為　　　　【99鐵路四等員級法律政風－行政法概要】	(A)

實務見解 政府採購法與雙階理

行政輔助行為屬於私經濟行政（國庫行政）範疇之一，而政府採購法所稱之「採購」行為即為一適例，此際政府乃處於與私人相當之法律地位，並受私法之支配，其所生法律關係固屬私權性質。目前政府採購法採行「雙階理論」：

一、訂約前階段：

1、有關的招標、審標、決標之爭議得依政府採購法第六章爭議處理之規定，提出異議及申訴。（政府採購法§74）

2、屬公法事件，適用行政爭訟程序。

二、訂約後階段：

1、機關與廠商因履約爭議未能達成協議者，得向採購申訴審議委員會申請調解。（政府採購法§85-1Ⅰ①）

2、其性質係機關立於私法主體地位所從事之私法行為，屬私權爭議範疇，適用民事訴訟程序。

政府採購法與雙階理論

給這家廠商做，是否品質較好？

這家廠商的資格符合嗎？

訂約前 → 行政處分 → 行政訴訟程序

訂約後 → （德）雙階理論 → 私法契約 → 民事訴訟程序

修正雙階理論 → 公法契約

　　其他相類似的見解，如釋字第 540 號解釋理由書所闡釋：「……至於申請承購、承租或貸款者，經主管機關認為依相關法規或行使裁量權之結果不符合該當要件，而未能進入訂約程序之情形，既未成立任何私法關係，此等申請人如有不服，須依法提起行政爭訟……。」

實務見解 ETC 案雙階理論之判斷

　　ETC可以分成訂約前及訂約後之兩個階段。訂約前階段，由甄審委員會對於民間申請參與高速公路電子收費系統建置案之具體事件，作成單方決定（評定），直接發生使特定申請人成為最優或次優之申請人，並得與主辦機關簽訂投資契約之法律效果，屬行政處分；後階段與廠商簽訂ETC之BOT是行政契約，稱之為修正之雙階理論，源自於德國的雙階理論（前階段為行政處分，後階段為私法契約）。（吳庚，第458頁）

　　高速公路電子收費系統建置及營運契約為行政契約，主要論點在於依促參法成立之BOT案件，不論在招商、興建、營運，以及迄營運期間屆滿由民間將建設移轉予政府前，政府均有高度參與及監督，係有公權力介入。ETC公告申請須知中，建置營運公司自簽約日起，對於建置營運事項接受高公局管理監督。（95判1239、臺北高等行政法院94停122）

　　雙階理論之建立，主要在於救濟途徑之不同，前階段屬行政處分，則依據行政爭訟程序進行救濟，後階段屬於私法契約，則依據民事訴訟程序進行。但是，修正之雙階理論，則將兩個階段均視為公法上之行為，有學者認為實無建構此理論之必要。（吳庚，第459頁，註69）

項 目	階 段	內 容
德國雙階理論	前階段	行政處分
	後階段	私法契約
修正雙階理論	前階段	為行政處分
	後階段	行政契約

相關考題 行政輔助

行政院勞工委員會舉辦全國績優勞工表揚大會，就該次大會所需場地佈置，向民間進行物品（獎品、紀念牌）採購，該行為稱為 (A)行政輔助行為 (B)行政營利行為 (C)公權力行為 (D)委託行使公權力行為 【96四等地方特考-行政法概要】	(A)

4 事實行為

一 事實行為之概念與類別

　　事實行為，是指行政主體直接發生事實上效果之行為，並不對外發生法律效果。例如內部行政機關相互間的意見交換、文書往來、簽呈等均屬之。又如八八風災發生時，中央及地方政府針對如何進行救災，所為之單純意見交換，並沒有對外產生法律上的效果，屬於事實行為。其他常見者如拆除違建、撲殺野狗等均屬之。實務上認為拆除房屋，是行政機關運用物理的強制力，以實現行政處分之內容，乃屬於事實行為之一種，亦非行政處分。（98 裁 1787）

　　又如許多機關頒布行政規則後，發文給下屬機關遵照辦理，下級機關收到有關行政規則內容的函文後，又以函文的方式轉知給下級各單位。此種函文僅屬轉達上級單位所發布行政規則之事實行為。（98 裁 2073）行政機關發布新聞稿，要求金融機構能善盡管理委外債務催收業者之行為，屬於單純之事實行為。（98 判 334）

　　徵收土地而核發地價補償費，其土地之徵收處分與地價補償費之核發處分，分屬二個不同之行政處分；此由土地徵收條例規定，核發地價補償費之處分，有其特別之行政救濟程序即可明瞭。故地價補償費之核發，屬於行政處分（非僅係執行行為或事實行為而已），若有違法溢發之情形，自應撤銷違法溢發部分之行政處分，使相對人就溢領部分，喪失受領之法律上原因，始得基於公法上不當得利返還請求權，請求其返還溢領之地價補償費。（98 判 982）

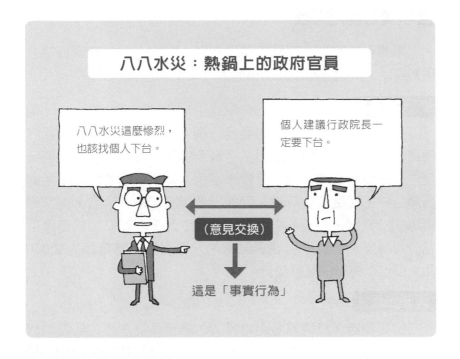

相關考題　事實行為

下列何者屬於事實行為？　(A)行政機關撲殺野狗之行為　(B)命人民停車接受臨檢　(C)紅綠燈交通號誌　(D)命人民拆除違章建築【98普考－行政法概要】	(A)
市政府工務局執行拆除違建工作屬於：　(A)行政處分　(B)行政契約　(C)事實行為　(D)行政計畫【98普考－行政法概要】	(C)
下列行車標誌，何者為事實行為？　(A)限速100公里　(B)不得行駛機車　(C)前方有霧，小心慢行　(D)禁止迴轉【98高考三級－行政法】	(C)
行政機關內部單位間意見之交換、文書的往來，屬於：　(A)行政處分　(B)行政命令　(C)事實行為　(D)職務代行【92四等地方特考】	(C)

☴ 事實行為之態樣

　　事實行為態樣，有學者整理為四大類型，包括內部行為、認知表示、實施行為及強制措施。（吳庚，第 466 頁）

內部行為：

　　是指行政機關相互間的意見交換，或者是單一行政機關內部單位間的意見交換。例如某行政單位辦理公開採購事宜時，發生「轉包」、「分包」在實際案例上適用不明的問題，因此函請公共工程委員會解釋；又如行政機關舉辦座談會，邀請學者專家的費用，希望能申請每人 3,000 元，在簽文上內會會計室、政風室，會計是加註意見認為只能給予出席費每人 2,000 元，這也是屬於內部行為。

認知表示：

　　例如嘉義縣交通局發函當事人，表示「為辦理○○路段改善工程，將於○年○月○日進場施工，惠請台端配合辦理，請查照。」屬於單純事實之敘述，並非行政處分。（98 裁 2300）其餘內容請參照「觀念通知」。

實施行為：

　　是指為完成行政處分或行政計畫等行政作為之內容，而具體實施之各項行為。例如行政計畫中有提到淡水河整治計畫，興建污水處理廠的工作，諸如整地、地基、搭蓋建築物等均屬之。

強制處分：

　　是指為實現行政處分之內容，對於相對人或所有物所為之強制力。例如命人民停車接受臨檢是行政處分，但實施臨檢的動作是事實行為；又如行政執行法的拘提、管收行為，亦屬之。

內部行為

風災處理的進度如何？

目前正在搭建倍力橋。

三名直升機員在救難過程中喪生。

氣象局長

氣象驟變，預報愈來愈難判準。

國防部長

行政院長

消防署長

簽
主旨：xxxxxx
說明：xxxxxx

內會
會計室

邀請學者專家之出席費用，依規定僅得申請每人 2,000 元。

科員 xxx

科長 xxx

處長 xxx

內部簽文，常常會內會其他單位表示意見，例如有關經費部分，大多會內會會計部門；有關人事部分，則會內會人事部門；可能涉及到違法事宜者，則會內會政風室。

內會簽文仍屬於行政機關在決定一定行政作為前的內部流程，並未對外發生效力，所以屬於事實行為，並非行政處分或對外發生效力的其他行政作為。但是，有些情況業已讓當事人權利受到損害，該內部公文書可視為行政處分，讓當事人得以救濟。

相關考題　事實行為

交通部中央氣象局提供氣象預報資訊是何種行政行為？　(A)行政處分　(B)事實行為　(C)法規命令　(D)行政規則 【100普考-行政法概要】	(B)
下列何者非屬於事實行為？　(A)行政機關內部之公文交換　(B)警察以手勢指揮汽車駕駛人　(C)強制驅離不服集會遊行解散命令之群眾　(D)地方政府之拆除大隊拆除違章建築　【100普考-行政法概要】	(B)

解析：
警察以手勢指揮汽車駕駛人，屬於一般處分。

主管機關對違反廣播電視法架設頻道者之器材執行扣押行為的法律性質為何？　(A)行政處分　(B)行政命令　(C)事實行為　(D)行政指導 【99地方特考四等-行政法概要】	(C)
下列何者非屬行政事實行為？　(A)行政機關對低收入戶之核定　(B)行政機關在颱風期間呼籲人民勿前往觀浪　(C)行政機關依法匯入已核定之獎助金於某公司之帳戶　(D)交通部中央氣象局發布颱風警報 【99鐵路四等員級法律政風-行政法概要】	(A)
下列何者，非屬行政事實行為？　(A)行政機關在颱風期間實施封山管制人民出入　(B)行政機關依法匯入已核定之獎助金於某公司之帳戶　(C)行政機關在颱風期間勸阻人民進行海邊垂釣　(D)行政機關對經核定之低收入戶以現金發放生活補助費 【103地特三等一般行政-行政法】	(A)
有關行政事實行為之敘述，下列何者錯誤？　(A)行政事實行為亦可能為私經濟行為　(B)行政事實行為若有違法可能構成國家賠償責任　(C)作成違法行政事實行為之公務員可能構成刑事責任　(D)行政事實行為不適用法律保留原則　【103普考一般行政-行政法】	(D)
下列何者係屬事實行為之特徵？　(A)發生權利義務之規制　(B)發生事實上結果　(C)不生任何效果　(D)人民不服時得提起訴願 【103普考一般行政-行政法】	(B)

事實行為常見類型

播報氣象

拆除違建工作

捕抓野狗

扣押地下電台器材

相關考題 事實行為

下列關於行政處分與事實行為之敘述,何者錯誤? (A)事實行為具有規制性 (B)行政處分為單方行為 (C)事實行為得就具體事件為之 (D)行政處分為對外之行為 【103地特四等一般行政-行政法】	(A)
關於行政事實行為之敘述,下列何者錯誤? (A)行政程序法規定之行政指導,係屬行政事實行為 (B)行政事實行為不具法律效果,無法對之提起行政訴訟 (C)行政事實行為亦受法律優位原則之拘束 (D)對於行政事實行為,得提起國家賠償訴訟 【108普考-行政法概要】	(B)
下列何者屬於行政事實行為? (A)拆除違章建築 (B)行政院發布徵兵規則 (C)警察指揮交通 (D)行人穿越道之交通標線 【112高考-行政法】	(A)

5 行政指導

一 行政指導之概念

本法所稱行政指導，謂行政機關在其職權或所掌事務範圍內，為實現一定之行政目的，以輔導、協助、勸告、建議或其他不具法律上強制力之方法，促請特定人為一定作為或不作為之行為。（行政程序法§165）目前相關政府機關的網頁，因政府資訊公開法之規範，也可以看到有「行政指導相關文書」的內容，可茲參考。實質上，雖說不能以強制力為行政指導，可是難免會讓人有種潛在性恐嚇的性質，比較柔性者，好比「為了大眾的福利，希望貴單位能……」，比較強勢的作法，則如同「若不配合辦理，那本政府機關就會……」。

二 行政指導的類型

行政指導之種類繁多，例如八八水災之際，行文各民間保險公司，能加速及簡化理賠程序，避免因為冗長的理賠程序，導致災民受到二次傷害。又如對於金融機構委外業者進行帳務催討工作，若有違反相關規定時，主管機關函文要求金融機構終止與業者契約關係，直到改善為止，乃基於其金融監督管理機關之職權或所掌事務範圍內，宣示及促請往來金融機構應遵循內部控制及委外作業管理之行政指導，核無違法及濫用情事，而往來金融機構亦可拒絕主管機關之行政指導。（98 判 334）

又如某新聞媒體開發的「動新聞」，內容卻極盡情色，透過「喝咖啡」的方式，建議業者避免製作有爭議性的內容。在

金融海嘯來襲之際，中央銀行也請了許多外資「喝咖啡」，進行道德勸說，防止來臺炒匯，或資金擺著不願意投入股市的現象。

三 行政指導之方式

　　行政機關為行政指導時，應注意有關法規規定之目的，不得濫用。（行政程序法§166 I）相對人明確拒絕指導時，行政機關應即停止，並不得據此對相對人為不利之處置。（行政程序法§166 II）行政機關對相對人為行政指導時，應明示行政指導之目的、內容及負責指導者等事項。（行政程序法§167 I）明示得以書面、言詞或其他方式為之。如相對人請求交付文書時，除行政上有特別困難外，應以書面為之。（行政程序法§167 II）

　　例如，前頁提到兒童票的案例，消保會為了讓業者調整兒童的定義，可能會進行研究，探究合理的兒童身高，並將相關數據以函文的方式（書面），發送給相關電影、餐廳業者知悉，但並不會強制要求業者辦理。另外，消保會也可能以召開記者會的方式，讓大眾知悉兒童優惠的正確概念，透過媒體的宣導，業者也能作為營業的參考。

實務見解　變更營業項目之行政指導

　　實務上曾發生主管機關對於業者申請營利事業登記證所為之行政處分，即營利事業登記審查通知書，其中說明欄之第1、2項，載明駁回上訴人申請之理由，第3項同時記載業者若欲申請變更營業項目，所應遵循的相關規則、程序及公告，僅具行政指導之性質，尚非准駁之依據及理由，雖未依行政程序法第167條第1項規定明示行政指導之目的、及負責指導者等事項，惟已明示指導之內容，尚無礙其為行政指導之屬性。（97判605）

相關考題　行政指導

關於行政程序法規定之行政指導，下列敘述何者錯誤？　(A)係屬不具法律上強制力之行政事實行為　(B)相對人明確拒絕指導時，行政機關應即停止　(C)不適用行政行為明確性原則　(D)目的在於促請特定人為一定作為或不作為　　　　　　　　　【108普考-行政法概要】	(C)
行政程序法關於相對人明確拒絕行政機關之行政指導時，行政機關應如何處理？　(A)應行協議程序　(B)得對相對人為不利之處置　(C)呈請上級指示辦理　(D)應即停止行政指導　【100普考-行政法概要】	(D)
行政院衛生署疾病管制局呼籲全民注射H1N1疫苗為何種行政作用？(A)行政處分　(B)行政計畫　(C)行政指導　(D)行政命令　　　　　　　　　　　　　　　　　　　【100普考-行政法概要】	(C)
下列關於行政指導之敘述，依行政程序法之規定，何者錯誤？　(A)行政指導為事實行為　(B)公務員明知而作成違法之行政指導，致侵害人民權利，人民得請求國家賠償　(C)行政機關為行政指導，無須有法律之依據　(D)行政指導應以書面為之　　　　　　　　　　　【100四等行政警察-行政法概要】	(D)
行政指導的法律性質屬於：　(A)事實行為　(B)行政處分　(C)行政契約　(D)單方法律行為　　【99鐵路四等員級法律政風-行政法概要】	(A)
依據行政程序法第166條規定，機關為行政指導而相對人明確拒絕時，機關應如何處置？(A)限期命相對人配合　(B)立即停止指導行為　(C)移送該管機關處理　(D)採取即時強制　　　　　　　　　　　　　　　　　【99鐵路高員三級人事行政-行政法】	(B)
行政指導之方式應如何？　(A)應以書面為之　(B)限於以言詞為之　(C)不限方式，但相對人得請求交付文書　(D)不限方式，相對人亦不得請求交付文書。　　　　　【93地特四等-行政法概要】	(C)
政府對於銀行道德勸說，籲請其支持政府經濟發展的目標，給在臺灣本土發展的廠商優惠便利貸款者，稱為：　(A)行政計畫　(B)行政指導　(C)行政契約　(D)行政命令。　　　　【96軍轉四等-行政法概要】	(B)
關於行政指導之敘述，下列何者錯誤？(A)行政指導乃不具法律上強制力之行為　(B)人民於必要時得請求以書面方式為之　(C)僅限於要求特定作為，不作為則非其對象　(D)行政指導在分類上可以歸納為事實行為　　　　　　　　　　　　　　　　　【110地特-行政法】	(C)

6 行政計畫

一 行政計畫之概念

行政計畫，係指行政機關為將來一定期限內達成特定之目的或實現一定之構想，事前就達成該目的或實現該構想有關之方法、步驟或措施等所為之設計與規劃。（行政程序法§163）例如八年八百億的治水計畫，即屬於行政計畫的一種。

二 公開及聽證程序

行政計畫有關一定地區土地之特定利用或重大公共設施之設置，涉及多數不同利益之人及多數不同行政機關權限者，確定其計畫之裁決，應經公開及聽證程序，並得有集中事權之效果。（行政程序法§164 I）

公聽會與聽證之區別，實務上有認為「公聽會乃是行政機關於作成諸如行政命令、行政計畫，或其他影響多數人權益之處分時，向相對人、利害關係人或專家學者、社會公正人士甚至一般民眾在內之多數人廣泛蒐集意見，以資為參考之制度，實與行政處分本身之合法性判斷沒有直接關連，此與聽證通常限定在較狹隘之相對人或利害關係人即有所不同（按利害關係人之參加甚至需經許可，其他一般民眾更無參加聽證之餘地，行政程序法第55條第1項、第62條第2項第4款參照）；其次在聽取各種意見，包括有關個人主觀利益與事項之反映，以及基於專業或公益之意見，公聽會就此亦與聽證有異。」（98判713）

淡水河整治計畫

▲取締砂石場

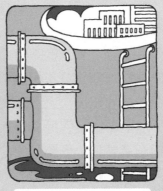

▲污水下水道工程

▲水質淨化處理措施

淡水河經過歷屆市長的努力，不斷推出各種年期的整治計畫。終於略見成效，尤其是喜愛到河邊騎單車的朋友，應該發現河水不再發臭，水鳥也增加了不少，消失多年的淡水河，終於又以親水的面貌，重新展現在人民的面前。

三 行政計畫之法律性質

行政計畫之法律性質，存在於所有形式及非形式之行政行為上，並以下列形式加以表現：1、事實行為、2、行政規則、3、法律、4、法規命令、5、地方自治法規、6、行政處分、7、契約行為。

例如實務上有認為系爭公告之「市話撥打行動通信網路訂價機制調整暨網路互連相關事項處理之行政計畫」，業已明定訂價權及營收歸屬、過渡期費之負擔、實施日期及方式等具體事項，而已影響及包括抗告人在內之市網及行動通信業務經營者之權利或義務，係屬就公法上具體事件所為之公權力措施，對利害關係人應屬行政處分。（98 裁 1159）

四 行政計畫之救濟程序

行政機關內部作業計畫，經公告或發布實施，性質上為法規之一種；其未經公告或發布，但具有規制不特定人權利義務關係之效用，並已為具體行政措施之依據者，則屬對外生效之規範，與法規命令或行政規則相當。（釋 548）是否能夠救濟，該號解釋並沒有說明清楚。但是，本號解釋認為是法規命令或行政規則，自然不得對之提起救濟。

如果將行政計畫變更，是屬於行政命令的變更？是否屬於行政處分？

釋字第 156 號解釋認為：「主管機關變更都市計畫，係公法上之單方行政行為，如直接限制一定區域內人民之權利、利益或增加其負擔，即具有行政處分之性質，其因而致特定人或

可得確定之多數人之權益遭受不當或違法之損害者，自應許其提起訴願或行政訴訟以資救濟。」理由書中並提到都市計畫之擬定、發布及擬定計畫機關依規定 5 年定期通盤檢討所作必要之變更，並非直接限制一定區域內人民之權益或增加其負擔者，有所不同。

　　換言之，釋字第 156 號解釋的主文是論及有關直接限制之個別變更，如果具有行政處分的性質，當然可以提起救濟。但是，其餘都市計畫的情況則屬於間接限制，並不得提起救濟。

類 型	性 質	實務見解	備 註
①都市計畫之擬定、發布 ②擬定計畫機關依規定 5 年定期通盤檢討所作必要之變更	不具有行政處分之性質	釋字第 156 號解釋	並非直接限制一定區域內人民之權利或增加其負擔
變更都市計畫	具有行政處分之性質	釋字第 156 號解釋	如直接限制一定區域內人民之權利、利益或增加其負擔

相關考題　行政計畫

行政計畫得有集中事權之效果者，下列敘述何者錯誤？　(A)該行政計畫應屬於行政契約之性質　(B)涉及多數不同利益之人及多數不同行政機關權限者　(C)是有關一定地區土地之特定利用或重大公共設施之設置　(D)確定其計畫之裁決，應經公開及聽證程序 【95 三等地方特考 - 行政法】	(A)

7 行政程序法

一 行政程序之概念

依據行政程序法對於「行政程序」所作之定義，是指行政機關作成行政處分、締結行政契約、訂定法規命令與行政規則、確定行政計畫、實施行政指導及處理陳情等行為之程序。（行政程序法 §2 I）

行政程序法立法之目的，是希望在依法行政的前提之下，能提高行政效能，進而促進與保障人民之權利。（行政程序法 §1）

在公正（如公平原則、迴避制度）、公開（如資訊公開）的原則下，使得政府運作的機制更加透明化與可預期性，並且讓民眾有參與的機會（如聽證制度），藉此促進人民對於行政作為之信賴程度。

二 行政程序之排除適用

下列機關之行政行為，不適用行政程序法之程序規定：

1、各級民意機關。

2、司法機關。

3、監察機關。（行政程序法 §3 II）

此項規定是以「機關」為準，蓋因此三類機關，除了人事方面的行政行為之外，甚少行政方面的行為。

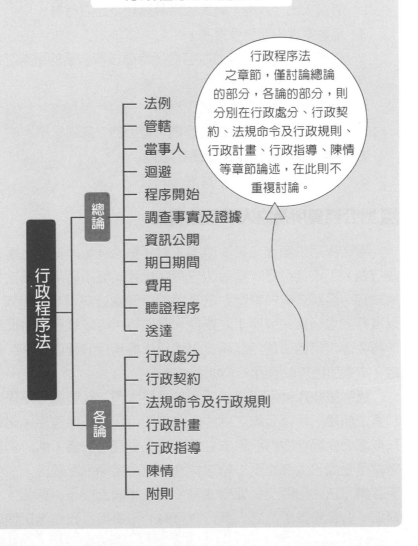

行政程序法之體系

行政程序法之章節，僅討論總論的部分，各論的部分，則分別在行政處分、行政契約、法規命令及行政規則、行政計畫、行政指導、陳情等章節論述，在此則不重複討論。

行政程序法

總論
- 法例
- 管轄
- 當事人
- 迴避
- 程序開始
- 調查事實及證據
- 資訊公開
- 期日期間
- 費用
- 聽證程序
- 送達

各論
- 行政處分
- 行政契約
- 法規命令及行政規則
- 行政計畫
- 行政指導
- 陳情
- 附則

其次，排除規定還有以「事項」為準，其規定為同條第 3 項規定，下列事項，不適用本法之程序規定：

1、有關外交行為、軍事行為或國家安全保障事項之行為。

2、外國人出、入境、難民認定及國籍變更之行為。

3、刑事案件犯罪偵查程序。

4、犯罪矯正機關或其他收容處所為達成收容目的所為之行為。

5、有關私權爭執之行政裁決程序。

6、學校或其他教育機構為達成教育目的之內部程序。

7、對公務員所為之人事行政行為。

8、考試院有關考選命題及評分之行為。

三 對公務員所為之人事行政行為

行政程序法第 3 條第 3 項第 7 款「對公務員所為之人事行政行為」，不適用行政程序法之程序規定，僅不適用該法之程序規定，至該法有關實體上之規定如行政處分之有效、無效，以及行政處分撤銷或廢止之要件、效力等，行政程序法就此無非將公認之行政法理加以明文化而已，縱無行政程序法條文規定，本來即應加以適用。（98 判 769）

釋字第 491 號解釋揭示「對於公務人員之免職處分既係限制憲法保障人民服公職之權利，自應踐行正當法律程序，諸如作成處分應經機關內部組成立場公正之委員會決議，處分前並應給予受處分人陳述及申辯之機會，處分書應附記理由，並表明救濟方法、期間及受理機關等，設立相關制度予以保障。」限縮「對公務員所為之人事行政行為」不適用行政程序法適用

實務見解 律師考申請閱卷案

　　律師、司法官考生眾多，錄取率又低，如果是申論題，出題及閱卷委員的喜好通常是關鍵所在。某甲參加律師考試，不幸沒有考上，某甲想要依據行政程序法第46條以下之規定，申請將所有考生的答案列印出來，也要求公布典試委員的名單資料。惟依據行政程序法第3條規範內容，「考試院有關考選命題及評分之行為」不適用行政程序法之程序規定，況且依典試法規定，考生不能申請閱覽試卷，要求告知典試委員資料等，因此判決某甲敗訴。（96判1522）

實務見解 檢察官相驗屍體案

　　檢察官相驗屍體屬刑事案件犯罪偵查程序，相驗結果是自然死亡，死者配偶主張應係他殺致死，但是對於相驗結果，卻無從提出救濟，遂主張屬於行政處分，依據行政訴訟程序提起救濟。法院認為檢察官相驗屍體與偵查程序有不可分離之關係，應屬刑事司法行為。當事人或利害關係人如有不服，其救濟程序，應依刑事實體或程序法之相關規定辦理，而不屬於一般「公法事件」，而准許該人民提起行政訴訟由行政法院審判。（97裁4746）

範圍之規定。換言之，變動公務人員身分，或影響其金錢上請求權等事項之行政行為，且具有重大侵益性，仍能適用行政程序法之程序規定。

　　行政程序法第123條第1項之規定（廢止授予利益之合法行政處分）與人事行政行為之性質並無齟齬不容之處，且該規定廢止行政處分之要件，限制行政機關恣意廢止行政處分，係保護處分相對人之規定。因此銓敘部據以廢止原核定上訴人退休之處分，自無不合。當事人某甲主張本件為人事行政行為，不適用行政程序法規定，不得以同法第123條第1項廢止核定某甲退休之處分云云，尚屬誤解而無可採。（98判769）

相關考題　基本題型

下列何者不是行政程序法之立法目的？　(A)確保依法行政之原則　(B)保障人民權益　(C)增進人民對立法之信賴　(D)提高行政效能　　　　　　　　　　　　　【99三等身障特考一般行政-行政法】	(C)
依行政程序法第19條之規定，行政機關為發揮共同一體之行政機能，應於其權限範圍內：　(A)互相尊重　(B)互相分工　(C)互相監督　(D)互相協助　　　　　　　【99鐵路四等員級法律政風-行政法概要】	(D)

相關考題　行政程序之範圍

行政程序法所稱的行政程序，不包括下列何者？　(A)行政私法行為　(B)行政指導　(C)行政計畫　(D)行政契約　　　　　　　　　　　　　　　　　　　【98四等基警-行政法概要】	(A)
行政程序法所規定之行政程序，並不包括行政機關為下列何種行為之程序？　(A)締結私法契約　(B)作成行政處分　(C)實施行政指導　(D)處理陳情　　　　　　　　　　【99四等關務-法學知識】	(A)

相關考題　不適用本法之機關

下列何者不適用行政程序法之程序規定？　(A)監察院對公務員違反公職人員財產申報法而課處罰鍰　(B)內政部入出國及移民署訂定「外國人停留居留及永久居留辦法」(C)行政院國家通訊傳播委員會廢止某廣播電台之執照　(D)國立大學與公費學生締結行政契約　【100三等調查特考-法學知識與英文】	(A)
下列機關之行政行為，何者不適用行政程序法之程序規定？　(A)銓敘部　(B)審計部　(C)國家通訊傳播委員會　(D)公務人員保障暨培訓委員會　【100普考-行政法概】	(B)
下列何者的行政行為，不適用行政程序法的程序規定？　(A)經濟部智慧財產局否准商標之登記　(B)考選部審查國家考試報考資格　(C)公平交易委員會調查事業聯合行為　(D)審計部審查政府財務決算　【110高考-法學知識與英文】	(D)

相關考題　不適用本法之事項

依行政程序法第3條第2項之規定，下列何種事項不適用行政程序法之程序規定？　(A)警察對於交通違規之舉發　(B)考試院對於所屬人員之免職　(C)國立大學對教師所為不予續聘之決定　(D)刑事案件犯罪偵查程　【100關稅三等-法學知識】	(D)
下列何種事項，應適用行政程序法之程序規定？　(A)外交行為　(B)刑事案件犯罪偵查程序　(C)學校對學生所為之退學處分　(D)考試院有關考選命題及評分之行為　【99鐵路四等員級法律政風-行政法概要】	(C)

四 管轄

一、管轄之概念

管轄乃指行政主體或行政機關掌理行政事務之權力或義務。

二、管轄之類型

土地管轄

行政機關之管轄權，依其組織法規或其他行政法規定之。（行政程序法§11 I）行政處分違反土地管轄之規定者，除依第 111 條第 6 款規定（未經授權而違背法規有關專屬管轄之規定或缺乏事務權限者）而無效者外，有管轄權之機關如就該事件仍應為相同之處分時，原處分無須撤銷。（行政程序法§115）

事物管轄

不能定土地管轄權者，依下列各款順序定之：

1、關於不動產之事件，依不動產之所在地。
2、關於企業之經營或其他繼續性事業之事件，依經營企業或從事事業之處所，或應經營或應從事之處所。
3、其他事件，關於自然人者，依其住所地，無住所或住所不明者，依其居所地，無居所或居所不明者，依其最後所在地。關於法人或團體者，依其主事務所或會址所在地。
4、不能依前三款之規定定其管轄權或有急迫情形者，依事件發生之原因定之。（行政程序法§12）

層級管轄

同一事件，數行政機關依前二條之規定均有管轄權者，由受理在先之機關管轄，不能分別受理之先後者，由各該機關協

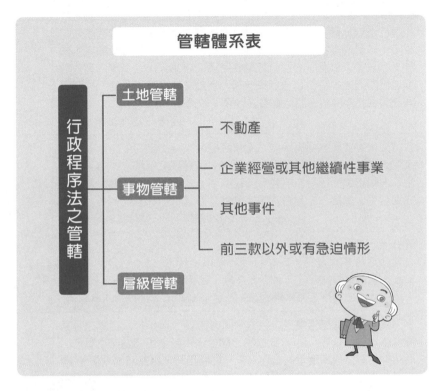

議定之，不能協議或有統一管轄之必要時，由其共同上級機關指定管轄。無共同上級機關時，由各該上級機關協議定之。（行政程序法§13 I）前項機關於必要之情形時，應為必要之職務行為，並即通知其他機關。（行政程序法§13 II）

三、管轄法定原則與管轄恆定原則

管轄法定原則，規定在行政程序法第 11 條第 1 項，其規定為「行政機關之管轄權，依其組織法規或其他行政法規定之。」所謂管轄恆定原則，則是依據行政程序法第 11 條第 5 項規定：「管轄權非依法規不得設定或變更。」

人民於法定期間內,向無管轄權機關提出申請者,依行政程序法之規定,該受理申請之行政機關應如何處理?　(A)該行政機關應以申請不合法予以駁回　(B)該行政機關應通知申請人,令其改向有管轄權之機關提出申請　(C)該行政機關仍應為准駁之實體決定　(D)該行政機關應將案件移送有管轄權之機關,並通知申請人 【103地特四等一般行政 - 行政法】	(D)
數行政機關於管轄權有爭議,而管轄權未經決定前,如有導致國家或人民難以回復之重大損害之虞時,該管轄權爭議之一方,應依當事人申請或依職權為下列何項程序?　(A)提起假扣押或假處分　(B)聲請聲明異議　(C)緊急之臨時處置　(D)提起訴願程序 【103地特四等一般行政 - 行政法】	(C)

解析:
行政程序法第14條第3項規定:「在前二項情形未經決定前,如有導致國家或人民難以回復之重大損害之虞時,該管轄權爭議之一方,應依當事人申請或依職權為緊急之臨時處置,並應層報共同上級機關及通知他方。」

下列關於行政管轄權變更之敘述,何者錯誤?　(A) 行政機關之管轄權得依法規而變更　(B) 行政機關之組織法規若變更管轄權之規定,而相關行政法規所定管轄機關尚未一併修正時,原管轄機關得 會同組織法規變更後之管轄機關公告管轄變更事項　(C) 行政機關之組織法規若變更管轄權之規定,而相關行政法規所定管轄機關尚未一併修正時,其管轄變更事 項之公告,得逕由組織法規變更前與變更後管轄機關之共同上級機關為之　(D) 行政機關管轄變更之公告,原則上自公告之當日起發生管轄權移轉之效力 【103地特四等一般行政 - 行政法】	(D)

解析:
行政程序法第11條第4項規定:「前二項公告事項,自公告之日起算至第3日起發生移轉管轄權之效力。但公告特定有生效日期者,依其規定。」

行政處分之作成違反土地專屬管轄者,其效力為:　(A)無效　(B)違法得撤銷　(C)不影響效力,無須撤銷　(D)得補正 【98普考 - 行政法概要】	(A)

相關考題　管轄

依行政程序法之規定，如同一事件數機關均有管轄權時，應先由下列何機關管轄？　(A)受理在先之機關　(B)受理在後之機關　(C)上級機關　(D)不問受理之先後，均得協議定之　　【98四等基警-行政法概要】	(A)
有關土地管轄無法依組織法規決定時，依據行政程序法第12條規定，關於不動產之事件，其準據為何？　(A)依不動產出賣人戶籍地　(B)依不動產買受人居住地　(C)依不動產之所在地　(D)由不動產出賣人與買受人約定　　【100普考-行政法概要】	(C)
行政機關之管轄權，原則上由何種方式決定？　(A)機關組織法規或其他行政法規規定　(B)上級機關指定　(C)依人民請求對象而定　(D)依協議方式產生　　【100三等行政警察-行政法】	(A)
行政機關管轄權之設定與變更要件為何？　(A)依據機關首長之命令　(B)依據上級機關之指示　(C)依據法規之規定　(D)依據人民之申請　　【100普考-行政法概要】	(C)
行政機關可以行使事物管轄之地域範圍，一般稱之為何？　(A)層級管轄　(B)土地管轄　(C)專屬管轄　(D)功能管轄　　【99鐵路四等員級法律政風-行政法概要】	(B)
下列何者，行政機關之管轄權並未發生變動？　(A)下級自治團體執行上級自治團體之委辦事項　(B)行政機關請求無隸屬關係之機關為職務協助　(C)行政機關執行無隸屬關係之機關依法委託之事項　(D)上級機關代行處理原屬於下級機關應行使之權限　　【103高考一般行政-行政法】	(B)
依行政程序法規定，有關管轄權之敘述，下列何者錯誤？　(A)行政機關之管轄權，得依據行政機關首長職務命令變更之　(B)關於不動產之事件，依其不動產所在地之機關具有管轄權　(C)關於企業經營，依其企業之處所之機關具有管轄權　(D)數機關有管轄權之爭議時，由受理在先之機關具有管轄權　　【108普考-行政法概要】	(A)
行政程序法第11條第1項規定，行政機關之管轄權，依其組織法規或其他行政法規定之。此乃下列那一原則之表現？　(A)管轄恆定原則　(B)管轄法定原則　(C)依法行政原則　(D)法律保留原則　　【110初考/地特三等-行政法】	(B)

五 當事人

當事人	本法所稱之當事人如下： 一、申請人及申請之相對人。 二、行政機關所為行政處分之相對人。 三、與行政機關締結行政契約之相對人。 四、行政機關實施行政指導之相對人。 五、對行政機關陳情之人。 六、其他依本法規定參加行政程序之人。（行政程序法§20）
當事人能力	有行政程序之當事人能力者如下： 一、自然人。 二、法人。 三、非法人之團體設有代表人或管理人者。 四、行政機關。 五、其他依法律規定得為權利義務之主體者。（行政程序法§21）
行為能力	有行政程序之行為能力者如下： 一、依民法規定，有行為能力之自然人。 二、法人。 三、非法人之團體由其代表人或管理人為行政程序行為者。 四、行政機關由首長或其代理人、授權之人為行政程序行為者。 五、依其他法律規定者。（行政程序法§22Ⅰ）

相關考題　當事人

下列何者為行政程序法所稱之當事人？　(A)未成年人之法定代理人 (B)公司之監察人　(C)對行政機關陳情之人　(D)訴願機關 【100高考-行政法】	(C)

當事人

申請人	申請之相對人	其他參加程序人
行政處分相對人	行政機關	陳情人
行政契約相對人	行政指導之相對人

相關考題　當事人

| 下列何者不具有行政程序之當事人能力？　(A)自然人　(B)非法人之團體設有代表人或管理人者　(C)行政機關　(D)立法機關
【100高考-行政法】 | (D) |
| 依行政程序法第22條之規定，下列何者有行政程序之行為能力？
(A)嬰兒　(B)財團法人　(C)未由行政機關首長授權為行政程序行為者
(D)非法人之團體無代表人或管理人者
【99三等身障特考一般行政-行政法】 | (B) |

六 選定當事人

多數有共同利益之當事人，未共同委任代理人者，得選定其中一人至五人為全體為行政程序行為。（行政程序法§27Ⅰ）未選定當事人，而行政機關認有礙程序之正常進行者，得定相當期限命其選定；逾期未選定者，得依職權指定之。（行政程序法§27Ⅱ）

經選定或指定為當事人者，非有正當理由不得辭退。（行政程序法§27Ⅲ）

經選定或指定當事人者，僅得由該當事人為行政程序行為，其他當事人脫離行政程序。但申請之撤回、權利之拋棄或義務之負擔，非經全體有共同利益之人同意，不得為之。（行政程序法§27Ⅳ）

相關考題　選定當事人

行政機關舉行聽證時，因當事人及利害關係人人數眾多，且利害關係複雜，為使聽證程序正常進行，依行政程序法規定，得選定當事人。下列敘述何者錯誤？ (A)有共同利益之多數當事人，未共同委任代理人者，得選定其中至多五人為當事人 (B)選定當事人有數人者，均得單獨為全體於聽證程序中陳述意見 (C)當事人之選定非以書面通知行政機關者，選定不生效力 (D)經選定當事人者，僅得由該當事人為程序行為，其他當事人一律脫離行政程序	(D)

【108高考-行政法】

七 迴避

一、自行迴避

公務員在行政程序中，有下列各款情形之一者，應自行迴避：（行政程序法§32）

1、本人或其配偶、前配偶、四親等內之血親或三親等內之姻親或曾有此關係者為事件之當事人時。

2、本人或其配偶、前配偶，就該事件與當事人有共同權利人或共同義務人之關係者。

3、現為或曾為該事件當事人之代理人、輔佐人者。

4、於該事件，曾為證人、鑑定人者。

二、申請迴避

公務員有下列各款情形之一者，當事人*得*申請迴避：（*行政程序法 §33 Ⅰ*）

1、有前條所定之情形而不自行迴避者。

2、有具體事實，足認其執行職務有偏頗之虞者。

前項申請，應舉其原因及事實，向該公務員所屬機關為之，並應為適當之釋明；被申請迴避之公務員，對於該申請得提出意見書。（*行政程序法 §33 Ⅱ*）例如主張第三人是承辦公務員的「小三」，絕對無法公正處理事情，當事人就可以提出兩人親密照片證明關係匪淺，而申請迴避。

不服行政機關之駁回決定者，得於 5 日內提請上級機關覆

決，受理機關除有正當理由外，應於10日內為適當之處置。（行政程序法 §33 Ⅲ）被申請迴避之公務員在其所屬機關就該申請事件為准許或駁回之決定前，應停止行政程序。但有急迫情形，仍應為必要處置。（行政程序法 §33 Ⅳ）公務員有前條所定情形不自行迴避，而未經當事人申請迴避者，應由該公務員所屬機關依職權命其迴避。（行政程序法 §33 Ⅴ）

相關考題 迴避

下列何者非公務員在行政程序中，應自行迴避之情形？ (A)本人或其配偶、前配偶、四親等內之血親或三親等內之姻親或曾有此關係者為事件之當事人時 (B)本人或其配偶、前配偶，就該事件與當事人有共同權利人或共同義務人之關係者 (C)於該事件，曾為證人、鑑定人者 (D)有具體事實，足認其執行職務有偏頗之虞者【100高考-行政法】	(D)
甲申請建造執照時，得知承辦公務員乙之前配偶居住於基地附近，如核發建照將影響該前配偶之生活品質。為使乙公正處理甲之申請案，依行政程序法規定，下列敘述何者正確？ (A)乙依法應自行迴避本件申請案，若未迴避而作成行政處分，該行政處分違法 (B)甲應向主管機關提出充分證據，證明乙執行職務有偏頗之虞，以申請其迴避 (C)如主管機關認為乙並無應迴避之理由，甲得就此逕行提起行政爭訟尋求救濟 (D)乙於主管機關尚未決定其是否應迴避作成前，如有急迫情形仍應為必要處置【108高考-行政法】	(D)

八 職權進行主義與自由心證主義

一、職權進行主義之概念

所謂職權主義，是指行政機關應依職權調查證據，不受當事人主張之拘束，對當事人有利及不利事項一律注意。（行政程序法 §36）亦即由行政機關主導發動行政程序之開始與終

結，且無不告不理之限制。行政程序之開始，由行政機關依職權定之。但依本法或其他法規之規定有開始行政程序之義務，或當事人已依法規之規定提出申請者，不在此限。（行政程序法 §34）

另外，除了行政程序採職權調查主義，行政訴訟亦採之，參照行政訴訟法第 125 條第 1 項規定：「行政法院應依職權調查事實關係，不受當事人主張之拘束。」第 133 條規定：「行政法院應依職權調查證據。」

相關考題 職權進行主義

行政程序之開始與終結，原則上係採： (A)當事人進行主義 (B)職權進行主義 (C)申請主義 (D)法定主義【98普考 - 行政法概要】	(B)
依行政程序法之規定，行政程序之開始及終結，原則上採下列何種主義？ (A)當事人進行主義 (B)當事人申請主義 (C)職權進行主義 (D)職權協商主義 【99鐵路四等員級法律政風 - 行政法概要】	(C)

二、採行職權進行主義之原因

行政程序採職權調查主義，係溯源於依法行政原則，蓋行政行為之合法性必以正確掌握充分的事實為前提，並因而得以確保公益之實現，是故，關於調查證據與認定事實，不委由當事人之意志決定之，而由行政機關依職權為之。

我國行政程序法第 36 條：「行政機關應依職權調查證據，不受當事人主張之拘束，對當事人有利及不利事項一律注意。」第 37 條：「當事人於行政程序中，除得自行提出證據外，亦得向行政機關申請調查事實及證據。但行政機關認為無調查之必要者，得不為調查，並於第 43 條之理由中敘明之。」即揭示職權調查主義之主旨。但亦容許法律基於特殊考量而為不同內容之特別規定（行政程序法第 3 條第 1 項參照）（釋 660—林錫堯協同意見書）

三、職權調查主義之義務與範圍

行政機關及行政法院皆有依職權調查證據的義務。其重要意旨為：證據之調查範圍，不受當事人主張之拘束，對當事人有利及不利事項應一律注意，以發現實質的真實。在行政程序或行政訴訟程序上，職權調查主義為行政機關或行政法院調查證據認定事實之基礎原則。在制度的設計及相關規定的執行，不得由之有所偏離。（釋 660，黃茂榮不同意見書）

四、自由心證主義

行政機關為處分或其他行政行為，應斟酌全部陳述與調查事實及證據之結果，依論理及經驗法則判斷事實之真偽，並將其決定及理由告知當事人。（行政程序法 §43）此即自由心證主義之規定。

九 當事人參與原則

當事人參與之原則，包括兩大實質內涵，其一為接受聽審權利，其二為資訊公開之主張，亦即閱覽卷宗之權利。

一、接受聽審權利

所謂接受聽審的權利，是指行政機關做出侵害人民自由或權利的行政處分前，應讓受處分之人民有陳述意見的權利與機會，行政機關則有給予當事人陳述意見機會的義務。比較白話一點的說法，殺頭前也要先說一下為什麼要殺頭，同時也讓被殺頭者有個辯解的機會。（行政程序法§39 I）

二、資訊公開——閱覽卷宗之權利

當事人或利害關係人得向行政機關申請閱覽、抄寫、複印或攝影有關資料或卷宗。但以主張或維護其法律上利益有必要者為限。（行政程序法§46 I）畢竟有基礎的事實與證據，才能進一步表達自己的主張，而相關卷宗掌握在行政機關手中，應許當事人得以閱覽卷宗，才能適時地主張而保障自己的權利。

十 卷宗內容錯誤之更正權

當事人就有關資料或卷宗內容，關於自身之記載有錯誤者，得檢具事實證明，請求相關機關更正。（行政程序法§46 IV）此一權利來自於自己對於個人資料之控制權，其上位概念屬於資訊隱私，也就是依據憲法第22條所賦予之基本權利。況且，若行政機關做出行政處分之事實基礎有所錯誤，其行政處分之結果想當然爾易造成當事人不利之狀況，故賦予當事人資料錯誤之更正權，確實有其必要性。

士 閱覽券宗權利之限制

行政機關對前項之申請，除有下列情形之一者外，不得拒絕：（行政程序法 §46 Ⅱ、Ⅲ）（已廢止）

編號	內容	範例及說明
1	行政決定前之擬稿或其他準備作業文件。	例如內部簽稿。
2	涉及國防、軍事、外交及一般公務機密，依法規規定有保密之必要者。	前總統陳水扁的機密外交 無保密必要之部分，仍應准許閱覽。
3	涉及個人隱私、職業秘密、營業秘密，依法規規定有保密之必要者。	某公務員之考績評量 無保密必要之部分，仍應准許閱覽。
4	有侵害第三人權利之虞者。	
5	有嚴重妨礙有關社會治安、公共安全或其他公共利益之職務正常進行之虞者。	

資訊公開

行政機關

可以提供任何有關資料給我們列印嗎？

不能！因為所有資料都是機密文建！

辦事員

民眾　　　　　承辦人員

相關考題 資訊公開

行政程序法有關當事人得向行政機關申請閱覽卷宗之規定，下列敘述何者正確？ (A)當事人無須任何理由均得提起 (B)有侵害第三人權利之虞者，行政機關得拒絕當事人申請閱覽 (C)行政機關不得拒絕當事人申請閱覽行政決定前之擬稿或其他準備作業文件 (D)涉及公務機密，不僅部分有保密必要而已，仍應全部准許閱覽 【98普考-行政法概要】	（B）

下列何種政府資訊係採限制公開原則？　(A)政府機關作成意思決定前，無涉公益之內部單位擬稿　(B)政府機關之電子郵件信箱帳號　(C)合議制機關之會議紀錄　(D)行政指導有關文書 【98三等原住民 - 行政法】	（A）
行政機關依行政程序法之規定，於下列何種情形，不得拒絕人民申請閱覽卷宗？　(A)申請閱覽擬稿文件　(B)申請機密性文件　(C)申請他人未同意提供之病歷資料　(D)申請卷宗檔案過大，影印費時 【99三等身障特考一般行政 - 行政法】	（D）
關於行政程序法閱覽卷宗請求權之說明，下列何者正確？　(A)閱覽卷宗請求權為任何人民於行政程序中皆享有之權利　(B)行政機關對於閱卷請求所為之決定為具有實體效力之行政處分　(C)請求閱覽卷宗，限於有利於申請人主張或維護法律利益　(D)閱覽卷宗如發現資料內容關於他人之記載有錯誤，得請求更正　【103高考一般行政 - 行政法】	（C）
下列何者，不負有依政府資訊公開法公開資訊之義務？　(A)臺中市政府環境保護局　(B)衛生福利部樂生療養院　(C)交通部之中華郵政公司　(D)行政院國家發展委員會　【103高考一般行政 - 行政法】	（C）
依政府資訊公開法之規定，關於政府資訊公開事件之救濟審理程序，下列敘述何者正確？　(A)訴願得一部秘密審理，行政訴訟不得一部秘密審理　(B)訴願不得秘密審理，行政訴訟得一部或全部秘密審理　(C)訴願及行政訴訟均得一部或全部秘密審理　(D)訴願得全部或一部秘密審理，行政訴訟不得秘密審理　【103高考一般行政 - 行政法】	（C）
依據政府資訊公開法，關於政府資訊公開，下列敘述何者錯誤？ (A)政府資訊可由政府機關主動公開，亦得應人民申請被動公開 (B)申請政府資訊之公開，不以主張或維護法律上利益有必要為前提 (C)對於政府資訊公開申請之決定不服者，得依法提起行政救濟 (D)經申請公開之政府資訊涉及第三人權益，經其明確表示不同意公開時，政府機關應即作成不予公開之決定　【112高考 - 行政法】	（D）

相關考題　資訊公開

有關政府資訊公開法之敘述，下列何者錯誤？ (A)合議制機關之會議紀錄，原則上應主動公開　(B)政府機關提供政府資訊時，得向申請人收取費用　(C)政府機關作成意思決定前，內部單位之擬稿原則上不公開或提供　(D)申請人對於政府機關就其申請提供政府資訊所為之決定不服者，不得提起行政救濟　　　　　　　　　　【111高考-行政法】	(D)

相關考題　調查事實及證據

有關行政程序法對於行政機關調查證據之敘述，下列何者最正確？ (A)依職權調查證據，但應受當事人主張之拘束　(B)對當事人有利及不利事項應一律注意　(C)為維護當事人權益，僅應對當事人有利事項注意　(D)為維護公共利益，僅應注意當事人不利之事項　　　　　　　　　　【100普考-行政法概要】	(B)

呈 聽證程序

一、聽證程序之概念

聽證程序，與行政訴訟程序之言詞辯論類似，可分為聽證通知或公告、預備聽證、聽證開始（聽證公開原則）、當事人之權利（包括陳述意見、提出證據、經主持人同意後發問、聲明異議）、主持人之會議指揮權、聽證紀錄、聽證終結及作成決定等內容。（吳庚，第 599 頁）

二、不經聽證程序為原則

一般的行政處分，均以不經聽證之程序為原則，但是即便不經聽證程序，若作成處分之內容，對於處分相對人有不利益之結果時，還是應該讓當事人有表達意見之機會。我國行政程序法第 102 條規定：「行政機關作成限制或剝奪人民自由或權利之行政處分前，除已依第 39 條規定，通知處分相對人陳述意見，或決定舉行聽證者外，應給予該處分相對人陳述意見之機會。但法規另有規定者，從其規定。」

三、法律另有規定

前開的「法規另有規定」，如同法的第 103 條規定，對於下列八種情況，得不給予陳述意見之機會：

1、大量作成同種類之處分。

2、情況急迫，如予陳述意見之機會，顯然違背公益者。

3、受法定期間之限制，如予陳述意見之機會，顯然不能遵行者。

4、行政強制執行時所採取之各種處置。

若稽查人員查緝水污染案件，採集污染檢體以進行證據保全時，如果還要問問當事人意見，當然會對於執行結果有所妨害。

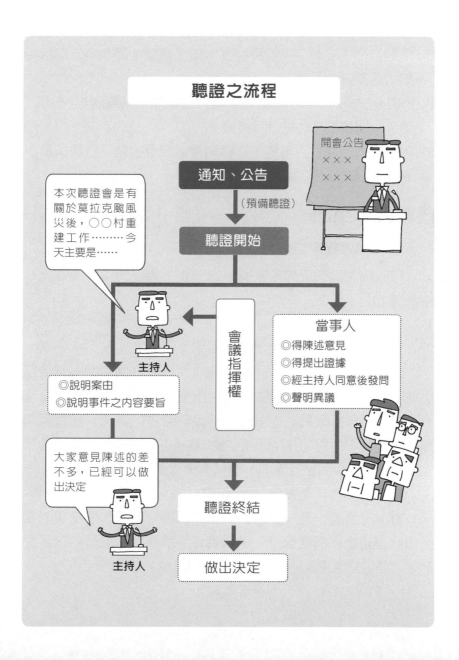

5、行政處分所根據之事實,客觀上<mark>明白</mark>足以確認者。

6、限制自由或權利之內容及程度,顯屬<mark>輕微</mark>,而無事先聽取相對人意見之必要者。

7、相對人於提起訴願前依法律應向行政機關聲請<mark>再審查</mark>、異議、復查、重審或其他先行程序者。

8、為避免處分相對人<mark>隱匿</mark>、移轉財產或潛逃出境,依法律所為保全或限制出境之處分。

圭 經聽證之處分

一、應經聽證程序之處分

行政機關遇有下列各款情形之一者,舉行聽證:(行政程序法 §107)

1、法規明文規定應舉行聽證者。

2、行政機關認為有舉行聽證之必要者。

例如行政程序法第 164 條規定:「行政計畫有關一定地區土地之特定利用或<mark>重大公共設施</mark>之設置,涉及多數不同利益之人及多數不同行政機關權限者,確定其計畫之裁決,<mark>應經公開及聽證程序</mark>,並得有集中事權之效果。」又如放射性物料管理法、都市更新條例施行規則,也有應舉行聽證之規定。

行政機關作成經聽證之行政處分時,除依第 43 條之規定(自由心證主義)外,並應斟酌全部聽證之結果。但法規明定應依聽證紀錄作成處分者,從其規定。前項行政處分應以書面為之,並通知當事人。(行政程序法 §108)

相關考題　聽證程序

行政機關經聽證程序而作成罰鍰之處分，當事人不服，其行政救濟得免除何種程序？　(A)抗告　(B)訴願　(C)再審　(D)行政訴訟　【98高考三級-行政法】	(B)
下列何種情形，行政機關應給予行政處分相對人陳述意見之機會？ (A)行政強制執行時所採取之各種處置　(B)為避免處分相對人隱匿、移轉財產或潛逃出境，依法律所為保全或限制出境之處分　(C)大量作成同種類之處分　(D)行政處分所根據之事實，客觀上尚不足以確認者　【98普考-行政法概要】	(D)
關於行政程序法規定之聽證程序，下列敘述何者正確？　(A)聽證應一律公開，以昭公信　(B)聽證時當事人得陳述意見、提出證據，但不得發問　(C)當事人認為主持人於聽證程序進行中所為之處置不當時，得即時聲明異議　(D)陳述人對聽證紀錄之記載有異議者，應向舉辦聽證機關之上級行政機關異議　【99三等身障特考一般行政-行政法】	(C)
依行政程序法之規定，何種程序應舉行聽證？　(A)為行政處分前 (B)締結行政契約前　(C)訂定法規命令前　(D)重大公共設施之行政計畫確定前　【99鐵路四等員級法律政風-行政法概要】	(D)
依行政程序法規定，下列何者於作成前應舉辦聽證？　(A)作成侵益性之行政處分　(B)發布法規命令　(C)重大公共設施之設置計畫　(D)締結替代行政處分之和解契約　【99地方特考四等-行政法概要】	(C)
下列何項非屬於行政程序法規定之行政程序？ (A)行政機關作成行政處分　(B)締結行政契約　(C)實施行政指導　(D)召開公聽會　【103地特三等一般行政-行政法】	(D)
對於聽證之敘述，下列何者錯誤？　(A)涉及憲法正當行政程序原則之實踐　(B)行政機關訂定法規命令，得依職權決定是否進行聽證 (C)不服經聽證作成之行政處分，免除訴願及其先行程序　(D)經聽證之行政處分，不以書面為必要，但須將聽證紀錄送達相對人　【108普考-行政法概要】	(D)

二、經聽證程序處分之救濟

　　不服經聽證作成之行政處分者,其行政救濟程序,免除訴願及其先行程序。(行政程序法§109)聽證程序能讓民眾參與決策的過程,對於保障民眾權益與維持行政處分的正確性,有其正面的意義,但是,我國現行法規定應舉行聽證,始得作成行政處分之情況幾乎沒有,可見的未來,仍應屬少見。(吳庚,第614頁)

茵 不服程序決定或處置不服

　　不服行政機關於行政程序中所為之決定或處置,怎麼辦?可以直接聲明不服嗎?行政程序法針對此議題有所規定:當事人或利害關係人不服行政機關於行政程序中所為之決定或處置,僅得於對實體決定聲明不服時一併聲明之。但行政機關之決定或處置得強制執行或本法或其他法規另有規定者,不在此限。(行政程序法§174)本條規定並不難理解,簡單來說,這一條條文的目的,主要是強化行政上的效率,避免程序上的事宜遭當事人動輒提出質疑,而導致加重行政機關與行政法院的負擔。因此,本條規定限制當事人或利害關係人聲明不服的客觀條件,只有不服實體決定時,才能夠順帶提出對於程序決定或處置之不服;如果對於實體結果沒有意見的話,則不能對於程序上的事項提出不服。

八八水災遷村案

① 政府官員要求居民遷村

反對

② 沒有協調取得共識，程序未循法律規定

已經決定好遷村的地點。

是在什麼鬼地方啊？

③

到底把我們安排在哪裡

每人一間 101 大樓的空房，還有所有權。

④

嘿嘿！那還不錯，雖然沒有事先協調，既往不咎。

　　八八水災後，依據「莫拉克颱風災後重建特別條例」（已廢止）第 20 條規定，遷村必須要先與居民諮商取得共識。假設政府不與居民諮商，就直接安排災民住進信義計畫區，每人擁有一間 20 坪豪宅的所有權。這樣的結果（實體決定），即便程序上未依法與災民協商，災民嘴巴上雖說怎麼都沒有尊重意願，但照理來說，應該不會有災民提出不服。既然沒有對實體決定提出不服，就不得對程序決定或處置聲明不服。

🎯 費用

行政程序所生之費用，由行政機關負擔。但專為當事人或利害關係人利益所支出之費用，不在此限。（行政程序法 §52 I）

因可歸責於當事人或利害關係人之事由，致程序有顯著之延滯者，其因延滯所生之費用，由其負擔。（行政程序法 §52 II）

證人或鑑定人得向行政機關請求法定之日費及旅費，鑑定人並得請求相當之報酬。（行政程序法 §53 I）前項費用及報酬，得請求行政機關預行酌給之。（行政程序法 §53 II）

🎯 時效

公法上之請求權，於請求權人為行政機關時，除法律另有規定外，因 5 年間不行使而消滅；於請求權人為人民時，除法律另有規定外，因 10 年間不行使而消滅。（行政程序法 §131 I） 公法上請求權，因時效完成而當然消滅。（行政程序法 §131 II） 前項時效，因行政機關為實現該權利所作成之行政處分而中斷。（行政程序法 §131 III）

行政處分因撤銷、廢止或其他事由而溯及既往失效時，自該處分失效時起，已中斷之時效視為不中斷。（行政程序法 §132）

因行政處分而中斷之時效，自行政處分不得訴請撤銷或因其他原因失其效力後，重行起算。（行政程序法 §133）

因行政處分而中斷時效之請求權，於行政處分不得訴請撤銷後，其原有時效期間不滿 5 年者，因中斷而重行起算之時效期間為 5 年。（行政程序法 §134）

相關考題　費用

依行政程序法第53條之規定，下列何者得請求相當之報酬？ (A)證人 (B)鑑定人 (C)當事人 (D)利害關係人　　　　【99三等身障特考一般行政-行政法】	(B)
有關行政程序所生之費用由誰負擔，下列敘述何者錯誤？ (A)行政程序所生之費用，由行政機關負擔為原則 (B)專為利害關係人利益所支出之費用，由該利害關係人負擔 (C)因可歸責於利害關係人之事由，致程序有顯著之延滯者，其因延滯所生之費用，由其負擔 (D)因不可歸責於當事人之事由，致程序有顯著之延滯者，其因延滯所生之費用，仍由其負擔　　　　【100高考-行政法】	(D)
有關行政程序所生之費用，下列敘述何者錯誤？ (A)由行政機關負擔 (B)證人之費用，不得請求行政機關預行酌給之 (C)鑑定人得向行政機關請求法定之日費及旅費，並得請求相當之報酬 (D)因可歸責於當事人之事由，致程序有顯著之延滯者，其因延滯所生之費用，由其負擔　　　　【110地特-行政法】	(B)

相關考題　時效

公法上請求權因時效完成之法律效力為何？ (A)債務人取得抗辯權 (B)權利當然消滅 (C)權利續存 (D)經法院裁判權利始消滅　　　　【99地方特考四等-行政法概要】	(B)

解析：
行政程序法第131條規定：「公法上之請求權，除法律有特別規定外，5年間不行使而消滅。Ⅱ公法上請求權，因時效完成而當然消滅。Ⅲ前項時效，因行政機關為實現該權利所作成之行政處分而中斷。」

依行政程序法之規定，公法上請求權，因時效完成而如何？ (A)生抗辯之效力 (B)當然消滅 (C)得訴請撤銷 (D)視個案具體事實，客觀認定之　　　　【100三等行政警察-行政法】	(B)
依行政程序法規定，行政機關對人民之公法上請求權因幾年間不行使而消滅？(A)1年 (B)2年 (C)3年 (D)5年【103普考一般行政-行政法】	(D)
公法上之請求權，除法律另有規定外，依據行政程序法規定，於請求權人為人民時，因幾年間不行使而消滅？ (A)2年 (B)3年 (C)5年 (D)10年　　　　【103地特三等一般行政-行政法】	(D)

🔠 送達

一、自行送達

送達由行政機關自行或交由郵政機關送達。（行政程序法
§68 I） 行政機關之文書依法規以電報交換、電傳文件、傳真
或其他電子文件行之者，視為自行送達。（行政程序法§68 II）

二、無行政程序之行為能力人之送達

對於無行政程序之行為能力人為送達者，應向其法定代理
人為之。（行政程序法§69 I） 無行政程序之行為能力人為行
政程序之行為，未向行政機關陳明其法定代理人者，於補正前，
行政機關得向該無行為能力人為送達。（行政程序法§69 IV）

三、機關、法人或非法人之團體之送達

對於機關、法人或非法人之團體為送達者，應向其代表人
或管理人為之。（行政程序法§69 II） 法定代理人、代表人或
管理人有二人以上者，送達得僅向其中之一人為之。（行政程
序法§69 III）

四、補充送達

於應送達處所不獲會晤應受送達人時，得將文書付與有辨
別事理能力之同居人、受雇人或應送達處所之接收郵件人員。
（行政程序法§73 I）

五、留置送達

應受送達人或其同居人、受雇人、接收郵件人員無正當理
由拒絕收領文書時，得將文書留置於應送達處所，以為送達。
（行政程序法§73 III）

六、不特定人之送達

行政機關對於不特定人之送達，得以公告或刊登政府公報或新聞紙代替之。（行政程序法 §75）

大 如何留置？

留置，不是丟了就走，既然應該收領文書者，沒有正當理由拒絕收領文書，就有可能日後翻臉不認帳。所以，送達人就應該將該情況載明文書中，最好能有錄音、錄影或照相等紀錄，或第三人加以證明確實已經送達，只是對方不願收受的客觀事實存在，以免日後產生爭議。

相關考題　送達

於應送達處所不獲會晤應受送達人時，得將文書付與有辨別事理能力之同居人、受雇人或應送達處所之接收郵件人員，是為： (A)留置送達 (B)寄存送達 (C)補充送達 (D)公示送達 【98三等原住民-行政法】	（C）
行政機關對於不特定人之送達，得以何種方式為之？ (A)郵務送達 (B)張貼公告 (C)公示送達 (D)留置送達 【98三等原住民-行政法】	（B）
何種情況下，行政法院得以留置送達之方法送達訴訟文書？ (A)應送受送達人無法律上之原因，而拒絕收領應受送達之文書 (B)應送受送達人有法律上之原因，而拒絕收領應受送達之文書 (C)應受送達人因外出，致無法收領應受送達之文書 (D)應受送達人在監服刑，而將應受送達之文書留置於其服刑監獄 【98五等地方特考-法學大意】	（A）

解析：
本題係屬行政訴訟法之考題，惟因與行政程序法送達之規定相類似，故整合至此。
依據行政訴訟法第74條規定：「Ⅰ應受送達人拒絕收領而無法律上理由者，應將文書置於送達處所，以為送達。Ⅱ前項情形，如有難達留置情事者，準用前條之規定。」

對無行政程序行為能力之人為送達者，應向何人為之？ (A)本人 (B)公益團體 (C)法定代理人 (D)行政機關指定之人 【99鐵路四等員級法律政風-行政法概要】	（C）
依行政程序法之規定，基於法規之申請，以掛號郵寄方式向行政機關提出者，應以下列何者為準？ (A)送達日 (B)行政機關收文日 (C)交郵當日之郵戳 (D)行政機關承辦人之簽收日 【100三等行政警察-行政法】	（C）

相關考題　　送達

| 依行政程序法第 49 條之規定，基於法規之申請，以掛號郵寄方式向行政機關提出者，下列敘述何者正確？　(A)以申請書上記載日期為準　(B)以受理機關收受日期為準　(C)以交郵當日之郵戳為準　(D)以受理機關承辦人員收受日期為準　【103高考一般行政 - 行政法】 | (C) |

解析：
行政程序法第49條規定：「基於法規之申請，以掛號郵寄方式向行政機關提出者，以交郵當日之郵戳為準。」

8 行政罰

一 行政罰之概念

　　行政罰，是指為了維持行政上之秩序，達成國家行政目的，對違反行政上義務者，所科之制裁，又稱之為秩序罰。（吳庚，第 479 頁）行政罰，原則上由行政機關對於一般民眾所為之制裁。行政罰原本散見各個法令，直至民國 94 年才立法通過，但是仍屬於總則之性質，其他具體的處罰要件，還是由各個法規自行規範。行政罰法的主要架構，包括法例、責任、共同違法及併同處罰、裁處之審酌加減及擴張、單一行為及數行為之處罰、時效，這些屬於實體法之規範，至於程序法之規範，則包括管轄機關、裁處程序。

實務見解 大學生罰款未交，可不可以畢業？

　　大學生違規停車、圖書逾期、學費逾期未繳，大學向學生開罰的性質是什麼？是行政罰？還是校園自治的契約自由行為？

　　大學處分的內容，如果不涉及學生的身分關係，則應該屬於校園自治的契約自由行為，即所謂的場所契約，通常是依據定型化契約所建立的契約關係。進一步探討者，如果因罰鍰未繳而扣留學生的畢業證書，則屬於不當聯結。蓋因學生畢業與否，與畢業學分數是否修業完成，以及成績是否達到一定標準有關，與學費、罰鍰是否繳納無關。換言之，將原本授予利益之行政處分（核發畢業證書，這是教育部發的），以不當聯結的方式，增加不必要的負擔。

行政罰之案例：超速、闖紅燈

① 好爽！

②

③ 啊！被開罰單了。

④ 這是您超速和闖紅燈的罰單唷。

有關超速、闖紅燈等，其具體之違法構成要件及法律效果，是依據「道路交通管理處罰條例」之規定。

相關考題　基本題型

我國以往對於違反行政法上義務的處罰散見於各個特別法，為了使機關在解釋與適用上有其原則與標準，逐於民國94年2月制定公布下列那一部法律？　(A)行政罰法　(B)行政執行法　(C)行政行為罰法　(D)行政處罰法　　　　　　　　　　　　　　　【99三等關務-法學知識】	（A）
依據行政罰法之規定，行政罰之裁處，由下列何機關為之？　(A)刑事法院　(B)行政機關　(C)行政法院　(D)監察機關　　　　　　　　　　　　　　　　　　　　【98普考-行政法概要】	（B）

▉ 行政罰之種類

　　行政罰的種類，可分成罰鍰、沒入，以及其他種類之裁罰性不利處分，最常見者當屬行政罰鍰。所謂行政罰鍰，是指當人民違反行政法上的義務時，則由行政機關課予給付一定金錢之行政處分。至於裁罰性不利處分，則大致上有下列類型：（行政罰法 §2）

一、限制或禁止行為之處分：

　　限制或停止營業、吊扣證照、命令停工或停止使用、禁止行駛、禁止出入港口、機場或特定場所、禁止製造、販賣、輸出入、禁止申請或其他限制或禁止為一定行為之處分。例如依據藥事法，原領有許可證的輸入業者，經公告禁止製造，應即通知醫療機構等單位收回市售品。

二、剝奪或消滅資格、權利之處分：

　　命令歇業、命令解散、撤銷或廢止許可或登記、吊銷證照、強制拆除或其他剝奪或消滅一定資格或權利之處分。例如依據當鋪業法，經勘驗合格取得許可證後，未能於 6 個月期限辦妥登記，由當地主管機關廢止許可

三、影響名譽之處分：

　　公布姓名或名稱、公布照片或其他相類似之處分。例如依據老人福利法，子女棄養父母，或有傷害父母之行為時，除科處罰鍰外，並公告其姓名。

四、警告性處分：

　　警告、告誡、記點、記次、講習、輔導教育或其他相類似之處分。例如道路交通管理條例對於汽車駕駛人的記點處分。

類 型	內 容	範 例
限制或禁止行為之處分	限制或停止營業、吊扣證照、禁止製造等	此藥已公告禁止製造,快點回收。
剝奪或消滅資格、權利之處分	命令歇業、命令解散等	命令歇業
影響名譽之處分	公布姓名或名稱等	新北市政府公告 ○○○依法令對於其父母有扶養之義務,竟遺棄之。
警告性處分	警告、告誡、記點、記次、講習、輔導教育等	大家不要再犯了!

相關考題 行政罰之種類

下列何者不屬於行政罰法上之處罰種類? (A)吊扣證照 (B)吊銷執照 (C)輔導教育 (D)斷水斷電 【98三等原住民 - 行政法】 (D)

　　罰鍰屬於公法上金錢給付義務之一種，罰鍰之處分作成而具執行力後，義務人死亡並遺有財產者，依上開行政執行法第15條規定意旨，該基於罰鍰處分所發生之公法上金錢給付義務，得為強制執行，其執行標的限於義務人之遺產。

三 行政罰鍰

　　如果義務人死亡，是否能對其遺產執行？

一、實務見解

　　如釋字第621號解釋，但解釋範圍不及於罰鍰以外之公法上金錢給付義務。

二、立法方向（如右頁圖）

三、法令趨勢

　　採行第二種立法方式，依釋字第621號解釋，認同第二種立法方式，依據我國行政執行法第15條規定：「義務人死亡遺有財產者，行政執行處得逕對其遺產強制執行。」針對負有公法上金錢給付義務之人死亡後，行政執行處依舊仍能對遺產加以強制執行。

【行政執行法施行細則第2條】

本法第2條所稱公法上金錢給付義務如下：
1、稅款、滯納金、滯報費、利息、滯報金、怠報金及短估金。
2、罰鍰及怠金。
3、代履行費用。四、其他公法上應給付金錢之義務。

立法思考方向	內　容	圖解說明
第一種： 不得對死亡義務人之遺產執行	罰鍰本質上僅限於報應或矯正違規人民個人之行為。所以當行為人受行政罰鍰之處分後，於執行前死亡者，究應優先考量罰鍰報應或矯正違規人民個人行為之本質，而認罰鍰之警惕作用已喪失，故不應執行。	既然已經往生，罰鍰就算了，來生不要再犯了！
第二種： 得對死亡義務人之遺產執行	罰鍰本質上不再僅限於報應或矯正違規人民個人之行為，蓋因處罰事由之公共事務性，使得同時兼具制裁違規行為對國家機能、行政效益及社會大眾所造成不利益之結果，以建立法治秩序與促進公共利益，不因義務人死亡而喪失，故應繼續執行。	我還是要處罰你。因為你的行為已經傷害了整體法秩序

相關考題　行政罰之種類

甲計程車司機讓無駕照之乙駕駛其計程車，經依法吊扣甲駕照3個月，並令甲交出駕照，甲置之不理揚長而去，依行政執行法第30條規定，應先如何處理？　(A)限制乙之住居　(B)處甲怠金　(C)扣留甲之計程車　(D)對甲加以管束　　　【100三等行政警察-行政法】	(B)
下列何者不是行政罰？　(A)道路交通安全講習　(B)授益處分之廢止　(C)違法出版品之沒入　(D)命令歇業　　　【104高考-行政法】	(B)
下列何者非屬行政罰法第2條規定之裁罰性不利處分？　(A)講習　(B)公布照片　(C)吊銷證照　(D)怠金　　　【108普考-行政法概要】	(D)

行政院勞工委員會發給外勞聘僱許可後，發現雇主以偽造之醫生證明申請引進外勞，則行政院勞工委員會得採下列何項措施？ (A)廢止聘僱許可 (B)撤銷聘僱許可 (C)公告聘僱許可無效 (D)公告聘僱許可失效 　　　　　　　　　【96三等地方特考-行政法】	(B)
下列何者不屬於我國行政罰法第1條及第2條所規範之行政處罰種類？ (A)罰鍰 (B)沒入 (C)停止營業 (D)拘留 　　　　　　　　　　　　　　　　【98高考三級-行政法】	(D)
下列何者為行政罰法所規定之行政罰？ (A)拘留 (B)沒入 (C)命提供擔保 (D)扣留、收取交付、解除占有、處置、使用或限制使用動產、不動產 　　　　　　　　　　【98普考-行政法概要】	(B)
下列何者，不屬於行政罰法規定之行政罰？ (A)警告 (B)怠金 (C)停止營業 (D)公布姓名 　　　　　　　【103高考一般行政-行政法】	(B)
下列何者，並非我國現行行政罰法所規定之行政罰種類？ (A)罰鍰 (B)沒收 (C)警告 (D)沒入 　　　　　【103地特三等一般行政-行政法】	(B)
下列何者係行政罰法所規定之「限制或禁止行為之處分」？ (A)吊扣證照 (B)告誡 (C)警告 (D)命令歇業 　　　　　　　　　　【99三等身障特考一般行政-行政法】	(A)

四 處罰法定主義

一、基本概念

　　依法始得處罰，為民主法治國家基本原則之一，對於違反社會性程度輕微之行為，處以罰鍰、沒入或其他種類行政罰，雖較侵害國家、社會法益等科以刑罰之行為情節輕微，惟本質上仍屬對於人民自由或權利之不利處分，應適用處罰法定主義。為使行為人對其行為有所認識，進而擔負其在法律上應有之責任，自應以其違反行政法上義務行為時之法律有明文規定者為限。

二、法令依據

　　我國行政罰法第4條規定：「違反行政法上義務之處罰，以行為時之法律或自治條例有明文規定者為限。」

　　依司法院釋字第313號、第394號及第402號等解釋意旨，對於違反行政法上義務之行為，法律得就其處罰之構成要件或法律效果授權以法規命令訂之。故本條所指之「法律」，解釋上包含經法律就處罰之構成要件或法律效果為具體明確授權訂定之法規命令。

　　地方制度法施行後，鑑於自治條例係經地方立法機關通過，並由各該行政機關公布，且自治條例亦得就違反屬於地方自治事項之行政義務者處以罰鍰或其他種類之行政罰（地方制度法§26Ⅱ、Ⅲ），為確定違反行政法上義務規定之範圍，並解決自治條例中罰則之適用問題，爰將自治條例予以納入，以期周延。

行政罰法第 4 條 -- 處罰法定主義

以行為時之 法律 或 自治條例 有明文規定者為限。

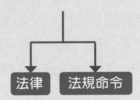

法律　　法規命令

說明

釋字第 313 號、第 394 號及第 402 號等解釋認為，具體明確授權之法規命令，亦可對違反行政法上義務之行為處罰。所以本條文中，法律之解釋應該包含此種法規命令。

五 有責主義

違反行政法上義務之行為非出於故意或過失者，不予處罰。法人、設有代表人或管理人之非法人團體、中央或地方機關或其他組織違反行政法上義務者，其代表人、管理人、其他有代表權之人或實際行為之職員、受僱人或從業人員之故意、過失，推定為該等組織之故意、過失。（行政罰法§7）

現代國家基於「有責任始有處罰」之原則，對於違反行政法上義務之處罰，應以行為人主觀上有可非難性及可歸責性為前提，如行為人主觀上並非出於故意或過失情形，應無可非難性及可歸責性，故不予處罰。

現行法律規定或實務上常有以法人、設有代表人或管理人之非法人團體、中央或地方機關或其他組織作為處罰對象者，為明其故意、過失責任，爰於第2項規定以其代表人、管理人、其他有代表權之人或實際行為之職員、受僱人或從業人員之故意、過失，推為該等組織之故意、過失。現代民主法治國家對於行為人違反行政法上義務欲加以處罰時，應由國家負證明行為人有故意或過失之舉證責任，方為保障人權之進步立法。

六 從新從輕原則

行為後法律或自治條例有變更者，適用裁處時之法律或自治條例。但裁處前之法律或自治條例有利於受處罰者，適用最有利於受處罰者之規定。（行政罰法§5）明定法律或自治條例變更時之適用，係採「從新從輕」之處罰原則，即於行為後之法律或自治條例有變更者，原則上係「從新」，適用行政機

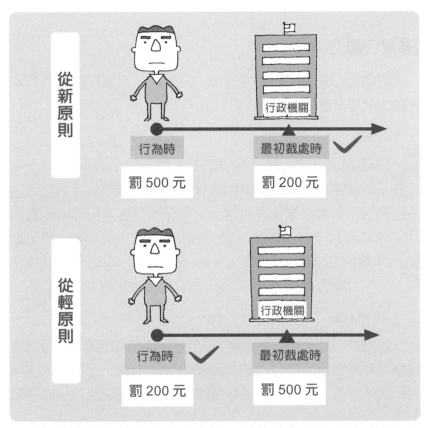

關最初裁處時之法律或自治條例；僅於裁處前之法律或自治條例有利於受處罰者，始例外「從輕」，適用最有利於受處罰者之規定。

　從新從輕原則

行政罰法第5條規定略以，行為後法律有變更者，適用行政機關最初裁處時之法律。但裁處前之法律有利於受處罰者，適用最有利於受處罰者之規定。此一規定係下列何項原則的落實？　(A)從新從優　(B)後法優於前法　(C)特別法優於普通法　(D)法律不溯及既往　(A) 【99第二次司法特考-法學知識與英文】

七 責任能力

　　行政罰法第 9 條有關責任能力之規範，是從年齡與精神狀態兩大角度著眼，茲分別介紹如下：

一、年齡

　　未滿 14 歲人之行為，不予處罰。14 歲以上未滿 18 歲人之行為，得減輕處罰。（行政罰法 §9 I、II）未滿 14 歲之人，生理及心理發育尚未臻成熟健全，是非善惡之辨別能力尚有未足，故未滿 14 歲人之行為，如有違反行政法上義務者，不予處罰。14 歲以上未滿 18 歲之人，因涉世未深，辨識其行為違法與否之能力較低，思慮有欠周延，故第 2 項規定得減輕其處罰。

二、精神狀態

　　行為時因精神障礙或其他心智缺陷，致不能辨識其行為違法或欠缺依其辨識而行為之能力者，不予處罰。行為時因前項之原因，致其辨識行為違法或依其辨識而行為之能力，顯著減低者，得減輕處罰。（行政罰法 §9 III、IV）

　　現行法規中常用「心神喪失」、「精神耗弱」，然因欠缺具體內涵，致適用上常生困擾，故以較具體之文字說明行為人如因精神障礙或其他心智缺陷，致不能辨識其行為違法或欠缺依其辨識而行為之能力，以致違反行政法上義務者，因欠缺可歸責性，故不予處罰。

　　如尚未達此一程度，僅因此障礙或心智缺陷，致辨識其行為違法或依其辨識而行為之能力顯著減低者，其可歸責之程度

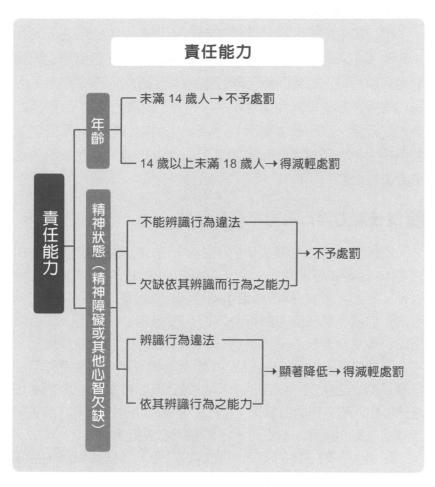

較低，故規定得斟酌情形予以減輕處罰。不過，條文過度細緻化，但仍然很抽象，適用上依舊頗為困難，可能還是要透過醫學機構加以鑑定，才能判定當事人之精神狀態。

三、原因自由行為

前二項規定，因故意或過失自行招致者，不適用之。（行政罰法§9Ⅴ）行為人如因自己之故意或過失，自陷於上開情形而違反行政法上義務者，學說上稱為「原因自由行為」，因其仍有可非難性，具可歸責事由，故不適用不予處罰或得減輕處罰之規定，以免發生制裁上之漏洞。例如酒醉駕車是最明顯的例子，不能因為酒醉而影響其違法性之辨識，居然能不予處罰或減輕處罰。

八 責任能力與行為同時存在原則

原因自由行為主要是參酌刑法。刑法之前並沒有現在的刑法第19條第3項規定：「前二項規定，於因故意或過失自行招致者，不適用之。」所以必須透過原因自由行為之理論來解決。否則，依據「責任能力與行為同時存在原則」，行為人於行為階段（如酒醉駕駛），欠缺責任能力，若因此而不加以處罰，當非事理之平。現行的刑法第19條第3項規定，則是原因自由行為具體化之規定。同樣地，行政罰法對於當事人之處罰，也是依據相同的責任能力要求，但為了避免原因自由行為之發生，行政罰法第9條第5項規定，亦將原因自由行為明文化。

不得因不知法規而免除行政處罰責任。但按其情節，得減輕或免除其處罰。（行政罰法§8）

責任能力與行為同時存在原則	行為人行為階段，無責任能力《毋庸處罰》	不罰
原因自由行為理論	原因自由階段，仍有判斷能力《仍應加以處罰》	要罰

原因自由行為

① 乎乾啦！

▲某甲喝醉了酒並開車

②

▲連闖好幾個紅綠燈

③ 我闖紅燈時屬無意識，不該開罰單。

▲某甲遭警方攔下

④ 因為是你自己喝酒才會導致沒有意識的情況，所以還是要罰。

	原因階段	行為階段
行為人之行為	喝酒	駕駛
責任能力	有	無

甲為19歲之自營商，不知菸酒管理法第37條規定，刊出酒類廣告未標示任何警語，且鼓勵喝金門高粱酒以消除啤酒肚，則依行政罰法第8、9條規定應如何處置？　(A)甲未成年，故不予處罰　(B)甲未成年，故減輕處罰　(C)甲不知法律，不予處罰　(D)不論甲是否成年或是否知法律，仍應處罰　【96三等地方特考 - 行政法】	(D)
有關違反行政法上義務之行為責任，下列那一項描述為錯誤？　(A)以行為人之故意或過失為要件　(B)行為人未滿18歲，不予處罰　(C)不得因不知法規而主張免責　(D)依法令之行為，不予處罰　【100三等行政警察 - 行政法】	(B)
依行政罰法規定，17歲之高中生如有違反行政法上義務之行為時，應如何處罰？　(A)不予處罰　(B)得減輕處罰　(C)減輕或免除其處罰　(D)得減輕或免除其處罰　【99地方特考四等 - 行政法概要】	(B)
關於行政罰裁處之敘述，下列何者錯誤？(A)甲為乙利益而實施違反行政法上義務之行為，甲應受處罰，而乙受有財產上利益卻不須受處罰，為裁處之主管機關得對乙所受財產上利益價值範圍內酌予追繳　(B)丙因違反行政法義務，行政機關依法得沒入其使用之物，但於行政機關沒入前，丙將該物毀壞 致無法沒入，行政機關得裁處沒入該物之價額　(C)丁為 10 歲之國民小學學童，下課後單獨搭乘大眾捷運，因飢餓難耐取出背包零食食用，主管機關依違反大眾捷運法科處罰鍰　(D)戊平日均搭乘大眾捷運返家，其因心情欠佳，於飲酒後，在搭乘大眾捷運時，擅自開啟車門，其雖已意識不清，仍可予以處罰　【110地特 - 行政法】	(C)

下列關於行政罰法規定之敘述，何者錯誤？　(A)違反行政法上義務之行為非出於故意或過失者，不予處罰　(B)違反行政法上義務之處罰，以行為時之法律或自治條例有明文規定者為限　(C)不知相關法規之存在，應免除行政處罰責任　(D)對於現在不法之侵害，出於防衛自己或他人權利之行為，不予處罰　【103普考一般行政 - 行政法】	(C)

九 共同違法與併同處罰

一、故意共同實施與身分犯

　　故意共同實施違反行政法上義務之行為者，依其行為情節之輕重，分別處罰之。（行政罰法§14 I）所謂「故意共同實施」，係指違反行政法上義務構成要件之事實或結果由二以上行為人故意共同完成者而言。又第 1 項所稱「情節之輕重」，係指實施違反行政法上義務行為其介入之程度及其行為可非難性之高低等因素。

　　行政罰法第 14 條第 1 項情形，因身分或其他特定關係成立之違反行政法上義務行為，其無此身分或特定關係者，仍處罰之。（行政罰法§14 II）因身分或其他特定關係致處罰有重輕或免除時，其無此身分或特定關係者，仍處以通常之處罰。（行政罰法§14 III）此一規定是仿效刑法「身分犯」之規定。

二、法人及其他組織之處罰

　　行政罰之處罰對象除自然人外，法人、非法人團體、行政機關亦均為行政罰之處罰對象，相關規定如下：

法人可為行政罰之對象

　　私法人之董事或其他有代表權之人，因執行其職務或為私法人之利益為行為，致使私法人違反行政法上義務應受處罰者，該行為人如有故意或重大過失時，除另有規定外，應並受同一規定罰鍰之處罰。（行政罰法§15 I）私法人之職員、受僱人或從業人員，因發生前項情形，私法人之董事或其他有代表權之人，如因故意或重大過失，未盡其防止義務時，除另有規定外，應並受同一規定罰鍰之處罰。（行政罰法§15 II）罰鍰不得逾新臺幣 100 萬元。但所得之利益逾 100 萬元者，得於其所得利益之範圍內裁處之。（行政罰法§15 III）

法人團體可為行政罰之對象

對私法人及其董事、職員之處罰規定，於設有代表人或管理人之非法人團體，或法人以外之其他私法組織，違反行政法上義務者，準用之。（行政罰法§16）

行政機關亦為行政罰之對象

中央或地方機關或其他公法組織違反行政法上義務者，依各該法律或自治條例規定處罰之。（行政罰法§17）

相關考題	法人及其他組織之處罰	
私法人之職員、受僱人或從業人員，因執行其職務或為私法人之利益為行為，致使私法人違反行政法上義務應受處罰者，私法人之董事或其他有代表權之人，如對該行政法上義務之違反，因故意或重大過失，未盡其防止義務時，除法律或自治條例另有規定外，應如何處斷？　(A)免予處罰　(B)追繳該期間之所得　(C)應並受同一規定罰鍰之處罰　(D)減免其處罰　　　【97三等地方特考 - 行政法】		(C)

相關考題	共同違法與併同處罰	
故意共同實施違反行政法上義務之行為者，因身分或其他特定關係成立之違反行政法上義務行為，其無此身分或特定關係者，應如何處罰？　(A)不予處罰　(B)仍處罰之　(C)減輕處罰　(D)以記次或申誡取代之　　　　　　　　　　　【99三等身障特考一般行政 - 行政法】		(B)
依建築法第 91 條第 1 項第 1 款規定，未經核准變更使用擅自使用建築物者，處建築物所有權人、使用人、機械遊樂設施之經營者新臺幣 6 萬元以上 30 萬元以下罰鍰。若所有權人及使用人為不同人且無共同違法之情形時，主管機關得對何者裁處罰鍰？　(A)兩者均應處罰，但依情節輕重分別裁處罰鍰　(B)兩者均應處罰，但一併裁處罰鍰　(C)以對行為人裁處罰鍰為原則　(D)主管機關得任意選擇其中一人裁處罰鍰　　　　　　　　　　　【108高考 - 行政法】		(C)

✚ 裁處之審酌加減與擴張

一、裁處之審酌

　　裁處罰鍰，應審酌違反行政法上義務行為應受責難程度、所生影響及因違反行政法上義務所得之利益，並得考量受處罰者之資力。（行政罰法 §18 I）前項所得之利益超過法定罰鍰最高額者，得於所得利益之範圍內酌量加重，不受法定罰鍰最高額之限制。（行政罰法 §18 II）

二、微罪不舉

　　違反行政法上義務應受法定最高額新臺幣 3 千元以下罰鍰之處罰，其情節輕微，認以不處罰為適當者，得免予處罰。（行政罰法 §19 I）前項情形，得對違反行政法上義務者施以糾正或勸導，並作成紀錄，命其簽名。（行政罰法 §19 II）

三、沒入

　　沒入之物，除本法或其他法律另有規定者外，以屬於受處罰者所有為限。（行政罰法 §21）

　　不屬於受處罰者所有之物，因所有人之故意或重大過失，致使該物成為違反行政法上義務行為之工具者，仍得裁處沒入。（行政罰法 §22 I）物之所有人明知該物得沒入，為規避沒入之裁處而取得所有權者，亦同。（行政罰法 §22 II）

　　譬如某甲盜採砂石，而盜採砂石之挖土機是某乙所提供，某乙也知道某甲是以盜採砂石為業，此時受處罰的對象雖然是某甲，而沒入的挖土機是某乙所有，仍然可以裁處沒入。

相關考題 審酌事項	
依行政罰法第 18 條之規定，於裁處罰鍰應審酌之事項中，下列何者不屬之？　(A)受處罰者之資力　(B)違反義務行為所生影響　(C)因違反行政法上義務所得之利益　(D)違反義務行為之應受責難程度 【103高考一般行政-行政法】	(A)

沒　入

相關考題　裁處之審酌加減與擴張

不屬於受行政處罰者所有之物，因所有人之故意或重大過失，致使該物成為違反行政法上義務行為之工具者，主管機關應如何處置？(A)得報請檢察官扣押　(B)仍得裁處沒入　(C)實施查封　(D)移送法院裁定　【99三等身障特考一般行政-行政法】	(B)
藥事法規定不具藥商資格販賣藥品者，處新臺幣3萬元以上200萬元以下罰鍰。甲於網路上販售從 國外買回的藥品，被查獲違反前述藥事法規定，其請求依據行政罰法第19條規定免予處罰，承辦此案之公務人員應如何處理？(A)若甲販賣藥品之獲利低於3萬元，得免予處罰　(B)若甲為初次違規，得免予處罰　(C)若藥品尚未售出，得免予處罰　(D)甲之情形無法適用行政罰法第19條免予處罰之規定【112高考-行政法】	(D)

相關考題　沒入

關於行政罰法規定之沒入，下列敘述何者正確？　(A)得沒入之物，受處罰者於受裁處沒入前，以他法致不能裁處沒入時，得追徵其物之價額　(B)得沒入之物，受處罰者於受裁處沒入後，以他法致不能執行沒入時，得裁處沒入其物之價額　(C)物之所有人因過失致使該物成為違反行政法上義務行為之工具者，仍得裁處沒入　(D)物之所有人因不知該物得沒入而取得所有權者，不得裁處沒入　【108普考-行政法概要】	(D)

十一 一事不二罰

一、一行為、數處罰，處罰種類相同

一行為違反數個行政法上義務規定而應處罰鍰者，依法定罰鍰額最高之規定裁處。但裁處之額度，不得低於各該規定之罰鍰最低額。（行政罰法 §24 I ）

所謂一行為違反數個行政法上義務規定而應處罰鍰，例如在防制區內之道路兩旁附近燃燒物品，產生明顯濃煙，足以妨礙行車視線者，除違反空氣污染防制法第 32 條、第 67 條處以罰鍰外，同時亦符合道路交通管理處罰條例第 82 條應科處罰鍰之規定。因行為單一，且違反數個規定之效果均為罰鍰，處罰種類相同，從其一重處罰已足達成行政目的，故僅得裁處一個罰鍰，爰明定依法定罰鍰額最高之規定裁處及裁處最低額之限制。（如右頁圖）

二、一行為、數處罰，處罰種類不同

一行為違反行政法上義務行為，除應處罰鍰外，另有沒入或其他種類行政罰之處罰者，得依該規定併為裁處。但其處罰種類相同，如從一重處罰已足以達成行政目的者，不得重複裁處。（行政罰法 §24 II ）

違反行政法上義務行為，依所違反之規定，除罰鍰外，另有沒入或其他種類行政罰之處罰時，因處罰之種類不同，自得採用不同之處罰方法，以達行政目的，故於沒入或其他種類行政罰，除其處罰種類相同，不得重複裁處外，依本法第 31 條規定，應由各該法令之主管機關依所違反之規定裁處。

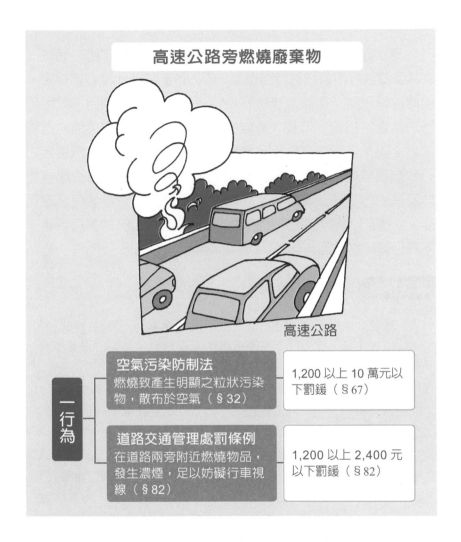

一行為違反社會秩序維護法及其他行政法上義務規定而應受處罰,如已裁處拘留者,不再受罰鍰之處罰。(行政罰法§24Ⅲ)

又社會秩序維護法總則章中就違反該法行為之責任、時效、管轄及裁處等事項均有特別規定，依行政罰法第1條但書規定，自應從其規定，而該法無特別規定者仍有本法之適用。惟因依該法裁處之拘留，涉及人身自由之拘束，其裁處程序係由法院為之，與本法所定之由行政機關裁罰者不同，因此本法所定之行政罰種類並未將拘留納入規範，致一行為違反社會秩序維護法及其他行政法上義務規定而應受處罰時，確有發生競合之可能，爰基於「司法程序優先原則」，明定為如已裁處拘留者，不再受罰鍰之處罰。

實務見解 違規停車連續處罰

駕駛人違規停車，諸如禁止停車處所停車、二手車行在路旁停放待售車輛、開小貨車在停車格中販賣早點，是否可以連續處罰？

道路交通管理處罰條例第85-1條規定，針對違反第56條第1項及第57條規定時，經舉發後，不遵守交通勤務警察或依法令執行交通稽查任務人員責令改正者，得連續舉發之。

釋字第604號解釋認為：道路交通管理處罰條例是為了加強道路交通管理，維護交通秩序，確保交通安全而制定。前開第85-1條規定，乃立法者對於違規事實一直存在之行為，考量該違規事實之存在對公益或公共秩序確有影響，除使主管機關得以強制執行之方法及時除去該違規事實外，並得藉舉發其違規事實之次數，作為認定其違規行為之次數，從而對此多次違規行為得予以多次處罰，並不生一行為二罰之問題，故與法治國家一行為不二罰之原則，並無牴觸。

違規停車連續處罰案

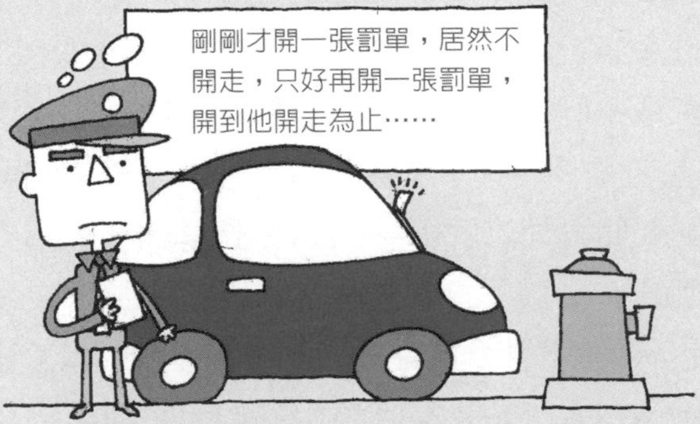

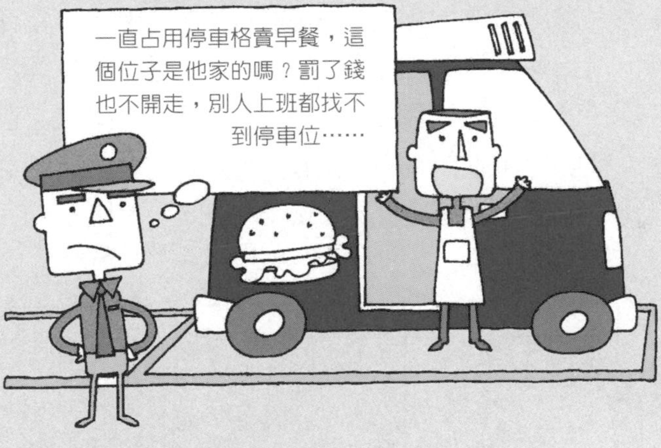

上列行為均屬多次違規行為，得予以多次處罰，並不生一行為不二罰原則之牴觸問題。

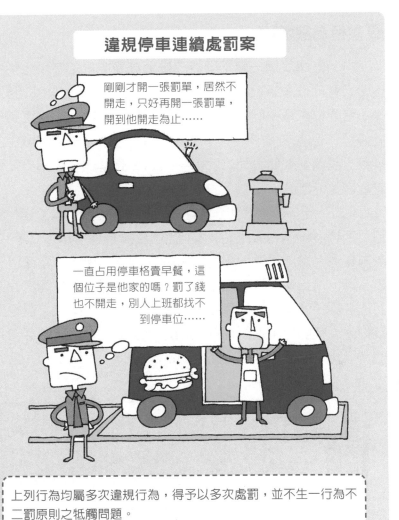

十二 數行為數處罰

　　數行為違反同一或不同行政法上義務之規定者，分別處罰之。（行政罰法§25）行為人所為數個違反行政法上義務之行為，若違反數個不同之規定，或數行為違反同一之規定時，與前條單一行為之情形不同，為貫徹個別行政法規之制裁目的，自應分別處罰。此與司法院釋字第503號解釋「一事不二罰」之意旨並不相違。

　　例如：原申請租賃仲介業之甲公司，經查獲經營旅館業務，違反商業登記法相關規定；又因該甲公司另將建築物隔間裝潢改為套房，掛出套房出租招牌，顯然已達變更建築物使用之程度，其行為又違反建築法之規定。按甲公司主要是觸犯商業登記法之經營商業登記範圍以外之業務，以及建築法之以變更建築物使用執照之用途為構成處罰之要件，二者處罰之違法行為並非相同，故應分別予以處罰。（如下圖）

甲公司
（租賃仲介）

變更使用
套房出租

相關考題　一事不二罰

行政罰法上關於「一行為數罰」之規定，下列敘述何者錯誤？　(A)指一行為違反數個行政法上義務規定　(B)應處罰鍰者，其額度應加總計算　(C)相同種類之處罰，從一重處罰即可　(D)已受裁處拘留者，即無須再受罰鍰之處罰　【98普考 - 行政法概要】	(B)
依行政罰法第24條規定，一行為違反數個行政法上義務而應處罰鍰者，應如何裁處？　(A)依法定罰鍰額最高之規定裁處　(B)累計法定罰鍰額裁處　(C)依法定罰鍰額最低之規定裁處　(D)依平均之法定罰鍰額裁處　【98四等基警 - 行政法概要】	(A)
王五中了大樂透3億彩金後，購買進口賓士休旅車，一路從臺北飆車至高雄向其女朋友炫耀，沿途在新竹、臺中、嘉義、臺南等地被測速相機分別拍到違規超速情景，則依法對王五應如何處罰？　(A)裁處不受法定罰鍰最高3000元之限制　(B)裁處之罰鍰不得逾罰鍰最高額之二分之一　(C)裁處之罰鍰不得逾罰鍰最高額之三分之一　(D)四次違規分別處罰　【97三等地方特考 - 行政法】	(D)
甲未經許可，擅自將其所有建物提供旅客作民宿使用，違反發展觀光條例及建築法規定，若得依該兩法處罰時，則主管機關得依下列何項原則裁罰？　(A)分別依發展觀光條例及建築法規定科處罰鍰　(B)依發展觀光條例或建築法科處一項較重之罰鍰　(C)依發展觀光條例或建築法科處一項較輕之罰鍰　(D)先依發展觀光條例處罰，未改善者再依建築法規定科處罰鍰　【98三等原住民 - 行政法】	(B)

🔟 行政罰與刑罰之競合

　　一行為同時觸犯刑事法律及違反行政法上義務規定者，依刑事法律處罰之。但其行為應處以其他種類行政罰或得沒入之物而未經法院宣告沒收者，亦得裁處之。（行政罰法 §26 Ⅰ）前項行為如經不起訴處分、緩起訴處分確定或為無罪、免訴、不受理、不付審理、不付保護處分、免刑、緩刑之裁判確定者，得依違反行政法上義務規定裁處之。（行政罰法 §26 Ⅱ）

　　一行為同時觸犯刑事法律及違反行政法上義務規定時，由於刑罰與行政罰同屬對不法行為之制裁，而刑罰之懲罰作用較強，故依刑事法律處罰，即足資警惕時，實無一事二罰再處行政罰之必要。且刑事法律處罰，由法院依法定程序為之，較符合正當法律程序，應予優先適用。但罰鍰以外之沒入或其他種類行政罰，因兼具維護公共秩序之作用，為達行政目的，行政機關仍得併予裁處。

　　前述行為如經檢察官為不起訴處分或法院為無罪、免訴、不受理或不付審理（少年事件）之裁判確定，行政罰之裁處即無一事二罰之疑慮，此時仍得依違反行政法上義務之規定裁處。

　　第 1 項行為經緩起訴處分或緩刑宣告確定且經命向公庫或指定之公益團體、地方自治團體、政府機關、政府機構、行政法人、社區或其他符合公益目的之機構或團體，支付一定之金額或提供義務勞務者，其所支付之金額或提供之勞務，應於依前項規定裁處之罰鍰內扣抵之。（行政罰法 §26 Ⅲ）

　　前項勞務扣抵罰鍰之金額，按最初裁處時之每小時基本工資乘以義務勞務時數核算。（行政罰法 §26 Ⅳ）

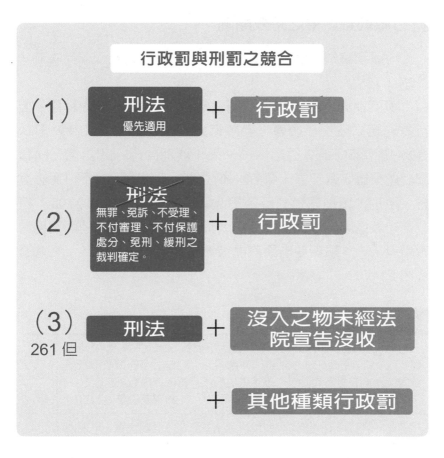

行政罰與刑罰之競合

（1）　刑法 優先適用　＋　行政罰

（2）　刑法 無罪、免訴、不受理、不付審理、不付保護處分、免刑、緩刑之裁判確定。　＋　行政罰

（3）261但　刑法　＋　沒入之物未經法院宣告沒收

＋　其他種類行政罰

　　依第 2 項規定所為之裁處，有下列情形之一者，由主管機關依受處罰者之申請或依職權撤銷之，已收繳之罰鍰，無息退還：（行政罰法 §26 V）

1、因緩起訴處分確定而為之裁處，其緩起訴處分經撤銷，並經判決有罪確定，且未受免刑或緩刑之宣告。

2、因緩刑裁判確定而為之裁處，其緩刑宣告經撤銷確定。

戌 行政罰裁處權之時效期間

行政罰之裁處權,因 3 年期間之經過而消滅。(行政罰法 §27 Ⅰ)

前項期間,自違反行政法上義務之行為終了時起算。但行為之結果發生在後者,自該結果發生時起算。(行政罰法 §27 Ⅱ)前條第 2 項之情形,第 1 項期間自不起訴處分、緩起訴處分確定或無罪、免訴、不受理、不付審理、不付保護處分、免刑、緩刑之裁判確定日起算。(行政罰法 §27 Ⅲ)行政罰之裁處因訴願、行政訴訟或其他救濟程序經撤銷而須另為裁處者,第 1 項期間自原裁處被撤銷確定之日起算。(行政罰法 §27 Ⅳ)

相關考題　競合	
一行為同時觸犯刑事法律及違反行政法上義務規定時,應如何處罰? (A)處以罰鍰　(B)依刑事法律處罰之　(C)未經宣告沒收則不得裁處沒入　(D)經不起訴處分確定者,即不得再依行政罰法裁處之 【98高考三級-行政法】	(B)
一行為同時觸犯刑事法律及違反行政法上義務應受罰鍰者,應如何處斷? (A)分別處罰　(B)優先依刑事法律處罰之　(C)依機關發現之時間先後決定其管轄　(D)視處罰之輕重而定 【99鐵路高員三級人事行政-行政法】	(B)

相關考題　競合

一行為違反社會秩序維護法及其他行政法上義務規定而應受處罰，如已裁處拘留者，不再受何種之處罰？　(A)罰鍰　(B)沒入　(C)停止營業　(D)命令歇業　【99三等身障特考一般行政-行政法】	(A)
一行為同時違反刑事法律及行政法上義務時，應如何處罰？　(A)僅依刑法處罰　(B)僅為行政制裁　(C)以刑罰為主，但該行為應另處以其他種類行政罰時，或刑事宣告無罪、不受理或免訴時，亦可行政裁罰　(D)以行政罰為主，但刑罰類型不同於該行政罰時，亦可處刑　【99鐵路四等員級法律政風-行政法概要】	(C)
依行政罰法之規定，下列敘述何者正確？　(A)一行為違反數個行政法上義務規定而應處罰鍰者，依法定罰鍰額最高之規定裁處　(B)違反行政法上義務行為，若處以罰鍰，不得併為裁處沒入或其他種類行政罰　(C)一行為違反社會秩序維護法及其他行政法上義務規定而應受處罰，如已裁處拘留者，得再處以罰鍰　(D)一行為同時觸犯刑事法律及違反行政法上義務規定者，依行政法處罰之　【103普考一般行政-行政法】	(A)
關於行政罰之敘述，下列何者錯誤？　(A)甲飲酒駕駛汽車，為警攔查，發現其吐氣酒精濃度超過規定標準，經裁罰新臺幣10萬元；而涉刑事犯罪部分，另經法院判處罰金新臺幣3萬元，基於從輕原則，監理機關依法不可事後再裁決命甲補繳納新臺幣7萬元　(B)行政罰之裁處權時效，因天災、事變或依法律規定不能開始或進行裁處時，應停止其進行　(C)乙同一行為違反同一行政法上義務，A、B機關均有管轄權，因A機關處理在先，因此依法應由A機關管轄該案件　(D)行政機關執行行政罰職務之人員，應向違反行政法規定之行為人出示其執行職務之證明文件，並告知其所違反之法規　【111高考-行政法】	(A)

🎋 管轄機關

一、管轄基本規定

違反行政法上義務之行為，由行為地、結果地、行為人之住所、居所或營業所、事務所或公務所所在地之主管機關管轄。（行政罰法§29 I）

故意共同實施違反行政法上義務之行為，其行為地、行為人之住所、居所或營業所、事務所或公務所所在地不在同一管轄區內者，各該行為地、住所、居所或所在地之主管機關均有管轄權。（行政罰法§30）例如甲乙二人共同違反行政義務而應受到處罰，甲住在臺北，乙住在臺中，則臺北、臺中的主管機關均有管轄權。

二、船舶與航空器之管轄

在中華民國領域外之中華民國船艦或航空器內違反行政法上義務者，得由船艦本籍地、航空器出發地或行為後在中華民國領域內最初停泊地或降落地之主管機關管轄。（行政罰法§29 II）

在中華民國領域外之外國船艦或航空器於依法得由中華民國行使管轄權之區域內違反行政法上義務者，得由行為後其船艦或航空器在中華民國領域內最初停泊地或降落地之主管機關管轄。（行政罰法§29 III）

三、管轄機關之競合

一行為違反同一行政法上義務，數機關均有管轄權者，由處理在先之機關管轄。不能分別處理之先後者，由各該機關協議定之；不能協議或有統一管轄之必要者，由其共同上級機關指定之。（行政罰法§31 I）

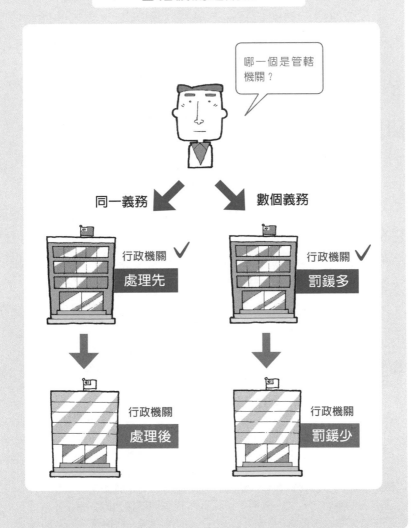

　　一行為違反數個行政法上義務而應處罰鍰，數機關均有管轄權者，由法定罰鍰額最高之主管機關管轄。法定罰鍰額相同者，依前項規定定其管轄。（行政罰法§31Ⅱ）

　　一行為違反數個行政法上義務，應受沒入或其他種類行政罰者，由各該主管機關分別裁處。但其處罰種類相同者，如從一重處罰已足以達成行政目的者，不得重複裁處。（行政罰法§31Ⅲ）

六 同時觸犯刑事法律及違反行政法上義務規定

　　一行為同時觸犯刑事法律及違反行政法上義務規定者，應將涉及刑事部分移送該管司法機關。（行政罰法§32Ⅰ）

　　前項移送案件，司法機關就刑事案件為不起訴處分、緩起訴處分確定或為無罪、免訴、不受理、不付審理、不付保護處分、免刑、緩刑、撤銷緩刑之裁判確定，或撤銷緩起訴處分後經判決有罪確定者，應通知原移送之行政機關。（行政罰法§32Ⅱ）

　　前二項移送案件及業務聯繫之辦法，由行政院會同司法院定之。（行政罰法§32Ⅲ）

相關考題 管轄	
下列有關行政罰案件管轄之敘述，何者正確？　(A)故意共同實施違反行政法上義務之行為，其行為地、行為人之住所、居所或營業所、事務所或公務所所在地不在同一管轄區內者，以行為地之主管機關為管轄機關　(B)一行為違反數個行政法上義務而應處罰鍰，數機關均有管轄權者，由處理在先之機關管轄　(C)一行為違反同一行政法上義務，數機關均有管轄權者，由層級較高之機關管轄　(D)一行為違反數個行政法上義務，應受沒入或其他種類行政罰者，由各該主管機關分別裁處　　【99三等身障特考一般行政-行政法】	(D)

古 行政罰之裁處程序

一、現行違反行政法上義務之處置

行政機關對現行違反行政法上義務之行為人，得為下列之處置：

1、即時制止其行為。

2、製作書面紀錄。

3、為保全證據之措施。遇有抗拒保全證據之行為且情況急迫者，
得使用強制力排除其抗拒。

4、確認其身分。其拒絕或規避身分之查證，經勸導無效，致確
實無法辨認其身分且情況急迫者，得令其隨同到指定處所查
證身分；其不隨同到指定處所接受身分查證者，得會同警察
人員強制為之。

強制作為不得逾越保全證據或確認身分目的之必要程度。（行政
罰法§34）

二、行為人之異議權

對於行政機關依行政罰法第34條所為之強制力排除抗拒保
全證據，或強制到指定處所查證身分，行為人表示不服者，得向
該行政機關執行職務之人員，當場陳述理由表示異議。行政機關
執行職務之人員，認前項異議有理由者，應停止或變更強制力排
除抗拒保全證據，或強制到指定處所查證身分之處置；認無理由
者，得繼續執行。經行為人請求者，應將其異議要旨製作紀錄交
付之。（行政罰法§35）

行政機關對於行為人所為強制排除抗拒保全證據或強制到指
定處所之處分，係對行為人人身自由之限制，對於行為人之權益
影響甚鉅，故應給予行為人有當場陳述理由表示異議之機會。

又強制到指定處所，具有即時性、短暫性之性質，故對異議結果，無予以再救濟之必要。惟應交付相關異議紀錄，以為證明，俾利爾後循國家賠償或其他途徑求償。

三、扣留

必要性與強制力

得沒入或可為證據之物，得扣留之。（行政罰法 §36 I）可為證據之物之扣留範圍及期間，以供檢查、檢驗、鑑定或其他為保全證據之目的所必要者為限。（行政罰法 §36 II）對於應扣留物之所有人、持有人或保管人，得要求其提出或交付；無正當理由拒絕提出、交付或抗拒扣留者，得用強制力扣留之。（行政罰法 §37）

紀錄與標識

扣留，應作成紀錄，記載實施之時間、處所、扣留物之名目及其他必要之事項，並由在場之人簽名、蓋章或按指印；其拒絕簽名、蓋章或按指印者，應記明其事由。（行政罰法 §38 I）扣留物之所有人、持有人或保管人在場或請求時，應製作收據，記載扣留物之名目，交付之。（行政罰法 §38 II）扣留物，應加封緘或其他標識，並為適當之處置；其不便搬運或保管者，得命人看守或交由所有人或其他適當之人保管。得沒入之物，有毀損之虞或不便保管者，得拍賣或變賣而保管其價金。（行政罰法 §39 I）易生危險之扣留物，得毀棄之。（行政罰法 §39 II）

發還

扣留物於案件終結前無留存之必要，或案件為不予處罰或未為沒入之裁處者，應發還之；其經依前條規定拍賣或變賣而保管其價金或毀棄者，發還或償還其價金。但應沒入或為調查

他案應留存者，不在此限。（行政罰法§40Ⅰ）扣留物之應受發還人所在不明，或因其他事故不能發還者，應公告之；自公告之日起滿6個月，無人申請發還者，以其物歸屬公庫。（行政罰法§40Ⅱ）

扣留程序之聲明異議

　　物之所有人、持有人、保管人或利害關係人對扣留不服者，得向扣留機關聲明異議。（行政罰法§41Ⅰ）前項聲明異議，扣留機關認有理由者，應發還扣留物或變更扣留行為；認無理由者，應加具意見，送直接上級機關決定之。（行政罰法§41Ⅱ）對於直接上級機關之決定不服者，僅得於對裁處案件之實體決定聲明不服時一併聲明之。但物之所有人、持有人、保管人或利害關係人依法不得對裁處案件之實體決定聲明不服時，得單獨對行政機關之扣留，逕行提起行政訴訟。（行政罰法§41Ⅲ）聲明異議及前開逕行提起之行政訴訟，不影響扣留或裁處程序之進行。（行政罰法§41Ⅳ）

四、陳述意見

　　行政機關於裁處前，應給予受處罰者陳述意見之機會。以避免行政機關之恣意專斷，並確保受處罰者之權益。惟行政機關已依行政程序法第39條規定，通知受處罰者陳述意見，或已依職權或依本法第43條規定舉行聽證者，均已給予受處罰者陳述意見之機會，故無庸再依本條給予陳述意見之機會；又大量作成同種類之裁處，基於行政經濟之考慮，亦得不給予陳述意見之機會；另情況急迫，如給予陳述意見之機會，顯然違背公益，或受法定期間之限制，如給予陳述意見機會，將坐失時機而不能遵行者，亦不宜給予陳述意見之機會；此外，裁處所根據之事實，客觀上已明白且足以確認者，再事先聽取受處罰者之意見，顯然並無任何實益，故亦無須給予受處罰者陳述意見之必要；另法律如有特別規定，亦得不給予受處罰者陳述意見之機會。（行政罰法§42）

五、聽證

行政機關為行政罰法第2條第1款（限制或禁止行為之處分）及第2款（剝奪或消滅資格、權利之處分）之裁處前，應依受處罰者之申請，舉行聽證。但有下列情形之一者，不在此限：

1、有第42條但書各款情形之一。

2、影響自由或權利之內容及程度顯屬輕微。

3、經依行政程序法第104條規定，通知受處罰者陳述意見，而未於期限內陳述意見。（行政罰法§43）

六、裁處書與送達

行政機關裁處行政罰時，應作成裁處書，並為送達。（行政罰法§44）

本條明定行政機關裁處行政罰之方式。行政機關為裁處時，應作成裁處書，以與其他行政處分區別，其應記載事項則依行政程序法第96條之規定，又裁處書應合法送達於受裁處人，以完備行政程序，並保障人民權益。至於送達之方式、對象、時間、處所等，均依行政程序法送達之規定辦理。

相關考題

依行政罰法第41條之規定，物之所有人對於行政機關之扣留處分不服時，應如何救濟？ (A)只能向扣留機關聲明異議 (B)只能向普通法院聲明異議 (C)只能向高等行政法院聲明異議 (D)得先向扣留機關聲明異議，例外時亦得針對扣留處分單獨提起行政訴訟　　　　　　【103普考一般行政-行政法】	(D)
依行政罰法規定，關於行政罰之敘述，下列何者正確？ (A)地方政府僅能依中央法律對人民裁處罰鍰 (B)行政罰裁處前，原則上應給予受處罰者陳述意見之機會 (C)行政罰之要件，一律應以法律定之 (D)行政罰之裁處，不以書面為要件　　　　【108普考-行政法概要】	(B)

六 裁處權時效

一、3 年之計算起算點

有關行政罰裁處權時效之規定。按行政罰裁處權之行使與否，不宜懸之過久，而使處罰關係處於不確定狀態，影響人民權益，惟亦不宜過短，以免對社會秩序之維護有所影響，爰定其消滅時效為 3 年。（行政罰法 §27 Ⅰ）

此 3 年之期間，自違反行政法上義務之行為終了時起算。但行為之結果發生在後者，自該結果發生時起算。（行政罰法 §27 Ⅱ）一行為觸犯刑事法律及違反行政法上義務規定者，刑事部分經不起訴處分、緩起訴處分確定或為無罪、免訴、不受理、不付審理之裁判確定者，行政罰之裁處權時效之期間，自不起訴處分、緩起訴處分確定或無罪、免訴、不受理、不付審理、不付保護處分、免刑、緩刑之裁判確定日起算。（行政罰法 §27 Ⅲ）行政罰之裁處因訴願、行政訴訟或其他救濟程序經撤銷而須另為裁處者，自原裁處被撤銷確定之日起算。（行政罰法 §27 Ⅳ）

二、時效之停止進行

裁處權時效，因天災、事變或依法律規定不能開始或進行裁處時，停止其進行。前項時效停止，自停止原因消滅之翌日起，與停止前已經過之期間一併計算。（行政罰法 §28）

裁罰權若懸之過久不予行使，將失去其制裁之警惕作用，亦影響人民權益，俾藉此督促行政機關及早行使公權力，惟如行政機關因天災（如九二一地震）、事變致事實上不能執行職

裁處權期間之起算時點

行政罰之類型	起算時點
一般行政罰	自違反行政法上義務之行為終了時起算
行為之結果發生在後者	自該結果發生時起算
一行為觸犯刑事法律及違反行政法上義務規定者，刑事部分經不起訴處分或為無罪、免訴、不受理、不付審理之裁判確定者（註1）	行政罰之裁處權時效之期間，自不起訴處分、緩起訴處分確定或無罪、免訴、不受理、不付審理、不付保護處分、免刑、緩刑之裁判確定日起算
行政罰之裁處因訴願、行政訴訟或其他救濟程序經撤銷而須另為裁處者（註1）	自原裁處被撤銷確定之日起算

務或法律另有規定之事由，無法開始或進行裁處時，因非屬行政機關之懈怠，自宜停止時效進行，故規定裁處權時效之停止事由。行政罰法不採時效中斷制度，因此裁處權時效停止原因消滅後，繼續進行之時效應與前已進行之時效合併計算，以符合時效規定之精神。

九 秩序罰與執行罰之區別

秩序罰，是對過去所犯錯誤的制裁，制裁效果主要是處以罰鍰；執行罰，是督促未來履行義務的強制手段，相對於罰鍰的強制手段是處以怠金；秩序罰是一種制裁手段，執行罰雖然是行政強制手段，但並非制裁。在狀態犯（違規），除了對已經完成的違規事實加以處罰之外，還有排除違規狀態的問題，因為行為已經終了，所以排除違規狀態是執行的問題。

在繼續犯（違規），則在違規事實既逐之後，因為違規行為持續存在，因此排除違規行為與繼續處罰違規行為同時存在，也就是執行罰與秩序罰並存，違規行為的持續，是構成要件不法的持續實現，隨著時間經過，在行為終了之前，仍然可以對過去的錯誤予以制裁，同時可以採取強制手段，排除違規行為以排除違規狀態，例如妨害自由期間的妨害自由，屬於妨害自由罪的構成範圍，妨害自由時間的久暫，會反映在量刑上面，而同時可以命行為人釋放被害人或強力排除行為人對被害人行動自由的拘束，以排除妨害自由的狀態。

例如違規停車的情形，可以責令行為人自行移置車輛、由交通勤務人員代為移置或逕行拖吊，以排除持續的違規行為所造成的違規狀態，在違規行為沒有終止之前，違規行為還是在實現違規不法構成要件，因此仍然是秩序罰的處罰對象。如果只看到如何利用執行罰排除違規狀態，看不見違規行為持續危害交通安全侵害法益的事實，而不施以秩序罰，則屬評價不足而與比例原則不合。（釋604─許玉秀不同意見書）

秩序罰與執行罰之區別

秩序罰	項目	執行罰
對過去所犯錯誤的制裁	標的	督促未來履行義務的強制手段
處以罰鍰	手段	處以怠金
制裁手段	性質	並非制裁
散見各行政法規	依據	行政執行法
不可以，有一事不二罰規定之適用	連續處罰	可以
依訴願、行政訴訟之救濟程序	救濟程序	向執行機關聲明異議
可逕行科處	作成程序	須先以書面告誡後，方可執行之

⊞ 繼續犯與狀態犯

一、繼續犯

繼續犯，雖然犯罪完成後行為仍然持續進行，仍然論以一罪，因為在既遂結果（犯罪完成）發生之後，仍舊持續的行為與導致犯罪結果發生的行為是同一個行為，沒有另外產生任何其他行為。

例如刑法第 302 條妨害自由罪，拘束他人行動自由後，犯罪即告完成（既遂），待他人恢復自由之後，妨害自由的行為始終止。違規停車屬於此種類型，車子一經停置於禁停區，違規停車行為即告完成，但在車子離開禁停區之前，違規行為持續存在，必待車子離開禁停區之後，違規行為才告終止。（釋604—許玉秀不同意見書）

二、狀態犯

相對於繼續犯的概念，是狀態犯。狀態犯是行為在犯罪完成前已終止，或完成時同時終止的情形。例如殺人罪，結果可能在行為終了時發生，或行為終了後，結果始發生，例如送醫不治；又如竊盜罪，竊盜罪完成時，竊盜行為已告終了，在犯罪完成後，沒有行為存在，只有法益受害的狀態存在。

無照起造建築物屬於此種類型，在違章建築蓋好之後，違規事實既遂，違規行為亦告終止，只有侵害法益的違規狀態存在。排放廢污水的情形，亦復相同，排放廢污水的行為終止時，違規以廢污水污染環境的事實也告完成，所繼續存在的，是污染的違規狀態。（釋604—許玉秀不同意見書）

三、二者區別實益

　　刑法區別繼續犯與狀態犯之實益，在於追訴時效及罪數。行政法上區別狀態犯和繼續犯，則在區分秩序罰和執行罰、處罰次數以及裁處時效上面有實益。

相關考題 裁處程序

依行政罰法規定，扣留物之所有人如不服扣留時，得向扣留機關提出何種救濟？　(A)抗告　(B)訴願　(C)申訴　(D)聲明異議 【98高考三級-行政法】	(D)
以下有關裁處程序之規定，何者錯誤？　(A)行政機關執行職務之人員，應向行為人出示有關執行職務之證明文件　(B)行政機關於裁處前，原則上無須給予受處罰者陳述意見之機會　(C)行政機關裁處行政罰時，應作成裁處書，並為送達　(D)對於應扣留物之所有人、持有人或保管人，得要求其提出或交付；無正當理由拒絕提出、交付或抗拒扣留者，得用強制力扣留之　【95四等地方特考】	(B)

相關考題 停止執行

某甲工廠因排放廢水，被主管機關認為情節嚴重而命令停工。試問藉由下列那一種制度之適用，某甲或可暫免於停工而不能繼續生產命運？　(A)假扣押　(B)假處分　(C)假執行　(D)停止執行 【103地特三等一般行政-行政法】	(D)

相關考題 時效

行政罰法規定之裁處權時效，因多久期間之經過而消滅？　(A)3個月　(B)6個月　(C)2年　(D)3年　【96三等地方特考-行政法】	(D)
行政罰之裁處權的消滅時效期間，除法律另有規定外，最長為幾年？ (A)1年　(B)2年　(C)3年　(D)5年 【97三等地方特考-行政法】	(C)

9 行政協助

一 行政協助之概念

所謂「行政協助」，係指基於行政一體之機能，一機關於執行本身之職務時，得向其他機關請求提供行政上之協助而言。（93 裁 747）

行政機關為發揮共同一體之行政機能，應於其權限範圍內互相協助。（行政程序法 §19 Ⅰ）

行政機關執行職務時，有下列情形之一者，得向無隸屬關係之其他機關請求協助：

1、因法律上之原因，不能獨自執行職務者。
2、因人員、設備不足等事實上之原因，不能獨自執行職務者。
3、執行職務所必要認定之事實，不能獨自調查者。
4、執行職務所必要之文書或其他資料，為被請求機關所持有者。
5、由被請求機關協助執行，顯較經濟者。
6、其他職務上有正當理由須請求協助者。（行政程序法 §19 Ⅱ）行政協助之請求，除緊急情形外，應以書面為之。（行政程序法 §19 Ⅲ）

二 行政協助之拒絕

被請求機關於有下列情形之一者，應拒絕之：（行政程序法 §19 Ⅳ）

1、協助之行為，非其權限範圍或依法不得為之者。
2、如提供協助，將嚴重妨害其自身職務之執行者。
被請求機關認有正當理由不能協助者，得拒絕之。（行政程序法 §19 Ⅴ）

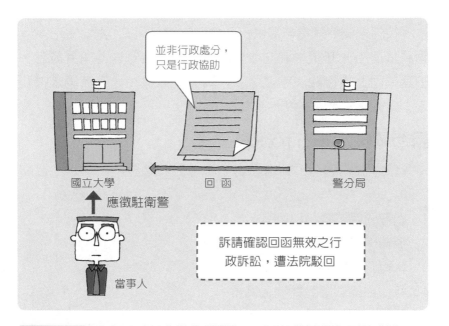

實務見解 駐衛警安全查核協請警方調查案

　　某甲應徵國立空中大學駐衛警，校方為進行安全查核，發函給蘆洲分局，希望提供某甲是否有前科。蘆洲分局第一次回函表示曾有犯罪紀錄，但卻是資料錯誤，遂又發函更正為：「貴校駐衛警經重新調查結果均無犯罪紀錄」。某甲認為業已影響其權利，訴請判決確認該函無效，蘆洲分局則認為並沒有對某甲做出任何行政處分，請求法院駁回某甲之訴。

　　最高行政法院認為：國立空中大學所進行的安全查核，並沒有法令賦予其查核之義務，也沒有規定必須受到警方回函結果之拘束；蘆洲警方也並不會因為國立空中大學致函而取得對某甲安全查核之權利。所以，蘆洲分局的系爭函僅係提供行政協助，並非行政處分。（98判40）

被請求機關認為無提供行政協助之義務或有拒絕之事由時，應將其理由通知請求協助機關。請求協助機關對此有異議時，由其共同上級機關決定之，無共同上級機關時，由被請求機關之上級機關決定之。（行政程序法§19 VI）

三 行政執行法之行政協助

　　執行機關遇有下列情形之一者，得於必要時請求其他機關協助之：

1、須在管轄區域外執行者。

2、無適當之執行人員者。

3、執行時有遭遇抗拒之虞者。

4、執行目的有難於實現之虞者。

5、執行事項涉及其他機關者。

　　被請求協助機關非有正當理由，不得拒絕；其不能協助者，應附理由即時通知請求機關。被請求協助機關因協助執行所支出之費用，由請求機關負擔之。（行政執行法§6）

　　實務上就曾發生國防部要求桃園縣政府將某些土地，所有權人變更登記為中華民國。

實務見解　國防部要求桃園縣政府移轉大溪土地案

　　高等法院認為是行政協助，可以本於其自身職權決定有無提供之義務，應依行政程序法第19條第6項規定辦理。最高法院認為這是屬於給付訴訟範圍，蓋因若一機關並非執行本身之職務，而係請求他機關依法為特定內容之行為，因受請求之機關為拒絕之意思表示（桃園縣政府拒絕將某些土地所有權人變更登記為中華民國），國防部自得依行政訴訟法第8條之規定，逕行提起給付訴訟，法院應為實體審理。（93裁747）

相關考題　　**行政協助**

下列何者不是行政機關職務協助之特徵？　(A)主動性　(B)被動性 (C)臨時性　(D)輔助性　　　　　　　　　　【98高考三級-行政法】	(A)
雲林縣政府執行違章建築之拆除，函請該縣警察局到場維持秩序，該警察局派員行為之法律性質為何？　(A)行政協助　(B)行政助手 (C)行政委託　(D)行政輔助　　　　【99地方特考四等-行政法概要】	(A)
甲機關為執行行政檢查業務，欲請求乙機關派員協助。下列敘述何者錯誤？　(A)甲機關因法律上之原因，不能獨自執行職務，故可請求乙機關協助　(B)由乙機關協助執行顯較經濟者，得請求之　(C)乙機關得上級機關之同意時，得拒絕之　(D)乙機關得向甲機關請求負擔行政協助所需費用　　　　　　　　　【108高考-行政法】	(C)

10 行政執行

━ 行政執行的概念

　　如果行政機關開的交通違規罰單，當事人不繳錢，又如胡瓜的前女婿遭罰停業 3 個月，但仍持續營業，行政機關該怎麼辦呢？這時候，就必須透過行政執行的方式，讓公權力得以貫徹。

　　本法所稱行政執行，指公法上金錢給付義務、行為或不行為義務之強制執行及即時強制。（行政執行法 §2）行政執行，由原處分機關或該管行政機關為之。但公法上金錢給付義務逾期不履行者，移送法務部行政執行署所屬行政執行處執行之。（行政執行法 §4 I）

━ 行政執行的基本原則

　　行政執行，應依公平合理原則，兼顧公共利益與人民權益之維護，以適當之方法為之，不得逾達成執行目的之必要限度。（行政執行法 §3）此一規定闡明行政執行必須遵守「公平合理原則」以及「比例原則」。

　　除明示採取公平合理原則外，條文中所謂「以適當之方法為之，不得逾達成執行目的之必要限度」，是指 1、採取之執行方法須有助於執行目的之達成。2、有多種同樣能達成執行目的之執行方法時，應選擇對義務人、應受執行人及公眾損害最少之方法為之。3、採取之執行方法所造成之損害不得與欲達成執行目的之利益顯失均衡。亦即所謂的「比例原則」概念。

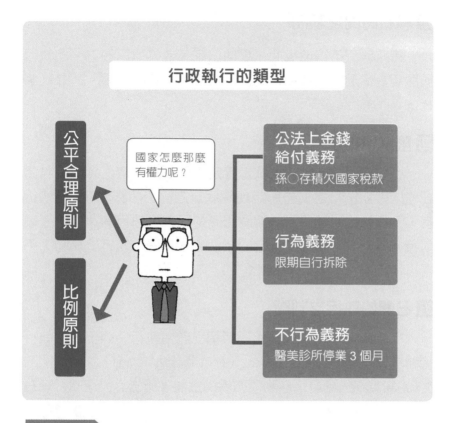

行政執行的類型

公平合理原則

比例原則

國家怎麼那麼有權力呢？

公法上金錢給付義務
孫○存積欠國家稅款

行為義務
限期自行拆除

不行為義務
醫美診所停業 3 個月

相關考題 行政執行

下列關於行政執行之敘述，何者正確？ (A)行政機關寄發地價稅之繳款通知書，期限屆至後卻未獲納稅義務人繳納，行政機關得移送行政執行 (B)行政機關就人民所申請之案件，去函申請人請其限時提出相關資料與證據，申請人未依限提出，行政機關得移送行政執行 (C)人民領取公費出國留學，學成後卻拒不返國服務，行政機關就其欲請求返還所領取之公費，得逕行移送行政執行 (D)考取律師資格後，主管機關卻拒不核發律師證書，人民得請求移送行政執行 【103地特四等一般行政-行政法】 (A)

三 執行時間之限制

行政執行不得於夜間、星期日或其他休息日為之。但執行機關認為情況急迫或徵得義務人同意者,不在此限。(行政執行法§5 I)

四 限期執行

行政執行,自處分、裁定確定之日或其他依法令負有義務經通知限期履行之文書所定期間屆滿之日起,5 年內未經執行者,不再執行;其於 5 年期間屆滿前已開始執行者,仍得繼續執行。但自 5 年期間屆滿之日起已逾 5 年尚未執行終結者,不得再執行。(行政執行法 §7 I)

五 已開始執行之判斷

行政執行法第 7 條第 1 項所稱已開始執行,如已移送執行機關者,係指下列情形之一:(行政執行法 §7 Ⅲ)

1、通知義務人到場或自動清繳應納金額、報告其財產狀況或為其他必要之陳述。

2、已開始調查程序。

六 中止執行

行政執行有下列情形之一者,執行機關應依職權或因義務人、利害關係人之申請終止執行:(行政執行法 §8 I)

1、義務已全部履行或執行完畢者。

2、行政處分或裁定經撤銷或變更確定者。

3、義務之履行經證明為不可能者。

七 執行員

法院為拘提之裁定後，應將拘票交由行政執行處派執行員執行拘提。（行政執行法 §19 Ⅰ）

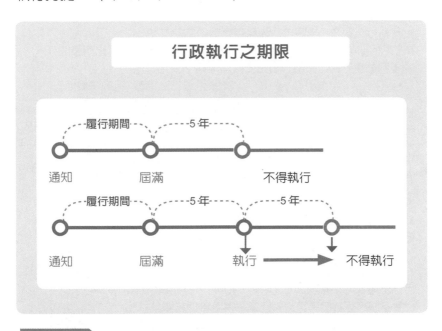

行政執行之期限

履行期間 ... 5年
通知　　　屆滿　　　不得執行

履行期間 ... 5年 ... 5年
通知　　　屆滿　　　執行 ⟶　不得執行

相關考題　　限期執行

交通違規處分確定後，受處分人逾期未繳款，於通知繳款期限屆滿後多久未經執行，即不得再為強制執行？　(A)5年　(B)4年　(C)3年　(D)2年　　　　　　　　　　【99三等身障特考一般行政 - 行政法】	(A)
甲住臺北市大安公園附近，因家中重新裝潢而產生大量廢棄物，利用夜間將該等廢棄物棄置於大安公園空地，經臺北市政府環境保護局依法處以罰鍰並命令限期清除，超過期限甲仍不清除時，依行政執行法第 4 條之規定，應由何機關執行之？　(A)臺北市政府　(B)臺北市政府環境保護局　(C)法務部行政執行署　(D)法務部行政執行署臺北分署　　　　　　　　　　【103高考一般行政 - 行政法】	(B)

市政府對違章建築之強制拆除，其性質為何？　(A)行政命令　(B)行政保全　(C)行政執行　(D)行政刑罰 【99鐵路四等員級法律政風-行政法概要】	(C)
行政執行法第3條規定，行政執行應以適當之方法為之，不得逾達成執行目的之必要限度。此即何一法律原則之表現？　(A)比例原則　(B)不利益變更禁止原則　(C)法律保留原則　(D)平等原則 【100四等行政警察-行政法概要】	(A)
依行政執行法規定，下列何者非屬公法上金錢給付義務之執行方法？　(A)管收　(B)拘提　(C)查封　(D)管束　【108普考-行政法概要】	(D)
下列何者非屬直接強制方法？(A)封閉住宅　(B)拘提管收　(C)解除占有　(D)註銷證照　　　　　　　　　　　　【110地特-行政法】	(B)
甲積欠交通違規罰單新臺幣18,000元，主管機關經催繳後仍未繳納，移送行政執行。依行政執行法之規定，下列敘述何者正確？(A)如甲於執行程序終結前死亡，未留有遺產，執行機關應向甲之繼承人為執行　(B)如甲於執行程序終結前繳清罰鍰，其應以聲明異議之方式請求終止執行　(C)如執行機關發現甲顯有財產卻故意不繳納，且已出境1次，得限制甲之住居　(D)如甲對於執行機關限制住居之命令不服，經聲明異議遭駁回後，得直接提起撤銷訴訟 【112高考-行政法】	(D)

依行政執行法規定，公法上金錢給付義務逾期不履行者，強制執行機關為何？　(A)原處分機關或該管行政機關　(B)法務部行政執行署所屬行政執行處　(C)普通法院民事執行處　(D)高等行政法院之執行處　　　　　　　　　　【99鐵路高員三級人事行政-行政法】	(B)
依據行政執行法之規定，下列那一種行政執行係由行政執行處為之？　(A)公法上金錢給付義務之執行　(B)行為或不行為義務之執行　(C)關於物之交付義務之強制執行　(D)直接強制 【99鐵路四等員級法律政風-行政法概要】	(A)

相關考題　執行機關

依司法院大法官釋字第588號解釋，執行拘提管收之行政執行處執行員，其性質為何？　(A)法官　(B)檢察官　(C)警察　(D)檢察事務官　【99三等身障特考一般行政-行政法】	(C)

解析：

憲法第8條第1項所稱「非經司法或警察機關依法定程序，不得逮捕、拘禁」之「警察機關」，並非僅指組織法上之形式「警察」之意，凡法律規定，以維持社會秩序或增進公共利益為目的，賦予其機關或人員得使用干預、取締之手段者均屬之，是以行政執行法第19條第1項關於拘提、管收交由行政執行處派執行員執行之規定，核與憲法前開規定之意旨尚無違背。

相關考題　中止執行

下列何者非屬行政執行終結之情形？　(A)義務人已全部自動履行其義務 (B)義務之履行經證明為不可能　(C)行政處分經撤銷或變更確定 (D)事實上或法律上停止執行行為　【104高考-行政法】	(D)
下列何者為行政執行手段？　(A)禁止出入港口　(B)斷絕營業所必須之自來水及電力　(C)命令歇業　(D)公布照片　【104高考-行政法】	(B)

解析：

行政執行法第28條第2項：

「前條所稱之直接強制方法如下：

一、扣留、收取交付、解除占有、處置、使用或限制使用動產、不動產。

二、進入、封閉、拆除住宅、建築物或其他處所。

三、收繳、註銷證照。

四、斷絕營業所必須之自來水、電力或其他能源。

五、其他以實力直接實現與履行義務同一內容狀態之方法。」

八 公法上金錢給付義務

義務人依法令或本於法令之行政處分或法院之裁定，負有公法上金錢給付義務，逾期不履行，有下列情形之一，經主管機關移送者，由行政執行處就義務人之財產執行之：（行政執行法 §11 I）

1、其處分文書或裁定書定有履行期間或有法定履行期間者（行政執行法 §11 I ①）

例如一般的交通違規罰單，都會規定於一定之日期前到案繳交罰款，若未繳納罰款，則會送交行政執行處執行。又如停車費也會有繳費期限，超過繳費期限，並不會直接將之移送行政執行處執行，還會寄發通知書提醒繳費，若仍未繳費則會處以罰鍰。

2、其處分文書或裁定書未定履行期間，經以書面限期催告履行者（行政執行法 §11 I ②）

例如雖然沒有訂定履行期間，可是行政機關業已函文催告，針對一定金錢給付義務，應於 12 月 31 日繳付完成，而當事人未能在該期限屆至時繳交，行政機關就可以執行義務人之財產。

3、依法令負有義務，經以書面通知限期履行者（行政執行法 §11 I ③）

法院依法律規定就公法上金錢給付義務為假扣押、假處分之裁定經主管機關移送者，亦同。（行政執行法 §11 II） 所謂假扣押，是指為保全公法上金錢給付之強制執行，得聲請假扣押。（行政訴訟法 §293 I）簡單來說，就是為了避免當事人脫產，透過假扣押的程序，讓該財產無法移轉變動，以確保公法上權利之實現。公法上金錢給付義務之執行事件，由行政執行處之行政執行官、執行書記官督同執行員辦理之，不受非法或不當之干涉。（行政執行法 §12）

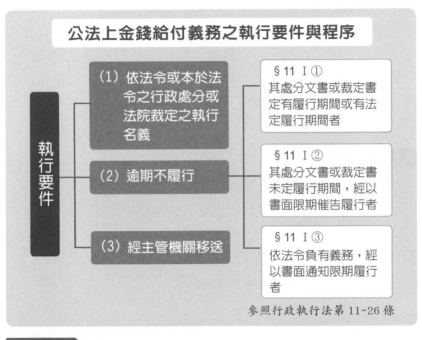

公法上金錢給付義務之執行要件與程序

執行要件

(1) 依法令或本於法令之行政處分或法院裁定之執行名義
　　§11 I ① 其處分文書或裁定書定有履行期間或有法定履行期間者

(2) 逾期不履行
　　§11 I ② 其處分文書或裁定書未定履行期間，經以書面限期催告履行者

(3) 經主管機關移送
　　§11 I ③ 依法令負有義務，經以書面通知限期履行者

參照行政執行法第11~26條

相關考題　公法上金錢給付義務

下列何者非行政執行法第11條所規定「公法上金錢給付義務」之發生原因？　(A)法令規定　　(B)行政契約　　(C)法院裁定　　(D)行政處分　　【99三等身障特考一般行政-行政法】	(B)
下列何者不屬於行政執行法中之公法上金錢給付義務？　(A)高速公路通行費　(B)全民健保保費　(C)營業稅款　(D)罰金　　【99三等身障特考一般行政-行政法】	(D)

解析：
罰金是刑法主刑之一種，行政法中的處罰稱之為罰鍰。

公法上金錢給付義務之執行，不徵收執行費。但因強制執行所支出之必要費用，應如何負擔？　(A)由行政執行處自行吸收　(B)由原處分機關負擔　(C)由義務人負擔　(D)由行政執行署編列預算支應　　【99三等身障特考一般行政-行政法】	(C)

　　所謂假處分，是指公法上之權利因現狀變更，有不能實現或甚難實現之虞者，為保全強制執行，得聲請假處分。（行政訴訟法§298 I）例如可能雙方交易的是一項千年國寶陶器，但當事人不想要履行，正準備將該陶器運送出國，為避免送出國之後，將永遠無法再取得，此時可以透過假處分限制其送出國，來保全未來取得之可能。

九 移送執行的程序

一、移送執行應檢附之文件

　　移送機關於移送行政執行處執行時，應檢附下列文件：

1、移送書。

2、處分文書、裁定書或義務人依法令負有義務之證明文件。

3、義務人之財產目錄。但移送機關不知悉義務人之財產者，免予檢附。

4、義務人經限期履行而逾期仍不履行之證明文件。

5、其他相關文件。

二、調查財產

　　行政執行處為辦理執行事件，得通知義務人到場或自動清繳應納金額、報告其財產狀況或為其他必要之陳述。（行政執行法§14）

三、遺產之執行

　　義務人死亡遺有財產者，行政執行處得逕對其遺產強制執行。（行政執行法§15 I）

四、重覆查封之禁止

　　執行人員於查封前，發見義務人之財產業經其他機關查封者，不得再行查封。行政執行處已查封之財產，其他機關不得再行查封。（行政執行法§16）

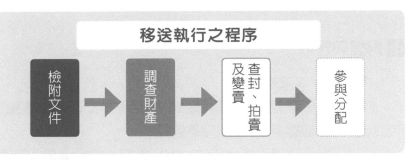

相關考題　遺產之執行

公法上金錢給付義務之強制執行時，義務人死亡遺有遺產者，行政執行處應如何處理？　(A)行政執行處應終止強制執行　(B)行政執行處得逕對其遺產強制執行　(C)行政執行處得經法院同意後，逕對其遺產強制執行　(D)行政執行處得經行政執行署同意後，逕對其遺產強制執行　【100四等行政警察-行政法概要】	(B)
有關公法上金錢給付義務之執行，下列敘述何者正確？　(A)義務人死亡遺有財產者，行政執行處不得逕對其遺產強制執行，應經繼承人同意始得為之　(B)執行人員於查封前，發見義務人之財產業經其他機關查封者，得再行查封　(C)由原處分機關之會計人員負責辦理行政執行　(D)為辦理行政執行事件，得通知義務人到場為必要之陳述　【103普考一般行政-行政法】	(D)
依據實務見解，納稅義務人因違反稅法規定而受罰鍰處分，惟納稅義務人於行政訴訟程序中死亡，則罰鍰處分應如何處置？　(A)因納稅義務人死亡，法律關係即告消滅，故無法執行該罰鍰處分　(B)由繼承人繼承被繼承人之義務人地位，並繳納罰鍰　(C)納稅義務人死亡後，法院應以欠缺當事人能力為由駁回訴訟　(D)由繼承人於被繼承人遺產範圍內代繳罰鍰　【112高考-行政法】	(D)
依實務見解，關於公法上金錢給付義務人死亡後之行政執行，下列敘述何者正確？　(A)納稅義務人死亡後，其納稅能力消滅，無須再予以徵繳　(B)行政機關課以義務人履行公法上義務之怠金，具有一身專屬性，不得由繼承人繼承　(C)罰鍰義務人死亡後，仍得就其遺產，進行行政執行　(D)行政法院依法律規定，就公法上金錢給付義務，僅得依民事執行程序，為假扣押、假處分之裁定　【111高考-行政法】	(C)

➕ 拘提與管收

一、拘提與管收之概念

為使金錢給付義務人實現其義務，對於不願實現其義務者，得在符合一定之要件下，施以拘提或管收。

拘提，是以強制到場為目的，拘束義務人之行動自由時間較為短暫，管收則較為長期，但最多不得逾 6 個月，且管收之前必須先經過拘提，拘提之結果也未必然是管收，其相關規定為行政執行法第 17 條。

二、提供擔保、限期履行、限制住居

義務人有下列情形之一者，行政執行處得命其提供相當擔保，限期履行，並得限制其住居：（行政執行法 §17 Ⅰ）

1、顯有履行義務之可能，故不履行。

2、顯有逃匿之虞。

3、就應供強制執行之財產有隱匿或處分之情事。

4、於調查執行標的物時，對於執行人員拒絕陳述。

5、經命其報告財產狀況，不為報告或為虛偽之報告。

6、經合法通知，無正當理由而不到場。

前項義務人滯欠金額合計未達新臺幣 10 萬元者，不得限制住居。但義務人已出境達二次者，不在此限。（行政執行法 §17 Ⅱ①）

已按其法定應繼分繳納遺產稅款、罰鍰及加徵之滯納金、利息。但其繼承所得遺產超過法定應繼分，而未按所得遺產比例繳納者，不在此限。（行政執行法 §17 Ⅱ②）

三、拘提

　　義務人經行政執行處依第一項規定命其提供相當擔保，限期履行，屆期不履行亦未提供相當擔保，有下列情形之一，而有強制其到場之必要者，行政執行處得聲請法院裁定拘提之：（行政執行法 §17 Ⅲ）

1、顯有逃匿之虞。

2、經合法通知，無正當理由而不到場。

　　法院對於前項聲請，應於 5 日内裁定；其情況急迫者，應即時裁定。（行政執行法 §17 Ⅳ）義務人經拘提到場，行政執行官應即訊問其人有無錯誤，並應命義務人據實報告其財產狀況或為其他必要調查。（行政執行法 §17 Ⅴ）

四、管收

　　行政執行官訊問義務人後，認有下列各款情形之一，而有管收必要者，行政執行處應自拘提時起 24 小時内，聲請法院裁定管收之：（行政執行法 §17 Ⅵ）

1、顯有履行義務之可能，故不履行。

2、顯有逃匿之虞。

3、就應供強制執行之財產有隱匿或處分之情事。

4、已發見之義務人財產不足清償其所負義務，於審酌義務人整體收入、財產狀況及工作能力，認有履行義務之可能，別無其他執行方法，而拒絕報告其財產狀況或為虛偽之報告。

　　義務人經通知或自行到場，經行政執行官訊問後，認有上列各款情形之一，而有聲請管收必要者，行政執行處得將義務人暫予留置；其訊問及暫予留置時間合計不得逾 24 小時。

①欠稅大戶,欠錢不還

快履行金錢給付義務,或拿財產擔保。

②行政執行官要求提供相當擔保、限期履行

沒錢!

我要將你管收

③孫○存兩手一攤,擺爛沒錢行政執行官表示將管收

你們才是我身邊真正的女人

④眾家女星紛紛拿出錢來資助

實務見解 孫○存事件

　　孫○存帶著新婚嬌妻到處血拼,但是卻不願意還錢,顯然符合管收中「有履行義務之可能,但是卻不願意履行」之要件,行政執行官表示若再不還錢,就要聲請法院裁定管收,孫○存始願意拿錢出來還。

相關考題 管收

關於行政執行上管收之敘述,下列何者錯誤? (A)係對公法上金錢給付義務顯有履行可能而不履行之義務人,促其履行義務之強制手段 (B)須聲請法院裁定管收 (C)行政執行官確知義務人有履行能力而不為者,即可聲請管收,不以曾訊問義務人為必要 (D)義務人公法上金錢給付義務不因管收而免除【99地方特考四等-行政法概要】	(C)

⼟ 禁止奢侈浪費條款

一、立法緣由

　　義務人如欠繳達相當金額之公法上金錢債務,且已發現之財產不足清償其所負義務,卻仍享受奢華生活,對於大多數守法履行義務之民眾極不公平。為維護公平正義,提升執行效能,爰參酌消費者債務清理條例第 89 條規定,增訂行政執行法第 17-1 條「禁止奢侈浪費條款」之規定。

二、禁止命令之核發與內容

　　義務人為自然人,其滯欠合計達一定金額,已發現之財產不足清償其所負義務,且生活逾越一般人通常程度者,行政執行處得依職權或利害關係人之申請對其核發下列各款之禁止命令,並通知應予配合之第三人:(行政執行法 §17-1 Ⅰ)

1、禁止購買、租賃或使用一定金額以上之商品或服務。

2、禁止搭乘特定之交通工具。

3、禁止為特定之投資。

4、禁止進入特定之高消費場所消費。

5、禁止贈與或借貸他人一定金額以上之財物。

6、禁止每月生活費用超過一定金額。

7、其他必要之禁止命令。

　　前項所定一定金額,由法務部定之。(行政執行法 §17-1 Ⅱ)

　　「禁止奢侈浪費條款」之規範義務人為自然人,且奢華生活無論係義務人自身之財產支應或由第三人提供者,均在禁止之列。另考量禁止命令係限制義務人之財產管理處分權,為符合比例原則,適用範圍不宜太廣,爰明定須具備「其滯欠合計達一定金額」、「已發現之財產不足清償其所負義務」、「生

活逾越一般人通常程度」等要件，執行機關始得依職權或利害關係人之申請對義務人核發禁止命令。又為使義務人知悉其受限制之具體事項，俾資遵循，行政執行處核發禁止命令，應載明本項所列各款之限制事項，並通知應予配合之第三人。所定「利害關係人」係指與義務人有法律上利害關係之人，例如債權人。第 1 項序文及各款之「一定金額」，則於第 2 項授權由法務部定之，俾便因應社會情況，彈性調整。

　　行政執行處依第 1 項規定核發禁止命令前，應以書面通知義務人到場陳述意見。義務人經合法通知，無正當理由而不到場者，行政執行處關於本條之調查及審核程序不受影響。

三、違反禁止命令之效果

　　義務人無正當理由違反禁止命令者，行政執行處得限期命其清償適當之金額，或命其報告一定期間之財產狀況、收入及資金運用情形；義務人不為清償、不為報告或為虛偽之報告者，視為其顯有履行義務之可能而故不履行，行政執行處得依行政執行法第 17 條限制住居、拘提、管收之規定處理。（行政執行法 §17-1 Ⅵ）

　　為期發揮規範功能，義務人之生活逾越一般人通常程度，並經行政執行處核發禁止命令後，復無正當理由違反禁止命令，再經由行政執行處踐行命其清償適當之金額，或命其報告一定期間之財產狀況、收入及資金運用情形等事項之嚴謹程序，如仍不為清償、不為報告或為虛偽之報告者，即擬制為其顯有履行義務之可能而故不履行，該當本法第 17 條第 1 項第 1 款（顯有履行義務之可能，故不履行）及第 6 項第 1 款（顯有履行義務之可能，故不履行）之要件，行政執行處自得依該條規定處理，以促其履行義務。

🔟 行為義務與不行為義務

依法令或本於法令之行政處分，負有行為或不行為義務，經於處分書或另以書面限定相當期間履行，逾期仍不履行者，由執行機關依間接強制或直接強制方法執行之。（行政執行法§27 I）

一、直接強制方法（行政執行法§28 II）

1、扣留、收取交付、解除占有、處置、使用或限制使用動產、不動產。

2、進入、封閉、拆除住宅、建築物或其他處所。

3、收繳、註銷證照。

4、斷絕營業所必須之自來水、電力或其他能源。

5、其他以實力直接實現與履行義務同一內容狀態之方法。

例如違章建築的拆除、勒令停業的斷水斷電，都是常見的直接強制執行的具體方式。尤其是違章建築，在臺灣已經是行之多年的嚴重議題，不僅破壞整體市容的觀瞻，甚至於積習甚久，而導致無法即報即拆，導致許多違建因為時間久遠而實質合法化的怪異現象。

二、間接強制方法（行政執行法§28 I）

間接強制方法包括：1、代履行、2、怠金。

例如行政機關限期要求自行拆除，但是義務人並沒有自行拆除，還群起抗爭，則由行政機關以優勢警力防止民眾執行公務，並僱用挖土機代為拆除，即屬於代履行，則僱用挖土機的費用應該由義務人負擔。怠金，則是當義務人不履行其所負擔之行為或不行為，且不能委由其他人代為履行，則只能處以怠金，屬於執行罰之一種。例如開放空間應該開放，卻惡意地不開放，則可處以怠金。

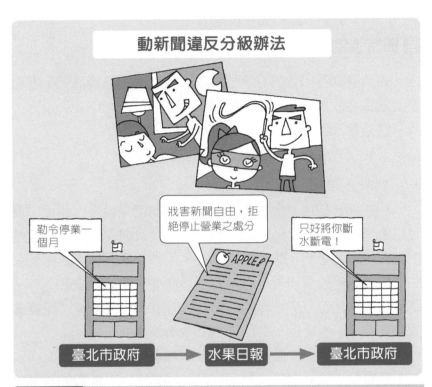

動新聞違反分級辦法

勒令停業一個月

戕害新聞自由，拒絕停止營業之處分

只好將你斷水斷電！

臺北市政府 ➡ 水果日報 ➡ 臺北市政府

實務見解 水果日報動新聞事件

　　假設水果日報之動新聞確屬違反媒體分級辦法，對兒童及少年提供或播送有害其身心發展之動新聞，依據兒童及少年福利與權利保障法規定，除處罰鍰外，並得勒令停業1個月以上1年以下。臺北市政府為停業處分，而水果日報仍繼續營業，通常會採取斷水斷電的手段。

相關考題 代履行

依行政執行法規定，負有行為義務而不為，其行為能由他人代為履行者，得以下列何種方法執行之？ (A)代履行　(B)怠金　(C)管收　(D)罰金　　　　　　　　　　　　　　【108普考-行政法概要】	(A)

⬛ 即時強制

行政機關為阻止犯罪、危害之發生或避免急迫危險，而有即時處置之必要時，得為即時強制。可分為人、物、處所進入，及其他必要處置等四種。（行政執行法 §36）

即時強制方法之各種類型，分述如下：

一、對於人之管束

例如有人在路上發酒瘋，消防人員為避免發酒瘋過程中傷及路人，或酒醉後倒臥馬路遭輾斃，因此以強制力加以必要性的管束。其他如有人想要跳樓自殺，警方趁亂將其強行抱下，由於自殺者仍執意自殺，遂施打鎮靜劑使其暫時性安靜下來。或者是有人正在互毆，警方以警銬將互毆者帶回管束，均屬於人之管束，不得逾 24 小時。（行政執行法 §37）

又如類似電影「艋舺」中鬥毆的場景，如果搬到臺北市政府中庭實際上演，為阻止暴行或鬥毆，非管束不能預防其傷害者，則有進行人之管束的必要。

二、對於物之扣留、使用、處置或限制其使用

軍器、凶器及其他危險物，為預防危害之必要，得扣留之。（行政執行法 §38 Ⅰ）

扣留之物，除依法應沒收、沒入、毀棄或應變價發還者外，其扣留期間不得逾 30 日。但扣留之原因未消失時，得延長之，延長期間不得逾兩個月。（行政執行法 §38 Ⅱ）

扣留之物無繼續扣留必要者，應即發還；於 1 年內無人領取或無法發還者，其所有權歸屬國庫；其應變價發還者，亦同。（行政執行法 §38 Ⅲ）

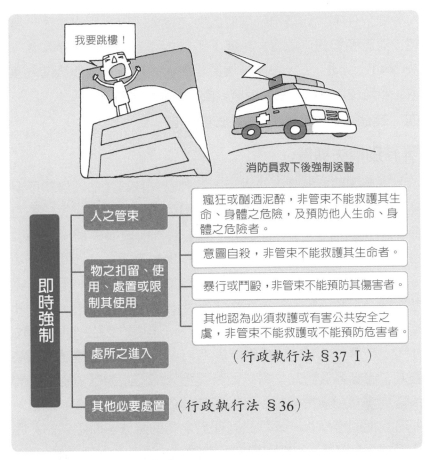

消防員救下後強制送醫

三、對於住宅、建築物或其他處所之進入

　　遇有天災、事變或交通上、衛生上或公共安全上有危害情形，非使用或處置其土地、住宅、建築物、物品或限制其使用，不能達防護之目的時，得使用、處置或限制其使用。（行政執行法 §39）例如八八水災發生後，許多工廠的爐灰漂流至附近的耕地，造成耕地及地下水發生重金屬汙染，本來已經接近收成的季節，行政機關乃限制農民收穫。

　　對於住宅、建築物或其他處所之進入，以人民之生命、身體、財產有迫切之危害，非進入不能救護者為限。（行政執行法§40）例如九二一地震，房屋半倒，大門非破壞無法進入救人，救難隊員逐以油壓剪破壞大門進入救出嬰兒。

四、其他依法定職權所為之必要處置

囿 特別損失補償

　　人民因執行機關依法實施即時強制，致其生命、身體或財產遭受特別損失時，得請求補償。但因可歸責於該人民之事由者，不在此限。（行政執行法§41 I）前項損失補償，應以金錢為之，並以補償實際所受之特別損失為限。（行政執行法§41 II）對於執行機關所為損失補償之決定不服者，得依法提起訴願及行政訴訟。（行政執行法§41 III）損失補償，應於知有損失後，2 年內向執行機關請求之。但自損失發生後，經過 5年者，不得為之。（行政執行法§41 IV）國家若有違法的即時強制，應負國家賠償之責，而若是合法的即時強制，則是上開所論述的特別損失補償。至於賠償的內容是以「金錢」為之，並不包括回復原狀，或其他同種類之物的賠償，而賠償的範圍僅限於「實際所受的特別損失」為限。

相關考題　執行機關	
依行政執行法規定，公法上金錢給付義務之執行機關為：　(A)民事法院　(B)刑事法院　(C)行政法院　(D)法務部行政執行署所屬行政執行處　　　　　　　　　　　　　【98四等基警-行政法概要】	(D)
依據行政執行法第 4 條規定，下列何者非行政執行之執行機關？　(A)原處分機關　(B)該管行政機關　(C)法務部行政執行署　(D)地方法院　　　　　　　　　　　　　【103地特三等一般行政-行政法】	(D)

相關考題　直接強制

行政機關依法撤銷其核發之證書，並命相對人繳回證書，相對人逾期仍不繳回時，行政機關應如何強制執行？　(A)進入相對人住宅，強行取回　(B)斷水斷電　(C)命其配偶代為繳回　(D)逕為註銷處分 【98三等原住民 - 行政法】	(D)
警察機關對於違法集會遊行不遵警察解散命令之群眾所為之驅離行動，性質上係屬於：　(A)間接強制　(B)直接強制　(C)即時強制　(D)自己執行　　　　　　　　　　【99三等身障特考一般行政 - 行政法】	(B)

相關考題　即時強制

行政機關為阻止犯罪、危害之發生或避免急迫危險，而有即時處置之必要時，得為即時強制，其中對於人之管束，最長不得超過幾小時？　(A)6小時　(B)12小時　(C)18小時　(D)24小時 【100普考 - 行政法概要】	(D)
下列那一種類型之行政執行，並不以有違反行政法上義務為前提要件？　(A)關於公法上金錢給付義務之執行　(B)不行為義務之執行　(C)即時強制　(D)關於物之交付義務之強制執行 【99鐵路高員三級人事行政 - 行政法】	(C)
行政機關為阻止犯罪、危害之發生或避免急迫危險，於有立即處理之必要時，所採取之強制措施，稱為：　(A)間接強制　(B)即時強制　(C)直接強制　(D)緊急命令 【99鐵路四等員級法律政風 - 行政法概要】	(B)
行政執行法有關行政執行即時強制之規定，下列敘述何者錯誤？　(A)對於執行機關所為損失補償之決定不服者，得依法提起國家賠償　(B)軍器、凶器及其他危險物，為預防危害之必要，得扣留之　(C)對於住宅、建築物或其他處所之進入，以人民之生命、身體、財產有迫切之危害，非進入不能 救護者為限　(D)人民因執行機關依法實施即時強制，致其生命、身體或財產遭受特別損失時，得請求補償 【111高考 - 行政法】	(A)

🈳 救濟途徑

　　行政執行程序原本並沒有設置救濟途徑，但此一立法方式對於當事人權利之保障並不完備，因此行政執行法逐修正通過第 9 條之規定，讓當事人得以透過聲明異議之方式，爭取自身之權益，其規範如下文。

　　義務人或利害關係人對執行命令、執行方法、應遵守之程序或其他侵害利益之情事，得於執行程序終結前，向執行機關聲明異議。（行政執行法 §9 Ⅰ）

　　對於當事人聲明異議，執行機關之處理方式分成下列三種：

一、聲明異議有理由

　　執行機關認其有理由者，應即停止執行，並撤銷或更正已為之執行行為。（行政執行法 §9 Ⅱ前段）

二、聲明異議無理由

　　認其無理由者，應於 10 日內加具意見，送直接上級主管機關於 30 日內決定之。（行政執行法 §9 Ⅱ後段）

三、聲明異議有無理由未便逕予判斷

　　原則上，行政執行，除法律另有規定外，不因聲明異議而停止執行。但執行機關因必要情形，得依職權或申請先行停止之。（行政執行法 §9 Ⅲ）

四、聲請國家賠償

　　行政執行，有國家賠償法所定國家應負賠償責任之情事者，受損害人得依該法請求損害賠償。（行政執行法 §10）

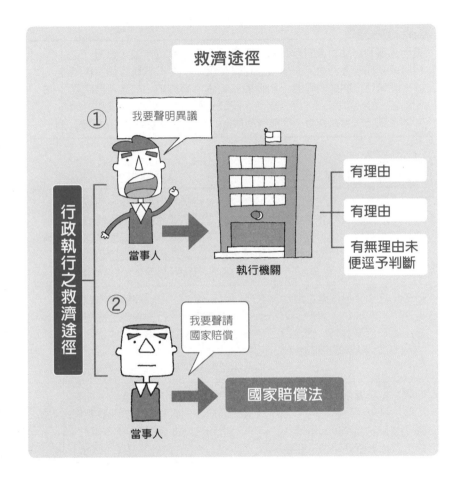

義務人或利害關係人對行政執行之執行命令、執行方法、應遵守之程序或其他侵害利益之情事，應如何救濟？　(A)得於執行程序終結後，向執行機關聲明異議　(B)得於執行程序終結前，向執行機關聲明異議　(C)得於執行程序終結前，向執行機關之上級機關提起訴願　(D)得於執行程序終結後，提起行政訴訟　【98普考-行政法概要】	(B)

關於行政執行，下列敘述何者正確？　(A)行政執行除法律另有規定外，不因聲明異議而停止執行　(B)所有之行政執行行為皆不會成立國家賠償責任　(C)行政執行原則上得於夜間、星期日或其他休息日為之　(D)所有之行政執行皆得移送法務部行政執行署所屬行政執行處執行　【99地方特考四等-行政法概要】	(A)
行政執行法關於救濟之規定，下列何者正確？　(A)受理機關為執行機關之上級機關　(B)聲明異議應繕具異議書經執行機關向上級機關提出　(C)行政執行，除法律另有規定外，不因聲明異議而停止執行　(D)利害關係人聲明異議於執行程序終結後，亦得為之　【99鐵路高員三級人事行政-行政法】	(C)
假釋之撤銷屬刑事裁判執行之一環，為廣義之司法行政處分，如有不服，其救濟程序為何？　(A)向當初諭知該刑事裁判之法院聲明異議　(B)向法務部提起訴願　(C)向高等行政法院提起撤銷訴訟　(D)向高等行政法院提起課予義務訴訟　【100高考-行政法】	有修正

解析：
109年7月15日，監獄行刑法修正施行前，參照釋字681解釋文，選(A)。修正施行後，依監獄行刑法規定，循行政訴訟程序救濟，即先向法務部提起「復審」。

相關考題　間接強制之怠金

依行政執行法規定，下列何者屬對於行為或不行為義務之執行方法？　(A)管收　(B)怠金　(C)拘提　(D)查封　【98普考-行政法概要】	(B)
依法令或本於法令之行政處分，其相對人負有行為義務而行為，且其行為不能由他人代為履行者，依行政執行法之規定，應如何處置？　(A)處以罰鍰　(B)處以罰金　(C)處以怠金　(D)處以特別公課　【98高考三級-行政法】	(C)
下列有關怠金之敘述，何者正確？　(A)屬直接強制方法之一　(B)不得連續科處　(C)科處前應經告誡程序　(D)按行政機關層級決定金額高低　【98高考三級-行政法】	(C)
不能由他人代為履行之義務或不行為義務，義務人不履行時，執行機關得對義務人作何處理？　(A)拘提　(B)管收　(C)處以怠金　(D)保護管束　【99鐵路四等員級法律政風-行政法概要】	(C)
下列有關行政執行法怠金制度的敘述，何者錯誤？　(A)係促使義務人自動履行義務之強制執行手段　(B)屬於一種間接強制方法　(C)得連續科處，不適用一行為不二罰原則　(D)其數額依行政機關層級高低而定　【99鐵路高員三級人事行政-行政法】	(D)
某證券公司之經理人於辦理某基金業務涉嫌違法，主管機關解除該經理人之職務。若該證券公司遲遲不解除該經理人之職務時，主管機關得依行政執行法之規定，採取何種手段督促其履行？　(A)直接強制　(B)代履行　(C)怠金　(D)即時強制　【99鐵路四等員級法律政風-行政法概要】	(C)
有關行政執行法規定之怠金，下列敘述，何者正確？　(A)依法令或本於法令之行政處分，負有行為義務而不為，其行為能由他人代為履行者　(B)依法令或本於法令之行政處分，負有不行為義務而為之者　(C)怠金逾期未繳納，由原處分機關執行之　(D)義務人經科處怠金，仍不履行義務者，執行機關無須再為書面限期履行，得連續處以怠金　【99三等身障特考一般行政-行政法】	(B)

關於怠金之敘述，下列何者錯誤？　(A)係針對不可替代性行政法上義務之間接強制方法　(B)課處前應踐行告誡程序　(C)怠金之課處不以書面為必要　(D)依行政執行法規定，怠金金額為5千元以上30萬元以下　　　　　　　　　【103普考一般行政-行政法】	(C)

解析：
行政執行法施行細則第34條規定：「執行機關依本法第30條或第31條規定處以怠金時，應以文書載明下列事項送達於義務人：……略」

下列有關行政執行法上「怠金」之說明，何者錯誤？　(A)怠金為一種間接強制之方法　(B)怠金僅適用於不行為義務之執行　(C)執行機關得因必要，連續處以怠金　(D)怠金逾期未繳納者，依行政執行法第2章之規定執行之　　　　　　　　【103地特三等一般行政-行政法】	(B)

第 6 篇

行政救濟

1

陳情與請願

━ 陳情

　　人民對於行政興革之建議、行政法令之查詢、行政違失之舉發或行政上權益之維護，得向主管機關陳情。（行政程序法§168）陳情得以書面或言詞為之；其以言詞為之者，受理機關應作成紀錄，並向陳情人朗讀或使閱覽後命其簽名或蓋章。（行政程序法§169Ⅰ）常見者如攔路陳情的方式，通常會帶一份陳情書。

　　行政機關對人民之陳情，應訂定作業規定，指派人員迅速、確實處理之。（行政程序法§170Ⅰ）目前很多首長信箱，也提供民眾陳情服務，以最快速度解決。只是陳情案件有時候不太合理，或有其他原因而難以處理，實際上並沒有處理之必要。

━ 請願的概念

　　請願，非屬行政法上之救濟途徑，只是一種表達意願、想法之程序，實質上與陳情沒有什麼差異。人民對國家政策、公共利害或其權益之維護，得向職權所屬之民意機關或主管行政機關請願。（請願法§2）行政機關訂定法規乃係基於政策所為一般性之措施，其對象並非特定之個人，即非行政處分，依59年判字第580號判例意旨，係屬行使請願權之對象，其提起訴願及行政訴訟，於法未合。公務人員考試係為配合政府機關用人需求而辦理，有關應考資格、服務限制等事項，應考須知均有註明。本案有關限制轉任之規定，在考試規則及應考須知已有規定及註明，當為應考人所知悉，是以考試院依前開規定於其考試及格證書上加註限制轉任字樣並無不合。（90判1689）

故行政程序法第 173 條規定，有下列情形之一者，得不予
處理：

規　定	舉例說明
一、無具體之內容或未具真實姓名或住址者。	如匿名檢舉。
二、同一事由，經予適當處理，並已明確答覆後，而仍一再陳情者。	如希望能違法讓其執照通過，但依法無法辦理，當事人依然不斷地陳情。
三、非主管陳情內容之機關，接獲陳情人以同一事由分向各機關陳情者。	當事人到處陳情，寄送地檢署、監察院、立法院等機構。

三 請願的限制

人民請願事項，不得牴觸憲法或干預審判。（請願法 §3）
所以，像是陳前總統之訴訟事件，民眾就不得向法院請願，否
則可能會達到干預審判的結果。

人民對於依法應提起訴訟或訴願之事項，不得請願。（請願法 §4）但是，實際上可以提起訴願、訴訟者，還是有許多透過請願的方式，例如樂生療養院拆遷事件，曾引發許多團體的聲援，紛紛向各單位請願，甚至於透過國際請願的方式，間接造成國內行政團隊之壓力。

四 行政機關之處理

各機關處理請願案件，應將其結果通知請願人；如請願事項非其職掌，應將通知請願人，並告知應向何機關請願。（請願法 §8）受理請願機關或請願人所屬機關之首長，對於請願人不得有脅迫行為或因其請願而有所歧視。（請願法 §9）

五 請願的方式

人民請願應備具請願書，載明下列事項：（請願法 §5）
1、請願人之姓名、性別、年齡、籍貫、職業、住址；請願人為團體時，其團體之名稱、地址及其負責人。
2、請願事實、理由及其願望。
3、受理請願之機關。
4、中華民國年、月、日。

人民集體向各機關請願，面遞請願書，有所陳述時，應推代表為之；其代表人數，不得逾 10 人。（請願法 §6）各機關處理請願案件時，得通知請願人或請願人所推代表前來，以備答詢；其代表人數，不得逾 10 人。（請願法 §7）人民請願時，不得有聚眾脅迫、妨害秩序、妨害公務或其他不法情事；違者，除依法制止或處罰外，受理請願機關得不受理其請願。（請願法 §11）

請願之處理

大人，救我啊！

請　願

你找錯單位了，你的案情應該找外交部。

⊙ 通知處理結果
⊙ 若非其職掌，應告知向何機關請願

請願人

行政機關

相關考題　　陳情及請願

下列各項何者不是請願行使的對象？　(A)考試機關　(B)行政機關 (C)立法機關　(D)地方法院　　　　　　　【98普考-法學知識與英文】	(D)
下列何者非屬行政法上之救濟途徑？　(A)復查　(B)訴願　(C)請願 (D)訴訟　　　　　　　【99三等第一次司法人員-法學知識與英文】	(C)
人民對於行政興革之建議、行政法令之查詢、行政違失之舉發或行政上權益之維護，得向主管機關為何種行為？　(A)聲明異議　(B)提起訴願　(C)提起訴訟　(D)陳情 　　　　　　　　【99鐵路四等員級法律政風-行政法概要】	(D)
人民對於國家機關表達其特定公共議題的希望，例如勞工向行政院勞工委員會表達反對開放外籍勞工的訴求，是為：　(A)請願　(B)訴願 (C)行政訴訟　(D)聲明異議　　　　　　　【100關稅四等-法學知識】	(A)
政府為刺激消費，計畫發放消費券給全國國民。惟反對人士認為不當發放消費券的措施，會造成債留子孫的不利後果。此時，反對人士可採取下列何種行為？　(A)訴願　(B)行政訴訟　(C)請願　(D)申訴　　　　　　　　　　　【99地方特考四等-行政法概要】	(C)

2 訴願

─ 訴願之概念

一、人民與公法人均得提起訴願

　　人民對於中央或地方機關之行政處分，認為違法或不當，致損害其權利或利益者，得依本法提起訴願。但法律另有規定者，從其規定。（訴願法 §1 I）人民因中央或地方機關對其依法申請之案件，於法定期間內應作為而不作為，認為損害其權利或利益者，亦得提起訴願。前項期間，法令未規定者，自機關受理申請之日起為 2 個月。（訴願法 §2）

　　除人民外，公法人也可以提起訴願。在本法通過之前，實務上曾針對鄉鎮對省縣政府關於公有財產為處分，能否提出訴願作出解釋，認為若鄉鎮係以一般人民同一地位而受處分，不能以其為公法人，而剝奪其訴願之權。（34 院解 2990）

　　現行法規定：「各級地方自治團體或其他公法人對上級監督機關之行政處分，認為違法或不當，致損害其權利或利益者，亦同。」（訴願法 §1 II）

二、第三人亦得提起訴願

　　許多行政處分會產生第三人效益，尤其是第三人是負擔效果者，應有提起訴願之機會。因此，我國訴願法僅規定「人民」，並非僅限於行政處分之相對人才可以提起訴願。

訴願人	被訴願人	訴願內容
人民	中央 或 地方機關	違法或不當行政處分，致損害其權利或利益
		依法申請之案件，於法定期間內應作為而不作為，認為損害其權利或利益
各級地方自治團體或其他公法人	上級監督機關	違法或不當行政處分，致損害其權利或利益

實務見解 台電低放射性廢棄物最終處置計畫專案檢查事件

　　台灣電力股份有限公司屬於國營事業，是否也可以提起訴願？

　　在行政院訴願決定查詢的網站中，搜尋"台灣電力股份有限公司"，可以查到許多訴願決定，例如107年低放射性廢棄物最終處置計畫專案檢查事件，不服行政院原子能委員會函文而提起訴願；訴願審議委員會認為該函文非屬行政處分，而為訴願不受理。(行政院院臺訴字第1080182803號訴願決定書)

二 訴願前置主義

所謂訴願前置主義，是指提起撤銷訴訟之前，必須先經過訴願或相當於訴願之程序。我國業已廢止再訴願程序，但並未完全廢棄訴願前置主義，除了行政訴訟法第 4 條規定的撤銷之訴與行政訴訟法第 5 條規定的請求應為行政處分之訴外，其餘的訴訟種類，則不需再適用訴願前置主義，即可提起行政訴訟。行政訴訟法第 6 條第 2 項規定：「確認行政處分無效之訴訟，須已向原處分機關請求確認其無效未被允許，或經請求後於 30 日內不為確答者，始得提起之。」其立法目的在於用以取代訴願前置主義。

實務見解 行政訴訟法第 4 條第 3 項

　　行政訴訟法第 4 條第 3 項規定：「訴願人以外之利害關係人，認為第 1 項訴願決定，損害其權利或法律上之利益者，得向行政法院提起撤銷訴訟。」參照司法院院字第 641 號解釋意旨，不服受理訴願機關之決定者，雖非原訴願人亦得提起撤銷訴訟，但以該訴願決定撤銷或變更原處分，致損害其權利或利益者為限。故利害關係相同之人，自不得依前述規定起訴，應自行提起訴願以資救濟，其未提起訴願，基於訴願前置主義，原則上不得逕行提起行政訴訟。惟於例外情形，如訴訟標的對於原訴願人及其他有相同利害關係之人必須合一確定者，則既經原訴願人踐行訴願程序，可認為原提起訴願之當事人，有為所有必須合一確定之人提起訴願之意，應解為與原訴願人利害關係相同之人得逕行依同法第 4 條第 1 項起訴。（93 年 9 月份庭長法官聯席會議決議）

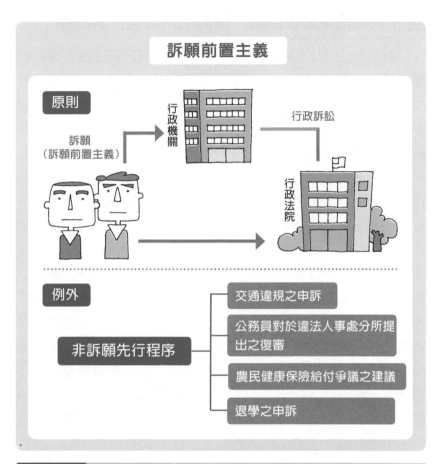

訴願前置主義

原則

訴願
（訴願前置主義）　→　行政機關　行政訴訟　→　行政法院

例外

非訴願先行程序

- 交通違規之申訴
- 公務員對於違法人事處分所提出之復審
- 農民健康保險給付爭議之建議
- 退學之申訴

實務見解　確認訴訟提起之限制

　　法律關係因行政處分而發生者，當事人如有爭執，本應提起撤銷訴訟請求撤銷行政處分，不得因當事人怠於提起訴願或撤銷訴訟，聽任行政處分確定後，再以無期間限制之確認訴訟請求救濟，否則撤銷訴訟與訴願前置主義勢將形同虛設。（98裁1703）

三 不利益變更禁止原則：研究所入學考試訴願案

　　有無發生「不利益變更」之結果，是以行政作為所導致之最終結果為整體評價，而非以行政作為各個爭點逐一判定，只要發生在後之最終行政處遇結果沒有對受規制者造成比前次結果更不利之影響，即不謂違反「不利益變更禁止原則」。另外「不利益變更禁止原則」之提出，也隱含著以下的論點，即一定是在實然層面上，先存有需為不利益處遇之現實客觀狀況，才有從「應然面」提出該原則以抑制上述現實客觀狀況實現之需求。從這個角度言之，本案第 2 次補評成績當然存有低於第 1 次補評成績之可能（因此才有必要考量「不利益變更禁止原則」），而第 1 次補評之結果與第 2 次補評之結果同樣是拒絕上訴人之入學機會，則從結果論，第 2 次補評並沒有使上訴人因本案所生爭議處於更不利之法律地位，所以並不違反「不利益變更禁止原則」。另外要附帶說明者，「不利益變更禁止原則」並非一個絕對必須貫徹之法律價值，其只是「信賴保護原則」之下位類型，「信賴保護原則」又是「法安定性」之下位原則，但「法安定性」與「法進步性」始終是二個對立的價值，其間之取捨衡量仍視個案之差異而為決定。（95 判 1769）

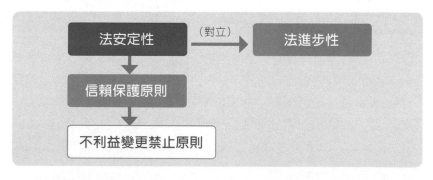

相關考題　　**訴願與陳情**

下列敘述何者錯誤？　(A)訴願程序屬行政權之行使　(B)行政訴訟屬司法權之行使　(C)訴願程序收取訴願費用　(D)行政訴訟程序收取訴訟費用　　　　　　　　　　　　　　【100四等行政警察－行政法概要】	(C)
行政救濟制度中，訴願之目的為何？　(A)作為確認訴訟之先行程序　(B)矯正違法或不當之行政處分　(C)發布行政命令之先行程序　(D)審查事實行為之合法性　　　　　　　　【100四等行政警察－行政法概要】	(B)
有關訴願與陳情之敘述，下列何者正確？　(A)訴願與陳情均可對未來行政違失之提出不服　(B)訴願與陳情均具有要求行政機關作成決定之效力(C)訴願係對行政處分提出不服，陳情係對行政興革提出建議　(D)訴願係維護自己或他人行政權益，陳情僅限於維護自己之行政權益　　　　　　　　　　　　【99地方特考四等－行政法概要】	(C)
下列何者為行政救濟類型？　(A)訴願　(B)請願　(C)陳情　(D)偵查　　　　　　　　　　　　　　　　　　　　【104高考－行政法】	(A)
訴願程序之前，特別法定有異議或類似之程序，若未經相關程序不得提起訴願，亦即所謂訴願之先行程序。下列何者非屬訴願之先行程序？　(A)稅捐稽徵法上之申請復查程序　(B)專利法之申請再審查程序　(C)教師法之申訴、再申訴程序　(D)海關緝私條例之異議程序　　　　　　　　　　　　　　　　　　　　【108高考－行政法】	(C)
下列何者不得作為提起訴願之程序標的？　(A)罰鍰　(B)怠金　(C)環境講習　(D)自治規則　　　　　　　　　　　【108高考－行政法】	(D)
依司法院解釋，關於大學對學生所為之退學處分，下列敘述何者錯誤？(A)退學處分對於人民憲法上受教權有重大影響　(B)退學處分之性質為行政處分　(C)退學處分生效，相對人即喪失在學關係，不待強制執行　(D)僅可對於公立學校所為之退學處分提起行政救濟　　　　　　　　　　　　　　　　　　　【108普考－行政法概要】	(D)
依訴願法規定，下列何者得提起撤銷訴願？　(A)請求確認法規命令無效遭拒絕　(B)對已執行拆除完畢之建物拆除處分　(C)對已繳納執行完畢之罰鍰處分　(D)申請公務員迴避遭行政機關駁回　　　　　　　　　　　　　　　　　　　　【111高考－行政法】	(C)

| 財政部以營利事業欠稅為由，函請內政部移民署限制營利事業負責人出境，並通知營利事業負責人。下列敘述何者錯誤？　(A)限制出境之決定乃係行政處分　(B)限制出境之決定係內政部移民署所作成的行政處分　(C)內政部移民署所為限制出境之決定屬多階段行政處分　(D)營利事業負責人不得以不服財政部通知為由向行政院提起訴願　【112高考-行政法】 | (D) |

所謂「訴願前置主義」是指下列何者？　(A)提起訴願之前，必須先確認訴願之受理機關　(B)提起訴願之前，必須先經過法律所規定之其他先行程序　(C)提起撤銷訴訟之前，必須先確認管轄之法院　(D)提起撤銷訴訟之前，必須先經過訴願或相當於訴願之程序　【98四等基警-行政法概要】	(D)
下列那一項非訴願先行程序？　(A)全民健保之爭議審議　(B)稅法上之復查　(C)交通違規之申訴　(D)學生退學案件之申訴　【98高考三級-行政法】	(C)
下列何者不是訴願之先行程序？　(A)大學生對於學校之退學處分所提出之申訴　(B)對於稅捐機關所為課稅處分所提出之復查　(C)公務員對於違法人事處分所提出之復審　(D)對於主管機關所為拒絕之集會遊行申請決定所提起之申復　【98四等基警-行政法概要】	(C)
不服下列何種行政處分而提起行政救濟程序，免除訴願及其先行程序？　(A)經聽證後作成之行政處分　(B)經調查事實後作成之行政處分　(C)經當事人陳述意見後作成之行政處分　(D)經當事人提供證據資料後作成之行政處分　【96三等地方特考-行政法】	(A)

相關考題　訴願前置主義

對於已經通過聽證程序後作成之行政處分，要如何提起行政救濟？ (A)必須先履行訴願先行程序後再提起訴願　(B)必須先提起訴願後再提起行政訴訟　(C)無需提起訴願及訴願之先行程序，可以直接提起行政訴訟　(D)要依照何種程序必須由主管機關加以決定　　　　　　　　　　　　　　　　　　　　　　　【98四等基警-行政法概要】	(C)

解析：
行政程序法第108條第1項規定：「行政機關作成經聽證之行政處分時，除依第43條之規定外，並應斟酌全部聽證之結果。但法規明定應依聽證紀錄作成處分者，從其規定。」
行政程序法第109條：「不服依前條作成之行政處分者，其行政救濟程序，免除訴願及其先行程序。」

各級學校依有關學籍規則或懲處規定，對學生作退學或類此之處分行為，受處分之學生如有不服，應先進行何種程序？　(A)向學校提出申訴　(B)向教育局提出復審　(C)向教育部提起訴願　(D)向行政法院提起行政訴訟　　　　　　　　　　　　　　　　【100普考-行政法概要】	(A)
農民健康保險申請給付爭議案件之提起訴願救濟程序前，應先向原處分機關履行下列何種程序？　(A)調解　(B)仲裁　(C)和解　(D)審議　　　　　　　　　　　　　　　　　　　　　　　　　【100高考-行政法】	(D)
下列何種救濟程序非屬於訴願先行程序？　(A)依據稅捐稽徵法第35條第1項規定提起復查　(B)依據公務人員保障法第25條規定提起復審　(C)依據常備役體位因家庭因素及替代役體位服補充兵役辦法第10條提起申復　(D)依據全民健康保險法第5條提起審議　　　　　　　　　　　　　　　　　　　【99地方特考四等-行政法概要】	(B)
下列何種行政訴訟原則上必須經訴願前置程序？　(A)拒絕申請之訴　(B)確認行政處分無效之訴　(C)確認法律關係存否之訴　(D)命被告機關為行政處分以外之其他給付之訴　　　　　　　　　　　　　【99鐵路高員三級人事行政-行政法】	(A)
下列那一種與行政處分有關之訴訟類型，無訴願程序先行之必要？　(A)撤銷訴訟　(B)一般給付訴訟　(C)課予義務訴訟　(D)確認行政處分無效訴訟　　　　　　　　　　　　【103地特三等一般行政-行政法】	(D)

四 訴願之管轄

一、管轄之類型

基本管轄（如右頁表）

比照管轄

　　人民對於前條以外之中央或地方機關之行政處分提起訴願時，應按其管轄等級，比照前條之規定為之。訴願管轄，法律另有規定依其業務監督定之者，從其規定。（訴願法§5）

共同管轄

　　對於二以上不同隸屬或不同層級之機關共為之行政處分，應向其共同之上級機關提起訴願。（訴願法§6）

委託管轄

　　無隸屬關係之機關辦理受託事件所為之行政處分，視為委託機關之行政處分，其訴願之管轄，比照第4條之規定，向原委託機關或其直接上級機關提起訴願。（訴願法§7）

委任管轄

　　有隸屬關係之下級機關依法辦理上級機關委任事件所為之行政處分，為受委任機關之行政處分，其訴願之管轄，比照第4條之規定，向受委任機關或其直接上級機關提起訴願。（訴願法§8）

原處分機關	訴願管轄機關
鄉（鎮、市）公所	縣（市）政府
縣（市）政府所屬各級機關	縣（市）政府
縣（市）政府	中央主管部、會、行、處、局、署
直轄市政府所屬各級機關	直轄市政府
直轄市政府	中央主管部、會、行、處、局、署
中央各部、會、行、處、局、署所屬機關	各部、會、行、處、局、署
中央各部、會、行、處、局、署	主管院
中央各院	原院

（訴願法 §4）

相關考題　訴願管轄機關

不服考選部之行政處分者，其訴願管轄機關為何者？　(A)行政院 (B)司法院　(C)監察院　(D)考試院　　　　　　【98普考-行政法概要】	(D)
依訴願法第58條第1項規定，訴願人應繕具訴願書經由何者向訴願管轄機關提起訴願？　(A)原行政處分機關　(B)行政法院　(C)普通法院　(D)行政執行處　　　　　　　　　【98普考-行政法概要】	(A)
人民不服鄉公所之處分，其訴願管轄機關為：　(A)縣政府　(B)內政部　(C)鄉公所　(D)臺灣省政府　　　【98國安局五等-法學大意】	(A)
人民不服臺南市政府關於建築管理的處分，其訴願管轄機關為：(A)臺南市政府　(B)內政部　(C)內政部營建署　(D)行政院　　　　　　　　　　　　　　【98國安局五等-法學大意】	(B)
人民不服臺灣高等法院所為之行政處分，得向何機關提起訴願？(A)臺灣高等法院　(B)最高法院　(C)最高行政法院　(D)司法院　　　　　　　　　　　　　【98國安局五等-法學大意】	(D)

委辦管轄

　　直轄市政府、縣（市）政府或其所屬機關及鄉（鎮、市）公所依法辦理上級政府或其所屬機關委辦事件所為之行政處分，為受委辦機關之行政處分，其訴願之管轄，比照第4條之規定，向受委辦機關之直接上級機關提起訴願。（訴願法§9）

受委託行使公權力之管轄

　　依法受中央或地方機關委託行使公權力之團體或個人，以其團體或個人名義所為之行政處分，其訴願之管轄，向原委託機關提起訴願。（訴願法§10）

承受管轄

　　原行政處分機關裁撤或改組，應以承受其業務之機關視為原行政處分機關，比照前7條之規定，向承受其業務之機關或其直接上級機關提起訴願。（訴願法§11）

二、管轄爭議之處理

　　數機關於管轄權有爭議或因管轄不明致不能辨明有管轄權之機關者，由其共同之直接上級機關確定之。無管轄權之機關就訴願所為決定，其上級機關應依職權或依申請撤銷之，並命移送於有管轄權之機關。（訴願法§12）

三、原行政處分機關之認定

　　原行政處分機關之認定，以實施行政處分時之名義為準。但上級機關本於法定職權所為之行政處分，交由下級機關執行者，以該上級機關為原行政處分機關。（訴願法§13）

相關考題　訴願管轄機關

不服中央各部、會、局、署所屬機關之行政處分，何者為訴願管轄機關？　(A)中央各部、會、局、署　(B)中央主管院　(C)各部、會、局、署之所屬機關　(D)中央主管院或中央各部、會、局、署　　【100四等行政警察-行政法概要】	(A)
訴願法關於訴願管轄之規定，下列那一項描述為錯誤？　(A)對於下級機關就上級機關所委任事件所為之行政處分，應向原委任機關提起訴願　(B)不服鄉公所所為行政處分，應向縣政府提起訴願　(C)不服縣政府所屬機關之行政處分，應向縣政府提起訴願　(D)對於受委託行使公權力之團體或個人所為之行政處分，應向原委託機關提起訴願　　【100三等行政警察-行政法】	(A)
臺中市政府報經內政部核准後，公告徵收捷運需用土地，並依臺中市地價評議委員會評議之土地現值，予以補償。甲為土地所有權人，不服公告徵收土地之地價補償，提起訴願，其訴願管轄機關為下列何者？　(A)臺中市政府　(B)內政部　(C)交通部　(D)行政院　　【100三等行政警察-行政法】	(B)
受託行使公權力之個人或團體，處理委託事項作成行政處分發生爭議時，人民應如何尋求權利救濟？　(A)向受託人提出損害賠償　(B)向原委託機關或其直接上級機關提起訴願　(C)向原委託機關或其直接上級機關聲請國家賠償　(D)向受託人及原委託機關提起訴願　　【100高考-行政法】	(B)
甲參加公務員考試，經錄取後參加訓練，經公務人員保障暨培訓委員會（保訓會）核定訓練成績不及格。甲不服，關於救濟途徑之敘述，下列何者正確？　(A)向保訓會提起復審，未獲救濟後向行政法院提起訴訟　(B)向行政院提起訴願，未獲救濟後向行政法院提起訴訟　(C)向訓練機關提起申訴，未獲救濟後向保訓會提起再申訴　(D)向考試院提起訴願，未獲救濟後向行政法院提起訴訟　　【108高考-行政法】	(D)

五 訴願之程序

一、訴願之提起──原行政處分機關階段

訴願之提起，應自行政處分達到或公告期滿之次日起 30 日內為之。（訴願法 §14 Ⅰ）

利害關係人提起訴願者，前項期間自知悉時起算。但自行政處分達到或公告期滿後，已逾 3 年者，不得提起。（訴願法 §14 Ⅱ）

訴願之提起，以原行政處分機關或受理訴願機關收受訴願書之日期為準。（訴願法 §14 Ⅲ）

訴願人誤向原行政處分機關或受理訴願機關以外之機關提起訴願者，以該機關收受之日，視為提起訴願之日。（訴願法 §14 Ⅳ）

訴願人應繕具訴願書，經由原行政處分機關向訴願管轄機關提起訴願。（訴願法 §58 Ⅰ）

原行政處分機關應先行重新審查原處分是否合法妥當，其認訴願為有理由者，得自行撤銷或變更原行政處分，並陳報訴願管轄機關。（訴願法 §58 Ⅱ）

原行政處分機關不依訴願人之請求撤銷或變更原行政處分者，應儘速附具答辯書，並將必要之關係文件，送於訴願管轄機關。（訴願法 §58 Ⅲ）

訴願人誤向訴願管轄機關或原行政處分機關以外之機關作不服原行政處分之表示者，視為自始向訴願管轄機關提起訴願。（訴願法 §61 Ⅰ）前項收受之機關應於 10 日內將該事件移送於原行政處分機關，並通知訴願人。（訴願法 §61 Ⅱ）

相關考題　訴願管轄機關

個人或團體受託行使公權力所為之行政處分，其訴願管轄機關為何？　(A)受委託之個人或團體　(B)原委託機關　(C)一律為原委託機關之直接上級機關　(D)由原委託機關指定之 【103地特四等一般行政-行政法】	(B)
二以上不同層級之機關共為之行政處分，相對人不服提起訴願時，應以何者為訴願管轄機關？　(A)以低層級機關之上級機關為訴願管轄機關　(B)以高層級機關之上級機關為訴願管轄機關　(C)由兩機關協議定之　(D)以共同上級機關為訴願管轄機關 【103地特四等一般行政-行政法】	(D)
下列關於訴願管轄之敘述，何者錯誤？ (A)有隸屬關係之下級機關依法辦理上級機關委任事件所為之行政處分，為受委任機關之行政處分，以其直接上級機關為訴願管轄機關 (B)直轄市政府依法辦理上級政府或其所屬機關委辦事件所為之行政處分，以受委辦機關之直接上級機關為訴願管轄機關 (C)依法受中央或地方機關委託行使公權力之團體或個人，以其團體或個人名義所為之行政處分，以委託機關之直接上級機關為訴願管轄機關 (D)無隸屬關係之機關辦理受託事件所為之行政處分，視為委託機關之行政處分，以原委託機關或其直接上級機關為訴願管轄機關 【103地特四等一般行政-行政法】	(C)
甲機關依法規將其權限之一部分，委託不相隸屬之乙機關辦理，如因此發生訴願爭議，應以何機關為原行政處分機關：　(A)甲機關　(B)乙機關　(C)甲機關之上級機關　(D)乙機關之上級機關 【103地特四等一般行政-行政法】	(A)
對於勞工保險局依法作成之行政處分如有不服，訴願管轄機關為： (A)內政部　(B)勞工保險局　(C)行政院　(D)勞動部 【103地特四等一般行政-行政法】	(D)

二、訴願之提起──訴願管轄機關

訴願審議委員會之組成

　　各機關辦理訴願事件，應設訴願審議委員會，組成人員以具有法制專長者為原則。委員由本機關高級職員及遴聘社會公正人士、學者、專家擔任之；其中社會公正人士、學者、專家人數不得少於二分之一。（訴願法§52）訴願決定應經訴願審議委員會會議之決議，其決議以委員過半數之出席，出席委員過半數之同意行之。（訴願法§53）

訴願決定期間

　　訴願之決定，自收受訴願書之次日起，應於3個月內為之；必要時，得予延長，並通知訴願人及參加人。延長以一次為限，最長不得逾2個月。（訴願法§85）

訴願決定

1、程序要件

　　訴願事件有下列各款情形之一者，應為不受理之決定：（訴願法§77）

（1）訴願書不合法定程式不能補正或經通知補正逾期不補正者。

（2）提起訴願逾法定期間或未於第57條但書所定期間內補送訴願書者。

（3）訴願人不符合第18條之規定者。

（4）訴願人無訴願能力而未由法定代理人代為訴願行為，經通知補正逾期不補正者。

（5）地方自治團體、法人、非法人之團體，未由代表人或管理人為訴願行為，經通知補正逾期不補正者。

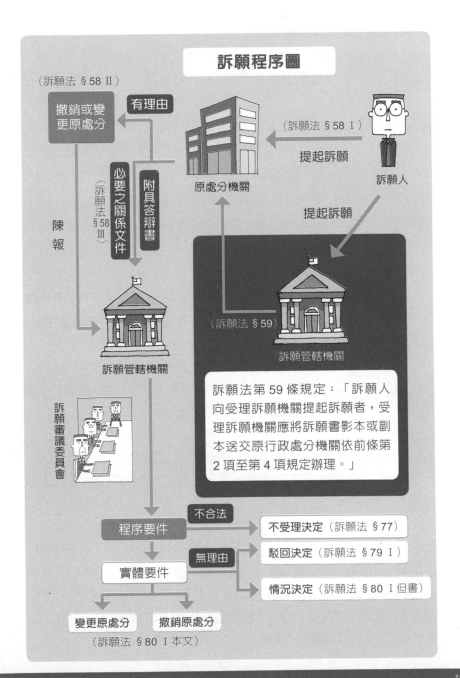

訴願程序圖

（訴願法§58 II）

撤銷或變更原處分

有理由

（訴願法§58 I）

提起訴願

原處分機關

訴願人

必要之關係文件（訴願法§58 III）

附具答辯書

陳報

提起訴願

（訴願法§59）

訴願管轄機關

訴願管轄機關

訴願審議委員會

訴願法第59條規定：「訴願人向受理訴願機關提起訴願者，受理訴願機關應將訴願書影本或副本送交原行政處分機關依前條第2項至第4項規定辦理。」

程序要件

不合法

不受理決定（訴願法§77）

實體要件

無理由

駁回決定（訴願法§79 I）

情況決定（訴願法§80 I但書）

變更原處分

撤銷原處分

（訴願法§80 I本文）

（6）行政處分已不存在者。

（7）對已決定或已撤回之訴願事件重行提起訴願者。

（8）對於非行政處分或其他依法不屬訴願救濟範圍內之事項提起訴願者。

2. 實體要件

（1）訴願無理由

　　訴願無理由者，受理訴願機關應以決定駁回之。原行政處分所憑理由雖屬不當，但依其他理由認為正當者，應以訴願為無理由。訴願事件涉及地方自治團體之地方自治事務者，其受理訴願之上級機關僅就原行政處分之合法性進行審查決定。（訴願法§79）

　　提起訴願因逾法定期間而為不受理決定時，原行政處分顯屬違法或不當者，原行政處分機關或其上級機關得依職權撤銷或變更之。但有左列情形之一者，不得為之：（訴願法§80 I）

　　（a）其撤銷或變更對公益有重大危害者。

　　（b）行政處分受益人之信賴利益顯然較行政處分撤銷或變更所欲維護之公益更值得保護者。

（2）訴願有理由

　　訴願有理由者，受理訴願機關應以決定撤銷原行政處分之全部或一部，並得視事件之情節，逕為變更之決定或發回原行政處分機關另為處分。但於訴願人表示不服之範圍內，不得為更不利益之變更或處分。（訴願法§81 I）

　　對於依法申請之案件，於法定期間內應作為而不作為而提起之訴願，受理訴願機關認為有理由者，應指定相當期間，命應作為之機關速為一定之處分。受理訴願機關未為前項決定前，應作為之機關已為行政處分者，受理訴願機關應認訴願為無理由，以決定駁回之。（訴願法§82）

（3）情況決定

受理訴願機關發現原行政處分雖屬違法或不當，但其撤銷或變更於公益有重大損害，經斟酌訴願人所受損害、賠償程度、防止方法及其他一切情事，認原行政處分之撤銷或變更顯與公

相關考題　訴願機關錯誤

誤向原行政處分機關或訴願管轄機關以外之機關提起訴願，關於其法律效果，下列何者錯誤？　(A)以該機關收受之日，視為提起訴願之日　(B)以該機關之收受，視為自始向訴願管轄機關提起訴願(C)收受之機關應通知訴願人於30日內補送訴願書於原行政處分機關(D)收受之機關應於10日內將該事件移送原行政處分機關，並通知訴願人　【100四等行政警察 - 行政法概要】	(C)
訴願人誤向無訴願管轄權之機關作不服原行政處分之表示者，無管轄權之機關應如何處理？　(A)應以訴願不合法，為不受理之決定　(B)應認為訴願無理由，以決定駁回之　(C)應將該事件移送於原處分機關，並通知訴願人　(D)應通知訴願人撤回訴願　【103地特四等一般行政 - 行政法】	(C)

相關考題　訴願不受理

對於非行政處分而提起訴願者，訴願機關應如何處理？　(A)進行實體審查　(B)應自動轉換成為請願案　(C)應為不受理之決定　(D)以訴願無理由駁回　【99地方特考四等 - 行政法概要】	(C)
下列何者訴願管轄機關得作成不受理之決定？　(A)應以他機關為訴願管轄機關　(B)訴願顯無理由　(C)訴願書不合法定程式，經通知補正逾期不補正　(D)非法人團體提起訴願　【100四等行政警察 - 行政法概要】	(C)
下列何種訴願事件，訴願機關應為不受理之決定？　(A)不服車輛廢氣檢驗標準之公告者　(B)有委任代理人之訴願人死亡　(C)訴願人為受行政處分損及權利之利害關係人　(D)訴願書雖不合法定程式，但屬得補正之情形　【98高考三級 - 行政法】	(A)

益相違背時，得駁回其訴願。前項情形，應於決定主文中載明原行政處分違法或不當。（訴願法 §83）

受理訴願機關為前條決定時，得斟酌訴願人因違法或不當處分所受損害，於決定理由中載明由原行政處分機關與訴願人進行協議。前項協議，與國家賠償法之協議有同一效力。（訴願法 §84）

六 鑑定

受理訴願機關得依職權或依訴願人、參加人之申請，囑託有關機關、學校、團體或有專門知識經驗者為鑑定。（訴願法 §69 I）鑑定所需費用由受理訴願機關負擔，並得依鑑定人之請求預行酌給之。（訴願法 §72 I）

七 訴願與行政處分執行之關係

原行政處分之執行，除法律另有規定外，不因提起訴願而停止。（訴願法 §93 I）原行政處分之合法性顯有疑義者，或原行政處分之執行將發生難以回復之損害，且有急迫情事，並非為維護重大公共利益所必要者，受理訴願機關或原行政處分機關得依職權或依申請，就原行政處分之全部或一部，停止執行。（訴願法 §93 II）前項情形，行政法院亦得依聲請，停止執行。（訴願法 §93 III）

八 訴願之附記

訴願決定書應附記，如不服決定，得於決定書送達之次日起 2 個月內向行政法院提起行政訴訟。（訴願法 §90）

相關考題　訴願提起與作成決定之期間

住在臺北市的甲，於某年 1 月 26 日收受財政部臺北市國稅局之復查決定書，如擬提起訴願，訴願期間之末日為：　(A) 2 月 25 日　(B) 2 月 26 日　(C) 3 月 25 日　(D) 3 月 26 日 【103普考一般行政-行政法】	(A)
有關訴願之提起，依訴願法第 14 條之規定，下列敘述何者正確？ (A)以訴願書上記載之日期為準　(B)以原處分機關或受理訴願機關收受訴願書之日期為準　(C)以受理訴願機關承辦人收受訴願書之日期為準　(D)以訴願書交郵當日之郵戳為準 【103高考一般行政-行政法】	(B)
訴願之提起，應自行政處分達到或公告期滿之次日起幾日內為之？ (A)30日　(B)2個月　(C)3個月　(D)6個月　【98普考-行政法概要】	(A)
訴願之決定，自收受訴願書之次日起，何等期限內完成審議？　(A)應於3個月內為之，不得予延長　(B)應於1個月內為之，必要時得延長2次　(C)應於3個月內為之，必要時得予延長一次2個月　(D)應於6個月內為之，不得延長　【98普考-行政法概要】	(C)

相關考題　鑑定

下列關於訴願程序之敘述，何者正確？　(A)受理訴願機關得依職權或囑託有關機關或人員，實施調查、檢驗或勘驗，但應受訴願人主張之拘束　(B)鑑定所需費用應由受理訴願機關負擔，並得依鑑定人之請求預行酌給之　(C)受理訴願機關依職權或依申請調查證據之結果，非經賦予訴願人及參加人表示意見之機會，不得採為訴願決定之基礎　(D)除法律別有規定外，訴願決定應經言詞辯論程序為之 【100三等行政警察-行政法】	(B)
針對訴願事件的審議，下列敘述何者正確？　(A)訴願人不可到場陳述意見　(B)訴願事件不可進行言詞辯論　(C)鑑定所需費用由訴願人負擔　(D)鑑定人原則上由受理訴願機關指定之 【103普考一般行政-行政法】	(D)
利害關係人提起訴願者，自行政處分達到或公告期滿後，已逾幾年者，不得提起？　(A)3 個月　(B)6 個月　(C)1 年　(D)3 年 【103地特三等一般行政-行政法】	(D)

各機關辦理訴願事件，應設訴願審議委員會。下列相關敘述，何者正確？　(A)組成委員中，社會公正人士、學者、專家人數不得少於三分之一　(B)訴願決定其決議以委員過半數之出席，出席委員三分之二之同意行之　(C)委員對於有利害關係之訴願事件應自行迴避，不得參與　(D)委員於審議中所持與決議不同之意見，即使經其請求，亦可不必列入紀錄　　【98普考-行政法概要】　(C)

受理訴願機關為訴願法第83條之情況決定，而訴願人與訴願相對機關依訴願決定達成協議。此一協議之效力為何？　(A)須經公證始具有執行名義　(B)與國家賠償法之協議有同一效　(C)與一般私法契約之效力無異　(D)為君子協定　　【98三等原住民-行政法】　(B)

A企業申請赴大陸地區投資，遭經濟部予以否准，A企業提起訴願後，依訴願法第58條第2項規定，下列何者應重新審查原處分是否合法妥當？　(A)經濟部　(B)經濟部訴願審議委員會　(C)行政院　(D)行政院訴願審議委員會　　【100普考-行政法概要】　(A)

關於訴願決定書，下列敘述何者錯誤？　(A)應載明主文、事實及理由　(B)應載明決定機關及其首長　(C)應附記救濟教示　(D)應載明未依職權停止執行之理由　　【100四等行政警察-行政法概要】　(D)

行政處分之相對人應為甲，處分書卻誤載為乙，乙據以提起訴願時，依法應為下列何種訴願決定？　(A)不受理決定　(B)撤銷原處分　(C)撤銷原處分並另為處分　(D)情況決定　　【103普考一般行政-行政法】　(B)

受理訴願機關認定原處分違法，但撤銷原處分顯與公益相違背時，應作成下列何種訴願決定？　(A)訴願不受理之決定，因訴願欠缺權利保護必要性　(B)駁回訴願之決定，並於主文中載明原處分違法之意旨　(C)駁回訴願之決定，並於理由中說明不應撤銷原處分之原因　(D)訴願有理由之決定，撤銷原處分並發回原處分機關另為處分　　【103高考一般行政-行政法】　(B)

相關考題　訴願程序

某甲獲得其所申請之營業補貼，因同業乙不服提起訴願，而遭訴願機關以訴願決定撤銷時，某甲應如何請求救濟？　(A)某甲應提起訴願及課予義務訴訟，請求原處分機關作成新的營業補貼處分　(B)某甲應提起訴願及撤銷訴訟，請求撤銷該訴願決定　(C)某甲應直接提起撤銷訴訟，請求撤銷該訴願決定　(D)某甲應直接提起課予義務訴訟，請求原處分機關作成新的營業補貼處分　(C)
【103地特三等一般行政-行政法】

甲於臺北市政府之網頁留言，對該府衛生局之行政處分表示不服，臺北市政府不予回覆。臺北市政府之處置是否合法？　(A)合法；甲僅為陳情，臺北市政府無回覆之義務　(B)合法；甲既未繕具訴願書，視為未依法提起訴願，臺北市政府毋庸處理　(C)不合法；甲未經由原行政處分機關提起訴願　(D)不合法；甲之行為視為已提起訴願，應命其補送訴願書　(D)
【103地特四等一般行政-行政法】

關於訴願決定之敘述，下列何者錯誤？　(A)訴願決定確定後，就該事件，有拘束原處分機關之效力　(B)訴願決定確定後，就受委託行使公權力之事件，受委託行使公權力之團體或個人受其拘束　(C)原行政處分經撤銷後，原行政處分機關須重為處分者，應依訴願決定意旨為之，並將處理情形以書面告知受理訴願機關　(D)內政部之行政處分，經行政院訴願決定撤銷，內政部為確認其處分是否合法，得向行政法院提 起行政訴訟　(D)
【111高考-行政法】

相關考題　訴願無理由

依訴願法規定，提起訴願雖已逾法定期間，原處分顯屬違法或不當者，訴願管轄機關仍得依職權撤銷或變更之，但違反下列何種原則時，即不得為之？　(A)平等原則　(B)比例原則　(C)信賴保護原則　(D)行政行為明確性原則　(C)
【100普考-行政法概要】

解析：
參考訴願法第80條第1項規定。

下列有關訴願決定之敘述，何者錯誤？ (A)訴願無理由者，受理訴願機關應為不受理之決定 (B)訴願事件涉及地方自治團體之地方自治事務者，其受理訴願之上級機關僅就原行政處分之合法性進行審查決定 (C)訴願有理由者，受理訴願機關應以決定撤銷原行政處分之全部或一部，並得視事件之情節，逕為變更之決定或發回原行政處分機關另為處分 (D)原行政處分所憑理由雖屬不當，但依其他理由認為正當者，應以訴為無理由 【103地特四等一般行政-行政法】

(A)

解析：
(B)參照訴願法第79條第3項規定。

原行政處分之執行與訴願的關係，下列敘述何者正確？ (A)原行政處分之執行，應立刻停止 (B)原行政處分之執行，除法律另有規定外，不因提起訴願而停止 (C)限於原行政處分之合法性或妥當性顯有疑義者，受理訴願機關始得依職權就原行政處分停止執行 (D)訴願法規定若有急迫情事，受理訴願機關即應依職權停止執行
【100普考-行政法概要】

(B)

相關考題 送達

下列有關訴願法送達之敘述,何者錯誤? (A)對於無訴願能力人為送達者,應向其法定代理人為之;未經陳明法定代理人者,訴願管轄機關應查明其法定代理人後,向其法定代理人為送達,不得向該無訴願能力人為送達 (B)訴願代理人除受送達之權限受有限制者外,送達應向該代理人為之。但受理訴願機關認為必要時,得送達於訴願人或參加人本人 (C)對於法人或非法人之團體為送達者,應向其代表人或管理人為之 (D)對於在中華民國有事務所或營業所之外國法人或團體為送達者,應向其在中華民國之代表人或管理人為之。其代表人或管理人有二人以上者,送達得僅向其中一人為之 【103地特四等一般行政-行政法】	(A)

解析:
參照訴願法第44條第1項規定:「對於無訴願能力人為送達者,應向其法定代理人為之;未經陳明法定代理人者,得向該無訴願能力人為送達。」

相關考題 當事人能力

下列何者,不具備訴願之當事人能力? (A)19 歲之大學生 (B)臨時性之社區自救會 (C)陳氏祭祀公業 (D)社團法人協會 【103地特四等一般行政-行政法】	(B)

九 共同訴願制

一、共同訴願之概念

　　二人以上得對於同一原因事實之行政處分，共同提起訴願。前項訴願之提起，以同一機關管轄者為限。（訴願法§21）

二、共同訴願之代表人

　　共同提起訴願，得選定其中 1 人至 3 人 為代表人。選定代表人應於最初為訴願行為時，向受理訴願機關提出文書證明。（訴願法§22）共同提起訴願，未選定代表人者，受理訴願機關得限期通知其選定；逾期不選定者，得依職權指定之。（訴願法§23）

三、代表人之權限與變動

　　代表人經選定或指定後，由其代表全體訴願人為訴願行為。（訴願法§24 本文）代表人有 2 人以上者，均得單獨代表共同訴願人為訴願行為。（訴願法§26）

　　但撤回訴願，非經全體訴願人書面同意，不得為之。（訴願法§24 但）蓋因撤回訴願後，不得復提起同一之訴願。（訴願法§60）影響當事人甚鉅，因此必須要全體訴願人同意，且須以書面為之，以招慎重。

　　代表人經選定或指定後，仍得更換或增減之。代表人之更換或增減，非以書面通知受理訴願機關，不生效力。（訴願法§25）若因代表人表現不佳或實際上無法執行職務時，有更換或增減之必要，應向受理訴願機關以書面通知，否則並不發生更換或增減之效力。

　　代表人之代表權不因其他共同訴願人死亡、喪失行為能力或法定代理變更而消滅。（訴願法§27）

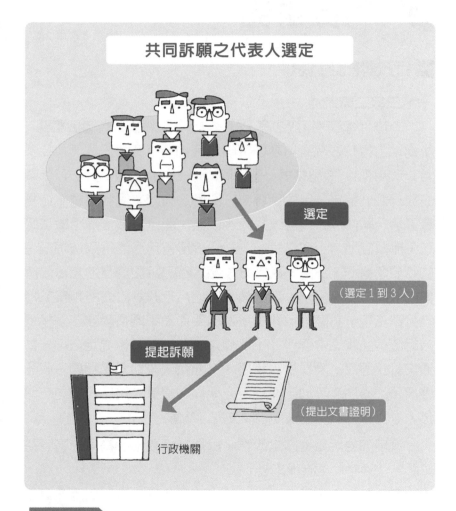

共同訴願之代表人選定

選定

（選定1到3人）

提起訴願

（提出文書證明）

行政機關

相關考題　共同訴願制度

關於共同訴願制度，下列敘述何者正確？　(A)共同訴願人得選定其中4至5名為代表人　(B)代表人經選定後，仍得更換或增減之　(C)若訴願人死亡，其代表人之代表權隨之消滅　(D)代表人可直接撤回訴願，毋須經全體訴願人之書面同意　【96三等地方特考-行政法】　(B)

3 行政訴訟

一 行政訴訟之概念

一、三級二審制

　　本法所稱高等行政法院，指高等行政法院高等行政訴訟庭；所稱地方行政法院，指高等行政法院地方行政訴訟庭。（行政訴訟法§3-1）為堅實第一審行政訴訟、強化行政法院法官專業並提升裁判品質，以達到專業、即時、有效之權利救濟。並考量員額、案件成長與國家財政等因素，配合行政法院組織法修正，於成立地方行政法院前，司法院得善用高等行政法院既有的軟硬體資源，於該法院內分設高等行政訴訟庭及地方行政訴訟庭，以符實際需求。訴訟法上，地方行政訴訟庭即相當於地方行政法院，和高等行政訴訟庭的關係為不同審級之法院。地方行政訴訟庭集中辦理第 104 條之 1 第 1 項但書規定之第一審通常訴訟程序、簡易訴訟程序、交通裁決事件訴訟程序、收容聲請事件程序及其他法律規定之事件，提供人民均質的司法給付，並預為將來成立地方行政法院之準備。

　　適用簡易訴訟程序之事件，以地方行政法院為第一審管轄法院。（行政訴訟法§229 Ⅰ）

　　下列各款行政訴訟事件，除本法別有規定外，適用本章所定之簡易程序：（行政訴訟法§229 Ⅱ）

1、關於稅捐課徵事件涉訟，所核課之稅額在新臺幣 50 萬元以下者。

2、因不服行政機關所為新臺幣 50 萬元以下罰鍰處分而涉訟者。

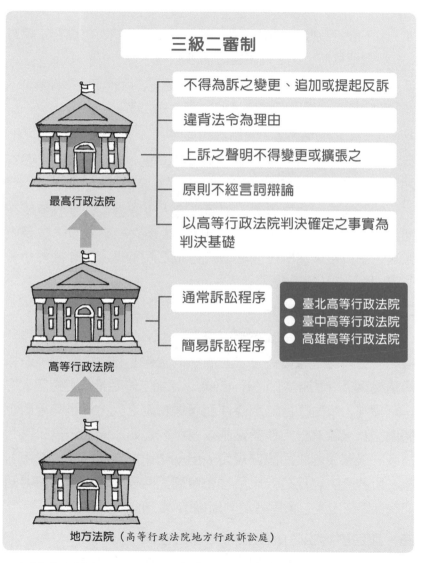

三級二審制

- 不得為訴之變更、追加或提起反訴
- 違背法令為理由
- 上訴之聲明不得變更或擴張之
- 原則不經言詞辯論
- 以高等行政法院判決確定之事實為判決基礎

最高行政法院

- 通常訴訟程序
- 簡易訴訟程序

- 臺北高等行政法院
- 臺中高等行政法院
- 高雄高等行政法院

高等行政法院

地方法院（高等行政法院地方行政訴訟庭）

3、其他關於公法上財產關係之訴訟，其標的之金額或價額在新臺幣 50 萬元以下者。

4、因不服行政機關所為告誡、警告、記點、記次、講習、輔導教育或其他相類之輕微處分而涉訟者。

5、關於內政部移民署（以下簡稱移民署）之行政收容事件涉訟，或合併請求損害賠償或其他財產上給付者。

6、依法律之規定應適用簡易訴訟程序者。

　　前項所定數額，司法院得因情勢需要，以命令減為新臺幣25 萬元或增至新臺幣 75 萬元。（行政訴訟法§229 Ⅲ）

　　第 2 項第 5 款之事件，由受收容人受收容或曾受收容所在地之地方行政法院管轄，不適用第 13 條之規定。但未曾受收容者，由被告機關所在地之地方行政法院管轄。（行政訴訟法§229 Ⅳ）

二、主觀訴訟為原則

　　現行行政訴訟法以主觀訴訟為原則，在保護人民之主觀公權利。個人之是否具有公法上權利或法律上利益之認定，係採保護規範說為理論基礎（釋 469），應指法律明確規定特定人得享有權利；或對符合法定條件而可得特定之人，授予向行政主體或國家機關為一定作為之請求者；或是如法律雖係為公共利益或一般國民福祉而設之規定，但就法律之整體結構、適用對象、所欲產生之規範效果及社會發展因素等綜合判斷，可得知亦有保障特定人之意旨者為判斷標準。（98 判 40）

三、與民事訴訟之訴訟標的結構上差異

　　鑑於「民事訴訟」與「行政訴訟」在訴訟標的之結構有原則上之重大差異，民事訴訟之訴訟標的，基本上是「時點」之概念，原則上以言詞辯論終結時點之法律關係為準，而以過去

歷史上之法律關係訴訟標的者,實屬例外。但在行政訴訟中,其主要之訴訟種類,即「撤銷之訴」、「課予義務之訴」與「確認之訴」,反而以確認過去之法律關係為原則。特別在撤銷之訴,既然是以過去作成行政處分是否具有合法性為其審查對象,自難想像以處分作成後之事由,來否認處分作成前之合法性。(97 判 1013)

二 智慧財產權法院

因為美國特別 301 條款的壓力,我國做出許多努力,其中一項就是於民國 97 年 7 月 1 日成立智慧財產權法院。

我國法院向來分成民事、刑事及行政三種,而智慧財產法院則集合民事、刑事與行政訴訟事件於一法院審理之專業法院,包括掌理與智慧財產有關之第一、二審民事事件、第二審刑事案件、第一審行政訴訟及強制執行事件,以及其他依法律規定或經司法院指定由智慧財產法院管轄之案件。智慧財產權法院之層級,定位為高等法院層級,與之對應的檢察署,為高等法院檢察署智慧財產分署。

智慧財產法院受理的民事事件,第一審由一位法官獨任審判;第二審由三位法官合議審判;不服第二審裁判,除別有規定外,向最高法院提起上訴或抗告。至於涉及智慧財產的刑事案件,其偵查階段之管轄及第一審管轄法院仍為各地方法院檢察署及各地方法院;第二審管轄法院才是智慧財產法院;第三審法院仍為最高法院。另外與智慧財產有關之行政訴訟,第一審管轄法院為智慧財產法院;上訴審法院則為最高行政法院。

相關考題　地方行政法院

依行政訴訟法之規定，有關交通罰鍰事件之救濟程序，下列敘述何者正確？　(A)無須經過訴願程序，直接向地方法院行政訴訟庭提起行政訴訟　(B)無須經過訴願程序，直接向高等行政法院提起行政訴訟　(C)必須經過訴願程序，如有不服再向地方法院交通法庭提起行政訴訟　(D)必須經過訴願程序，如有不服再向高等行政法院提起行政訴訟　　　　　　　　　　　　　【103高考一般行政 - 行政法】	（A）

解析：
現修正為「地方行政法院」。

下列何種行政訴訟之第一審，非屬地方法院行政訴訟庭管轄？　(A)行政契約新臺幣 20 萬元以下履約爭議之事件　(B)內政部移民署暫時收容之事件　(C)稅捐機關核課新臺幣 72 萬元之事件　(D)受刑人不服監獄管教處分之事件　　　　　　　　　　　　　【110地特 - 行政法】	（C）

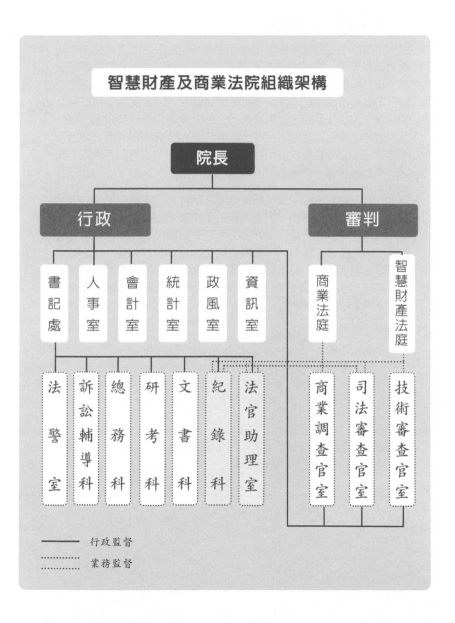

關於行政訴訟法的敘述，下列何者錯誤？ (A)公法上之爭議，除法律別有規定外，得依行政訴訟法提起行政訴訟 (B)人民為維護公益，就無關自己權利及法律上利益之事項，對於行政機關之違法行為，得提起行政訴訟，無須法律有特別規定 (C)人民與中央或地方機關間，因公法上原因發生財產上之給付或請求作成行政處分以外之其他非財產上之給付，得提起給付訴訟 (D)確認行政處分無效及確認公法上法律關係成立或不成立之訴訟，非原告有即受確認判決之法律上利益者，不得提起之 【100四等行政警察-行政法概要】	(B)
私立大學為實現研究學術及培育人才之教育目的或維持學校秩序，對學生所為決定或措施，如侵害學生受教育權或其他基本權利，即使非屬退學或類此之處分，學生不服時，應循何種救濟途徑，下列敘述何項最正確完整？ (A)僅得於校內申訴 (B)校內申訴後，對申訴決定不服者，向一般法院提起撤銷之訴 (C)直接向主管機關提起訴願 (D)本於憲法第16條有權利即有救濟之意旨，仍應許權利受侵害之學生提起行政爭訟 【100高考-行政法】	(D)

解析：

釋字第684號解釋：「大學為實現研究學術及培育人才之教育目的或維持學校秩序，對學生所為行政處分或其他公權力措施，如侵害學生受教育權或其他基本權利，即使非屬退學或類此之處分，本於憲法第16條有權利即有救濟之意旨，仍應許權利受侵害之學生提起行政爭訟，無特別限制之必要。」

我國現行行政訴訟之審級制度，下列何者正確？ (A)二級一審 (B)三級二審 (C)二級二審 (D)三級三審 【103地特三等一般行政-行政法】	(B)

相關考題　整合題型

下列有關行政訴訟與訴願之敘述，何者錯誤？　(A)訴願屬於司法程序之一環　(B)行政訴訟以言詞辯論為原則　(C)訴願之提起不以「權利」受到損害為限　(D)撤銷訴訟係為救濟「違法」之行政處分　【100三等行政警察 - 行政法】	(A)

解析：
訴願法第1條第1項規定：「人民對於中央或地方機關之行政處分，認為違法或不當，致損害其權利或利益者，得依本法提起訴願。但法律另有規定者，從其規定。」

關於最高行政法院之敘述，下列何者錯誤？　(A)設於中央政府所在地　(B)隸屬於最高法院　(C)其審判以法官 5 人合議行之　(D)判決不經言詞辯論為之　【103普考一般行政 - 行政法】	(B)

因下列事件而提起之訴訟，何者應由臺北地方法院行政訴訟庭審理？　(A)因欠稅達100萬元而被內政部入出國及移民署限制出境　(B)因食品標示不實而被衛生主管機關裁處罰鍰50萬元　(C)旅行業因記點滿四次而被交通部停止從事業務1個月　(D)駕駛人因超速被監理站裁處罰鍰並接受道路安全講習　【103高考一般行政 - 行政法】	(D)

4 行政訴訟之種類

一 撤銷訴訟

撤銷訴訟，係指人民因中央或地方機關之違法行政處分，認為損害其權利或法律上利益，經提起訴願後不服其決定或提起訴願逾 3 個月不為決定，或延長訴願決定期間逾 2 個月不為決定者，得提起撤銷訴訟。由行政法院以撤銷違法行政處分的方法，原則上溯及既往地消滅該行政處分的效力，使當事人被侵害之權利得以回復之訴訟型態，性質上屬於形成訴訟之一種。

二 給付之訴

給付訴訟，可以分為課予義務之訴及一般給付訴訟兩種。課予義務之訴又稱「義務之訴」、「請求應為行政處分之訴」、「應為行政處分之訴訟」，係指請求行政法院令行政機關應作成行政處分，或應作成特定內容之行政處分之訴訟，又可分為怠為處分之訴及拒為處分之訴（駁回處分之訴）。例如聲請塗銷土地登記之註記登記之處分（98 判 739）、更正地界登記（98 裁 1063）、依據國家機密保護法申請解除機密（98 判 975）、人民依社會救助法申請生活扶助金及租金補助之給付（97 裁 1953）。

一般給付訴訟，是指人民與中央或地方機關間，因公法上原因發生財產上之給付或請求作成行政處分以外之其他非財產上之給付，得提起給付訴訟。因公法上契約發生之給付，亦同。（行政訴訟法 §8 Ⅰ）

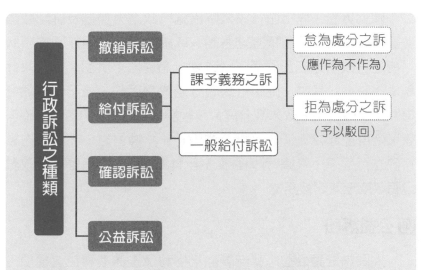

怠為處分之訴及拒為處分之訴

兩者均是人民向中央或地方機關依法申請之案件,只是前者於法定期間應作為而不作為,例如公務員放長假,將人民的案件置之不理;後者則是予以駁回,例如申請駕照,但遭到法院駁回,或參選登記,但遭法院認定資格不符而遭駁回。(行政訴訟法 §5)

【行政訴訟法 §2】

公法上之爭議,除法律別有規定外,得依本法提起行政訴訟。

【行政訴訟法 §3】

行政訴訟,指撤銷訴訟、給付訴訟,及確認訴訟。

目 確認之訴

確認訴訟，係指由行政法院確認行政處分無效及確認公法上法律關係成立或不成立之訴訟，或確認已執行而無回復原狀可能之行政處分或已消滅之行政處分為違法之訴訟。（行政訴訟法§6Ⅰ）其中，確認行政處分無效之訴訟，須已向原處分機關請求確認其無效未被允許，或經請求後於30日內不為確答者，始得提起之。（行政訴訟法§6Ⅱ）換言之，亦即須先經行政先行程序，依據行政程序法第113條第2項有確認行政處分有效或無效之義務。

四 公益訴訟

人民為維護公益，就無關自己權利及法律上利益之事項，對於行政機關之違法行為，得提起行政訴訟。但以法律有特別規定者為限。（行政訴訟法§9）

實務上曾發生嘉義市政府要將某建物拆除，某甲並非該建物所有人，依程序申請登錄歷史建築，但遭到函覆拒絕，提起訴願亦遭不受理之決定，提起行政訴訟，亦經駁回，上訴最高行政法院，維持高等行政法院之見解，認為文化資產保存法並無明文賦予人民就無關自己權利及法律上利益之事項，得提起行政訴訟。（100判字316）

以公益為目的之社團法人，於其章程所定目的範圍內，由多數有共同利益之社員，就一定之法律關係，授與訴訟實施權者，得為公共利益提起訴訟。（行政訴訟法§35Ⅰ）

相關考題　行政訴訟類型

某低收入戶遭市政府以其匿報所得為由，撤銷低收入戶資格並停發救助金。為免生活陷入困境，得向高等行政法院提起下列何種訴訟，使市府恢復其權利？　(A)撤銷訴訟　(B)課予義務訴訟　(C)確認訴訟　(D)一般給付訴訟　　　　　　　　　　【97三等地方特考-行政法】	(A)
人民對於行政機關所為之「負擔處分」，經提起訴願仍不服者，應於行政訴訟之程序中採行何種訴訟類型？　(A)課予義務之訴　(B)給付之訴　(C)撤銷之訴　(D)確認之訴　　　　　【98普考-行政法概要】	(C)
下列何項行政訴訟之類型，於提起之前必須先經過訴願程序？　(A)課予義務之訴　(B)確認行政處分無效之訴　(C)確認法律關係存否之訴　(D)一般給付之訴　　　　　　　　　　【98普考-行政法概要】	(A)

解析：
參考行政訴訟法第5條規定。

人民依社會救助法申請生活扶助金被拒絕時，應提起何種訴訟？　(A)撤銷訴訟　(B)課予義務訴訟　(C)一般給付訴訟　(D)怠為處分之訴　　　　　　　　　　　　　　　　【96三等地方特考-行政法】	(B)
人民訴請行政法院判命被告行政機關作成特定內容之行政處分，此係何種訴訟類型？　(A)一般給付訴訟　(B)撤銷訴訟　(C)課予義務訴訟　(D)確認訴訟　　　　　　　【98四等基警-行政法概要】	(C)
人民基於與行政機關締結之行政契約，向行政法院起訴請求行政機關為財產之給付時，應提起何種類型之訴訟？　(A)課予義務訴訟　(B)一般給付訴訟　(C)確認訴訟　(D)怠為處分訴訟　　　　　　　　　　　　　　　　　【98四等基警-行政法概要】	(B)
行政機關撤銷違法之授益處分，如受益人對於行政機關之補償決定不服者，可向行政法院提出何種訴訟？　(A)給付　(B)課予義務　(C)確認　(D)撤銷　　　　　　　　　　　　【98高考三級-行政法】	(A)
行政訴訟法第6條之確認訴訟，其類型不包括下列何者？　(A)違法確認訴訟　(B)中間確認之訴　(C)確認行政處分無效之訴　(D)確認公法上法律關係成立或不成立之訴　　　　【98普考-行政法概要】	(B)

人民因中央或地方機關之違法處分致損害其權利，經提起訴願而不服訴願決定時，得向行政法院提起何種訴訟？　(A)確認訴訟　(B)撤銷訴訟　(C)形成訴訟　(D)一般給付訴訟　　【99鐵路高員三級人事行政 - 行政法】	(B)
行政處分相對人不服行政處分而提起訴願，訴願決定撤銷原處分，原處分之利害關係人不服該決定時，應如何救濟？　(A)針對訴願決定再提起訴願　(B)針對原處分再提起訴願　(C)不經訴願程序，向高等行政法院提起撤銷訴訟　(D)經訴願審理機關許可後，向高等行政法院提起撤銷訴訟　　【100普考 - 行政法概要】	(C)
甲接獲臺北市國稅局公文，主旨要求甲應補繳98年與97年度所得稅共50,000元整，經提起復查和訴願後均遭駁回。甲應提起何種行政訴訟尋求救濟？　(A)撤銷訴訟　(B)課予義務訴訟　(C)確認行政處分無效訴訟　(D)一般給付訴訟　　【99地方特考四等 - 行政法概要】	(A)

解析：
補繳的處分侵害甲的財產上權益。

下列何者應提起撤銷訴訟？　(A)行政機關欲拆除違章建築，但誤拆隔壁之合法房屋，該受害屋主請求損害賠償　(B)人民基於行政契約所生對行政機關金錢債權請求權　(C)行政機關為採購物品辦理招標，未得標廠商甲主張該招標行為有瑕疵，請求廢棄由甲得標之決定　(D)行政機關對外發布之消息不實，以致影響人民之名譽，請求行政機關不得繼續宣揚該不實資訊　　【99鐵路四等員級 - 法律政風 - 行政法概要】	(C)
下列何者非現行法明定之行政訴訟類型？　(A)規範審查之訴　(B)一般給付之訴　(C)課以義務之訴　(D)確認之訴　　【99鐵路四等員級法律政風 - 行政法概要】	(A)
關於行政訴訟之敘述，下列何者正確？　(A)人民對於行政處分不服時，應直接向行政法院提起訴訟　(B)行政法院僅有高等行政法院及最高行政法院　(C)行政法院隸屬於行政院　(D)行政訴訟之訴訟類型不僅只有撤銷訴訟一種　　【103普考一般行政 - 行政法】	(D)

相關考題　行政訴訟類型

下列何種公法訴訟不是由行政法院審理？　(A)行政處分撤銷之訴　(B)課予義務之訴　　(C)行政處分無效確認之訴　　(D)公職人員選舉之當選無效之訴　　　　　　　　　　　　　　　　　【104高考-行政法】	(D)

5 撤銷訴訟

━ 撤銷訴訟提起之原因與期限

　　人民因中央或地方機關之違法行政處分，認為損害其權利或法律上之利益，經依訴願法提起訴願而不服其決定，或提起訴願逾 3 個月不為決定，或延長訴願決定期間逾 2 個月不為決定者，得向行政法院提起撤銷訴訟。（行政訴訟法 §4 Ⅰ）逾越權限或濫用權力之行政處分，以違法論。（行政訴訟法 §4 Ⅱ）訴願人以外之利害關係人，認為第 1 項訴願決定，損害其權利或法律上之利益者，得向行政法院提起撤銷訴訟。（行政訴訟法 §4 Ⅲ）

　　撤銷訴訟之提起，應於訴願決定書送達後 2 個月之不變期間內為之。但訴願人以外之利害關係人知悉在後者，自知悉時起算。（行政訴訟法 §106 Ⅰ）撤銷訴訟，自訴願決定書送達後，已逾 3 年者，不得提起。（行政訴訟法 §106 Ⅱ）

━ 撤銷訴訟之對象

　　依據行政訴訟法第 4 條第 1 項規定，提起撤銷訴訟，須人民因中央或地方機關之違法行政處分，認為損害其權利或法律上之利益，經提起訴願而不服其決定者，始得向行政法院提起。撤銷訴訟，須以行政處分為對象。是以，行政機關所為通知、單純事實之敘述、理由之說明或就法令所為之釋示，即非行政處分，人民雖有異議，亦不得對之提起撤銷之訴。（98 判 1159）

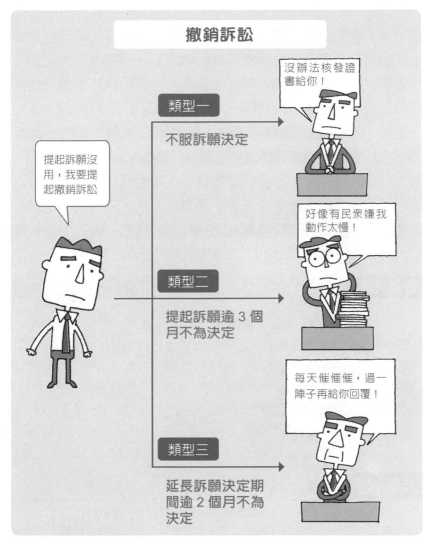

三 利害關係人

又按「因不服中央或地方機關之行政處分而循訴願或行政訴訟謀求救濟之人，固包括利害關係人，而非專以受處分人為

限，惟所謂利害關係乃指法律上之利害關係而言，不包括事實上之利害關係在內，是得依行政訴訟法第4條第3項規定之利害關係人地位就訴願決定提起撤銷訴訟者，應視該訴願決定所撤銷之行政處分是否係有第三人效力而定。而所謂第三人效力之處分，必然是對被處分人為授益而對第三人造成負擔，且該第三人依規範保護理論得從相關法條解釋出有公法上之權利，即在其個人法益受侵害方式及被保護主體範圍都可明確釐清之情形下，始肯認其在處分效力下而有訴訟法上之地位；反之，僅事實上對某些人有所裨益，則只是反射利益，尚不能認該第三人為該處分效力所及而獨立取得訴權。」（98 判 1168）

實務見解 中科第三期開發案

　　中科第三期開發案環境影響說明書送審，經環保署現場勘查，有條件通過環評審查，但是環保署之行政處分，卻違反第一階段審查之結論，未依環評法第8條規定進入第二階段環境影響評估，即剝奪環評法賦予居民對開發行為表示意見等相關權利，當地居民權益即因而受侵害，其雖非系爭處分相對人，仍得以利害關係人身分提起行政訴訟。（99 判 30）

相關考題 提起要件

下列何者非行政訴訟法第4條提起撤銷訴訟之要件？　(A)須有行政處分存在　(B)原告須主張行政處分違法並損害其權利或法律上利益　(C)原告之申請須有法規之依據　(D)須經訴願程序而未獲救濟　　　　　　　　　　　　　　　　【98普考-行政法概要】	(C)
關於撤銷訴訟之提起，下列敘述何者錯誤？　(A)須對行政處分提起　(B)原告須主張其權利受有損害　(C)一律須經訴願程序　(D)須於法定不變期間內提起　　　　　　　　　　　　　　【108高考-行政法】	(C)

相關考題　提起期限

撤銷訴訟之提起，至遲應於訴願決定書送達後幾個月之不變期間內
為之？　(A)1個月　(B)2個月　(C)3個月　(D)4個月
【98高考三級-行政法】　(B)

相關考題　綜合題型

下列何者為撤銷訴訟之本質？　(A)確認訴訟　(B)給付訴訟　(C)形成
訴訟　(D)救濟訴訟　【108高考-行政法】　(C)

行政機關就工廠違規排放廢水命其停工，工廠負責人不服，應提起
何種訴訟？　(A)一般給付訴訟　(B)撤銷訴訟　(C)確認法律關係不成
立訴訟　(D)課予義務訴訟　【108普考-行政法概要】　(B)

下列有關行政處分之撤銷訴訟之敘述，何者錯誤？　(A)行政處分如由
可分之部分所組成或附有可分離獨立之附款者，得對其中之一部分
或附款提起行政爭訟　(B)經由綜合判斷，可得某法律除公益外亦有
保障特定人之意旨者，其所受之損害得以行政爭訟尋求救濟　(C)因
已無補救可能而欠缺訴之利益者，亦包括性質上屬於重複發生之權
利或法律上之利益　(D)經聽證程序作成之行政處分或第三人不服訴
願決定者，其撤銷訴訟得不經訴願前置程序
【100三等行政警察-行政法】　(C)

解析：
(C)釋字第546號解釋，乃針對人民提起行政訴訟以有訴訟利益為要件。
如果訴願決定已無補救者，則訴願為無實益。其訴訟權利便無救濟之
可能性，即無保障之必要。本院解釋早年曾持此一態度，該號解釋則
加以更正為：「……所謂被侵害之權利或利益，經審議或審判結果，
無從補救或無法回復者，並不包括依國家制度設計，性質上屬於重複
發生之權利或法律上利益，諸如參加選舉、考試等，人民因參與或分
享，得反覆行使之情形。是當事人所提出之爭訟事件，縱因時間之經
過，無從回復權利被侵害前之狀態，然基於合理之期待，未來仍有同
類情事發生之可能時，即非無權利保護必要，自應予以救濟，以保障
其權益。」是以當事人仍有可能發生同樣情形，例如參與選舉等，該
號解釋乃破除了對人民行使該項權利之法令上限制。……（大法官會
議第686號解釋陳新民大法官不同意見書）

6 一般給付之訴

一 基本規範

人民與中央或地方機關間，因公法上原因發生財產上之給付或請求作成行政處分以外之其他非財產上之給付，得提起給付訴訟。因公法上契約發生之給付，亦同。（行政訴訟法 §8 I）前項給付訴訟之裁判，以行政處分應否撤銷為據者，應於依第 4 條第 1 項或第 3 項提起撤銷訴訟時，併為請求。原告未為請求者，審判長應告以得為請求。（行政訴訟法 §8 II）

例如育兒津貼制度剛推出，行政機關因為搞不清楚狀況，多發錢給公務人員，對於多出來的錢，如果公務人員不願意退還，則行政機關可以打一般給付訴訟。

筆者以前當國小老師，唸師專要服務 5 年，結果只服務 3 年就轉換跑道，也要償還公費 2 年 9 萬元，如果拒絕償還，政府部門一樣可以對筆者打一般給付訴訟。

二 一般給付之訴之備位性

人民對於因公法上原因發生之財產上之給付，得提起給付訴訟，請求行政機關給付。（行政訴訟法 §8 I）而此一般給付之訴，乃在於實現公法上給付請求權而設，同法第 5 條所規定人民得訴請行政機關為一定之行政處分之課予義務訴訟亦同。

惟一般給付訴訟，相對於其他訴訟類型，特別是以「行政處分」為中心之撤銷訴訟及課予義務訴訟，具有「備位」性質，若提起其他類型的訴訟，就足以救濟時，就無許其提起一般給

【公車業者請求營運補貼案】

直接提起給付之訴是錯誤的，應該要先提起課予義務之訴，如經否准後，再針對否准之處分，循序提起行政救濟，並合併請求一般給付之訴，才是正確主張。

政府應給予公路營運補貼，所以我要直接提起給付之訴。

公車業者

先位
撤銷訴訟
課予義務訴訟

備位
一般給付訴訟

先位提起的訴訟，若足以救濟當事人之權利，就不必提起備位之一般給付之訴。

先位提起的訴訟，不足以救濟當事人之權利，才可以提起備位之一般給付之訴。

付訴訟之餘地。再就立法意旨觀之，若許人民逕行提起一般給付訴訟，則無異免除審查行政處分合法性須遵守之訴願前置主義，而使原本可提起撤銷訴訟或課予義務訴訟之事件，皆將遁入一般給付訴訟領域，當事人亦可能藉由提起一般給付訴訟來規避課予義務訴訟較多之訴訟要件。

因此，欲提起一般給付訴訟，須以該訴訟得「直接」行使給付請求權者為限，如按其所依據實體法上之規定，尚須先經行政機關核定其給付請求權者，應先提起課予義務訴訟，請求行政機關作成該特定之行政處分，而不得直接提起給付訴訟。（97 裁 4102）

　　簡單來說，如果直接提給付之訴，那以後大家都只要打給付之訴的官司，也不必管政府機關有沒有做出行政處分，或行政處分有沒有違法，也不必打撤銷之訴或課予義務訴訟，反正直接叫政府機關付錢就對了。

三 與課予義務訴訟之共同點

　　共通點，乃是二者皆為實現公法上給付請求權而設。而二者之區別在於一般給付訴訟之適用範圍，限於給付訴訟中，課以義務訴訟所未包括之領域，亦即公法上非屬行政處分之公權力行政行為，故一般給付訴訟對於課以義務訴訟而言，具有補充性。

相關考題　一般題型	
甲廠商預知乙機關將發布新聞稿報導其商業上不利之訊息，為阻止乙機關發布新聞稿，得提起何種行政訴訟，以資救濟？　(A)撤銷訴訟　(B)課予義務訴訟　(C)確認處分無效訴訟　(D)一般給付訴訟　【108普考-行政法概要】	(D)

相關考題　一般給付訴訟

軍校學生入營志願書中表明學生之權利義務，以及在校期間如遭中途退學，願賠償在校期間一切費用。請問遭退學之學生若不願償還公費時，國防部提起行政訴訟，其訴訟種類為何？　(A)撤銷訴訟　(B)課予義務訴訟　(C)確認訴訟　(D)一般給付訴訟　　　　　　　　　　　　　　　　　　　　　【100普考-行政法概要】	（D）
中央健康保險局為執行其法定之職權，就辦理全民健康保險醫療服務有關事項，與醫事服務機構締結全民健康保險特約醫事服務機構合約，約定由特約醫事服務機構提供被保險人醫療保健服務，締約雙方如對契約內容發生爭議，其應提起何種行政救濟？　(A)審議程序　(B)訴願程序　(C)撤銷訴訟　(D)給付訴訟　【100高考-行政法】	（D）

解析：

釋字第533號解釋：中央健康保險局依其組織法規係國家機關，為執行其法定之職權，就辦理全民健康保險醫療服務有關事項，與各醫事服務機構締結全民健康保險特約醫事服務機構合約，約定由特約醫事服務機構提供被保險人醫療保健服務，以達促進國民健康、增進公共利益之行政目的，故此項合約具有行政契約之性質。締約雙方如對契約內容發生爭議，屬於公法上爭訟事件，依中華民國87年10月28日修正公布之行政訴訟法第2條：「公法上之爭議，除法律別有規定外，得依本法提起行政訴訟。」第8條第1項：「人民與中央或地方機關間，因公法上原因發生財產上之給付或請求作成行政處分以外之其他非財產上之給付，得提起給付訴訟。因公法上契約發生之給付，亦同。」規定，應循行政訴訟途徑尋求救濟。

甲醫師與中央健康保險局簽訂全民健康保險特約醫事服務機構合約，約定甲應依規定誠實申報醫療給付，後經發現甲醫師有偽造不實就醫紀錄，並因此詐領醫療給付新臺幣100萬元，中央健康保險局應提起何種訴訟追討該款項？　(A)向普通法院提起民事訴訟之給付訴訟　(B)向行政法院提起行政訴訟之撤銷訴訟　(C)向行政法院提起行政訴訟之一般給付訴訟　(D)向行政法院提起行政訴訟之課予義務訴訟　　　　　　　　　　　【99地方特考四等-行政法概要】	（C）
軍校生甲，因行為失當，遭學校開除學籍。學校擬對甲求償已領取之公費，應循何種方式？　(A)以行政處分令甲賠償　(B)直接依強制執行法聲請強制執行　(C)向行政法院提起一般給付之訴　(D)向民事法院提起訴訟　　　　　　　　　　　　　　　　【112高考-行政法】	（C）

7 課予義務之訴

一 課予義務之訴之重點

　　課予義務訴訟，請求行政機關為一定之行政處分，以依法申請之案件為前提，而所謂依法申請之案件，係指人民依法有權請求行政機關為准駁的行政處分者而言。（97 裁 3964）

　　舉個例子來說，甲建設公司向主管機關聲請建照，準備要蓋房子來賣，可是主管機關一直不核發建照。這時候因為沒有做出任何准駁與否的行政處分，甲建設公司也不能提起撤銷訴訟，因為沒有行政處分可以撤銷。

　　所以這種請求主管機關為一定行為（核發建照）的訴訟，就稱之為課予義務之訴。假設法院認為原告有理由，判決主文可以寫成「訴願決定撤銷」，如果認為沒有理由，當然就類似於「原告之訴駁回」。

　　再舉一個實務上的例子，「如經上訴人陳 XX 為此等申請而未獲置理者，自可向行政法院提起課予義務之訴，以促其依法行政。又按行政法院並未具有上級行政機關之功能，不得取代行政機關而自行決定，若允許上訴人陳 XX 得逕行本件一般給付訴訟，實造成行政法院先行剝奪行政主管機關依法規劃及預算之權限，容有不宜。」（100 判 1454）

　　本號判決也指出為何行政法院只能做出課予義務之訴，而非一般給付訴訟，主要原因在於司法權不得侵入與取代行政權之領域。

實務見解 第三人檢舉海產店違反菸酒管理法案

　　當事人某甲檢舉阿宏海產店，要求市政府做成違反菸酒管理法之裁罰處分（檢舉成功，可以獲得檢舉獎金），並提起「課予義務訴訟」，法院必須判斷在實體法上有無此一公法上請求權，以判斷起訴是否合法，若不合法，即得以裁定加以駁回。

【判決結果】

　　某甲依菸酒管理法第44條規定，若檢舉成功，就可以獲得檢舉獎金，此為其「主觀公權利」。因此，某甲有請求受理檢舉機關，對檢舉內容為事實調查。行政機關調查結果認定被檢舉之人實際上無違規事實存在，此時從檢舉獎金制度之規範設計功能言之，即不能再給予檢舉人「請求受理檢舉機關，對被檢舉人作成裁罰處分」之主觀公權利，以避免檢舉數量過多之無效率結果（經濟學上稱之為「競租」行為）。換言之，某甲並沒有提起課予義務訴訟之主觀公權利。（97裁3228）

　　本最高行政法院之裁定論述綿密，對於學習課予義務之訴概念之釐清頗有助益，故將該號裁定原文整理如後。（本書第432-436頁）

【最高行政法院見解：（97 裁 3228）】

公權利有無之判斷，取決於二個面向，一為個人實質關心在意之主觀利害，一為法規範對該實質利害實現之擔保。這個二面向之內部關係及作用，可以按以下之觀點來理解：

一、在一般情況，實質利害是從實證之層面著眼，而擔保實質利害之法規範，則是從規範的層面著眼。因此總是先有實質利害在實證上之客觀存在，而後才有擔保法規範之尋找議題。而在司法實務操作上，主觀公權利之有無，主要偏重在找法活動。詳言之：

（一）有關個人之主觀利害，基本上是建立在實證的基礎上，並先於法規範而存在。其內涵為個人對特定事項之主觀感受，例如希望自己心智活動的經濟成果被尊重，希望自己的宗教信仰，不受到有偏見的無禮批評，不希望自己的性別或出身受到他人之歧視。這些主觀的感受，不論其是經濟的、宗教的、情感的，只要個人在意介意，即是一種主觀利害，而且先於法規範而客觀存在。

（二）實證層面的主觀利害，只要有特定實證法之法規範，出面擔保其實現，即演變為一主觀權利。若該實證法之性質為規範高權作為之公法者，該權利即可被認定為主觀公權利。

（三）因為現代社會人際交往密切，社會各種活動之外部性遞增，國家高權基於高權作用而介入私人活動之情況日趨頻繁，個人在此實證環境中所關心在意之實質利害自然也大增。但當個人為這些利害尋求行政法院協助時，基於行政訴訟主觀訴訟制度之設計，行政法院首先必須確定當事人主張之實質利害有特定法規範擔保其實現，才能進行實體審查。這時主觀公權利之有無，對法院而言，實際是一個「找法」活動。

二、但在本案之情形，抗告人主張之主觀公權利，其具體內涵卻與上開一般情
　　形有所不同，其間最大之不同在於：抗告人主張之主觀公權力，其主觀利
　　害之內容，並不是先於實證法而存在，反而是因實證法所創造者。此時在
　　司法實務上討論之聚焦已不再是「找法」過程（因為人民是「按圖索驥」，
　　依實證法之具體條文，來主張特定內容之主觀公權利），而是如何從規範
　　價值及規範功能之角度，決定該等主觀公權利之內涵及界限，詳言之：

　　（一）抗告人在本案中所主張之實質利害為「檢舉獎金」之有無，但若無
　　　　　菸酒管理法第44條之制定，這個經濟上的實質利害即不存在，此
　　　　　等實質利害乃是因為實證法之制定而新形成者。主張此等實質利害
　　　　　者必然明瞭形成利害之根源，當然不會有「找法」之必要。

　　（二）但因實證法之制定，而讓社會成員因此取得一個在自然狀態下所不
　　　　　存在之特殊私人利益，此等特殊利益之新創，既然不是用來維持社
　　　　　會成員既有之主觀利害，則該特殊利益之賦與，當然不會是立法者
　　　　　無故、隨興的決定，而是取向實證法規範目標所為之安排，而且一
　　　　　般而言，社會成員之所以能取得此等特殊利益，乃是因為其付出對
　　　　　價，有助於該實證法所欲達成之規範目標。

　　（三）因此這種因特定實證法而新形成之主觀公權利，其權利之內涵及界
　　　　　限為何，自應從規範的觀點，探究該實證法之規範意旨。

三、在本案中抗告人主張之「主觀公權利」，其內涵論之實質，不外是檢舉成
　　功，其依菸酒管理法第44條規定，所可能取得之檢舉獎金。但此等主觀
　　公權利之權利界限，是否還包括「請求受理檢舉機關，對被檢舉對象，做
　　成裁罰處分」之權能？即須從以下之論點來檢證：

　　（一）按在公法違規檢舉規範中，對因檢舉成功而給予檢舉獎金之相關規
　　　　　範，其規範目標主要是：為求有效壓制具有負外部性違規行為之頻

率及數量，在公務資源有限之情況下，打算經由人民之參與，以較低之公務成本，產生較高之舉發成功比例，以提升行政效率。但人民參與檢舉之行爲或許成本較行政部門爲低，但並非毫無成本，如果沒有給予誘因，其檢舉數量可能未達「最適」檢舉量（數量是否「最適」，決定於檢舉活動所生之『全部』邊際成本與檢舉活動之邊際效益相等時，其意涵詳後所述），因此有必須提供檢舉獎金，以激勵其舉發活動之數量。

（二）檢舉獎金之設計是爲了給人民爲檢舉違規行爲之誘因，而爲了確保此項誘因之有效性，行政機關在接受了人民之檢舉行爲後，即有義務按檢舉內容爲調查行爲，以免人民爲檢舉所花費之成本落空。在此限度內，提出檢舉之人民，有請求受理檢舉機關，對檢舉內容爲事實調查之「主觀公權利」。

（三）但若行政機關調查結果認定被檢舉之人，實際上無違規事實存在，此時從檢舉獎金制度之規範設計功能言之，即不能再給予檢舉人「請求受理檢舉機關，對被檢舉人作成裁罰處分」之主觀公權利，因爲：

1. 如果給予檢舉人此等權利，即意味著容許私人執行公共任務，因爲當檢舉人自認爲「被檢舉人違規事實明確，一定應該接受處罰」，即可要求行政機關一定要對被檢舉人作成裁罰處分。則檢舉人等於是自己在執行行政違規行爲之糾舉。然而正如同現行刑事法制，不許可一般社會大眾去執行刑事逃匿被告之搜尋逮捕活動一般，公共事務原則上亦不容許私人去執行。

2. 而且在上開情況下，若容許檢舉人執行糾舉違章行爲之公共事務，則更嚴重的問題出在：檢舉人對該公共事務之執行，因爲涉及其檢舉獎金之

多寡，因此有自利誘因，因此可能為了自己之利益，而產生誘人違規或陷人違規之風險，並造成輕率之檢舉活動，進而發生檢舉數量過多之無效率結果（即社會大眾競相動用資源而提出檢舉，試圖透過檢舉獎金之機制，將資源由其他社會成員手中，移轉為自己所有，而其移轉過程，因為不是自願性之移轉，只會產生淨損，經濟學上稱之為「競租」行為）。

3. 再從受理檢舉之行政機關，及被檢舉人之角度言之，其等與檢舉人，在面對檢舉內容有無之事實爭議時，同樣必須動用資源來進行訴訟防禦，而這些防禦成本的支出，並無任何生產性，無法創造新效用，其結果會造成更大之淨損。因此在容許檢舉人以私人之身分來執行糾舉行政違規之行政任務時，私人之檢舉活動即會大增，其中誣陷、輕率之檢舉數量也會隨之增加，而行政機關及被檢舉人為了自辯清白，又須花費防禦成本，結果社會上實際發生之檢舉活動中，大部分檢舉活動之「全部」邊際成本將越來越大，而且都不會產生「因違規行為被正確檢舉而獲糾正，對社會具有之效益」，造成社會整體福利之下降（即形成社會福利之淨損）。

4. 這也是為何現代社會不賦予私人警察權，也不容許收取報酬之「獵人公司」逮捕逃匿之債務人或犯罪者之理由，因為賦予私人執行具有公共任務特質之職務，又容許其從中謀取私人利益，將引發成本高昂之「競租」戰爭。

四. 在以上之法理基礎下，原裁定認定抗告人無提起本件課予義務訴訟之主觀公權利，其判斷結論即無錯誤可言。至於抗告意旨所提出之各項法律論點，在上開判斷體系下，均非可採，爰逐一說明如後：

（一）本案之爭執重點不在於主觀公權利有無之抽象判斷，而在於依菸酒

管理法第44條所形成之主觀公權利，其在本案中之具體界限爲何。本院從未否認抗告人有請求相對人對檢舉內容進行調查之主觀公權利，只不過認爲此項公權利之內涵，不包括「直接請求行政機關對被檢舉人作成裁罰處分」之權能。抗告人提出「保護規範理論」，實則與本案之勝負判斷實無太大之關連性。

（二）信賴利益之所以在本案中沒有引用之餘地，其法理在於：檢舉獎金之提供，並不構成一個「只要有檢舉成本之付出，即保證必然有檢舉獎金收入」之「信賴基礎」。最多只構成「相對人必須對檢舉內容進行查證，以使檢舉成本之投入不致於白白浪費」之「信賴基礎」，而後面這個信賴基礎，與本件課予義務訴訟之訴訟程序標的（即否准處分）無涉。

（三）公平交易法案件中，對第三人不公平競爭行爲提出檢舉，要求處理之主觀公權利，其權利中所內含之「實質利害」內容，性質上與本案中有關檢舉他人違反菸酒管理法違章行爲之主觀公權利之「實質利害」內容並不相同，前者是在一般情形下，先於法規範存在之實證層面經濟利害。而在本案中，主觀公權利之實質利害是因實證法所新形成者，二者之差異性，在前面已有論述，在此不予重複。

相關考題　課予義務之訴

請求行政機關應為行政處分，或應為特定內容之行政處分，應提起：　(A)撤銷訴訟　(B)確認訴訟　(C)一般給付訴訟　(D)課予義務訴訟　　　　　　　　　【99鐵路四等員級法律政風 - 行政法概要】	(D)
人民因中央或地方機關對其依法申請之案件，於法令所定期間內應作為而不作為，或予以駁回，致損害其權利，經提起訴願而不服訴願決定時，得向行政法院提起何種訴訟？　(A)課予義務訴訟　(B)一般給付訴訟　(C)確認違法訴訟　(D)撤銷違法訴訟　　　　　　　　　　　　　　　　【99鐵路高員三級人事行政 - 行政法】	(A)
人民依法申請建築執照，但行政機關一直未答覆，經提起訴願後遭駁回，應提起何種行政訴訟？　(A)撤銷之訴　(B)課予義務之訴　(C)確認處分無效之訴　(D)一般給付之訴　　　　　　　　　　　　　　　　　　　　　【100四等行政警察 - 行政法概要】	(B)
土地所有權人甲，請求主管機關命相鄰地之工廠停工遭拒。甲應提起何種訴訟救濟？　(A)撤銷訴訟　(B)課予義務訴訟　(C)確認訴訟　(D)一般給付訴訟　　　　　　　　　　　　　　　　　　【108普考 - 行政法概要】	(B)
依最高行政法院大法庭裁定見解，被徵收土地所有權人對主管機關所核定之徵收補償價額不服，循序提起行政訴訟時，應提起之訴訟類型為何？　(A)一般給付之訴　(B)撤銷處分之訴　(C)確認處分違法之訴　(D)課予義務訴訟　　　　　　　　　　　　　　【110地特 - 行政法】	(D)

8 確認之訴

一 確認之訴之種類

確認訴訟有四種，包括由行政法院確認行政處分無效、已執行而無回復原狀可能之行政處分，或已消滅之行政處分為違法之訴訟，以及公法上的法律關係成立或不成立之訴訟。（行政訴訟法 §6 I）

確認之訴，必須具備即受確認判決之法律上利益之要件，方得提起之。（行政訴訟法 6 I）

二 確認行政處分無效須先經行政先行程序

確認行政處分無效之訴訟，須已向原處分機關請求確認其無效未被允許，或經請求後於 30 日內不為確答者，始得提起之。（行政訴訟法 §6 II）換言之，亦即須先經行政先行程序，依據行政程序法第 113 條第 2 項有確認行政處分有效或無效之義務。（行政程序法第 113 條規定：「行政處分之無效，行政機關得依職權確認之。行政處分之相對人或利害關係人有正當理由請求確認行政處分無效時，處分機關應確認其為有效或無效。」）

三 確認公法上的法律關係成立或不成立之訴訟

近來常見的公法上的法律關係成立或不成立之訴訟，當屬既成道路之公用地役關係，其係指私法上所有權人之所有物，在國家或行政主體所設定的公共目的範圍內，負有公法上的供役性。私法上所有權人一方面在對其所有物的使用，負有公法上公用地役關係存在的範圍內容忍公眾使用之義務，另一方面，所有權人亦在其所負有容忍義務範圍內，不再承擔對該物的修繕、管理與維護之義務，而由國家或行政主體承擔。是所有權人爭執其所有之系爭土地不成立或不存在公用地役關係，即難

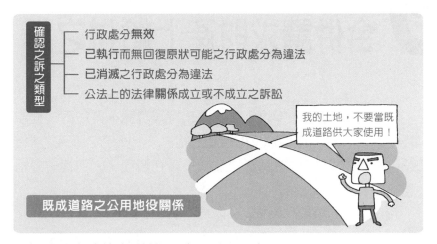

認無確認之法律上利益。（98 判 1138）

四 確認訴訟之補充性

　　確認訴訟，於原告得提起或可得提起撤銷訴訟、課予義務訴訟或一般給付訴訟者，不得提起之。但確認行政處分無效之訴訟，不在此限。（行政訴訟法 §6 III）

　　應提起撤銷訴訟、課予義務訴訟，誤為提起確認行政處分無效之訴訟，其未經訴願程序者，行政法院應以裁定將該事件移送於訴願管轄機關，並以行政法院收受訴狀之時，視為提起訴願。（行政訴訟法 §6 IV）

相關考題 確認之訴	
國稅局寄發之核課處分通知書末合法送達，該處分是否具有效力發生爭議，應提起何種訴訟？ (A)撤銷之訴 (B)一般給付之訴 (C)公法上法律關係確認之訴 (D)課予義務之訴　　　【108高考-行政法】	(C)
有關行政訴訟法第 6 條所定之確認訴訟，下列敘述何者錯誤？ (A)提起確認訴訟，須有即受確認判決之法律上利益 (B)確認行政處分無效之訴訟，須先向原處分機關請求確認，始得提起之 (C)確認訴訟，於原告得提起或可得提起撤銷訴訟者，不得提起之 (D)應提起撤銷訴訟，誤為提起確認行政處分無效之訴訟，行政法院應以裁定駁回其訴　　　【108普考-行政法概要】	(D)

9 合併請求財產上給付之訴

　　行政訴訟法第 7 條規定：「提起行政訴訟，得於同一程序中，合併請求損害賠償或其他財產上給付。」此規定所稱之「行政訴訟」，並不限於撤銷訴訟及課予義務訴訟，尚包括一般給付訴訟。（98 判 1213）

　　行政訴訟法第 7 條規定，依其文義，乃係提起行政訴訟，得於同一程序中，合併請求損害賠償或其他財產上給付，即合併請求財產上給付訴訟，且該合併請求之訴各為獨立之訴訟，此因對於一般公法上給付訴訟中，關於損害賠償或其他財產上給付訴訟提起之特別規定，使損害賠償或其他財產上給付訴訟得於同一行政訴訟中合併請求之特別規定，相對於國家賠償法規定，又屬特別例外規定。

　　故國家損害賠償請求權欲於行政訴訟中救濟請求，應按行政訴訟法第 7 條規定，合併其他行政訴訟始可提起。蓋其請求之損害賠償或財產上之給付訴訟，與其所合併提起之行政訴訟間，有一定之前提關係或因果關係，行政法院就合併之訴訟為裁判時，基於訴訟資料之共通，可以節省勞費，並避免二訴訟裁判之衝突。故就公法上侵權行為損害賠償之請求，若上訴人並非依行政訴訟法第 7 條規定與其他訴訟合併提起，而是向行政法院單獨提起損害賠償之訴，應認此種訴訟既非行政訴訟法第 8 條所規範之訴訟，且其性質乃一國家賠償之請求，依行政訴訟法第 2 條規定，應不屬行政法院權限之事件。（96 裁 1846）

合併之訴

一次解決！

行政訴訟

前提關係　因果關係

行政機關　國家賠償訴訟　當事人

合併之訴之說明

如果兩個案件，彼此之間有前提關係或因果關係，若是交給不同的法官做出不同的判決，結果可能不相一致，因此為了避免裁判上之衝突，並且達到節省勞費之功效，應該准予合併請求之。

　　合併提起之損害賠償如係國家賠償訴訟，則必須是基於與該行政訴訟同一原因事實，始得提起。此際，如該行政訴訟因有行政訴訟法第 107 條第 1 項第 2 款至第 10 款情形而不合法經駁回者，該國家賠償訴訟部分則不合法一併駁回（本院 98 年 6 月份第 1 次庭長法官聯席會議決議參照）。（98 判 1213）

10 公益訴訟

　　人民為維護公益，就無關自己權利及法律上利益之事項，對於行政機關之違法行為，得提起行政訴訟。但以法律有特別規定者為限。（行政訴訟法§9）

　　其目的係為突破有關訴訟利益採主觀訴訟之傳統理論，以限於與原告自己之權利或法律上利益有直接利害關係之事項始得訴訟之限制，賦予人民得以維護公益為理由，就無關自己權利或法律上利益之事項，對行政機關之違法行為提起行政訴訟，類此訴訟係以公共利益為目的，性質上屬客觀訴訟，但為免浮濫，明文規定以法律有特別規定者為限。

　　而環境影響評估法第 23 條第 8 項、第 9 項規定：「開發單位違反本法或依本法授權訂定之相關命令而主管機關疏於執行時，受害人民或公益團體得敘明疏於執行之具體內容，以書面告知主管機關。」、「主管機關於書面告知送達之日起 60 日內仍未依法執行者，人民或公益團體得以該主管機關為被告，對其怠於執行職務之行為，直接向行政法院提起訴訟，請求判令其執行。」

　　上開即係賦予受害人民或公益團體得以主管機關為被告，對其怠於執行職務之行為，直接向行政法院提起訴訟之權能，屬行政訴訟法第 9 條所稱「法律有特別規定者」，惟其中「受害人民」因屬權利受侵害之人，係就與自己權利或法律上利益有關事項提起訴訟，不符提起公益訴訟之要件，至於「公益團

體」，雖非本身之權利或法律利益受損害，但基於該法之特別規定，得提起公益訴訟（最高行政法院 100 年度判字第 2263 號判決參照）。

相關考題 公益訴訟

關於行政訴訟上之「公益訴訟」，下列敘述何者錯誤？　(A)屬於行政訴訟法規定的訴訟類型　(B)人民得就無關自己權利之事項提起訴訟　(C)人民須先經過陳情之程序　(D)須有法律特別規定 【99鐵路四等員級法律政風-行政法概要】	(C)

相關考題 一般題型

關於公益訴訟，下列敘述何者錯誤？　(A)人民得就行政機關違法行為提起訴訟　(B)人民得就無關自己權利事項提起訴訟　(C)僅得提起課予義務訴訟　(D)須有法律特別規定　【108普考-行政法概要】	(C)

11 當事人能力及
當事人訴訟能力

一 當事人能力

所謂當事人能力，是指能做為訴訟上當事人之資格。欠缺當事人能力所提起之訴訟，法院應以不合法加以駁回。

無當事人能力，所為之訴訟行為無效，若法律可以補正者，審判長應定期間命其補正，能力欠缺經取得有當事人能力之本人承認，溯及於行為時發生效力。如恐久延致當事人受損害時，得許其暫為訴訟行為。（準用民事訴訟法第 48、49 條，行政訴訟法 §28）

行政訴訟法關於當事人能力採取「權利主體原則」，兼採「機關原則」。所謂權利主體原則，是指當事人能力之有無，以是否有權利為斷。我國行政訴訟法第 22 條規定：「自然人、法人、中央及地方機關、非法人之團體，有當事人能力。」其中有關非法人團體，實務上認為未完成登記之公司籌備處、宗教團體等均屬之，而承認具有當事人能力。

二 當事人訴訟能力

一、當事人訴訟能力之基本概念

所謂當事人訴訟能力，是指具備自己參與訴訟，或由其指定之代理人參與訴訟之資格。能獨立以法律行為負義務者，有訴訟能力。法人、中央及地方機關、非法人之團體，應由其代表人或管理人為訴訟行為。前項規定於依法令得為訴訟上行為之代理人準用之。（行政訴訟法 §27）外國人依其本國法律無訴訟能力，而依中華民國法律有訴訟能力者，視為有訴訟能力。（準用民事訴訟法第 46 條）

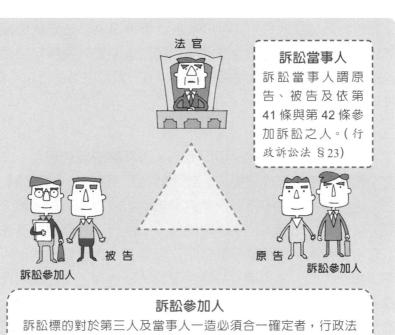

法官

訴訟當事人
訴訟當事人謂原告、被告及依第41條與第42條參加訴訟之人。（行政訴訟法§23）

被告

原告

訴訟參加人

訴訟參加人

訴訟參加人

訴訟標的對於第三人及當事人一造必須合一確定者，行政法院應以裁定命該第三人參加訴訟。（行政訴訟法§41）

行政法院認為撤銷訴訟之結果，第三人之權利或法律上利益將受損害者，得依職權命其獨立參加訴訟，並得因該第三人之聲請，裁定允許其參加。（行政訴訟法§42 I）例如實務上常見者為專利異議事件，若向經濟部智慧財產局專利之核准提出異議，而該局駁回其聲請，則行政訴訟的被告當事人為經濟部智慧財產局，因判決內容與專利權人之權益有關，故原專利申請核准通過之權利人則為參加人。

二、能力、法定代理權或允許之補正

關於訴訟之法定代理及為訴訟所必要之允許，依民法及其他法令之規定。（準用民事訴訟法第47條）於能力、法定代理權或為訴訟所必要之允許有欠缺之人所為之訴訟行為，經取得法定代理權或允許之人、法定代理人或有允許權人之承認，溯

及於行為時發生效力。（準用民事訴訟法§48）法定代理權或為訴訟所必要之允許有欠缺而可以補正者，審判長應定期間命其補正；如恐久延致當事人受損害時，得許其暫為訴訟行為。（準用民事訴訟法§49）

三、特別代理人

對於無訴訟能力人為訴訟行為，因其無法定代理人，或其法定代理人不能行代理權，恐致久延而受損害者，得聲請受訴法院之審判長，選任特別代理人。無訴訟能力人有為訴訟之必要，而無法定代理人，或法定代理人不能行代理權者，其親屬或利害關係人，得聲請受訴法院之審判長，選任特別代理人。選任特別代理人之裁定，並應送達於特別代理人。特別代理人於法定代理人或本人承當訴訟以前，代理當事人為一切訴訟行為。但不得為捨棄、認諾、撤回或和解。選任特別代理人所需費用，及特別代理人代為訴訟所需費用，得命聲請人墊付。（準用民事訴訟法§51）

四、行政訴訟之被告

經訴願程序之行政訴訟，其被告為下列機關：

1、駁回訴願時之原處分機關。

2、撤銷或變更原處分時，為撤銷或變更之機關。（行政訴訟法§24）人民與受委託行使公權力之團體或個人，因受託事件涉訟者，以受託之團體或個人為被告。（行政訴訟法§25）被告機關經裁撤或改組者，以承受其業務之機關為被告機關；無承受其業務之機關者，以其直接上級機關為被告機關。（行政訴訟法§26）

三 代理人

當事人得委任代理人為訴訟行為。但每一當事人委任之訴訟代理人不得逾 3 人。（行政訴訟法 §49 I）行政訴訟應以律師為訴訟代理人。（行政訴訟法 §49 II 前段） 訴訟代理人有 2 人以上者，均得單獨代理當事人。（行政訴訟法 §52 I）

非律師具有下列情形之一者，亦得為訴訟代理人：

1、稅務行政事件，具備會計師資格。
2、專利行政事件，具備專利師資格或依法得為專利代理人。
3、當事人為公法人、中央或地方機關、公法上之非法人團體時，其所屬專任人員辦理法制、法務、訴願業務或與訴訟事件相關業務。
4、交通裁決事件，原告為自然人時，其配偶、三親等內之血親或二親等內之姻親；原告為法人或非法人團體時，其所屬人員辦理與訴訟事件相關業務。（行政訴訟法 49 II 後段）

委任前項之非律師為訴訟代理人者，應得審判長許可。（行政訴訟法 49 III）

四 應委任律師為訴訟代理人

下列各款事件及其程序進行中所生之其他事件，當事人應委任律師為訴訟代理人：

1、高等行政法院管轄之環境保護、土地爭議之第一審通常訴訟程序事件及都市計畫審查程序事件。
2、高等行政法院管轄之通常訴訟程序上訴事件。
3、向最高行政法院提起之事件。
4、適用通常訴訟程序或都市計畫審查程序之再審事件。
5、適用通常訴訟程序或都市計畫審查程序之聲請重新審理及其再審事件。（行政訴訟法 §49-1 I）

第一項情形，符合下列各款之一者，當事人得不委任律師為訴訟代理人：

1、當事人或其代表人、管理人、法定代理人具備法官、檢察官、律師資格或為教育部審定合格之大學或獨立學院公法學教授、副教授。

2、稅務行政事件，當事人或其代表人、管理人、法定代理人具備前條第2項第1款規定之資格。

3、專利行政事件，當事人或其代表人、管理人、法定代理人具備前條第2項第2款規定之資格。（行政訴訟法§49-1條Ⅲ）

第一項各款事件，非律師具有下列情形之一，經本案之行政法院認為適當者，亦得為訴訟代理人：

1、當事人之配偶、三親等內之血親、二親等內之姻親具備律師資格。

2、符合前條第2項第1款、第2款或第3款規定。（行政訴訟法§49-1條Ⅳ）

相關考題　委任代理人

依行政訴訟法規定，下列何者不得為行政訴訟之訴訟代理人？ (A)律師　(B)稅務行政訴訟中之會計師　(C)專利行政訴訟之專利師　(D)土地行政訴訟之地政士　【103普考一般行政 - 行政法】	(D)

相關考題　當事人能力

下列何者無行政訴訟當事人能力？　(A)25歲之臺南市市民　(B)中華民國電梯協會　(C)教育部　(D)未設管理人之佛教團體　【97三等地方特考 - 行政法】	(D)
關於行政委託之敘述，下列何者正確？　(A)行政機關得逕依行政程序法中關於行政委託之規定，將其權限之一部分委託民間團體或個人辦理　(B)行政機關僅得以作成行政處分之方式，將其權限之一部分，委託民間團體或個人辦理　(C)人民若與受委託行使公權力之民間團體因受託事件而涉訟者，應以該民間團體為被告提起行政訴訟　(D)受委託行使公權力之個人於執行職務行使公權力，生有國家賠償責任之事由時，其應自負國家賠償責任　【108高考 - 行政法】	(C)

12 行政法院之審判權

▉ 行政法院之審判權與例外

一、普通審判權

　　對於公法人之訴訟，由其公務所所在地之行政法院管轄。其以公法人之機關為被告時，由該機關所在地之行政法院管轄。對於私法人或其他得為訴訟當事人之團體之訴訟，由其主事務所或主營業所所在地之行政法院管轄。對於外國法人或其他得為訴訟當事人之團體之訴訟，由其在中華民國之主事務所或主營業所所在地之行政法院管轄。（行政訴訟法 §13）

　　行政訴訟法第 13 條規定以外之訴訟，由被告住所地之行政法院管轄，其住所地之行政法院不能行使職權者，由其居所地之行政法院管轄。被告在中華民國現無住所或住所不明者，以其在中華民國之居所，視為其住所；無居所或居所不明者，以其在中華民國最後之住所，視為其住所；無最後住所者，以中央政府所在地，視為其最後住所地。訴訟事實發生於被告居所地者，得由其居所地之行政法院管轄。（行政訴訟法 §14）

二、不動產之管轄

　　因不動產徵收、徵用或撥用之訴訟，專屬不動產所在地之行政法院管轄。除前項情形外，其他有關不動產之公法上權利或法律關係涉訟者，得由不動產所在地之行政法院管轄。（行政訴訟法 §15）

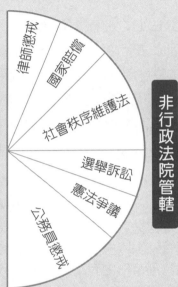

行政法院管轄

行政法院管轄

律師懲戒

國家賠償

社會秩序維護法

選舉訴訟

憲法爭議

公務員懲戒

交通違規

非行政法院管轄

有些公法爭議事件，並非由行政法院所管轄，例如⑴律師懲戒，由相當於職業法院之律師懲戒委員會及覆審委員會進行懲戒；⑵國家賠償事件，則由民事法院審理，但是亦可於提起行政訴訟時合併請求之；⑶軍法案件，由地方軍事法院管轄；⑷公務員懲戒，由公務員懲戒委員會審議。

交通違規之規定：本法第 98-7、114-1、237-1 ～ 237-9、256-1
條已回歸行政法院管轄

三、公務員職務關係涉訟之管轄

關於公務員職務關係之訴訟，得由公務員職務所在地之行政法院管轄。（行政訴訟法 §15-1）

四、公法上之保險事件涉訟之管轄

因公法上之保險事件涉訟者，得由為原告之被保險人、受益人之住居所地或被保險人從事職業活動所在地之行政法院管轄。前項訴訟事件於投保單位為原告時，得由其主事務所或主營業所所在地之行政法院管轄。（行政訴訟法 §15-2）

五、指定管轄

有下列各款情形之一者，直接上級行政法院應依當事人之聲請或受訴行政法院之請求，指定管轄：

1、有管轄權之行政法院因法律或事實不能行審判權者。

2、因管轄區域境界不明，致不能辨別有管轄權之行政法院者。

3、因特別情形由有管轄權之行政法院審判，恐影響公安或難期公平者。

指定管轄聲請得向受訴行政法院或直接上級行政法院為之。（行政訴訟法 §16）

二 管轄恆定原則與審判恆定原則

定行政法院之管轄以起訴時為準。（行政訴訟法 §17）

相關考題　審判恆定原則

行政法院就其受理訴訟之權限，認為與普通法院確定裁判之見解有異時，應如何處置？　(A)裁定停止訴訟程序，並聲請司法院大法官解釋　(B)裁定駁回訴訟　(C)依職權將本案移送普通法院　(D)裁定停止訴訟程序，並曉諭原告向大法官聲請解釋 　　　　　　　　　　　　　　　　　　　　　　【98高考三級-行政法】	(A)
下列何者不得對之提起行政爭訟？　(A)律師懲戒覆審委員會對於律師懲戒之決議　(B)大學教師評審委員會對於教師升等否准之決定　(C)學校對學生所為之退學處分　(D)兵役體位之判定 　　　　　　　　　　　　　　　　　【99鐵路四等員級-法律政風-行政法概要】	(A)
某會計師對於財政部會計師懲戒覆審委員會所為懲戒處分之覆審決議不服，能否逕行提起行政訴訟？　(A)應許其逕行提起行政訴訟　(B)不得提起行政訴訟　(C)須先經過訴願，才准予提起行政訴訟　(D)由行政法院，就具體個案，依自由心證認定之 　　　　　　　　　　　　　　　　　　　　【99地方特考四等-行政法概要】	(A)
關於行政訴訟之管轄，下列敘述何者正確？　(A)因公法上之保險事件涉訟者，以投保單位為被告時，得由其主事務所或主營業所所在地之行政法院管轄　(B)以公法人之機關為被告時，由其所屬公法人之公務所所在地之行政法院管轄　(C)因不動產徵收之訴訟，得由不動產所在地之行政法院管轄　(D)關於公務員職務關係之訴訟，得由公務員職務所在地之行政法院管轄　　　【108普考-行政法概要】	(D)

相關考題　審判權

下列何者屬於行政法院之審判權限？　(A)違反社會秩序維護法之事件　(B)冤獄賠償事件　(C)公務人員因考績被免職事件　(D)國家賠償事件　　　　　　　　　　　　　　【99地方特考四等-行政法概要】	(C)

解析：

(C)依據行政訴訟法第15-1條規定：「關於公務員職務關係之訴訟，得由公務員職務所在地之行政法院管轄。」

下列何項敘述非屬於行政爭訟之規範範圍？　(A)國家與人民間之公權力行使爭議案件　(B)商標專利申請之爭議案件　(C)全民健康保險給付爭議案件　(D)全民健康保險被保險人與特約醫事服務機構之醫療爭議案件　【100高考-行政法】　(D)

解析：
釋字第533號解釋。

依據民國99年1月13日修正公布之行政訴訟法，下列敘述何者錯誤？　(A)因公法上之保險事件涉訟者，得由為原告之受益人之住居所地之行政法院管轄　(B)因公法上之保險事件涉訟者，得由為被告之保險人之機關所在地之行政法院管轄　(C)因公法上之保險事件涉訟者，得由被保險人從事職業活動所在地之行政法院管轄　(D)於投保單位為原告時，應由其主事務所或主營業所所在地之行政法院管轄　【100三等行政警察-行政法】　(D)

下列何者爭議，得提起行政訴訟？　(A)國家賠償法之國家賠償訴訟　(B)公職人員選舉罷免法之當選無效訴訟　(C)地方自治團體立法機關內部自律決議　(D)不服依道路交通管理處罰條例所為之交通裁決　【104高考-行政法】　(D)

關於我國行政訴訟制度之訴訟案件管轄，下列敘述何者錯誤？　(A)因不動產徵收、徵用或撥用之訴訟，專屬不動產所在地之行政法院管轄　(B)重新審理之聲請專屬最高行政法院管轄　(C)交通裁決事件原則上以高等行政法院為終審法院　(D)定行政法院之管轄以起訴時為準　【111高考-行政法】　(B)

Note

13 行政訴訟程序與判決

一 行政訴訟制度之概說

行政訴訟與民事訴訟與刑事訴訟類似，均有所謂起訴、言詞辯論、證據、訴訟程序之停止、裁判、和解等程序，只是其仍有一些特殊制度，例如採行三級二審制度、合議制，仍維持職權調查主義等。

此外，特定訴訟採行訴願前置主義，過去採行訴願、再訴願的機制，現行法則廢止再訴願，僅保留訴願的程序，不再以行政機關內部先行程序，阻止人民提起訴訟之權利。

二 準用民事訴訟法之規定

行政訴訟之規範，儘量採用與民事訴訟法相當之規範，形成「民事訴訟化」之現象，並且大幅度準用民事訴訟法之規範，致使行政訴訟法之條文大幅度擴增，有學者甚至質疑該法之複雜化，已經遠遠超過以法律繁瑣見稱的德國，是否有此必要，亦不無商榷之餘地。（吳庚，第 634 頁）

三 審理界限之總合原則

現行行政訴訟案件中，除了稅捐案件採「爭點原則」外，大部分之爭訟類型仍採「總合原則」，因此撤銷訴訟或課予義務訴訟中，只要在與原處分（即訴訟程序標的）合法性有關之一切事實及法律爭議，均在審查範圍內。又因為現行行政訴訟法制不承認「事實自認」在證據法之效力（行政訴訟法第 134 條參照），因此即使當事人在前階段行政爭訟程序未爭執之事實，均可在往後之行政爭訟程序再為爭執。（95 判 1769）

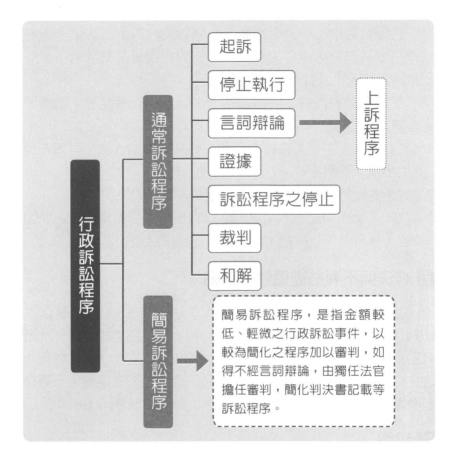

四 共同訴訟

　　二人以上於下列各款情形，得為共同訴訟人，一同起訴或一同被訴：（行政訴訟法 §37 I）

1、為訴訟標的之行政處分係二以上機關共同為之者。

2、為訴訟標的之權利、義務或法律上利益，為其所共同者。

3、為訴訟標的之權利、義務或法律上利益，於事實上或法律上有同一或同種類之原因者。

共同訴訟中，一人之行為或他造對於共同訴訟人中一人之行為及關於其一人所生之事項，除別有規定外，其利害不及於他共同訴訟人。（行政訴訟法 §38）

訴訟標的對於共同訴訟之各人，必須合一確定者，適用下列各款之規定：（行政訴訟法 §39）

1、共同訴訟人中一人之行為有利益於共同訴訟人者，其效力及於全體；不利益者，對於全體不生效力。

2、他造對於共同訴訟人中一人之行為，其效力及於全體。

3、共同訴訟人中之一人，生有訴訟當然停止或裁定停止之原因者，其當然停止或裁定停止之效力及於全體。

五 判決與不利益變更禁止原則

法院進入實質內容的審理之後，判決有兩種，依據行政訴訟法規定：行政法院認原告之訴為有理由者，除別有規定外，應為其勝訴之判決；認為無理由者，應以判決駁回之。（行政訴訟法 §195 Ⅰ）撤銷訴訟之判決，如係變更原處分或決定者，不得為較原處分或決定不利於原告之判決。（行政訴訟法 §195 Ⅱ）

六 和解

當事人就訴訟標的具有處分權且其和解無礙公益之維護者，行政法院不問訴訟程度如何，得隨時試行和解。必要時，得就訴訟標的以外之事項，併予和解。（行政訴訟法 §219 Ⅰ）受命法官或受託法官亦得為前項之和解。（行政訴訟法 §219 Ⅱ）

第三人經行政法院之許可，得參加和解。行政法院認為必要時，得通知第三人參加。（行政訴訟法 §219 Ⅲ）

和解成立者，其效力準用第 213 條、第 214 條及第 216 條

之規定。（行政訴訟法 §222）

　　和解有無效或得撤銷之原因者，當事人得請求繼續審判。（行政訴訟法 §223） 請求繼續審判，應於 30 日之不變期間內為之。（行政訴訟法 §224 Ⅰ）

　　當事人與第三人間之和解，有無效或得撤銷之原因者，得向原行政法院提起宣告和解無效或撤銷和解之訴。（行政訴訟法 §227 Ⅰ）前項情形，當事人得請求就原訴訟事件合併裁判。（行政訴訟法 §227 Ⅱ）

七 送達

　　送達除別有規定外，由行政法院書記官依職權為之。（行政訴訟法 §61）

　　送達於住居所、事務所、營業所或機關所在地不獲會晤應受送達人者，得將文書付與有辨別事理能力之同居人、受雇人或願代為收受而居住於同一住宅之主人。（行政訴訟法 §72 Ⅰ）前條所定送達處所之接收郵件人員，視為前項之同居人或受雇人。（行政訴訟法 §72 Ⅱ）如同居人、受雇人、居住於同一住宅之主人或接收郵件人員為他造當事人者，不適用前二項之規定。（行政訴訟法 §72 Ⅲ）

　　送達不能依前二條規定為之者，得將文書寄存於送達地之自治或警察機關，並作送達通知書二份，一份黏貼於應受送達人住居所、事務所或營業所門首，一份交由鄰居轉交或置於應受送達人之信箱或其他適當之處所，以為送達。（行政訴訟法 §73 Ⅰ）前項情形，如係以郵務人員為送達人者，得將文書寄存於附近之郵務機構。（行政訴訟法 §73 Ⅱ）寄存送達，自寄存之日起，經 10 日發生效力。（行政訴訟法 §73 Ⅲ）寄存之文書自寄存之日起，寄存機關或機構應保存 2 個月。（行政訴訟法 §73 Ⅴ）

於外國或境外為送達者，應囑託該國管轄機關或駐在該國之中華民國使領館或其他機構、團體為之。（行政訴訟法§77 I）不能依前項之規定為囑託送達者，得將應送達之文書交郵務機構以雙掛號發送，以為送達。（行政訴訟法§77 II）

公示送達，自將公告或通知書黏貼公告處之日起，公告於行正法院網站者，自公告之日起，其登載公報或新聞紙者，自最後登載之日起，經 20 日發生效力；於依前條第 3 款為公示送達者，經 60 日發生效力。但對同一當事人仍為公示送達者，自黏貼公告處之翌日起發生效力。（行政訴訟法§82）

八 證據

行政法院應依職權調查證據。（行政訴訟法§133）當事人主張之事實，雖經他造自認，行政法院仍應調查其他必要之證據。（行政訴訟法§134）

相關考題　共同訴訟	
多數當事人關於訴訟標的之權利義務關係，在事實上或法律上有同一或同類原因時，有關訴訟程序之敘述，下列何者錯誤？　(A)可以成立共同訴訟，一同擔任原告或被告　(B)如果當事人分別起訴，法院得命其合併辯論及合併裁判　(C)共同訴訟之訴訟標的有合一確定必要時，共同訴訟人中一人不利於全體之行為，效力不及於全體共同訴訟人　(D)共同訴訟之訴訟標的無論有無合一確定必要，當事人合意停止訴訟後，續行訴訟必須經全體同意　【112高考-行政法】	(D)

相關考題　不利益變更禁止原則	
行政訴訟之判決變更原處分者，應受何種限制？　(A)應較原處分有利於原告之判決　(B)不得為較原處分不利於原告之判決　(C)不得為較原處分有利於被告之判決　(D)不得為較原處分不利於被告之判決　【100普考-行政法概要】	(B)

相關考題　和解

行政訴訟法關於和解之規定，何者最正確？　(A)當事人就訴訟標的不具有處分權時，行政法院不問訴訟程度如何，得隨時試行和解　(B)當事人就訴訟標的具有處分權並不違反公益者，行政法院不問訴訟程度如何，得隨時試行和解　(C)當事人就訴訟標的具有處分權時，行政法院於言詞辯論終結前，得隨時試行和解　(D)當事人就訴訟標的具有處分權並不違反公益者，行政法院於言詞辯論終結前，得隨時試行和解　　　　　【100普考-行政法概要】	(B)

解析：
行政訴訟法第219條規定如下：「Ⅰ當事人就訴訟標的具有處分權且其和解無礙公益之維護者，行政法院不問訴訟程度如何，得隨時試行和解。必要時，得就訴訟標的以外之事項，併予和解。Ⅱ受命法官或受託法官亦得為前項之和解。Ⅲ第三人經行政法院之許可，得參加和解。行政法院認為必要時，得通知第三人參加。」

相關考題　送達

行政訴訟文書之送達，對於駐在外國之中華民國領事，應如何實施？　(A)送交其在臺家屬　(B)以航空郵件寄送　(C)囑託外交部行之　(D)請求外國政府協助　　　　　【103普考一般行政-行政法】	(C)

相關考題　證據

關於行政訴訟上證據敘述，下列何者錯誤？　(A)行政訴訟原則上採法定證據主義　(B)行政法院於撤銷訴訟，應依職權調查證據　(C)行政法院得囑託行政機關調查證據　(D)行政訴訟亦有聲請保全證據之制度　　　　　【103普考一般行政-行政法】	(A)

解析：
(A)行政訴訟法第189條第1項規定：「行政法院為裁判時，應斟酌全辯論意旨及調查證據之結果，依論理及經驗法則判斷事實之真偽。但別有規定者，不在此限。」
(B)行政訴訟法第133條修正後：「行政法院應依職權調查證據。」
(C)行政訴訟法第138條規定：「行政法院得囑託普通法院或其他機關、學校、團體調查證據。」

14 職權調查主義

一 職權調查主義之基本概念

　　行政法院應依職權調查事實關係，不受當事人事實主張及證據聲明之拘束。（行政訴訟法 §125 Ⅰ）前項調查，當事人應協力為之。審判長應注意使當事人得為事實上及法律上適當完全之辯論。（行政訴訟法 §125 Ⅱ、Ⅲ）審判長應向當事人發問或告知，令其陳述事實、聲明證據，或有其他必要之聲明及陳述；其所聲明、陳述或訴訟類型有不明瞭或不完足者，應令其敘明時或補充之。（行政訴訟法 §125 Ⅳ）

　　行政訴訟法第 125 條第 1 項所定之「職權調查義務」，乃是指行政法院在審理之界限範圍內，對足以影響原處分合法性之一切事實，不問當事人有無主張，均可主動查詢，並搜集其證據方法。但此等主動查詢事實及搜集證據方法之義務並非漫無界限，而須與當事人之協力義務搭配運作，法院可以依其專業經驗，告知當事人與本案勝負判斷有關、客觀上卻尚未浮現的潛在性事實，並指示當事人搜集證據方法之可能途徑，讓這些隱而不顯之待證事實有機會透過言詞辯論程序以確定其真偽。不過這並不表示法官必須主動出擊，代替當事人主張事實，甚至自行為當事人蒐集證據方法。（95 判 1769）

二 當事人進行主義

　　民事訴訟所採行的是當事人進行主義，刑事訴訟經過多次修法，也逐漸導入當事人進行主義之概念。在此概念下，當事人間武器平等，法官是中立的第三者，針對雙方當事人所提出的事證為基礎，進行認定事實、適用法律，而做出適當之判決。職權進行主義，則是讓法官有權介入事實的調查，並非完全限縮在當事人所提出之事證，目前行政訴訟則仍然採行職權進行主義，讓法官適時地介入發現真實。

相關考題　職權調查主義

甲提起訴訟，請求撤銷乙機關之徵稅處分，則行政法院應如何處理？　(A)對當事人提出之書證不加以調查　(B)免除當事人之舉證責任　(C)依職權調查人證　(D)不必參考鑑定人之鑑定 【99三等身障特考一般行政 - 行政法】	(C)
關於行政訴訟所採取之基本原則，下列何者正確？　(A)採當事人進行原則，由當事人主導訴訟之進行　(B)採職權原則，由法院決定訴訟標的及訴訟程序之開始與終結　(C)採職權調查原則，訴訟資料之取得由行政法院依職權為之　(D)採書狀審理原則，當事人之主張須向法院提出書狀始為有效　【100四等行政警察 - 行政法概要】	(C)

15 言詞辯論主義

一 言詞辯論之概念

言詞辯論，由當事人聲明起訴之事項為始，應就訴訟關係為事實上及法律上之陳述。原則上，行政法院再斟酌全辯論意旨及調查證據之結果，依論理及經驗法則判斷事實之真偽，並依此作為裁判之基礎（行政訴訟法§188Ⅰ、189Ⅰ本文），並於訴訟達於可為裁判之程度者，行政法院應為終局判決。（行政訴訟法§190）

言詞辯論應公開之，不公開者，應於言詞辯論筆錄，註明其理由。（行政訴訟法§128⑤）違背言詞辯論公開之規定者，其判決當然違背法令。（行政訴訟法§243Ⅱ⑤）

二 不經言詞辯論之情況

一、最高行政法院

最高行政法院之判決，有下列情形之一者，應行言詞辯論：

1、法律關係複雜或法律見解紛歧，有以言詞辯明之必要。

2、涉及專門知識或特殊經驗法則，有以言詞說明之必要。

3、涉及公益或影響當事人權利義務重大，有行言詞辯論之必要。

（行政訴訟法§253Ⅰ）

言詞辯論應於上訴聲明之範圍內為之。（行政訴訟法§253-1Ⅰ）

言詞辯論期日，被上訴人、依第41條、第42條參加訴訟之人未委任訴訟代理人或當事人一造之訴訟代理人無正當理由未到場者，得依職權由到場之訴訟代理人辯論而為判決。當事

實務見解 訴訟資料須經言詞辯論

　　行政訴訟就當事人裁判資料之提供，以言詞辯論主義為原則，舉凡判決資料原則上須經當事人以言詞辯論，如行政法院命當事人提出之訴訟資料，於言詞辯論終結後始提出行政法院，既未予當事人以辯論之機會，即不得作為判決之基礎，否則有違言詞辯論主義。（95判757）

相關考題 言詞辯論

高等行政法院之行政訴訟案件，除法律別有規定外，應本於下列何種方式作裁判？　(A)書面審查　(B)公開聽證　(C)言詞辯論　(D)交互詰問　　【98普考-行政法概要】	（C）
下列有關訴願與行政訴訟比較之敘述，何者錯誤？　(A)均為解決公法上之爭議　(B)均採言詞辯論程序　(C)原則上均採職權進行主義　(D)均有禁止不利益變更之限制　　【97三等地方特考-行政法】	（B）

人之訴訟代理人無正當理由均未到場者，得不行言詞辯論，逕為判決。（行政訴訟法 253-1 II）

二、簡易訴訟程序

適用簡易訴訟程序之行政訴訟事件，得不行言詞辯論。（行政程序法 §233）實務上有見解認為，若法院未於理由內說明採取簡易程序之理由及法律依據，即未經言詞辯論逕為判決，其法律見解違反言詞辯論主義。（98 裁 413）

三 遠距視訊審理

為顧及處於遠隔行政法院處所之當事人等，便利訴訟之進行，依據行政訴訟法第 130-1 條第 1 項規定，當事人、代表人、管理人、代理人、輔佐人、證人、鑑定人或其他關係人之所在處所或所在地法院與行政法院間，有聲音及影像相互傳送之科技設備而得直接審理者，行政法院認為適當時，得依聲請或依職權以該設備審理之。此一規定係為了便利當事人利用法院，並兼顧審理之迅捷。

至於證人、鑑定人、輔佐人部分，依行政訴訟法第 176 條準用民事訴訟法第 305 條，及依行政訴訟法第 156 條之規定，經法院認為適當時，本得對證人、鑑定人為遠距訊問，自無庸另作規定。又依行政訴訟法第 55 條第 1 項之規定，輔佐人既係由當事人或代理人偕同到場，因此如法院對於當事人或代理人為遠距視訊審理，則自得對偕同到場之輔佐人為遠距視訊。

依此程序之筆錄及其他文書，須陳述人簽名者，由行政法院傳送至陳述人所在處所，經陳述人確認內容並簽名後，將筆錄及其他文書以電信傳真或其他科技設備傳回行政法院。（行政程序法 §130-1 III）

四 判決

行政訴訟達於可為裁判之程度者，行政法院應為終局判決。（行政程序法§190）

訴訟標的之一部，或以一訴主張之數項標的，其一達於可為裁判之程度者，行政法院得為一部之終局判決。（行政程序法§191 I）前項規定，於命合併辯論之數宗訴訟，其一達於可為裁判之程度者，準用之。（行政程序法§191 II）

各種獨立之攻擊或防禦方法，達於可為裁判之程度者，行政法院得為中間判決；請求之原因及數額俱有爭執時，行政法院以其原因為正當者，亦同。（行政程序法§192）

行政訴訟進行中所生程序上之爭執，達於可為裁判之程度者，行政法院得先為裁定。（行政程序法§193）

相關考題　委任代理人

下列何者為行政訴訟及訴願制度共同採取之制度？　(A)均採先實體後程序之審理方式　(B)均以書面審查為原則　(C)均得委任代理人 (D)事件之終結均以判決為之　　　【100四等行政警察-行政法概要】	(C)
依行政訴訟法規定，下列何者不得為行政訴訟之訴訟代理人？ (A)律師　(B)稅務行政訴訟中之會計師　(C)專利行政訴訟之專利師 (D)土地行政訴訟之地政士　　　【103普考一般行政-行政法】	(D)

相關考題　判決

行政訴訟進行中所生程序上之爭執，達於可為裁判之程度者，行政法院應如何處理？　(A)得先為裁定　(B)應最後一併於裁判中諭知 (C)應為中間判決　(D)得為一部之終局判決　　　【108高考-行政法】	(A)

16 證人之具結

一 證人具結之概念

所謂具結，是指應於具結文內記載一定據實陳述，決無隱匿、修飾、增加、刪除之不實陳述之情況。審判長於訊問前，應命證人各別具結。但其應否具結有疑義者，於訊問後行之。審判長於證人具結前，應告以具結之義務及偽證之處罰。證人以書狀為陳述者，不適用具結之規定。（行政訴訟法§149）證人若以書面陳述，難以透過言詞辯論之程序發現證詞之真偽與價值，故事實上無具結之必要性。

二 拒絕證言之原因

下列兩種得拒絕證言的情況，審判長應於訊問前或知有該項情形時告知之。（行政訴訟法§147）

一、自己或一定身分關係

證人恐因陳述致自己或下列之人受刑事訴追或蒙恥辱者，得拒絕證言：

1、證人之配偶、前配偶或四親等內之血親、三親等內之姻親或曾有此親屬關係或與證人訂有婚約者。

2、證人之監護人或受監護人。（行政訴訟法§145）

二、職務關係

證人有下列各款情形之一者，得拒絕證言：（行政訴訟法§146 Ⅰ）

拒絕證言與拒絕具結

那是我的家人，我不要作證對其不利。

那是我的家人，我可以作證，但因為有可能所述不實，所以拒絕具結。

拒絕證言與拒絕具結之處罰

證人不陳明拒絕之原因事實而拒絕證言，或以拒絕為不當之裁定已確定而仍拒絕證言者，行政法院得以裁定處新臺幣 3 萬元以下罰鍰。前項裁定得為抗告，抗告中應停止執行。（行政訴訟法 §148 Ⅰ、Ⅱ）

1、證人有第 144 條之情形者：以公務員、中央民意代表或曾為公務員、中央民意代表之人，或以受公務機關委託承辦公務之人為證人，而就其職務上應守秘密之事項訊問者，應得該監督長官或民意機關之同意。除有妨害國家高度機密者外，不得拒絕同意。

2、證人為醫師、藥師、藥商、心理師、助產士、宗教師、律師、會計師或其他從事相類業務之人或其業務上佐理人或曾任此等職務之人，就其因業務所知悉有關他人秘密之事項受訊問者。

3、關於技術上或職業上之秘密受訊問者。

三 不得令其具結之情況

如果年紀太小，或根本無法辨識具結所代表的意義與違反的嚴重性，就沒有必要令其具結，因此行政訴訟法第 150 條規定：「以未滿 16 歲或因精神或其他心智障礙，致不解具結意義及其效果之人為證人者，不得令其具結。」

另外，如果具備下列情況之證人，得不令其具結：（行政訴訟法 §151）

1、證人為當事人之配偶、前配偶或四親等內之血親、三親等內之姻親或曾有此親屬關係或與當事人訂有婚約者。

2、有第 145 條情形（配偶、一定親屬、婚約或監護關係）而不拒絕證言者。

3、當事人之受雇人或同居人。

證人就與自己或第 145 條所列之人有直接利害關係之事項受訊問者，得拒絕具結。（行政訴訟法 §152）

拒絕證言權

Yes!

醫 師
會計師
宗教師
助產士
藥 師
藥 商
相類業務人
心理師
律 師

記 者

No!

記者，在刑事訴訟法及行政訴訟法均非得拒絕證言之人。因此，記者以保護消息來源而拒絕作證之情況，依據行政訴訟法第 148 條規定上會受到處罰。

相關考題　證人

下列何人為證人時，行政法院得不令其具結？　(A)公務員　(B)會計師　(C)當事人之未婚夫　(D)宗教師　【96三等地方特考-行政法】	(C)

17 承當訴訟

一 承擔訴訟之規範

訴訟繫屬中，為訴訟標的之法律關係雖移轉於第三人，於訴訟無影響。但第三人如經兩造同意，得代當事人承當訴訟。如果僅他造不同意者，移轉之當事人或第三人得聲請行政法院以裁定許第三人承當訴訟。（行政訴訟法§110 I、II）

實務上常見如商標權、專利權的移轉，移轉後，因權利的所有人不是起訴時的原告，故不是訴訟上的當事人，但因其為實體權利之歸屬者，而為判決效力所及之實質當事人。在行政訴訟制度設計上，實質當事人原得經原訴訟當事人兩造同意，或向行政法院聲請，經裁定後承當訴訟，而為形式當事人，繼續進行訴訟。（94判1611）

行政法院允許第三人承當訴訟之裁定，此一裁定得為抗告。（行政訴訟法§110 III）行政法院知悉訴訟標的有移轉者，應即以書面將訴訟繫屬情形通知第三人。（行政訴訟法§110 IV）訴願決定後，為訴訟標的之法律關係移轉於第三人者，得由受移轉人提起撤銷訴訟。（行政訴訟法§110 V）

實務見解 專利權移轉之承當訴訟

智慧財產局核准甲申請之發明專利，乙主張該核准之發明專利不符發明專利要件，智慧財產局審核後，做出撤銷甲之專利權之處分。某甲不符提起訴願、行政訴訟，審理過程中，甲將其擁有之專利權移轉給第三人丙時，丙經兩造當事人同意，可以代當事人承當訴訟。（98判1274）（如右頁圖）

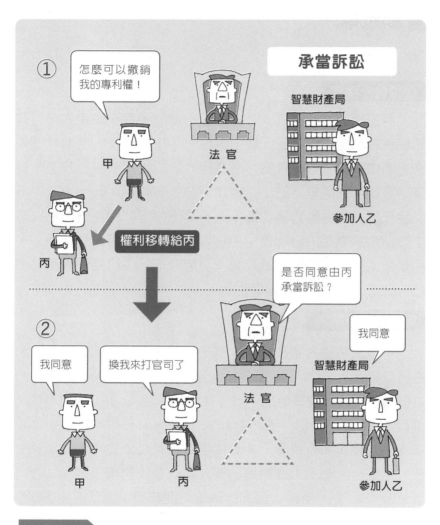

① 怎麼可以撤銷我的專利權！

承當訴訟

智慧財產局

法官

甲

丙

權利移轉給丙

參加人乙

② 我同意

換我來打官司了

是否同意由丙承當訴訟？

我同意

智慧財產局

法官

甲

丙

參加人乙

相關考題 承當訴訟

行政訴訟繫屬中，訴訟標的之法律關係移轉於第三人時，相關之規定為何？ (A)訴訟程序當然停止 (B)僅兩造同意後，第三人始得承當訴訟 (C)第三人得聲請行政法院裁定承當訴訟 (D)對承當訴訟之法院裁定，不得抗告 【97三等地方特考 - 行政法】	(C)

二 參加訴訟

一、類型

必須合一確定

　　訴訟標的對於第三人及當事人一造必須合一確定者，行政法院應以裁定命該第三人參加訴訟。（行政訴訟法 §41）例如知名的中科第三期開發案，最高行政法院維持高等行政法院撤銷本案原行政處分所做出之環境評估審查結論，但因為政府不配合停工，環保團體協助當事人再提出停工的假處分。茲以其中一個法院裁定內容為例，如右頁。因為雖然被告是環保署，可是停工配合的單位包括友達、旭能公司、中科管理局都必須合一確定，所以友達就是參加人。

第三人將受損害

　　行政法院認為撤銷訴訟之結果，第三人之權利或法律上利益將受損害者，得依職權命其獨立參加訴訟，並得因該第三人之聲請，裁定允許其參加。（行政訴訟法 §42 Ⅰ）前項參加，準用第 39 條第 3 款（共同訴訟人中之一人，生有訴訟當然停止或裁定停止之原因者，其當然停止或裁定停止之效力及於全體）之規定。參加人並得提出獨立之攻擊或防禦方法。（行政訴訟法 §42 Ⅱ）訴願人已向行政法院提起撤銷訴訟，利害關係人就同一事件再行起訴者，視為第 1 項之參加。（行政訴訟法 §42 Ⅳ）

二、參加訴訟之效力

　　判決對於經行政法院依第 41 條及第 42 條規定，裁定命其參加或許其參加而未為參加者，亦有效力。（行政訴訟法 §47）

```
┌─────────────────────────────────────────────┐
│          最 高 行 政 法 院 裁 定                │
├─────────────────────────────────────────────┤
```

………

　　上列抗告人因與相對人行政院環境保護署、參加人友達光電股份有限公司、旭能光電股份有限公司、行政院國家科學委員會中部科學工業園區管理局間聲請假處分事件，對於中華民國 99 年 12 月 30 日臺北高等行政法院 99 年度全字第 71 號裁定，提起抗告，本院裁定如下：

主　文：
　　原裁定廢棄，應由臺北高等行政法院更為裁定。
………
………

```
└─────────────────────────────────────────────┘
```

三 重新審理

一、重新審理之原因與不變期間

　　因撤銷或變更原處分或決定之判決，而權利受損害之第三人，如非可歸責於己之事由，未參加訴訟，致不能提出足以影響判決結果之攻擊或防禦方法者，得對於確定終局判決聲請重新審理。（行政訴訟法 §284 Ⅰ）

相關考題　　參加訴訟

行政法院認其他行政機關有輔助一造之必要者，得命其為何種行為？(A)提供資料　(B)參與鑑定　(C)參加訴訟　(D)提出答辯 【100普考-行政法概要】	(C)

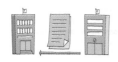

前項聲請，應於知悉確定判決之日起 **30 日** 之不變期間內為之。但自判決確定之日起已 **逾 1 年者，不得聲請**。（行政訴訟法 §284 Ⅱ）

二、合法與有無理由之審理

聲請重新審理不合法者，行政法院應以裁定駁回之。（行政訴訟法 §287）

行政法院認為第 284 條第 1 項之聲請有理由者，應以裁定命為重新審理；認為無理由者，應以裁定駁回之。（行政訴訟法 §288）

三、有理由之效力

開始重新審理之裁定確定後，應即回復原訴訟程序，依其審級更為審判。（行政訴訟法 §290 Ⅰ）聲請人於回復原訴訟程序後，當然參加訴訟。（行政訴訟法 §290 Ⅱ）聲請重新審理無停止原確定判決執行之效力。但行政法院認有必要時，得命停止執行。（行政訴訟法 §291）

四、再審程序之準用

行政訴訟法第 282 條之規定於重新審理準用之。（行政訴訟法 §292）

行政訴訟法第 282 條規定：「再審之訴之判決，對第三人因信賴確定終局判決以善意取得之權利無影響。但顯於公益有重大妨害者，不在此限。」

重新審理示意圖

相關考題 重新審理

行政訴訟法規定，因撤銷或變更原處分或決定之判決，而權利受損害之第三人，如非可歸責於己之事由，未參加訴訟，致不能提出足以影響判決結果之攻擊或防禦方法者，得對於確定終局判決如何救濟？ (A)聲明異議 (B)提起非常上訴 (C)聲請保全程序 (D)聲請重新審理 【100普考-行政法概要】	(D)
在行政訴訟法上，有關重新審理與再審之區別，下列何者錯誤？ (A)兩者之聲請人不同 (B)兩者之聲請事由不同 (C)兩者皆有專屬管轄之適用 (D)兩者之法院土地管轄不同 【103普考一般行政-行政法】	(D)

18 情況判決

▉ 情況判決之概念

錯了就要改正,這是一般的基本原則。可是若有一些特殊的情況,如果真的改正了,可能遭致更大利益的損害。例如興建核四廠,如果在興建過程之中發生小錯誤,蓋在還沒有徵收的土地上,或者是審核是否要興建核四廠的過程中,沒有法定程序辦理,影響當地居民之權益。若土地所有人或當地居民要求拆遷,固然依法應該撤銷原本決定興建核四廠之處分,但是此一處分恐嚴重影響更大的利益,因此就可以選擇駁回原告之訴。

▉ 情況判決之規範與要件

行政法院受理撤銷訴訟,發現原處分或決定雖屬違法,但其撤銷或變更於公益有重大損害,經斟酌原告所受損害、賠償程度、防止方法及其他一切情事,認原處分或決定之撤銷或變更顯與公益相違背時,得駁回原告之訴。（行政訴訟法§198Ⅰ）前項情形,應於判決主文中諭知原處分或決定違法。（行政訴訟法§198Ⅱ）

情況判決之要件包括:

1、原處分或決定違法。

2、原處分或決定之撤銷或變更於公益有重大損害。

3、經斟酌「原告」所受損害、賠償程度、防止方法及一切情事,得駁回原告之訴,以免撤銷或變更原處分,致顯與公益相違背。

實務見解 焚化廠興建案

　　例如實務上曾發生焚化廠已經即將蓋好，高等行政法院認為若撤銷原違法之處分，則已經接近竣工的焚化廠都要被拆除，社會成本過鉅，與公共利益相違背。但是最高行政法院則認為此一成本是廠商的私人成本，並無法逕行認定是社會成本，並不足以做出情況判決，讓違法的行政處分就地合法。（96判1601）

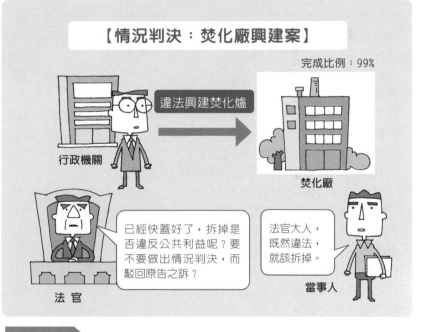

【情況判決：焚化廠興建案】

相關考題 情況判決

行政處分雖屬違法，但行政法院斟酌一切情事後，仍然駁回原告之訴，而在主文中諭知原處分違法之判決，行政訴訟上稱之為： (A)維護公益判決 (B)情況判決 (C)客觀判決 (D)自為決定判決【98普考-行政法概要】	(B)

目 課予義務訴訟，是否適用情況判決？

實務見解 申請以原徵收價格收回土地之課予義務訴訟

　　行政訴訟法第198條關於情況判決雖僅規定於撤銷訴訟，未及於課予義務訴訟，係因我國行政訴訟法之立法過程，行政訴訟之種類，原僅規定撤銷訴訟、確認訴訟及給付訴訟三種。課予義務訴訟係在立法院審議時，始行增列。但未對相關條文之規定配合一併修正，致行政訴訟法第198條關於情況判決之規定，於課予義務訴訟，是否亦有其適用，發生疑義。

　　按課予義務訴訟，如係單純否准人民請求行政機關作成行政處分之申請，少有因該否准處分之撤銷或變更於公益有重大損害情況。惟於中央或地方機關對人民依法申請之案件，於法定期限內怠為或拒為行政處分，且須經訴願程序始得提起，是其性質與撤銷訴訟並無不同。而依現行實務見解，就課予義務訴訟之訴之聲明之第1項亦有「訴願決定及原處分」之文字，顯示承認行政訴訟法第5條第2項行政機關否准行為即為行政處分。且課予義務訴訟之提起，亦受2個月期間之限制，亦是類推適用行政訴訟法第106條第1項關於撤銷訴訟起訴期間之規定。

　　再從收回權之性質言，係使被徵收土地重歸原土地所有權人所有，行政機關准予收回，係屬廢止原徵收處分。若行政法院認原土地所有權人請求收回，符合收回權之法定要件，准予收回，則徵收後行政機關所施作之建設，勢必拆毀，就人力、物力及其他人民對該設施之使用而言，對公益有重大損害，是以「申請收回之課予義務訴訟」殊有類推適用情況判決之必要，始能就公益維護及人民財產權之保障，再做權衡。

　　司法院釋字第534號解釋理由書並指出：「又本件聲請人據以聲請解釋涉及之土地經徵收後，如依本解釋意旨，得聲請收回其土地時，若在本解釋公布前，其土地已開始使用，闢為公用財產而為不融通物者，倘其收回於公益有重大損害，原土地所有權人即不得聲請收回土地，惟得比照開始使用時之徵收價額，依法請求補償相當之金額，……」云云，更明其理。（98判459）

▶案情：政府徵收土地後，並未依原計畫興建體育場，卻在十多年後興建國中……

當初徵收的土地，我要原價收回。

雖沒有興建體育場，但國中已經快蓋好了！

官員

土地價格飆漲，土地所有人想要以原徵收價格收回。

四 判決的方式

　　判決應公告之；經言詞辯論之判決，應宣示之，但當事人明示於宣示期日不到場或於宣示期日未到場者，不在此限。（行政訴訟法§204 Ⅰ）宣示判決應於辯論終結之期日或辯論終結時指定之期日為之。（行政訴訟法§204 Ⅱ）前項指定之宣示期日，自辯論終結時起，不得逾三星期。但案情繁雜或有特殊情形者，不在此限。（行政訴訟法§204 Ⅲ）公告判決，應於行政法院公告處或網站公告其主文，行政法院書記官並應作記載該事由及年、月、日、時之證書附卷。（行政訴訟法§204 Ⅳ）

　　宣示判決，不問當事人是否在場，均有效力。（行政訴訟法§205 Ⅰ）判決經宣示或公告後，當事人得不待送達，本於該判決為訴訟行為。（行政訴訟法§205 Ⅱ）

　　經言詞辯論之裁定，應宣示之。但當事人明示於宣示期日不到場或於宣示期日未到場者，以公告代之。（行政訴訟法§207 Ⅰ）終結訴訟之裁定，應公告之。（行政訴訟法§207 Ⅱ）

19 上訴及抗告

一 上訴及抗告之概念

　　上訴與抗告，都是對於原審的判決或裁定有所不服，得再向上級法院尋求救濟的訴訟程序。依據行政訴訟法之規定，高等行政法院之通常訴訟程序，對於高等行政法院之終局判決，除法律別有規定外，得上訴於最高行政法院。（行政訴訟法§238 I）對於裁定得為抗告。但別有不許抗告之規定者，不在此限。（行政訴訟法§264）

二 上訴及抗告之期間

　　提起上訴，應於高等行政法院判決送達後 20 日之不變期間內為之。但宣示或公告後送達前之上訴，亦有效力。（行政訴訟法§241）提起抗告，應於裁定送達後 10 日之不變期間內為之。但送達前之抗告亦有效力。（行政訴訟法§268）

三 上訴以違背法令為理由為限

　　對於高等行政法院判決之上訴，非以其違背法令為理由，不得為之。（行政訴訟法§242）判決不適用法規或適用不當者，為違背法令。（行政訴訟法§243 I）有下列各款情形之一者，其判決當然違背法令：（行政訴訟法§243 II）

1、判決法院之組織不合法。
2、依法律或裁判應迴避之法官參與裁判。
3、行政法院於審判權之有無辨別不當或違背專屬管轄之規定。但其他法律另有規定者，從其規定。
4、當事人於訴訟未經合法代理或代表。
5、違背言詞辯論公開之規定。
6、判決不備理由或理由矛盾。

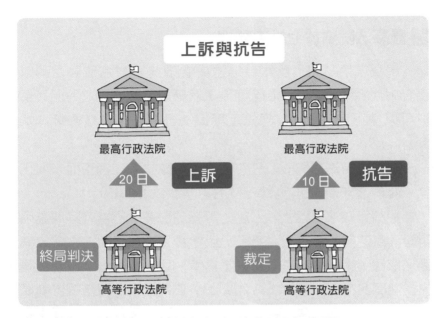

四 原審法院對於上訴程序合法與否之審理

　　當事人上訴不合法而其情形不能補正者，原高等行政法院應以裁定駁回之。可以補正者，則定期間命其補正，未補正應以裁定駁回。（行政訴訟法§246 Ⅰ、Ⅱ）若高等法院未以裁定駁回，就必須將上訴狀送達被上訴人，被上訴人得於上訴狀或第245條第1項理由書送達後15日內，提出答辯狀。高等法院彙整雙方訴訟後，應於收到答辯狀或前項期間已滿，及各當事人之上訴期間已滿後，送交訴訟卷宗於最高行政法院。（行政訴訟法§247 Ⅰ、Ⅱ、Ⅲ）

相關考題	上訴及抗告
對於行政法院之裁定不服者，應如何救濟？　(A)提起上訴　(B)提起抗告　(C)聲明異議　(D)提起再審　　　　　【98普考-行政法概要】	(B)

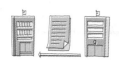

五 最高法院對於上訴之審理

　　最高法院針對上訴案件，還是必須先針對合法與否加以審查，上訴不合法者，最高行政法院應以裁定駁回之。但其情形可以補正者，審判長應先定期間先命補正。（行政訴訟法 §249 Ⅰ）

　　上訴不合法之情形，已經原高等行政法院命補正而未補正者，得不行前項但書之程序。（行政訴訟法 249 Ⅱ）

　　最高行政法院認上訴人之上訴基於惡意、不當或其他濫用訴訟程序之目的或有重大過失，且事實上或法律上之主張欠缺合理依據，應以裁定駁回之。但其情形可以補正者，審判長應先定期間命補正。（行政訴訟法 249 Ⅲ）最高行政法院依前項規定駁回上訴者，得各處上訴人、代表人或管理人、代理人新臺幣 12 萬元以下之罰鍰。（行政訴訟法 249 Ⅳ）

　　合法與否調查完畢後，最高行政法院始就實質內容，也就是上訴聲明之範圍調查之。（行政訴訟法 §251 Ⅰ）若是認為無理由時，應為駁回之判決。（行政訴訟法 §255 Ⅰ）認上訴為有理由者，就該部分應廢棄原判決。（行政訴訟法 §256 Ⅰ）經廢棄原判決而有下列各款情形之一者，最高行政法院應就該事件自為判決：（行政訴訟法 §259）

1、因基於確定之事實或依法得斟酌之事實，不適用法規或適用不當廢棄原判決，而事件已可依該事實為裁判。

2、原判決就欠缺實體判決要件之事件誤為實體判決。

立法理由：「起訴合法性之審查係屬行政法院應依職權調查之事項，例如行政訴訟審判權、起訴之法定期間、訴訟權能、權

利保護必要等實體判決要件有欠缺且無從補正者，上訴審行政法院廢棄原判決時，即得自為判決移送至有審判權之管轄法院（如最高行政法院108年度上字第730號判決）或駁回原告之訴，無再發回或發交第一審行政法院之必要。」

六 再審

　　如果判決已經確定，但還有不服的情況，則在符合特定要件的情況下，可以提起再審。有下列各款情形之一者，得以再審之訴對於確定終局判決聲明不服。但當事人已依上訴主張其事由經判決為無理由，或知其事由而不為上訴主張者，不在此限：（行政訴訟法 §273 I）

1、適用法規顯有錯誤。

2、判決理由與主文顯有矛盾。

3、判決法院之組織不合法。

4、依法律或裁判應迴避之法官參與裁判。

5、當事人於訴訟未經合法代理或代表。但當事人知訴訟代理權有欠缺而未於該訴訟言詞辯論終結前爭執者，不在此限。

6、當事人知他造應為送達之處所，指為所在不明而與涉訟。但他造已承認其訴訟程序者，不在此限。

7、參與裁判之法官關於該訴訟違背職務，犯刑事上之罪已經證明，或關於該訴訟違背職務受懲戒處分，足以影響原判決。

8、當事人之代理人、代表人、管理人或他造或其代理人、代表人、管理人關於該訴訟有刑事上應罰之行為，影響於判決。

9、為判決基礎之證物係偽造或變造。

10、證人、鑑定人或通譯就為判決基礎之證言、鑑定或通譯為虛偽陳述。

11、為判決基礎之民事或刑事判決及其他裁判或行政處分，依其後之確定裁判或行政處分已變更。

12、當事人發現就同一訴訟標的在前已有確定判決、和解或調解或得使用該判決、和解或調解。

13、當事人發現未經斟酌之證物或得使用該證物。但以如經斟酌可受較有利益之判決為限。

14、原判決就足以影響於判決之重要證物漏未斟酌。

　　再審之訴，行政法院認無再審理由，判決駁回後，不得以同一事由對於原確定判決或駁回再審之訴之確定判決，更行提起再審之訴。（行政訴訟法§274-1Ⅰ）再審之訴專屬為判決之原行政法院管轄。（行政訴訟法§275Ⅰ）再審之訴應於30日之不變期間內提起。（行政訴訟法§276Ⅰ）

　　再審之訴不合法者，行政法院應以裁定駁回之。（行政訴訟法§278Ⅰ）再審之訴顯無再審理由者，得不經言詞辯論，以判決駁回之。（行政訴訟法§278Ⅱ）再審之訴雖有再審理由，行政法院如認原判決為正當者，應以判決駁回之。（行政訴訟法§280）再審之訴之判決，對第三人因信賴確定終局判決以善意取得之權利無影響。但顯於公益有重大妨害者，不在此限。（行政訴訟法§282）

相關考題　再審

下列何者非行政訴訟法第273條所列舉之再審事由？　(A)適用法規顯有錯誤　(B)原審之判決違背法令　(C)判決法院之組織不合法　(D)原判決就足以影響於判決之重要證物漏未斟酌 【99鐵路四等員級法律政風-行政法概要】	(B)
下列何者非屬行政訴訟法規定再審之事由？　(A)適用法規顯有錯誤　(B)依法律應迴避之法官參與裁判　(C)為判決基礎之證物係偽造　(D)參與裁判之法官言行不檢　　【108高考-行政法】	(D)

本法所稱收容聲請事件如下：（行政訴訟法 §237-10）

1、依入出國及移民法、臺灣地區與大陸地區人民關係條例及香港澳門關係條例提起收容異議、聲請續予收容及延長收容事件。

2、依本法聲請停止收容事件。

收容聲請事件，以地方行政法院為第一審管轄法院。（行政訴訟法 §237-11 Ⅰ）前項事件，由受收容人所在地之地方行政法院管轄，不適用第13條之規定。（行政訴訟法 §237-11 Ⅱ）

對於公法人之訴訟，由其公務所所在地之行政法院管轄。其以公法人之機關為被告時，由該機關所在地之行政法院管轄。（行政訴訟法 §13 Ⅰ）

對於私法人或其他得為訴訟當事人之團體之訴訟，由其主事務所或主營業所所在地之行政法院管轄。（行政訴訟法 §13 Ⅱ）

對於外國法人或其他得為訴訟當事人之團體之訴訟，由其在中華民國之主事務所或主營業所所在地之行政法院管轄。（行政訴訟法 §13 Ⅲ）

相關考題 收容聲請事件

下列何者非行政訴訟法所稱之收容聲請事件？　(A)停止收容之聲請 (B)暫予收容之聲請　(C)續予收容之聲請　(D)延長收容之聲請 【108普考-行政法概要】	(B)

21 都市計畫審查程序

一 簡介

　　為使人民財產權及訴訟權等權利受及時、有效、完整之保障，於其權利因都市計畫而受有侵害時，得及時提起訴訟請求救濟，並藉以督促主管機關擬定、核定與發布都市計畫時，遵守法律規範，是以，司法院釋字第 742 號解釋之意旨，乃特別要求應於該解釋公布之日起 2 年內增訂相關規定，使人民得就違法之都市計畫，認為損害其權利或法律上利益者，提起訴訟以資救濟。

　　行政訴訟法增訂「都市計畫審查程序」專章之方式，規範人民得就違法之都市計畫，認為損害其權利或法律上之利益時，得提起訴訟以資救濟。該訴訟具客觀訴訟之性質，亦有兼顧保障人民主觀權利之功能，內容含括原告資格、被告資格、訴訟客體、訴訟要件、訴訟管轄、起訴期間之限制、重新自我省查程序、訴訟參加、個案審理及裁判範圍、裁判宣告種類、判決後續效力、保全程序等。

　　我國都市化快速發展，不僅影響土地資源分配與人口經濟成長，更涉及人民生活品質與居住正義議題，如何能兼顧國家經濟、社會發展及人民基本權利保障，於人民財產權因都市計畫而受有侵害時，得及時提起訴訟請求救濟，並藉以督促主管機關擬定、核定與發布都市計畫時，遵守法律規範，誠屬本次行政訴訟法增訂都市計畫審查程序專章之旨趣所在。

　　本次修法，不僅開啟我國行政訴訟法規範審查之先河，更

具有促進人民權利保障、貫徹依法行政等重大意義，期待修正施行後，能賦予人民關於違法都市計畫更周全行政救濟制度之保障。

三 八大重點

一、統一救濟途徑：

不問都市計畫之種類、內容與法律性質為何，均統一循專章規定途徑尋求救濟。

二、預先解決紛爭：

法院審查都市計畫，以客觀法秩序維持為目的，不用等到執行計畫才救濟，兼具保障人民權利之功能。

三、防止發生濫訴之缺失：

限於能具體主張權益受害者，始享有訴訟實施權。（行政訴訟法 §237-18 Ⅰ）

四、便利民眾參與訴訟：

由都市計畫區所在地之高等行政法院專屬管轄，兼收易於就近調查事證之功效。

五、確保法秩序之安定：

定有「都市計畫發布後 1 年」起訴期間之限制。（行政訴訟法 §237-20）

六、迅速的救濟程序：

定有被告機關於 2 個月內重新自我省查之程序，取代訴願及有關違法行政處分之救濟程序。（行政訴訟法 §237-21 Ⅱ）

七、正當法律程序保障：

賦予利害關係人或涉及其權限行政機關參與訴訟之機會。
（行政訴訟法 §237-24）

八、即時有效之保全程序：

得於本案判決前，聲請暫時停止適用或執行都市計畫，或
為其他必要處置。（行政訴訟法 §237-30）

相關考題	都市計畫審查程序

關於行政訴訟法中都市計畫審查程序之規定，下列何者錯誤？ (A)都市計畫審查訴訟，應於都市計畫發布後 1 年之不變期間內提起 (B)被告收受起訴狀繕本後，應於 2 個月內重新檢討原告請求宣告無效之都市計畫是否合法 (C)都市計畫審查訴訟，專屬都市計畫區所在地之高等行政法院管轄 (D)人民認為都市計畫違法或不當，而直接損害其權利者，得提起訴訟，請求宣告該都市計畫無效 【110地特-行政法】	（D）
依行政訴訟法規定之都市計畫審查程序，行政法院審查認定都市計畫違法時，下列何者非判決主文得宣告之內容？ (A)都市計畫違法者，宣告無效或違法 (B)都市計畫發布後始發生違法原因者，應宣告自違法原因發生時起失效 (C)同一都市計畫中未經原告請求，而與原告請求宣告無效之部分具不可分關係，經法院審查認定違法者，併宣告撤銷 (D)依法僅得為違法之宣告者，應宣告其違法 【112高考-行政法】	（C）

Note

22 暫時權利保護

一 假扣押

為保全公法上金錢給付之強制執行，得聲請假扣押。（行政訴訟法 §293 I）假扣押之聲請，對於未到履行期之給付，亦得為之。（行政訴訟法 §293 II）

二 假處分

一、假處分之種類

假處分可分為二種，第一種是維持現狀之假處分，公法上之權利因現狀變更，有不能實現或甚難實現之虞者，為保全強制執行，得聲請假處分。（行政訴訟法 §298 I）此種假處分屬於保全性質，乃消極地保持現狀防止其變更，以免公法上之權利有不能實現或甚難實現之虞，例如對於行政機關所徵收之土地不得為移轉之處分。

第二種是定暫時狀態之假處分，於爭執之公法上法律關係，為防止發生重大之損害或避免急迫之危險而有必要時，有暫時規制之必要，得聲請為定暫時狀態之處分。（行政訴訟法 §298 II） 定暫時狀態之假處分，得命先為一定之給付。（行政訴訟法 §298 III） 此種屬於規制性質，即積極地要求相對人為暫時性之作為，以防止發生重大之損害或避免急迫之危險。例如命賠償義務機關暫先支付醫療或喪葬費用。（國賠 §11 II）又如聲請簽證居留是否符合要件，要求行政機關先給予居留之簽證。

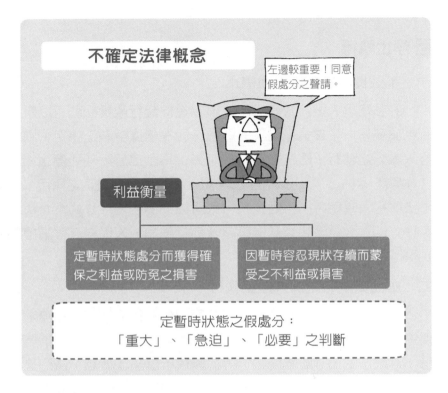

二、假處分之限制

　　得依第 116 條請求停止原處分或決定之執行者，不得聲請為前條之假處分。（行政訴訟法 §299）　主要是因為業已存在停止執行的制度，若仍能聲請假處分，將導致停止執行、假處分兩種制度適用上的混淆，所以加以限制之。

　　定暫時狀態之假處分，必須符合「防止發生重大之損害或避免急迫之危險而有必要」，條文中等文字均屬不確定法律概念，應以作為具體判斷標準，亦即聲請人因定暫時狀態處分而獲得確保之利益或防免之損害，必須大於相對人因暫時容忍現狀存續而蒙受之不利益或損害，始屬之。（98 裁 1588）

☰ 停止執行

一、不因提起行政訴訟而停止

　　許多當事人遭行政執行時，誤以為提起行政訴訟就可以暫時免於執行。其實這是錯誤的觀念，因為依據訴願法規定，原行政處分之執行，除法律另有規定外，不因提起訴願而停止。（訴願法 §93 I）行政訴訟法之規定，原處分或決定之執行，除法律另有規定外，不因提起行政訴訟而停止。（行政訴訟法 §116 I）常見者如違章建築之限期拆除令，人民對之聲請停止執行。

二、訴訟繫屬時之例外停止執行

　　可是有些執行的結果，就有如死刑的執行一樣，人死無法復生。因此，如果執行將發生難於回復之損害，且有急迫情事者，行政法院在訴訟繫屬中，得依職權或當事人聲請，審酌是否裁定停止執行並不會有重大影響，或原告之訴在法律上顯非無理由之前提要件下，裁定停止執行。（行政訴訟法 §116 II）

三、起訴前之例外停止執行

　　如果案件尚未繫屬於行政法院，也就是在訴訟起訴前，如執行將發生難以回復之損害，且有急迫情事者，行政法院亦得依受處分人或訴願人之聲請，若未造成公益上重大影響之前提下，裁定停止執行。（行政訴訟法 §116 III）由於訴訟尚未繫屬，所以無法依職權裁定，也由於原告尚未起訴，故亦無判斷在法律上有無理由。

李姓整型醫師遭停業三個月處分案

停業 3 個月，那還得了，客人都跑光光。我要聲請停止執行……

客人跑光光，也只是收入減少，如果停業處分有錯，還可以透過金錢加以賠償。

整形診所

醫生

衛生局

相關考題　停止執行

關於行政訴訟法上停止執行制度之敘述，下列何者錯誤？　(A)行政法院認原處分之執行，將發生難以回復之損害，且有急迫情事者，得裁定停止執行　(B)訴訟繫屬中行政處分以不停止執行為原則　(C)行政法院裁定停止執行前，原處分機關已依職權停止執行者，應為駁回聲請之裁定　(D)於行政訴訟起訴前，行政法院不得依聲請裁定停止執行　　　　　　　　　　　　　　　　【111高考-行政法】	(D)
下列何者非訴願審理機關審理訴願案件應遵循之原則？ (A)書面審查原則　(B)職權調查原則　(C)不利益變更禁止原則　(D)停止執行原則　　　　　　　　　　　　　　　　　　　　　　　【112高考-行政法】	(D)

四 難以回復之損害

　　所謂難以回復之損害，係指其損害不能回復原狀，或不能以金錢賠償，或在一般社會通念上，如為執行達到回復困難之程度等情而言。例如某醫師遭停止特約 2 個月，造成病患減少，只是屬於執行業務收入之減少，可以透過金錢加以補償，即便是涉及到名譽上的損失，民法還是有回復的方法，因此不得聲請停止執行。（98 裁 2664）

　　至於知名藝人之女婿李姓整形醫師，以果凍矽膠幫病患隆乳，遭臺北市政府衛生局處分停業 3 個月，李姓醫師向臺北高等行政法院聲請「停止執行停業處分」，法院認為若現執行停業處分，將影響李姓醫師的門診，後續回診病患受診療服務的權益，暫停執行，也不影響公益，因此准許停止執行。

五 強制執行

撤銷判決確定者，關係機關應即為實現判決內容之必要處置。（行政訴訟法§304 I）

行政訴訟之裁判命債務人為一定之給付，經裁判確定後，債務人不為給付者，債權人得以之為執行名義，聲請地方行政法院強制執行。（行政訴訟法§305 I）如果不依判決執行，只好再次透過法院的強制力來協助判決內容之滿足。

地方行政法院應先定相當期間通知債務人履行；逾期不履行者，強制執行。（行政訴訟法§305 II）債務人為中央或地方機關或其他公法人者，並應通知其上級機關督促其如期履行。（行政訴訟法§305 III）依本法成立之和解或調解，及其他依本法所為之裁定得為強制執行者，或科處罰鍰之裁定，均得為執行名義。（行政訴訟法§305 IV）

地方行政法院為辦理強制執行事務，得設地方法院民事執行處或行政機關代為執行。（行政訴訟法§306 I）執行程序，除本法別有規定外，應視執行機關為法院或行政機關而分別準用強制執行法或行政執行法之規定。（行政訴訟法§306 II）債務人對第1項囑託代為執行之執行名義有異議者，由地方行政法院裁定之。（行政訴訟法§306 III）

債務人異議之訴，依作成執行名義之第一審行政法院，分別由地方行政法院或高等行政法院受理；其餘有關強制執行之訴訟，由普通法院受理。（行政訴訟法§307）

強制執行示意圖

請你履行繳費義務　沒錢！

只好請法院強制執行

行政機關　民眾

行政機關　地方法院行政訴訟庭

實務見解　中科三期七星農場開發案

　　最高行政法院以「上訴人及環境影響評估審查委員依據不充足之資訊而作成『有條件通過環境影響評估』之結論，應認構成行政機關之判斷，係出於錯誤之事實認定或錯誤之資訊之違法。……既有未充分斟酌相關事項而出於錯誤之事實認定或錯誤資訊之判斷而有瑕疵，原審自得加以審查，而認定原處分違法，即屬無可維持。」為理由（99判30），撤銷本案原行政處分所做出之審查結論，維持原審判決確定。

　　本案算是環保人士的一大重要里程碑，只是行政機關還是不支持停工，一樣以各種理由不為實現判決內容的必要處置，環保團體以假處分等主張停止開發行為，亦經法院准許，但對此裁定卻衍生多次角力，繼續與政府機關纏鬥。

相關考題　暫時權利保護

行政處分之執行，於行政爭訟救濟程序開始後，下列相關敘述何者錯誤？　(A)行政法院在一定要件得命停止執行　(B)原則上不停止執行　(C)訴願機關必要時得命停止執行　(D)得請求行政法院裁定假處分　　　　　　　　　　　　　　【97三等地方特考-行政法】	(D)

解析：
(D)行政訴訟法第299條規定：「得依第116條請求停止原處分或決定之執行者，不得聲請爲前條之假處分。」

行政訴訟程序中，為確保爭訟之法律關係不致因現狀變更而有不能實現或難以實現之虞，得提出下列何種聲請？　(A)暫時停止執行　(B)假執行　(C)假扣押　(D)假處分　　　【100普考-行政法概要】	(D)
依據行政訴訟法第293條規定，為保全公法上金錢給付之強制執行，得聲請下列何種措施？　(A)假處分　(B)停止執行　(C)暫緩處分　(D)假扣押　　　　　　　　　　　　　【100普考-行政法概要】	(D)
依行政訴訟法第293條以下關於「假扣押」之規定，下列敘述何者正確？　(A)假扣押裁定因自始不當而撤銷者，行政法院應賠償債務人因假扣押或供擔保所受之損害　(B)假扣押裁定後，尚未提起給付之訴者，視為起訴　(C)假扣押之聲請，由最高行政法院管轄　(D)為保全未到履行期之公法上金錢給付之強制執行，得聲請假扣押　　　　　　　　　　　　【99三等身障特考一般行政-行政法】	(D)

解析：
(A)債權人。(行政訴訟法§296 I)
(B)行政訴訟法第295條規定：「假扣押裁定後，尚未提起給付之訴者，應於裁定 送達後10日內提起；逾期未起訴者，行政法院應依聲請撤銷假扣押裁定。」

第 7 篇

國家賠償

1 國家賠償之概念

一 認識國家賠償法的制度

為了保障人民因為國家的措施所造成的損害可以得到賠償，所以我國立法通過「國家賠償法」，明文規定人民在什麼情況下可以獲得國家的賠償。一般人常會用到國家賠償法，例如馬路挖水管，結果沒有回填好，導致機車騎士經過摔倒。

二 認識國家賠償之類型

一、公務員侵權：

公務員於執行職務行使公權力時，因故意或過失不法侵害人民自由或權利者，國家應負損害賠償責任。公務員怠於執行職務，致人民自由或權利遭受損害者亦同。（國家賠償法§2 Ⅱ）

二、公共設施瑕疵：

公有公共設施因設置或管理有欠缺，致人民生命、身體或財產受損害者，國家應負損害賠償責任。（國家賠償法§3 Ⅰ）

前項設施委託民間團體或個人管理時，因管理欠缺致人民生命、身體、人身自由或財產受損害者，國家應負損害賠償責任。（國家賠償法§3 Ⅱ）

前二項情形，於開放之山域、水域等自然公物，經管理機關、受委託管理之民間團體或個人已就使用該公物為適當之警告或標示，而人民仍從事冒險或具危險性活動，國家不負損害賠償責任。（國家賠償法§3 Ⅲ）

第1項及第2項情形，於開放之山域、水域等自然公物內之設施，經管理機關、受委託管理之民間團體或個人已就使用該

設施為適當之警告或標示,而人民仍從事冒險或具危險性活動,得減輕或免除國家應負之損害賠償責任。(國家賠償法 §3 Ⅳ)

第1項、第2項及前項情形,就損害原因有應負責任之人時,賠償義務機關對之有求償權。(國家賠償法 §3 Ⅴ)

類 型	法條	賠償義務機關
公務員於執行職務行使公權力時,因故意或過失不法侵害人民自由或權利者	國家賠償法第2條第2項第9條第1項	公務員所屬機關
公有公共設施因設置或管理有欠缺,致人民生命、身體或財產受損害者	國家賠償法第3條第1項第9條第2項	公共設施之設置或管理機關

實務見解 東星大樓倒塌案

九二一大地震中,臺北市東星大樓傾倒造成89人死亡,因與臺北市政府協議不成,其住戶向法院申請國家賠償的訴訟,經臺北地方法院及高等法院先後分別於91年及94年判臺北市政府敗訴,認為臺北市政府工務局未能依據建築法規審查東興大樓建築執照,屬怠於行使職務,判決賠償共約4億元(3億3千萬,加計利息),創下單一案件及集體訴訟獲判國家賠償金額的最高紀錄。

下列那一種制度,在法理上也常被稱為「第二次權利保護」或「第二次權利救濟」? (A)訴願 (B)行政訴訟 (C)國家賠償 (D)徵收補償 【100高考-法學知識與英文】	(C)
依法令從事於公務之人員,係屬何種法律所稱之公務員? (A)公務員服務法 (B)國家賠償法 (C)公務員懲戒法 (D)公務人員任用法 【100四等行政警察-行政法概要】	(B)
有關公務員違法行為之國家賠償責任,下列敘述何者正確? (A)行為人須具有公務人員任用法上公務員身分 (B)包含合法之侵害行為 (C)不考慮主觀責任要件 (D)包含不作為責任 【99地方特考四等-行政法概要】	(D)
甲騎機車經過乙市政府施工路段,由於路上坑洞太大,造成甲機車倒下並摔傷右腿,甲如向乙市政府提出救濟,下列何者最適當? (A)依訴願法向乙市政府提起訴願 (B)依國家賠償法對乙市政府提起損害賠償之訴 (C)依行政訴訟法提起確認行政處分違法之訴 (D)依行政訴訟法提起一般給付之訴 【100普考-行政法概要】	(B)
公務員因執法過當打傷人民。受害人應先以何種方式,向賠償義務機關請求國家賠償? (A)口頭表示 (B)電話方式 (C)登報方式 (D)書面方式 【103普考一般行政-行政法】	(D)
關於公有公共設施因設置或管理有欠缺,致人民受損害之國家賠償責任,下列敘述何者錯誤? (A)供公眾使用之道路、橋樑、公園等,在施工建造中亦屬公共設施 (B)臺灣電力公司所使用之高壓線鐵塔,並非公有之公用財產,不屬於公有公共設施 (C)私人土地上之既成道路,經時效完成而成立公用地役關係,如經機關管理養護,則屬公有公共設施 (D)臺灣鐵路管理局之輸電設備,其鐵路利用關係雖為私法性質,但仍不失為公有之公共設施 【104高考-行政法】	(A)

解析:
僅在施工建造中,尚未完成以供公務或公眾使用者,非屬「設施」。

相關考題　國家賠償之類型

臺北市道路之交通號誌因品質低劣而無故折斷，導致停在一旁之汽車被壓毀，汽車所有人如請求國家賠償，下列敘述何者正確？　(A)市政府應負公務員執行職務行使公權力不法侵害人民權利之國家賠償責任　(B)市政府應負公有公共設施設置管理有欠缺之國家賠償責任　(C)市政府不必負責　(D)市政府不必負責，但管理人員應負全責　【100三等調查特考-法學知識與英文】	(B)
憲法第24條規定公務員違法侵害人民之自由或權利，人民得依法律向國家請求賠償，下列何項敘述非屬國家賠償之範圍？　(A)公務員於執行職務行使公權力時，因故意或過失不法侵害人民自由或權利者　(B)公務員怠於執行職務，致人民自由或權利遭受損害者　(C)公有公共設施因設置或管理有欠缺，致人民生命、身體或財產受損害者　(D)颱風來襲，氣象報告不準確　【100高考-行政法】	(D)
國家賠償法第3條有關公有公共設施損害賠償責任規定的責任類型為何？　(A)過失責任　(B)故意責任　(C)無過失責任　(D)徵收責任　【99鐵路四等員級法律政風-行政法概要】	(C)
某市政府自行興建設置之公立醫院委託私立醫學院經營，因原先所設置之手扶梯未定期保養而故障，導致病患摔傷。下列敘述何者正確？　(A)公共設施委託私人管理，因管理欠缺致人民身體受損害者，負國家賠償責任　(B)私立醫學院與病患間雖係私法關係，仍不得依民法向醫院求償　(C)委託屬公法關係，故病患不得依民法向醫院求償　(D)如病患為外國人者，則無法依國家賠償法求償　【112高考-行政法】	(A)
依司法院釋字第469號解釋，有關國家賠償之成立，下列敘述何者錯誤？　(A)公務員依法對特定人民負有作為義務而已無不作為之裁量餘地，倘故意過失怠於執行職務時，有國家賠償之適用　(B)公務員在裁量收縮至零之情況下違反法律規定，此違法不僅是客觀法秩序違反，容有公權利侵害之可能　(C)透過新保護規範理論，得探究系爭規定是否於立法目的上有保護特定之當事人，以為其主張救濟之依據　(D)國家賠償之請求權限於法律明確規定特定人享有向行政機關為一定作為之請求權者　【111高考-行政法】	(D)

相關考題 國家賠償之類型

關於國家賠償法公共設施之國家賠償責任規定，下列敘述何者錯誤？
(A)該公共設施不以專供公眾使用者為限　(B)不以故意或過失為要件
(C)損害須因公共設施設置或管理有欠缺所致　(D)公共設施須為國家
所有　　　　　　　　　　　　　　　【110地特-行政法】　　（D）

相關考題 國家賠償之要件

下列何者非屬於國家賠償法第2條第2項前段所定請求國家賠償之
要件？　(A)行為人須為依法任用之公務員，若僅係聘用人員則不符
合法定要件　(B)須有違法之行為　(C)須為執行職務之行為　(D)須
為行使公權力之行為　　　　　　【97三等地方特考-行政法】　　（A）

相關考題 損失補償

國家責任體系分為損失補償與損害賠償，關於二者之敘述，何者錯
誤？　(A)損失補償主要著眼於人民因國家合法行為造成損失，課予
國家補償該損失之義務　(B)損害賠償來自國家機關之違法行為致人
民受有損害，課予國家賠償該損害之義務　(C)損害賠償源自國家機
關之違法侵害行為，原則上以有故意、過失為責任要件　(D)損失補
償雖來自國家機關之合法行為，仍應以有故意、過失為責任要件
　　　　　　　　　　　　　　【99地方特考四等-行政法概要】　　（D）

下列何者非屬政府應給予損失補償之適例？　(A)公務員死亡後，所
屬機關收回配住之宿舍　(B)警察依法追捕逃犯，遭逃犯衝撞警車，
不慎導致路人甲受重傷　(C)消防隊為進入火場救火，移除窄巷內之
機車，致機車受損　(D)主管機關就都市計畫道路用地，在徵收之前
埋設地下公用管線　　　　　　　　　　【112高考-行政法】　　（A）

相關考題　損失補償

下列何者非屬損失補償之適用範圍？　(A)主管機關勘查測量風景區範圍，進入私人土地造成農作物或地上物毀損　(B)私有古蹟或歷史建築坐落於第三人土地上，限制土地所有權使用收益　(C)學童依法律接種疫苗後發生嚴重疾病或身心障礙　(D)農民依主管機關行政指導休耕某作物後，因該作物價格暴漲，造成農民損失 【111高考-行政法】	（D）
下列何種情形人民不得主張損失補償？　(A)騎樓之所有權人，應開放其騎樓供公眾通行使用　(B)都市計畫道路用地之所有權人，在依法徵收以前，其用地遭到政府埋設地下設施物　(C)野生動物保護區土地之所有權人，在依法徵收以前，應以主管機關公告之方法提供野生動物棲息環境　(D)水道沿岸之私有土地建造物，經主管機關認為有礙水流者，命所有權人大幅度修改　【110地特-行政法】	（A）

2 國家賠償之程序

一 協議先行程序

一、書面協議先行主義：

即國家賠償法第 10 條第 1 項規定：「依本法請求損害賠償時，應先以書面向賠償義務機關請求之。」同條第 2 項規定：「賠償義務機關對於前項請求，應即與請求權人協議。協議成立時，應作協議書，該項協議書得為執行名義。」

二、協議不成提起訴訟　協議之結果有四種可能：

1、協議成立：應作協議書，協議書得為執行名義。

2、拒絕賠償。

3、自請求之日起逾 30 日不開始協議。

4、自協議開始之日起逾 60 日協議不成立。（國家賠償法§11 Ⅰ）除了第 1 種的情況外，其餘三種均可向民事法院提起國家賠償訴訟。

二 民事訴訟、行政訴訟擇一程序

人民因國家之行政處分，受有損害而請求賠償時，依現行法治，得依國家賠償法規定向民事法院訴請外，亦得依行政訴訟法第 7 條規定，於提起其他行政訴訟時，合併請求。二者為不同之救濟途徑，各有其程序規定，僅能擇一為之。

行政訴訟法既未規定合併請求損害賠償時，應準用國家賠償法之規定，自無須踐行國家賠償法第 10 條規定以書面向賠償義務機關請求賠償及協議之程序。（93 判 494）

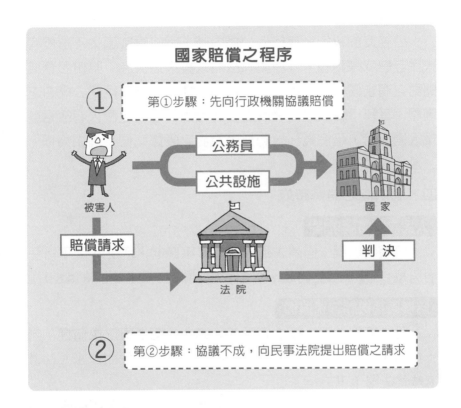

三 國家賠償之方式及求償權

一、金錢賠償為原則

　　國家負損害賠償責任者,應以金錢為之。但以回復原狀為適當者,得依請求,回復損害發生前原狀。(國家賠償法§7Ⅰ)

二、假處分

　　依本法請求損害賠償時,法院得依聲請為假處分,命賠償義務機關暫先支付醫療費或喪葬費。(國家賠償法§11Ⅱ)

三、求償權

公務員於執行職務行使公權力時，因故意或過失不法侵害人民自由或權利者，公務員有故意或重大過失時，賠償義務機關對之有求償權。（國家賠償法§2Ⅲ）受委託行使公權力之團體，其執行職務之人，或受委託行使公權力之個人有故意或重大過失時，賠償義務機關對受委託之團體或個人有求償權。（國家賠償法§4Ⅱ）

四、請求權之消滅時效

人民之賠償請求權

賠償請求權，自請求權人知有損害時起，因2年間不行使而消滅；自損害發生時起，逾5年者亦同。（國家賠償法§8Ⅰ）

賠償義務機關之求償權

第2條第3項、第3條第5及第4條第2項之求償權，自支付賠償金或回復原狀之日起，因2年間不行使而消滅。（國家賠償法§8Ⅱ）

依第2條第2項請求損害賠償者，以該公務員所屬機關為賠償義務機關。（國家賠償法§9Ⅰ）

依第3條第1項請求損害賠償者，以該公共設施之設置或管理機關為賠償義務機關；依第3條第2項請求損害賠償者，以委託機關為賠償義務機關。（國家賠償法§9Ⅱ）

前二項賠償義務機關經裁撤或改組者，以承受其業務之機關為賠償義務機關。無承受其業務之機關者，以其上級機關為賠償義務機關。（國家賠償法§9Ⅲ）

實務見解　東森新聞 S 台損害賠償案

　　東森新聞S台，因為新聞局的不予換照處分，導致損失慘重，遂向臺北地方法院提出國家賠償官司，請求3.4億元的損害賠償。94年7月31日通知新聞S台改正缺失，但同年8月2日，新聞局就做出不予換照的行政處分，只有短短兩天，未給予合理的時間改進缺失。今法院認定新聞局的公務員，也就是姚文智有故意或過失，侵害了東森S台的權利，因此要負擔3.4億元的賠償，而國家應該對姚文智有求償權。

相關考題　**協議先行程序**

國家賠償法第10條規定，依本法請求損害賠償時，應先以書面向賠償義務機關請求之。此乃下列那一項所稱之主義？　(A)書面進行主義　(B)協議先行主義　(C)賠償法定主義　(D)機關法定主義　　　　　　　　　　　　　　【99鐵路高員三級人事行政-行政法】	(B)

相關考題　**整合題型**

關於我國國家賠償之內容，下列敘述何者錯誤？　(A)公有公共設施設置或管理之缺失的國家賠償責任，係採無過失責任賠償之原則　(B)國家賠償以回復原狀為原則，如回復顯有困難時則以金錢賠償　(C)國家賠償所需之經費，由各級政府編列預算支應　(D)賠償義務機關之確定，遇有爭議時，由上級機關定之　【98高考三級-法學知識與英文】	(B)

不能依前三項確定賠償義務機關，或於賠償義務機關有爭議時，得請求其上級機關確定之。其上級機關自被請求之日起逾 20 日不為確定者，得逕以該上級機關為賠償義務機關。（國家賠償法 §9 Ⅳ）

五、審判或追訴職務之公務員之侵權賠償

有審判或追訴職務之公務員，因執行職務侵害人民自由或權利，就其參與審判或追訴案件犯職務上之罪，經判決有罪確定者，適用本法規定。（國家賠償法 §13）

六、互惠原則

本法於外國人為被害人時，以依條約或其本國法令或慣例，中華民國人得在該國與該國人享受同等權利者為限，適用之。（國家賠償法 §15）

實務見解 釋字 670 號

釋字第 670 號解釋，解釋爭點為「冤賠法第 2 條第 3 款因故意或重大過失受押不賠償違憲？」

解釋文認為：「受無罪判決確定之受害人，因有故意或重大過失行為致依刑事訴訟法第 101 條第 1 項或軍事審判法第 102 條第 1 項受羈押者，依冤獄賠償法第 2 條第 3 款規定，不得請求賠償，並未斟酌受害人致受羈押之行為，係涉嫌實現犯罪構成要件或係妨礙、誤導偵查審判，亦無論受害人致受羈押行為可歸責程度之輕重及因羈押所受損失之大小，皆一律排除全部之補償請求，並非避免補償失當或浮濫等情事所必要，不符冤獄賠償法對個別人民身體之自由，因實現國家刑罰權之公共利益，受有超越一般應容忍程度之特別犧牲時，給予所規範之補償，以符合憲法保障人民身體自由及平等權之立法意旨，而與憲法第 23 條之比例原則有違，應自本解釋公布之日起至遲於屆滿 2 年時失其效力。」

相關考題　特別犧牲

根據大法官之見解，判斷國家對人民財產權之侵害是否應給予金錢補償乃採取下列何種標準？　(A)既得權說　(B)恩惠說　(C)特別犧牲說　(D)個別行為說　　　　　　　　【98四等基警 - 行政法概要】	(C)

解析：

釋字400理由書：「個人行使財產權仍應依法受社會責任及環境生態責任之限制，其因此類責任使財產之利用有所限制，而形成個人利益之特別犧牲，社會公眾並因而受益者，應享有相當補償之權利。」

釋字652理由書：「國家因公用或其他公益目的之必要，雖得依法徵收人民之財產，但應給予合理之補償。此項補償乃因財產之徵收，對被徵收財產之所有權人而言，係為公共利益所受之特別犧牲，國家自應予以補償，以填補其財產權被剝奪或其權能受限制之損失。」

相關考題　假處分

依國家賠償法，法院依被害人之聲請，命賠償義務機關暫先支付醫療費或喪葬費，稱為：　(A)假扣押　(B)假處分　(C)假執行　(D)情況判決　　　　　　　　　　　　　【98三等原住民 - 行政法】	(B)
依國家賠償法請求損害賠償時，法院得依聲請為何種保全處分，命賠償義務機關暫先支付醫療費或喪葬費？　(A)保全證據　(B)假扣押　(C)假執行　(D)假處分　　　【99鐵路四等員級法律政風 - 行政法概要】	(D)

相關考題　國家賠償之機關

因公有公共設施之設置或管理有欠缺請求損害賠償時，應向何者請求？　(A)該公共設施之設置或管理機關　(B)該公共設施設置或管理機關之上級機關　(C)對該公共設施之設置或管理有過失之公務員　(D)對該公共設施設置或管理有過失公務員之監督機關　　　　　　　　　　　　　　　【99地方特考四等 - 行政法概要】	(A)

求償權

根據國家賠償法規定，一般公務員主觀上具備下列何要件而不法侵害人民權益時，賠償義務機關對之有求償權？ (A)故意或過失 (B)故意或重大過失 (C)抽象過失 (D)具體過失 【103普考一般行政-行政法】	(B)
依國家賠償法請求損害賠償時，法院得依聲請為何種保全處分，命賠償義務機關暫先支付醫療費或喪葬費？ (A)保全證據 (B)假扣押 (C)假執行 (D)假處分　　【99鐵路四等員級法律政風-行政法概要】	(C)

審判或追訴職務之公務員之侵權賠償

經地方法院、高等法院判決有罪，但被最高法院判決無罪的刑事案件被告，可否請求國家賠償？ (A)只能對起訴的檢察官所屬檢察署請求國家賠償 (B)只能對獨任審判法官所屬的地方法院請求國家賠償 (C)只需在檢察官或法官因承辦該案件被以違背職務之罪起訴，即得向所屬機關請求國家賠償 (D)只有在檢察官或法官因該案件被判決違背職務有罪確定，始得向所屬機關請求國家賠償 【98四等基警-行政法概要】	(D)
下列何項事由得依國家賠償法請求國家賠償？ (A)甲因冤獄請求入獄期間之損失 (B)甲因衛生主管機關誤發布其產品含致癌物質致營業受損 (C)甲因國軍火炮誤射致漁船沉沒 (D)甲因地政機關登記錯誤致受損害　　【96三等地方特考-行政法】	(B)

解析：

(A)冤獄賠償法。(已廢止)

(C)國軍軍事勤務致人民傷亡損害補償條例。

(D)依據土地法第68條本文規定：「因登記錯誤遺漏或虛偽致受損害者，由該地政機關負損害賠償責任。」

相關考題　審判或追訴職務之公務員之侵權賠償

某甲被檢察官起訴具體求刑2年，地方法院法官判處有期徒刑1年2個月，上訴高等法院結果獲判無罪當庭釋放，試問甲可否因此請求國家賠償？　(A)只能對檢察官所屬之地方法院檢察署請求國家賠償　(B)只能對審判法官所屬之地方法院請求國家賠償　(C)在承辦檢察官或承審法官因承辦該案被以違背職務罪起訴，即得向所屬機關請求國家賠償　(D)在承辦檢察官或承審法官因承辦該案被判決違背職務罪確定，始得向所屬機關請求國家賠償 【97三等地方特考-行政法】	(D)

相關考題　互惠原則

外國人為被害人時，可否依我國國家賠償法請求國家賠償？　(A)所有外國人皆適用我國國家賠償法　(B)僅與我國有正式邦交之外國人，始適用我國國家賠償法　(C)外國人，不適用我國國家賠償法　(D)我國人民依法得在該外國享受同等權利時，外國人始適用我國國家賠償法　　　　　【99地方特考四等-行政法概要】	(D)

甲騎機車途經道路施工下陷，致機車毀損，於事故發生後6年，知悉得請求國家賠償，乃檢具相關證明向市政府工務局請求國家賠償，市政府工務局調查後，確認甲之損失係因道路施工所致，依國家賠償法規定，市政府工務局應以下列何項理由，拒絕賠償？　(A)賠償權利本身失效　(B)請求權因時效完成而失效　(C)請求權因時效完成而消滅　(D)請求權因無故意過失而不成立

【99鐵路高員三級人事行政-行政法】　(C)

下列有關國家賠償之敘述，何者錯誤？　(A)賠償請求權，自損害發生時起，逾5年不行使而消滅　(B)賠償請求權，自請求權人知有損害時起，因2年間不行使而消滅　(C)得依法請求國家賠償而已依行政訴訟法規定，附帶請求損害賠償者，就同一原因事實，不得更行起訴　(D)依國家賠償法請求損害賠償時，應先以書面向賠償義務機關請求之。自提出請求之日起逾20日不開始協議，請求權人得提起損害賠償之訴

【99三等身障特考一般行政-行政法】　(D)

甲所有之房屋，於2016年4月1日遭行政機關違法拆除造成損害。關於甲之國家賠償請求權時效，下列敘述何者正確？　(A)若甲於2016年4月1日即知有損害，其請求權於2017年4月1日以前不行使而消滅　(B)若甲於2016年4月1日即知有損害，其請求權於2018年3月31日以前不行使而消滅　(C)若甲不知有損害，其請求權於2020年3月31日以前不行使而消滅　(D)若甲不知有損害，其請求權於2021年4月1日以前不行使而消滅

【108高考-行政法】　(D)

第 8 篇

地方自治

1 地方制度法

■ 一 地方自治之基本概念

　　地方自治必須具備居民、自治區域，以及自治權三要素。目前我國自治區域最大之變動，即在於透過地方制度法第 7-1 條透過簡單的區劃概念，為六都之規劃立下基礎。在自治權方面，我國地方制度法即有所謂的自治事項及委辦事項兩種。

■ 二 地方自治團體

　　地方自治團體是公法人之一種。中央與地方權限劃分係基於憲法或憲法特別授權之法律加以規範，凡憲法上之各級地域團體符合下列條件者：一、享有就自治事項制定規章並執行之權限；二、具有自主組織權限，方得為地方自治團體性質之公法人。（釋字 467 理由書）該號解釋主要是探究「省」是否仍屬公法人，蓋因憲法增修條文於 86 年修正第 9 條規定後，雖然還保有省的層級，但是實際上不再有憲法規定之自治事項，也不具備有自主組織權，所以已經不算是地方自治團體性質的公法人。

■ 三 地方制度法對於地方自治團體之定義

　　地方制度法亦將省之地位明文規定，同法第 2 條第 1 款規定：「地方自治團體：指依本法實施地方自治，具公法人地位之團體。省政府為行政院派出機關，省為非地方自治團體。」

■ 四 省

一、基本概念

　　省，以前是中央以下的二級單位，但是因為兩岸關係特殊，臺灣省相當於全國，因為全國實際上只有臺灣省與福建省。所

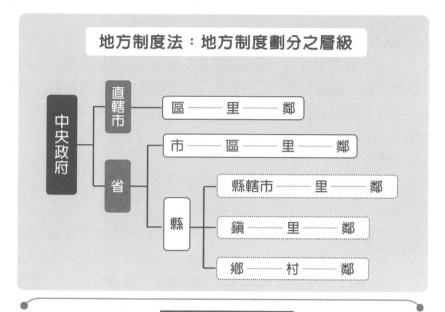

地方制度法：地方制度劃分之層級

中央政府
- 直轄市 —— 區 —— 里 —— 鄰
- 省
  - 市 —— 區 —— 里 —— 鄰
  - 縣
    - 縣轄市 —— 里 —— 鄰
    - 鎮 —— 里 —— 鄰
    - 鄉 —— 村 —— 鄰

【地方制度法第3條】

Ⅰ 地方劃分為省、直轄市。

Ⅱ 省劃分為縣、市（以下稱縣（市））；縣劃分為鄉、鎮、縣轄市（以下稱鄉（鎮、市））。

Ⅲ 直轄市及市均劃分為區。

Ⅳ 鄉以內之編組為村；鎮、縣轄市及區以內之編組為里。村、里（以下稱村（里））以內之編組為鄰。

以省長與總統的民意基礎就相差不遠，或許因為這個原因，當年省長宋楚瑜高票當選之後，可能是功高震主，在修憲的過程中，省這個階層形式上雖然還是存在，但是實質上算是被廢了。

依據憲法增修條文第9條第1項規定：「省設省政府，置委員9人，其中1人為主席，均由行政院院長提請總統任命之。」同條第2項規定：「省設省諮議會，置省諮議會議員若干人，由行政院院長提請總統任命之。」

二、地方制度法之規範

　　省政府置委員 9 人，組成省政府委員會議，行使職權，其中 1 人為主席，由其他特任人員兼任，綜理省政業務，其餘委員為無給職，均由行政院院長提請總統任命之。（地方制度法 §9）省政府受行政院指揮監督，辦理下列事項：（地方制度法 §8）

1、監督縣（市）自治事項。

2、執行省政府行政事務。

3、其他法令授權或行政院交辦事項。

　　省諮議會置諮議員，任期 3 年，為無給職，其人數由行政院參酌轄區幅員大小、人口多寡及省政業務需要定之，至少 5 人，至多 29 人，並指定其中 1 人為諮議長，綜理會務，均由行政院院長提請總統任命之。（地方制度法 §11）省諮議會對省政府業務提供諮詢及興革意見。（地方制度法 §10）

相關考題　地方自治

依地方制度法第11條規定，省諮議員任期與待遇為何？　(A)4年，為有給職　(B)4年，為無給職　(C)3年，為無給職　(D)6年，為無給職　　　　　　　　　　　　　　【100三等調查特考-法學知識與英文】	(C)
某縣政府為保障觀光客之安全，擬規定該縣內觀光用漁業舢舨，必須提供救生衣，違反者處 5 萬元以下之 罰鍰。依據地方制度法之規定，此一法規應屬下列何者？　(A)自治條例　(B)委辦規則　(C)自律規則　(D)自治規則　　　　　　　　　　【110高考-法學知識與英文】	(A)
某地方自治法規明訂對於拒絕裝設再生能源系統者，主管機關得處新臺幣1萬元以上10萬元以下罰鍰。上述自治法規除須經地方立法機關議決外，尚須經何種程序始能生效？(A)應報經司法院備查後發布　(B)無須呈送中央，直接由地方行政首長發布　(C)應報經立法院核定後發布　(D)應分別報經行政院、中央各該主管機關核定後發布　　　　　　　　　　　　　　【110高考-法學知識與英文】	(D)

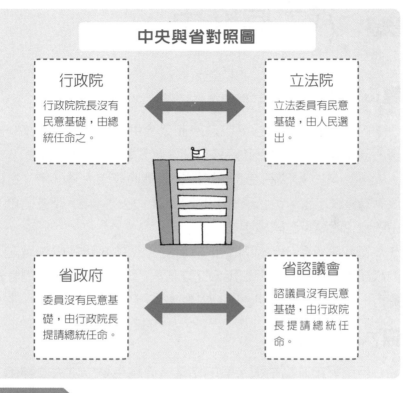

中央與省對照圖

行政院
行政院院長沒有民意基礎,由總統任命之。

立法院
立法委員有民意基礎,由人民選出。

省政府
委員沒有民意基礎,由行政院長提請總統任命。

省諮議會
諮議員沒有民意基礎,由行政院長提請總統任命。

相關考題　地方自治

關於地方自治,下列敘述何者錯誤? (A)地方自治須於憲法及法律規定的範圍內實施　(B)地方自治團體有一定的事務管轄權來顯現與國家管轄領域的不同　(C)地方自治團體之組織型態不一定要是法人 (D)地方自治團體在自治事項範圍內可自主決定 【110普考 - 法學知識與英文】	(C)
對於地方自治之本質,下列敘述何者錯誤? (A)地方自治是藉由憲法位階的保障,以避免立法者透過法律架空地方自治,這是屬於制度性保障說　(B)地方自治保障地方住民得決定地方事務,屬於住民主權說 (C)地方自治係由憲法明文保障,屬於規範承認說　(D)地方自治權係基於國家法律承認授權而來,此說法是屬於固有權說 【111高考 - 法學知識與英文】	(D)

2 六大直轄市

━ 改制計畫之擬定

內政部統籌規劃各縣市之改制或合併改制，並擬訂改制計畫、徵詢意見，報請行政院核定。（地方制度法 §7-1 Ⅰ）

縣（市）擬改制為直轄市或與其他直轄市、縣（市）合併改制為直轄市者，也必須擬訂改制計畫，經縣（市）議會同意，由內政部報請行政院核定之。

行政院收到內政部陳報改制計畫，應於 6 個月內決定之。內政部應於收到行政院核定公文之次日起 30 日內，將改制計畫發布，並公告改制日期。（地方制度法 §7-1）

━ 六大直轄市

目前縣市升格拍板定案的結果，直轄市變成六大直轄市，除了現有的臺北市之外，還包括單獨升格的新北市，人口也最多，已超過 4 百萬，其他還有桃園市、合併升格的臺中市、臺南市，以及高雄市。

配合六大直轄市的變動，仍有許多法令要持續修正，例如行政區劃法、財政收支劃分法等配套措施必須加速立法通過，未來仍有一段漫長的路要持續地努力。

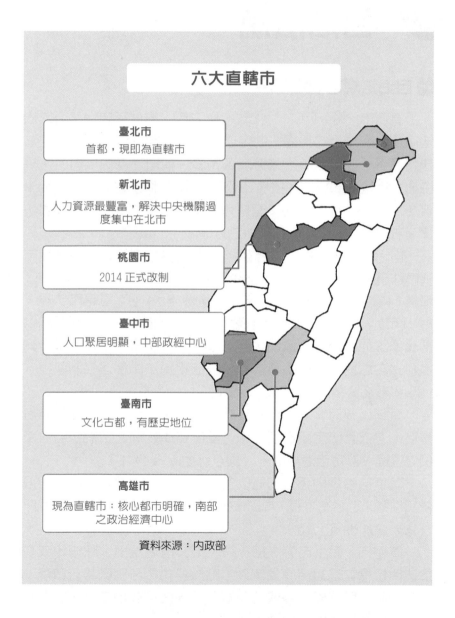

六大直轄市

臺北市
首都,現即為直轄市

新北市
人力資源最豐富,解決中央機關過度集中在北市

桃園市
2014 正式改制

臺中市
人口聚居明顯,中部政經中心

臺南市
文化古都,有歷史地位

高雄市
現為直轄市;核心都市明確,南部之政治經濟中心

資料來源:內政部

3 自治法規

一 自治法規之制定程序

直轄市、縣（市）、鄉（鎮、市）得就其自治事項或依法律及上級法規之授權，制定自治法規。自治法規經地方立法機關通過，並由各該行政機關公布者，稱自治條例；自治法規由地方行政機關訂定，並發布或下達者，稱自治規則。（地方制度法 §25）上開分類，有些類似中央法規標準法中，有關法律、法規命令，以及行政規則之分類。

自治條例應分別冠以各該地方自治團體之名稱，在直轄市稱直轄市法規，在縣（市）稱縣（市）規章，在鄉（鎮、市）稱鄉（鎮、市）規約。（地方制度法 §26 I）直轄市法規、縣（市）規章就違反地方自治事項之行政業務者，得規定處以罰鍰或其他種類之行政罰。但法律另有規定者，不在此限。其為罰鍰之處罰，逾期不繳納者，得依相關法律移送強制執行。（地方制度法第 §26 II）

直轄市政府、縣（市）政府、鄉（鎮、市）公所就其自治事項，得依其法定職權或法律、基於法律授權之法規、自治條例之授權，訂定自治規則。（地方制度法 §27 I）

前項自治規則應分別冠以各該地方自治團體之名稱，並得依其性質，定名為規程、規則、細則、辦法、綱要、標準或準則。（地方制度法 §27 II）

直轄市、縣（市）、鄉（鎮、市）自治規則，除法律或基於法律授權之法規另有規定外，應於發布後分別函報行政院、中央各該主管機關、縣政府備查，並函送各該地方立法機關查照。（地方制度法 §27 III）

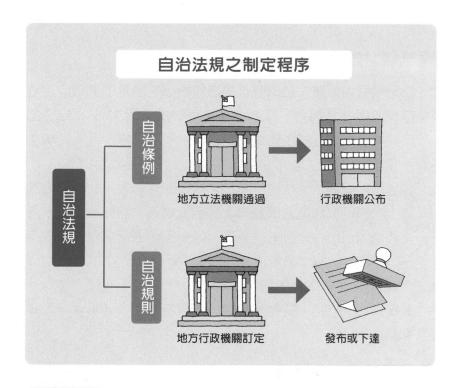

自治法規之制定程序

自治法規
- 自治條例：地方立法機關通過 → 行政機關公布
- 自治規則：地方行政機關訂定 → 發布或下達

相關考題　牴觸之效力

依地方制度法之規定，自治規則牴觸下列何種規範者，無效？　(A)下級地方自治團體之自治條例　(B)下級自治團體之自治規則　(C)同自治團體之自治條例　(D)同自治團體之自治規則 【99四等基警行政警察-法學緒論】	(C)
關於自治條例的敘述，下列何者錯誤？　(A)自治條例與憲法牴觸者，無效　(B)自治條例與基於法律授權之法規牴觸者，無效　(C)自治條例與自治規則牴觸者，無效　(D)自治條例與法律牴觸者，無效 【100普考-行政法概要】	(C)
依據法律位階理論或規範效力之高低，下列何者之位階與效力最低？　(A)中央法規命令　(B)法律　(C)自治規則　(D)憲法 【99鐵路四等員級法律政風-行政法概要】	(C)

二 牴觸之效力

1、自治條例與憲法、法律或基於法律授權之法規或上級自治團體自治條例牴觸者,無效。(地方制度法 §30 I) 分別由行政院、中央各該主管機關、縣政府予以函告。(地方制度法 §30 IV前段)

2、自治規則與憲法、法律、基於法律授權之法規、上級自治團體自治條例或該自治團體自治條例牴觸者,無效。(地方制度法 §30 II) 分別由行政院、中央各該主管機關、縣政府予以函告。(地方制度法 §30 IV前段)

3、委辦規則與憲法、法律、中央法令牴觸者,無效。(地方制度法 §25 III) 由委辦機關予以函告無效。(地方制度法 §30 IV後段)

三 是否牴觸發生疑義

自治法規與憲法、法律、基於法律授權之法規、上級自治團體自治條例或該自治團體自治條例有無牴觸發生疑義時,得聲請司法院解釋之。(地方制度法 §30 V)

四 應以自治條例訂定之事項

下列事項以自治條例定之:(地方制度法第 §28)

1、法律或自治條例規定應經地方立法機關議決者。

2、創設、剝奪或限制地方自治團體居民之權利義務者。

3、關於地方自治團體及所營事業機構之組織者。

4、其他重要事項,經地方立法機關議決應以自治條例定之者。

相關考題　類型

依地方制度法之規定，自治法規經地方立法機關通過，並由各該行政機關公布者，稱為：　(A)自治規則　(B)自治條例　(C)自治辦法　(D)自治章程　　【99初等一般行政-法學大意】	(B)
自治條例係指下列何者所通過之自治法規？　(A)地方立法機關　(B)地方行政機關　(C)中央各該主管機關　(D)行政院　　【99四等關務-法學知識】	(A)
高雄縣殯葬管理自治條例是由那一個機關所通過？　(A)立法院　(B)高雄縣議會　(C)高雄縣政府　(D)行政院　【99三等關務-法學知識】	(B)

解析：目前已合併改制。

下列有關自治條例之敘述，何者正確？　(A)不得有罰鍰之規定　(B)應冠以各該地方自治團體之名稱　(C)不得規定勒令停工之不利處分　(D)應報經總統核定後發布　　【99三等第一次司法人員-法學知識與英文】	(B)
地方行政機關所訂定的自治法規為：　(A)自律規則　(B)自治條例　(C)自治規則　(D)中央命令　　【99三等關務-法學知識】	(C)
下列那一種法規，在我國現行地方制度中，係由地方立法機關所訂定者？　(A)自治規則　(B)自律規則　(C)委辦規則　(D)行政規則　　【100三等行政警察-行政法】	(B)
依地方制度法規定，直轄市政府依法律授權所訂定之自治法規，稱之為：　(A)自治條例　(B)自治規則　(C)自治規章　(D)自治規約　　【108普考-行政法概要】	(B)
依地方制度法規定，中央主管機關針對直轄市政府所辦理自治事項之監督，下列敘述何者錯誤？　(A)地方政府辦理自治事項得自為立法並執行而負其政策規劃及行政執行責任　(B)地方政府辦理自治事項有違憲法或法律規定時，仍得予以撤銷、變更、廢止或停止其執行　(C)直轄市政府辦理自治事項違法時，由中央主管機關報行政院予以撤銷、變更、廢止或停止其執行　(D)地方政府辦理自治事項若有違背憲法或法律之疑義時，於司法院解釋前，中央主管機關得先予以撤銷之　　【112高考-行政法】	(D)

五 委辦原則

直轄市政府、縣（市）政府、鄉（鎮、市）公所為辦理上級機關委辦事項，得依其法定職權或基於法律、中央法規之授權，訂定委辦規則。（地方制度法§29Ⅰ）委辦規則應函報委辦機關核定後發布之；其名稱準用自治規則之規定。（地方制度法§29Ⅱ）

六 自律規則

地方立法機關得訂定自律規則。（地方制度法§31Ⅰ）自律規則除法律或自治條例另有規定外，由各該立法機關發布，並報各該上級政府備查。（地方制度法§31Ⅱ）自律規則與憲法、法律、中央法規或上級自治法規牴觸者，無效。（地方制度法第§31Ⅲ）

七 核定與備查

自治條例經各該地方立法機關議決後，如規定有罰則時，應分別報經行政院、中央各該主管機關核定後發布；其餘除法律或縣規章另有規定外，直轄市法規發布後，應報中央各該主管機關轉行政院備查；縣（市）規章發布後，應報中央各該主管機關備查；鄉（鎮、市）規約發布後，應報縣政府備查。（地方制度法第§26Ⅳ）

八 首長辭職

直轄市長、縣（市）長、鄉（鎮、市）長及村（里）長辭職、去職、死亡者，直轄市長由行政院派員代理；縣（市）

相關考題　牴觸之解釋

縣自治規則與縣自治條例有無牴觸發生疑義時，得向何者聲請解釋之？　(A)司法院　(B)行政院　(C)內政部　(D)縣議會 【99初等人事行政-法學大意】	(A)

相關考題　核定與備查

直轄市所訂定之何種法規，須經行政院核定後始得發布？　(A)市議會所訂定之自律規則　(B)規定有罰則之自治條例　(C)市政府依法定職權所訂定之自治規則　(D)市政府依法律授權所訂定之自治規則 【99四等基警行政警察-法學緒論】	(B)
下列那一個有關「核定」之敘述錯誤？　(A)係指上級機關對下級機關所陳報事項之審查　(B)也適用於上級政府對下級政府所陳報事項之審查　(C)審查機關對該陳報事項有權做出最後之決定　(D)在審查前該事項已生法定效力，但審查機關可撤銷之 【99三等身障特考一般行政-行政法】	(D)

解析：

地方制度法第2條第4款規定：「核定：指上級政府或主管機關，對於下級政府或機關所陳報之事項，加以審查，並作成決定，以完成該事項之法定效力之謂。」

同條第5款規定：「備查：指下級政府或機關間就其得權處理之業務，依法完成法定效力後，陳報上級政府或主管機關知悉之謂。」

相關考題　合併後自治法規之廢止

直轄市、縣（市）合併改制為直轄市，原縣（市）之自治法規應由何機關廢止之？　(A)改制前之縣（市）政府　(B)改制後之直轄市政府　(C)改制前之直轄市政府　(D)改制後之縣（市）政府 【99地方特考三等-法學知識與英文】	(B)

解析：

地方制度法第87-2條規定：「縣（市）改制或與其他直轄市、縣（市）合併改制為直轄市，原直轄市、縣（市）及鄉（鎮、市）自治法規應由改制後之直轄市政府廢止之；其有繼續適用之必要者，得經改制後之直轄市政府核定公告後，繼續適用2年。」

長由內政部報請行政院派員代理；鄉（鎮、市）長由縣政府派員代理；村（里）長由鄉（鎮、市、區）公所派員代理。（地方制度法第§82Ⅰ）

　　如果是直轄市長、縣（市）長停職，則原則上由副首長代理，例外副首長出缺或不能代理者，才由行政院派員代理。鄉（鎮、市）長停職者，由縣政府派員代理，置有副市長者，由副市長代理。村（里）長停職者，由鄉（鎮、市、區）公所派員代理。（地方制度法第§82Ⅱ）

　　前二項之代理人，不得為被代理者之配偶、前配偶、四親等內之血親、三親等內之姻親關係。（地方制度法§82Ⅲ）

　　直轄市長、縣（市）長、鄉（鎮、市）長及村（里）長辭職、去職或死亡者，應自事實發生之日起3個月內完成補選。但所遺任期不足2年者，不再補選，由代理人代理至該屆任期屆滿為止。（地方制度法第§82Ⅳ）

九 直轄市、縣（市）合併改制

　　原本的臺北市加上新北市，臺中市、臺中縣合併，臺南市、臺南縣合併，高雄市、高雄縣合併以及桃園市陸續改制為直轄市之後，現為六都。

一、原自治法規之處理

　　地方制度法第87-2條規定：「縣（市）改制或與其他直轄市、縣（市）合併改制為直轄市，原直轄市、縣（市）及鄉（鎮、市）自治法規應由改制後之直轄市政府廢止之；其有繼續適用之必要者，得經改制後之直轄市政府核定公告後，繼續適用2年。」

相關考題　合併後自治法規之廢止

縣（市）與其他縣（市）合併改制為直轄市，原縣（市）自治法規應由何機關廢止之？(A)改制前之原縣（市）政府　(B)改制後之直轄市政府　(C)行政院　(D)立法院　　　【100四等保育人員-法學知識與英文】	(B)

相關考題　應以自治條例訂定事項

依地方制度法之規定，創設、剝奪或限制地方自治團體居民之權利義務者，應以何種規範定之？　(A)自治條例　(B)自律規則　(C)自治規則　(D)委辦規則　　　【99初等人事行政-法學大意】	(A)
地方制度法第28條規定應以自治條例規定之事項，下列何者不屬之？(A)法律或自治條例規定須經地方立法機關議決者　(B)其他重要事項，經地方行政機關議決應以自治條例定之者　(C)創設或剝奪地方自治團體居民之權利義務者　(D)關於地方自治團體及所營事業機構之組織者　　　【99四等關務-法學知識】	(B)
依地方制度法之規定，下列何種事項應以自治條例定之？　(A)限制居民之權利事項　(B)所有給付行政事項　(C)土地徵收之要件及補償費之計算　(D)營利事業所得稅之稅率　　　【99第二次司法特考-法學知識與英文】	(A)
下列何種法規得對人民課稅？　(A)經地方議會通過之自治條例　(B)裁量基準之行政規則　(C)受法律概括授權之法規命令　(D)認定事實基準之行政規則　　　【100四等行政警察-行政法概要】	(A)
下列何種法規範得對人民處以行政罰？　(A)行政規則　(B)自治條例　(C)職權命令　(D)自律規則　　　【99地方特考四等-行政法概要】	(B)
下列何者原則上不得有限制人民權利義務之規定？　(A)法律　(B)自治條例　(C)自治規則　(D)法規命令　　　【99鐵路高員三級人事行政-行政法】	(C)

二、權利義務之概括承受

縣（市）改制或與其他直轄市、縣（市）合併改制為直轄市者，原直轄市、縣（市）及鄉（鎮、市）之機關（構）與學校人員、原有資產、負債及其他權利義務，由改制後之直轄市概括承受。（地方制度法 §87-3 I）

三、統籌分配款

縣（市）改制或與其他直轄市、縣（市）合併改制為直轄市時，其他直轄 市、縣（市）所受統籌分配稅款及補助款之總額不得少於該直轄市改制前 。（地方制度法 §87-3 III）

四、人員移撥

依第 87-3 條第 1 項改制而移撥人員屬各項公務人員考試及格之現職公務人員者，移撥至原分發任用之主管機關及其所屬機關、學校或原得分發之機關、原請辦考試機關及其所屬機關、學校以外之機關、學校服務時，得不受公務人員考試法、公務人員任用法及各項公務人員考試規則有關限制轉調規定之限制。（地方制度法 §87-3 VI）

相關考題 應以自治條例訂定事項

臺北市政府擬對違規設置攤位之行為人，裁處罰鍰，應以下列何項法規範定之？ (A)行政規則 (B)自治規則 (C)自治條例 (D)自律規則 【99三等身障特考一般行政 - 行政法】	(C)
下列何者不得作為行政機關課處罰鍰之依據？ (A)直轄市法規 (B)縣（市）規章 (C)鄉（鎮、市）規約 (D)行政院依法律訂定之法規命令 【99地方特考四等 - 行政法概要】	(C)

相關考題 委辦規則

有關「委辦事項」之概念，下列敘述何者錯誤？ (A)指地方自治團體在上級政府指揮監督下，執行上級政府交付辦理之事務 (B)該事項係上級政府交付辦理，非屬該地方自治團體之事務 (C)執行者負政策規劃及行政執行責任 (D)執行者僅負行政執行責任 【100普考 - 行政法概要】	(C)
依地方制度法之規定，下列有關直轄市或縣（市）政府辦理自治或委辦事項之敘述何者錯誤？ (A)直轄市政府辦理自治事項違背法律者，由中央各該主管機關報行政院予以撤銷、變更、廢止或停止其執行 (B)直轄市政府辦理委辦事項違背法律者，由委辦機關予以撤銷、變更、廢止或停止其執行 (C)縣（市）政府辦理自治事項違背法律者，由中央各該主管機關報行政院予以撤銷、變更、廢止或停止其執行 (D)縣（市）政府辦理委辦事項違背法律者，由委辦機關予以撤銷、變更、廢止或停止其執行 【100高考 - 法學知識與英文】	(B)

解析：

地方制度法第75條第3項規定：「直轄市政府辦理委辦事項違背憲法、法律、中央法令或逾越權限者，由中央各該主管機關報行政院予以撤銷、變更、廢止或停止其執行。」

南投縣戶政規費收費自治條例第5條規定：「本自治條例自中華民國95年1月1日施行。」則該自治條例是從何日起發生效力？　(A)95年1月1日　(B)95年1月2日　(C)95年1月3日　(D)95年1月4日 【99地方特考四等-法學知識與英文】	(A)

解析：
地方制度法第32條第4項規定：「自治法規、委辦規則自公布或發布之日起算至第3日起發生效力。但特定有施行日期者，自該特定日起發生效力。」

縣自治規則與縣自治條例有無牴觸發生疑義時，得向何者聲請解釋之？(A)司法院　(B)行政院　(C)內政部　(D)縣議會 【99初等人事行政-法學大意】	(A)
依據地方制度法第26條規定，地方政府就違反地方自治事項之行政業務者得處以行政罰。試問以下何者非屬本項之行政罰？　(A)管收　(B)停業　(C)停工　(D)罰鍰　【100四等司法特考-法學知識與英文】	(A)

相關考題　　整合型考題

關於自治法規之制定，下列何者錯誤？　(A)地方自治團體就委辦事項所為　(B)地方自治團體依法律及上級法規授權所為　(C)包含自治條例及自治規則　(D)自治條例應冠以各該地方自治團體之名稱　【99四等基警行政警察-法學緒論】	(A)
在我國現行地方制度中，下列那一種地方組織，其廢止，毋庸經過修憲程序，即得為之？　(A)省　(B)直轄市　(C)縣（市）　(D)鄉（鎮、市）　【100普考-行政法概要】	(D)
下列那一層級之地方組織，在現行法中，其首長雖由人民依法選舉之，但該組織體本身並非地方自治團體？　(A)鄉（鎮、市）　(B)區　(C)村（里）　(D)鄰　【100普考-行政法概要】	(C)
依地方制度法規定，中央主管機關針對直轄市政府所辦理自治事項之監督，下列敘述何者錯誤？　(A)地方政府辦理自治事項得自為立法並執行而負其政策規劃及行政執行責任　(B)地方政府辦理自治事項有違憲法或法律規定時，仍得予以撤銷、變更、廢止或停止其執行　(C)直轄市政府辦理自治事項違法時，由中央主管機關報行政院予以撤銷、變更、廢止或停止其執行　(D)地方政府辦理自治事項若有違背憲法或法律之疑義時，於司法院解釋前，中央主管機關得先予 以撤銷之　【112高考-行政法】	(D)

相關考題　　代行處理費用

依地方制度法規定，直轄市長有下列何種事由時，得停止其職務？(A)曾犯刑法過失傷害罪經判刑確定者　(B)依刑事訴訟程序被檢察機關拘提者　(C)因積欠稅捐遭限制出境者　(D)依刑事訴訟程序被通緝者　【110高考-法學知識與英文】	(D)

解析：
地方制度法第76條第4項規定。

4 特殊事故之延期改選

█ 特殊事故為不確定之法律概念

　　地方制度法第83條第1項規定：「直轄市議員……，村〈里〉長任期屆滿或出缺應改選或補選時，如因特殊事故，得延期辦理改選或補選」。所謂「特殊事故」係一不確定法律概念，立法者於立法時，即因「事故」之型態可能多樣，難以逐一規定，故以不確定法律概念予以規範，賦予執法者，依據具體之情事，個別予以認定。

█ 中央與地方意見不符

一、每一執法者均有解釋權

　　從而每一執法者，於執行法律而適用該法律規定於具體事件時，就「特殊事故」之意義均有解釋之權。

二、中央機關之解釋應予尊重，但無拘束力

　　惟中央主管機關對之如著有釋示（令）時，其機關內部或其下級機關對解釋權之行使，固應受上級機關釋示（令）之拘束，但地方自治團體就地方自治事項所為法律上見解，雖亦宜尊重中央主管機關之意見，但因其非中央主管機關之下級機關，尚不當然受中央主管機關意見之拘束。

三、行政法院之法律意見僅有個案拘束力

　　即屬行政法院於個案所表示之法律上意見，雖於撤銷或變更原處分或決定之判決，就其事件有拘束各關係機關之效力（行政訴訟法§216 I），但亦不當然有拘束該個案以外之法院或行政機關之效力。

中央與地方意見不符

◎ 每一執法者均有解釋權

◎ 中央機關之解釋應予尊重，但無拘束力

◎ 行政法院之法律意見僅有個案拘束力

什麼是「特殊事故」？

實務見解 臺北市里長延選案

相關解釋：釋字553號

　　本件對此抽象法律概念之具體適用，既須依行政爭訟解決，原應尊重行政法院認定事實適用法律之職權行使，似不宜對於如何解釋適用該抽象性法律概念之原則意涵再表示意見。惟為期對此類抽象性法律概念規定之解釋適用，將來適用時有更具體之法則可資依循，避免一再造成適用機關間之法律歧見。（釋553—陳計男協同意見書）

5 地方行政機關相關待遇

一 各級行政首長之薪給

直轄市長、縣（市）長、鄉（鎮、市）長，應支給薪給；退職應發給退職金；因公死亡或病故者，應給與遺族撫卹金。（地方制度法 §61 I）例如地方首長為打擊河川之污染源頭，指揮相關機關大力打擊不法業者，遂有業者不滿該地方首長，買通殺手以汽車爆炸攻擊方式，將該地方首長刺殺身亡，即屬於因公死亡，應該與遺族撫卹金。

二 村（里）長無給職

村（里）長，為無給職，由鄉（鎮、市、區）公所編列村（里）長事務補助費，其補助項目及標準，以法律定之。（地方制度法 §61 II）所以，選舉過程中，有打著「不領薪資」的選舉口號，當然是真的，因為屬於無給職，只有領取事務補助費。

所謂法律目前是指「地方民意代表費用支給及村里長事務補助費補助條例」（簡稱補助條例）。以前最多領取 45,000 元，現在通通領取 45,000 元。（補助條例 §7 I）事務補助費，係指文具費、郵電費、水電費及其他因公支出之費用。（補助條例 §7 II）除此之外，村（里）長因職務關係，得由鄉（鎮、市、區）公所編列預算，支應其健康檢查費、保險費。（補助條例 §7 III）

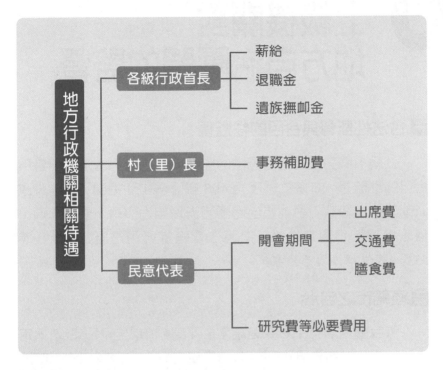

❸ 福利優厚的地方民意代表

　　地方民意代表，開會期間，得支給之出席費、交通費及膳食費。民意機關還可以編列預算，支應其健康檢查費、保險費、為民服務費、春節慰勞金及出國考察費。直轄市議會議員每人得聘用公費助理 6 人至 8 人，縣（市）議會議員每人得聘用公費助理 2 人至 4 人，公費助理均與議員同進退。

相關考題	地方行政機關相關待遇	
依地方制度法第61條規定，彰化縣溪州鄉水尾村村長可以支領下列何種費用？　(A)薪給　(B)退職金　(C)事務補助費　(D)遺族撫卹金【96三等地方特考-行政法】		(C)

6 上級機關對 地方自治團體的監督

一 合法性監督與合目的性監督

　　上級機關對地方自治團體的監督，可區分為合法性監督與合目的性監督。本院於釋字第 498 號解釋中亦指出，「中央政府或其他上級政府對地方自治團體辦理自治事項、委辦事項，依法僅得按事項之性質，為適法或適當與否之監督。」（釋 553 —蘇俊雄協同意見書）

二 直轄市之自治

　　依我國憲法第 118 條之規定，「直轄市之自治，以法律定之。」相較於憲法分別列舉自治事項之省自治與縣自治，憲法對直轄市自治之保障僅止於直轄市應擁有自治權，但該自治權之內容、範圍或程度，則屬立法者之裁量。故「直轄市僅其做為地方自治團體的地位受到憲法的制度保障，至於固有自治事項之內容與範圍則否，充其量只能由普通法律賦予，屬於一種『法律範圍內的自治』，不受憲法直接保障。」地方制度法第 1 條第 1 項即明示「本法依中華民國憲法第 118 條及中華民國憲法增修條文第 9 條第 1 項制定之。」

　　因此，直轄市里長之選舉，雖屬地方制度法第 18 條明定之直轄市自治事項，亦僅為法律所賦予之自治事項，上級機關得對之為適法性監督。故自治監督機關認自治團體辦理自治事項時，對中央法律之解釋有誤而撤銷其辦理該自治事項之行政行

為，係屬上級機關對地方自治機關行使適法性之監督權。（釋
553—蘇俊雄協同意見書）

三 監督之型態

自治事項	上級機關之監督
憲法保障	尊重地方之決定，不得為任何之監督
法律所賦予之自治事項	中央機關得為適法監督，但不得為適當監督（即合目的性監督） 例如：直轄市辦理地方制度法所賦予之自治事項，得為適法監督。
中央委辦地方之事項	中央機關得同時為適法監督及適當監督

四 地方自治法之自治監督手段

地方自治團體之違法行政處分，由自治監督機關予以撤銷、變更、廢止或停止其執行。（地方制度法§75）

直轄市、縣（市）、鄉（鎮、市）依法應作為而不作為，致嚴重危害公益或妨礙地方政務正常運作，其適於代行處理者，得分別由行政院、中央各該主管機關、縣政府命其於一定期限內為之；逾期仍不作為者，得代行處理。但情況急迫時，得逕予代行處理。（地方制度法76Ⅰ）

中央與直轄市、縣（市）間，權限遇有爭議時，由立法院院會議決之；縣與鄉（鎮、市）間，自治事項遇有爭議時，由內政部會同中央各該主管機關解決之。（地方制度法§77Ⅰ）

　　直轄市間、直轄市與縣（市）間，事權發生爭議時，由行政院解決之；縣（市）間，事權發生爭議時，由中央各該主管機關解決之；鄉（鎮、市）間，事權發生爭議時，由縣政府解決之。（地方制度法 §77 Ⅱ）

　　地方議會決議事項因牴觸法規而無效，由自治監督機關予以函告。（地方制度法 §32、43）

相關考題　自治事項

下列何者並非地方制度法明定之自治監督手段？　(A)地方自治團體之違法行政處分，由自治監督機關予以撤銷、變更、廢止或停止其執行　(B)地方自治團體依法應作為而不作為，由自治監督機關代行處理　(C)解散地方議會　(D)地方議會決議事項因牴觸法規而無效，由自治監督機關予以函告　【98高考三級 - 行政法】	(C)

解析：
(A)地方制度法第75條。
(B)地方制度法第76條。
(D)地方制度法第30條。

下列有關自治事項之敘述，何者錯誤？　(A)憲法明確劃分了自治事項與委辦事項　(B)對自治事項地方自治團體得自為立法　(C)對自治事項地方自治團體有政策規劃權　(D)地方自治團體對自治事項有行政執行之權責　【98三等原住民 - 行政法】	(A)

參·考·書·目

吳庚老師，行政法之理論與實用【第十版】

吳庚老師所著之「行政法之理論與實用」，自1992年初版迄今，業已邁入第十版。本書論證綿密，旁徵博引學說及實務見解，是研讀行政法必讀之經典鉅作。只是對於初學者及非法律背景之讀者而言，難免稍嫌艱澀難懂。本書希望能開啓第一道通往行政法之門，緊接著拜讀吳庚老師此一重要論著，反覆地咀嚼玩味，相信行政法之學習必定更能有所體會。

2010年9月1日，增訂十一版。

國家圖書館出版品預行編目資料

圖解行政法：國家考試的第一本書
錢世傑 著 -- 第五版．
臺北市：十力文化，2023.12
封面：14.8*21.0公分
ISBN 978-626-97556-2-2（平裝）
1.行政法
588   112019110

國 考 館   S2305

圖解行政法／國家考試的第一本書（第五版）

作　　者	錢世傑
副總編輯	吳玉雯
封面設計	劉詠倫
書籍插圖	劉鑫鋒
美術編輯	林子雁
出 版 者	十力文化出版有限公司
發 行 人	劉叔宙
公司地址	11675 台北市文山區萬隆街 45-2 號
聯絡地址	11699 台北郵政 93-357 信箱
劃撥帳號	50073947
電　　話	（02）2935-2758
電子郵件	omnibooks.co@gmail.com

ISBN	978-626-97556-2-2

出版日期	第五版第一刷　2023 年 12 月
	第四版第一刷　2020 年 3 月
	第三版第一刷　2016 年 2 月
	第二版第一刷　2012 年 1 月
	第一版第一刷　2010 年 4 月

定 價 750元